KB274511

예언서 배경연구

정 종 호 저

도서출판 한 글

차   례

소선지서 / 187

I. 서 론

A. 예언의 전반적 의미

신앙은 외적인 면과 내적인 면이 있다. 그런데 신앙은 언제나 이 외적인 면과 내적인 면이 일체가 될 때 비로소 확고한 신앙이 될 수 있다. 신앙이 내재적(內在的)일 때 신비주의(神秘主義)가 되기 쉽고, 또 외적인 신앙이 될 때 세속적(世俗的)인 신앙이 되기 쉽다. 그러므로 신앙도 사람의 신체와 같이 두 발로 서지 않으면 안된다. 외적인 행위와 내적인 심령의 확신(말씀) 위에 서지 않으면 안 된다. 하나님께서는 이러한 인간의 약점을 아시고 내외적(內外的)으로 믿고 깨닫도록 성령으로 인도하신다. "인류 역사는 하나님께서 그 뜻을 수행하시는 도정(道程)이다". 천지만물(天地萬物)과 날마다 되어지는 일(事件)과 신앙은 이것에 관련한 것으로 이것으로써 양육되고 강화되며 인도되는 것이다.

"역사는 세상에서 되어지는 일, 즉 과거와 현재 그리고 미래를 통하여 세계에 생기었고, 또 생기고, 생기려는 모든 사건을 편리하게 말하여 역사라고 한다. 그러한 것을 신앙의 입장에서 보아 역사는 모두 하나님의 뜻의 현현(顯現, manifestion)이다. 그리고 하나님은 무슨 일을 함에 있어서 이것을 당신의 종들에게 미리 예고하신다(암 3:7). 그러한 까닭에 역사는 예언의 실현이다. 신자들이 예언을 정직하게 해석할 때 역사를 알고 역사를 통하여 살아 계신 하나님의 일하심을 볼 수 있다. 그러한 의미에서 성서는 하나의 책이 아니라 세계의 책이다". 하나님의 말씀이다. 즉 성서, 그것이 하나님의 역사이다. 예언은 이 모든 신비한 것을 풀 수 있는 열쇠이다. 신앙인(信仰人)은 예언을 통하여 하나님의 섭리하신 역사의 의미를 재발견(再發見) 하여야 한다.

현대 기독교인(基督敎人)은 신앙 생활에서 예언을 역사적 사건(歷史的 事件)으로 보지 않고 영적인 것으로 만 생각하는 사람이 많다. 그러므로 사도 베드로는 『우리에게 더 확실한 예언이 있어 어두운데 비치는 등불과 같으니 날이 새어 샛별이 너희 마음에 떠오르기까지 너희가 이것을 주의하는 것이 가하니라』(벧후 1:19) 하였다. 하나님은 많은 예언을 주시었다. 성서는 그 대부분(大部分)이 예언이다. 신구약 성서는 모두가 예언의 계시이다.

"예언은 이스라엘의 전유물(專有物)은 아니다. 세상에는 많은 민족이 있고. 많은 나라에서 종교가 다양하게 발생하였다. 민족이나 종교는 특유의 예언이나 점(占)을 치는 일이 있다. 특히 동양 종교(東洋 宗敎)에서 이런 일을 많이 볼 수 있었다. 그런 일은 대중문화(大衆文化) 속에 깊숙이 들어가 그 종교인(宗敎人)들을 지배하고 있었다".

특히 희랍이나 인도인들의 생활을 보면 이러한 일들이 널리 유행되고 있었음을 볼 수 있다. 그러나 혼돈하지 말아야 할 것은 유대교에서 일어나는 『예언』과 이방종교(異邦宗敎)에서 행하여지는 『점』과는 그 성격(性格)이나 발원(發源)이 큰 차이가 있다. 이방종교(異邦宗敎)에서 발생하였던 것은 마술이나, 심령학적(心靈學的) 최면술(催眠術)이거나, 귀신의 장난에 지나지 않으나 성서에 나타난 예언은 살아 계신 하나님으로부터 온 것으로 인격적(人格的)이고, 도덕적(道德的)이며, 영적이며, 종교적(宗敎的)인 배경을 가지고 있다. 그러한 이유 때문에 수백 세기 동안 내려오면서 세계의 여러 민족에게 큰 영향을 주었다. "그렇다고 이스라엘 예언자(豫言者)들의 예언이 모두 정당하고 옳은 것은 아니다. 어떤 경우에는 직업적(職業的), 상업적(商業的)으로 예언하는 자들도 있었다 (왕하 9:11). 그들의 예언은 그러한 이유 때문에 세련되지 못하였고 야비하기도 하였다". 그러나 예레미아나 이사야, 그리고 에스겔과 같이 참되고 훌륭한 예언자(豫言者)들도 있어 하나님의 실제를 계시하였다.

구약성서의 예언서(豫言書)를 연구할 때 역사적 배경(歷史的 背景)과 내적인 종교생활(宗敎生活)을 통하여 저들이 무엇을 하려고 하였는가를 알 수 있다. 그들은 자신들이 어떤 새 종교를 창출한다는 것을 생각지 않고, 이미 있었던 제사종교(祭祀宗敎)를 신명기적 입장(呻命記的 立場)에서 개혁하고 발전시키려고 하였다. 그들은 새로운 종교를 제창하기 위하여 보내진 자들이 아니라, 백성들이 다 알고 있는 종교에 대하여 말하였으니 『이스라엘 자손들아 과연 그렇지 아니하느냐』(암 2:11) 하였다. 이사야의 불평은 『이스라엘은 알지 못하고 나의 백성은 깨닫지 못하는 도다』(사1:3) 였다.

저들은 시내산에서 주어진 율법이 오랜 세월을 지나오면서 형식화(形式化), 의식화(儀式化), 기계화(機械化), 외식화(外食化)가 되었을 때 생명은 없어지고 인본주의(人本主義)로 변화되고 종교화(宗敎化)되었으며, 교리화(敎理化)가 되었음을 꾸짖고 『옛 길 곧 선한 길이 어디인지 알아보고 그리로 행하라 너희 심령이 평강을 얻으리라』(렘 6:16) 하였다.

B. 예언자의 직분

이스라엘의 예언자(豫言者)들은 일종의 특별한 사람이었다. 이들과 같은 직분을 가진 者는 다른 민족에는 없었다. 저들은 어떤 일이 일어나기 수십 년, 혹은 수 백년, 수천 년 전에 그 사건을 예지하고, 사조에 대하여 말하는 자들이었다. 그러한 의미에서 저들은 선견자(先見者)이다. 세상에서 점치는 자들과 일맥 상통한 바 있으나, 이스라엘의 예언자(豫言者)들은 신명기 18:22절에서 보인바 대로 『선지자가 있어서 여호와의 이름으로 말한 일에 증험도 없고 성취함도 없으면 이는 여호와의 말씀하신 것이 아니라』고 하였고, 그 방자하게 말하는 자들의 말을 두려워하지 말라고 하였다.

히브리어로 예언자는 나비(NABI)라고 하며, 그 뜻을 말하자면 비등

(沸騰) 즉 『끓어오른다』는 말이다. 예레미아는 말하기를 『내가 다시는 여호와를 선포하지 아니하며 그 이름을 말하지 아니하리라 하면 나의 심중이 불붙는 것 같아서 견딜 수 없나이다』(렘 20:9) 함과 같은 것이다. 출애굽기를 보면 나비(NABI)란 말이 구체적(具體的)으로 나타난다. 출애굽기 4:10~16 의 말을 보면 하나님은 모세를 대신하여 아론을 "그 대변자(代辯者)"로 보내겠다고 하였고, 출애굽기 7:1에는 아론은 모세의 예언자(豫言者)라고 말씀하였다. 여기에 예언자(豫言者)란 하나님으로부터 전달받은 말씀을 전한다는 뜻이다(암 3:8. 렘 1:17. 겔 3:4).

예언자(豫言者)의 위치는 세습을 통하여 일반적(一般的)으로 자기의 지위를 이어받은 왕이나 제사장(祭司長)의 직책과는 다르다. 왕이나 제사장(祭司長)의 직분은 어떤 체제를 통하여 임명되고 선택되지만(삿 9:6. 11:5~6. 왕상 2:35. 12:20), 예언자(豫言者)들은 아버지의 뒤를 계승한 자들이 아니오, 하나님으로부터 직접 부르심을 받아 기름 부음을 받은바 된 자들이다(갈 1:5~17). 그러므로 예언자(豫言者)의 지위는 전적으로 하나님과 관계가 있다. 신구약(新舊約)을 통하여 볼 때 어느 한 사람도 개별적 예언자(豫言者)란 용어로 표현된 것이 없다. 구약성경에는 나비(NABI)란 용어가 300회 이상이나 나오는데 그 중에서 3분의 1 정도가 예레미아 서에 언급되었다.

"예언자(豫言者)의 또 다른 의미의 하나는 『하나님의 사람』이다". 이 말은 구약에서 76회나 사용됐고, 그 대부분의 말이 엘리사에게 사용되었다. (엘리야 26회, 모세 5회, 사무엘 4회, 다윗 3회, 스마야 2회, 그리고 무명의 사람에게도 한두 번 사용되었다). 하나님의 사람들은 자신을 온전히 하나님께 드린 『나실인』(Nazirite. 민 6:2, 18. 19:2. 신 15:19. 출 20:25. 삼상 1:11. 왕상 6:7) 이었다. 모세, 이사야, 예레미아, 에스겔, 다니엘 등은 참된 하나님의 사람들이었다. 그리고 오늘날 그리스도 안에서 부르심을 받아 성령으로 거듭난 성도들도 그 속에 포함된다.

"예언자(豫言者)들은 자기의 꿈이나 이상을 말하는 자들이 아니오, 하나님의 깊은 마음을 알아서 드러내 보인 사람들이다". 그러한 의미에서 하나님의 『종』이요, "하나님께 포로된 자"들이다. 그들은 하나님께 미친 사람이요, 그들의 속에 들어 있는 義는 하나님의 속성 중에 하나이어서 받은 사람들 외에는 전혀 다른 사람은 알 수 없다. 그들은 그 의를 이루기 위하여 목숨까지 버릴 수 있었다(마 14:1~12). 예언자(豫言者)들은 하나님으로부터 새로이 지음 받은 의의 사람, 견고한 성, 쇠기둥, 놋성벽(렘 1:18~19) 이었다. 그들의 눈에는 왕도, 제사장(祭司長)도, 민중도 보이지 않고 오로지 하나님만 보였다.

"예언자(豫言者)들은 가장 높은 도덕적(道德的) 정치가(政治家) 였다". 그들은 만군의 여호와의 뜻을 알아서 세계가 어떻게 될 것인지 그 방향(方向)을 밝히 알았다. 그들은 온 국민의 흥망성쇠(興亡盛衰)의 원리를 알았다. 그들이 흥한다면 흥하고, 망한다면 망했다(잠 14:34). "그들의 말이 곧 하나님의 말씀이요, 축복이요 저주였다. 백성이나 위정자(爲政者)들이 예언자(豫言者)들의 소리에 귀를 기울이면 형통하고 평화로웠다". 그러나 그 말을 외면하고 의인을 핍박하고 욕하여 옥에 가두면 그 나라는 견고하지 못하고 멸망하였다. 이것은 역사적 (歷史的) 거울이요, 교훈이다.

C. 예언을 읽는 방법

예언은 하나님의 말씀이므로 반드시 성취된다. 그러나 "하나님의 약속이라도 필연적(必然的)으로 성취된 것이 있고, 조건부적(條件附的)으로 성취된 것이 있다. 자연 현상은 하나님의 말씀대로 성취되나 국가(國家), 인류(人類), 역사(歷史)는 대부분(大部分) 조건부적이다. 그 이유는 자연은 의지가 없으나 사람은 자유의지(自由意志)와 인격이 있기 때문이다". 하나님은 그 자유의지(自由意志)를 존중히 여겨서 시대마다 예언자(豫言者)들을 보내어 인간에게 당신의 의사를 전달한다. 하나님은 善과 惡을 정하여 놓지 않고 사람의 선택에 맡기신다. 인간의 결정 여하에 따라서 하나님의 말씀을 받아들이면 善이고, 받아들이지 않으면 惡인 것이다. 그러므로 善도 惡도 모두 인간의 의지에 있다.

성서의 예언을 읽음에 있어서 이것을 유의하여야 한다. 비록 하나님께서 예언자(豫言者)들을 통하여 비참한 일을 선포했을지라도 그것으로 끝은 아니다. 형벌과 은혜가 하나님께 대한 태도에 따라서 변경될 수 있다. 이 진리를 가장 분명하게 말씀해 주신 곳이 (신명기 28:1~8, 15~20, 25)의 말씀이다. 하나님의 말씀을 청종하지 않으면 저주(詛呪)이다. 그러나 회개하고 순종하면 구원과 축복이다(욘 3:10). 사람이 돌이키면 하나님도 돌이키신다. 이스라엘이 예레미아 선지의 말을 듣고 회개하였더라면 바벨론 70년의 유배생활(流配生活)은 없었을 것이다(렘 5:1~2).

사람의 위대성(偉大性)은 여기에 있으니 사람의 의지 변화에 따라서 하나님의 마음도 바꿀 수 있기 때문이다.『여호와께서 이의 뜻을 돌이키사 이것이 이루지 아니하리라』(암 7:3~6), 그러므로 "하나님의 예언은 절대불변(絶對不變)의 것은 아니며, 그런 의미에서 조건부적(條件附的)이다". 하나님께서 사람의 마음의 변화에 따라 그 계획이 변경된 이유는 죄는 미워하시되 사람은 사랑하기 때문이다. 하나님의 예언은 절대적 불변(絶對的 不變)의 말씀은 아니다. 그 말씀은 언제나 약속과 경고가 함께 있음을 읽어야 한다.

D. 예언자의 소명

예언자(豫言者)는 하나님으로부터 특별한 임무를 받은 사람들이다. 그들을 구약에서는 선지자(先知者)라고 하였고, 신약에서는 사도라고 부른다. 이 두 직분을 받은 사람들은 모두가 하나님의『보내심을 받은 자』란 뜻이다. 그들은 하나님으로부터 부르심을 받기 전에는 각기 직업을 가지고 있어서 자기 일에 충실한 사람들 이었다. 그러나 하나님으로부터 부르심을 받은 후부터 그들은 자각하기를 하나님께서 예정하시고, 택하시고, 부르셨다고 하였다. 예레미아와 같은 사람은『내가 너를 복중에 짓기 전에 너를 알았고 네가 태에서 나오기 전에 너를 구별하였고 너를 열방의 선지자로 세웠노라』(렘1:4~5) 하였다. 여호와께서는 그를 요새화된 도성과 같이 만드사 그에게 대항하여 싸울 나라와 대결하도록 하였다(렘 1:18~19). 아모스는 양을 치는 목자로 일하고 있을 때 하나님께서 그를 불러서 이스라엘에게 예언하도록 하였다(암 7:15). "저들은 하나님께서 내려 주신 내적 계시를 객관화(客觀化)시켜 종교적(宗敎的), 도덕적(道德的), 순결을 전하는 일에 자기의 생명을 다하였다".

"하나님은 그들에게 꿈(dream)과 환상(vision)과 묵시를 받아 입증한 자들이다(민 12:6. 신 13:7. 렘 23:5). 꿈은 잠잘 때 꾸는 것이요, 환상은 정신이 온전할 때 영으로 보는 것이다(사 6:1~6). 그러나 히브리 예언자(豫言者)들은 꿈과 환상을 초월하여 영적으로 성령의 조명을 받았다". 그러나 선지자(先知者)들이라고 하여도 모두 의식적(意識的)으로 소명을 자각한 자들은 아니었다. 어떠한 경우에는 선지학교(先知學校)를 다니며, 선지수업(先知受業)을 받은 자들도 있었다(왕하 2:3, 5~7, 15. 4:1, 38). 이러한 자들은 선지자적 사명(先知者的 使命)을 받은 사람들이라고 할 수 있다.

하나님께서 부르시는 자들에게 내리시는 영감은 여러 가지 말로 표현되어 있다.『여호와의 신이 크게 임하셨다』(삼상 10:6, 10),『여호와의 권능이 임하셨다』(왕상 18:46. 겔 1:3),『하나님의 신이 강림하였다』(사 6:34),『여호와의 신으로 채움을 얻었다』(미 3:8)는 말씀으로 표현하였다.

초기의 선지자(先知者)들은 신비적(神秘的)인 경험이 많았으나 후대에 오면서 점차적(漸次的)으로 사색적(思索的)이고, 의지적(意志的)인 선지자(先知者)로 변하였다(대상 29:29). 처음에는 병을 고치기도 하고, 사람들에게 생활의 여러 가지 고문역(顧問役)도 하였다. 그러나 후대에는 정치적(政治的), 종교적(宗敎的)으로 국가와 백성들에게 어려운 일이 있을 때마다 하나님의 계시를 받아서 백성과 왕들에게 전하였다.

E. 예언자들의 활동

예언자(豫言者)들은 단순히 좋은 충고만 하는 슬기로운 자들만은 아니었다. 그들은 하나님으로부터 선포할 말씀을 받은 자들이요, 그리고 받은 것을 그대로 선포한 자들 이었다(사 50:4). 그렇다고 저들은 무의식적(無意識的)인 기계는 아니었다. 저들은 인간적 능력(人間的 能力)의 한계 안에서 실수도 하였다(삼하 7:3). 성서는 하나님과 예언자(豫言者)의 다양한 대화를 기록하였다(왕상 19:9~18. 겔 4:7~15). 그 대표적(代表的)인 말씀이 하박국서이다. 첫 두장에는 하나님과 그 예언자(豫言者)의 대화가 포함되었는데 하박국은 질문하고 하나님께서는 대답하는 형식이다. 예언자는 전능자(全能者)도 아니어서 하나님의 다양한 방식에 따라서 하나님의 뜻을 땅위에서 수행하는 자들이었다(히 1:1~2).

1. 예언자들의 도덕갱신운동

"예언자(豫言者)들은 율법이나 제사(祭祀)의 전문가(專門家)들은 아니었다. 그들의 사명은 주어진 하나님의 말씀을 따라서 타락하고, 부패한 제사들과 백성들을 향하여 하나님의 마음을 전하는 자들 이었다". 그 말씀이 경고가 되기도 하였고, 심판의 예고도 되었다. 그러한 이유 때문에 많은 핍박도 받았고, 때로는 죽임을 당하기도 했다(마 5:12, 마 21:35, 22:6, 23:34, 대하 36:16, 렘 37:15, 고후 11:24).

저들은 이스라엘 종교가 타락하여 신명기적(呻命記的) 신앙과 사상에 배치되고 종교 윤리가 부패하였을 때 언제나 그 표준을 하나님의 거룩하심에 두고 『나도 거룩하니 너희도 거룩하라』는 말씀으로 저들의 영적인 각성을 촉구하였다. 선민들이 영적인 신령한 생활에는 힘쓰지 않고, 물질주의(物質主義)로 타락하고 제사들은 성전 예배의식만 주장하며, 선지자(先知者)들은 온 백성들의 죄를 옅으게 치료하며 『평안하다, 평안하다』(렘 6:14)하였을 때 하나님의 입장에서 타락한 무리들을 비난하고 회개를 촉구하였다.

하나님께서는 십일조(十一條)도 원하시지만 고아를 불쌍히 여기며 신의와 자비도 원하신다(마 23:23)고 강조하였다. 그러나 현실은 너무나 하나님의 말씀과 멀리 떨어져 있어서 유산계급(有産階級)들의 사치(奢侈), 향락(享樂), 무질서(無秩序), 압제(壓制), 무관심(無關心), 횡포(橫暴), 제사장들의 오만(傲慢), 불신앙(不信仰)의 왕들을 향하여 시급한 회개와 개선을 강조하였다.

이스라엘은 선민의 나라요, 제사장(祭司長)의 백성인데, 그들이 본분을 망각하고 다른 길로 갈 때에 예언자(豫言者)들은 생명을 내놓고 그 길에서 돌아서라고, 양심을 향하여 사자같이 부르짖었다. 그리고 때로는 저들은 눈을 정치 쪽으로 돌려 왕들의 독선적 태도(獨善的 態度)를 배격하고 하나님 중심의 국정을 하라고 강조하였다(왕상 19:. 사 30:). 때로는 예레미아 같은 선지자는 바벨론에게 승복하는 것이 하나님의 뜻을 복종하는 것이라고 강조하였다. 그러한 이유로 예레미아는 극심한 박해를 받았다. 『네가 순종하면 이 땅의 소산을 먹으려니와 순종치 아니하면 칼에 망하리라』(신 7:13. 28:33, 42, 51) 하였다. 이스라엘의 도덕적 표준(道德的 標準)은 곧 저들의 신앙의 표준이었기 때문이었다.

2. 예언자들의 종교적 주장

예언자(豫言者)들의 종교적 교훈(宗教的 校訓)의 주장은 도덕적 교훈과 밀접한 관계가 있다. 그들의 주장을 보면 종교적 교훈(宗教的 校訓)과 도덕률(道德律)은 분리시킬 수 없는 것이었다. 그들이 주장한 아름다운 도덕생활(道德生活)은 신명기의 도덕률(道德律)을 지키는 것도 중요하지만 『마음을 다하고 뜻을 다하고 성품을 다하고 힘을 다하여 하나님을 섬기고 이웃을 사랑하여 아름다운 생활을 실현하는 것이라』고 주장했다.

우리가 하나님 앞에 어떤 것으로 봉사하던지 그 봉사자가 그 생활을 통하여 하나님을 닮아진다. 즉 거룩함과 선함과 아름다움으로 봉사하면 그 봉사를 통하여 자신도 그렇게 닮아 진다. 호세야가 자기의 아내를 용서하고 사랑하였을 때 그는 하나님의 사랑의 선지자(先知者)로 변하였다. 선지자의 메시지(message) 속에 예언적 요소(豫言的 要素)가 농후한 것은 사실이다. 그러나 그 예언은 당시 보통 점쟁이의 것과는 전연 그 성질과 발원이 다르다. 이스라엘의 예언자(豫言者)들의 말씀은 국민적(國民的), 국제적(國際的) 이었다(왕상 22:34).

북왕국의 멸망과 남왕국(南王國)의 멸망은 모두가 선지자(先知者)들의 도덕력(道德力)과 우주적 선견력(宇宙的 先見力)이 있음을 입증하여 주고 있다. 구약의 예언자(豫言者)들은 이상적(理想的) 메시아(Messiah)를 예언하였고, 그는 다윗의 뿌리에서 탄생한다고 하였다. 이 메시아를 하나님의 종으로, 유잔자(遺殘者)로 표현하였고, 어떤 때에는 그를 정치적(政治的) 메시아, 즉 고레스(Cyrus)를 메시아로 말할 때도 있었다(사 45:1). 기독교인(基督敎人)들도 메시아(Messiah)를 그리스도로 믿으며, 세계역사(世界歷史)의 최종완성자(最終完成者)로 믿는 바이다.

3. 예언자들의 메시아 예언

하나님의 뜻을 만 백성에게 알리기 위하여 부르심을 받은 선지자(先知者)들은 먼 장래의 사건을 볼 수 있는 안목을 소유하였다. 그 통찰력(洞察力)은 현실이 아무리 암담해도 그 어둠 저편에 있는 광명한 장래를 보고 믿으면서 예언하였다. 그들은 백성들에게 그 길을 준비를 하라고 가르치면서 현실을 무시하지 않고, 실제적 활동(實際的 活動)을 충실히 하면서 이상과 현실을 잘 조화시키며 살았다. 이러한 신앙 사상은 후일에 메시아(Messiah) 사상에 지대한 공헌을 하였다. 이스라엘은 세계 평화(世界平和)를 이룰 메시아는 하나님으로부터 기름 부음을 받을 자라고 믿었다. 그리고 영광스러운 장래는 메시아(Messiah)를 통하여 실현된다는 것이다. 그를 다윗의 아들로, 인자로, 하나님의 아들로, 여호와의 고난의 『종』으로 묘사되었다.

후일에 주님께서 율법과 선지자(先知者)들의 가르친 바를 온전히 이루기 위하여 오셨다고 말씀하신 바 있다. 그러므로 구약의 성서는 예수 그리스도를 지향하면서 그를 증거 하였고, 신약의 말씀은 완성하신 율법과 예언을 믿으며 적용하면서 영광스러운 완성의 날을 기다린 것이다. 예언자들이 말한 메시아(Messiah)는 그리스도의 인격(人格), 일생(一生), 고난(苦難), 죽으심(死), 부활(復活), 승천(昇天) 등을 통하여 완전히 이루어졌다. 그들이 예언한 완성의 날은 과거의 예언 성취와 같이 완성될 것이다. 율법의 완성이 그리스도로 말미암아 성취됐으니, 예수 그리스도의 예언도 일점일획(一點一劃)도 변함이 없이 모두 성취될 것이다(마 5:18). 하나님의 백성을 격려해 주시고 위로하여 주시기 위하여 본성을 계시하신 하나님은 어떠한 특수한 상황에서도 계속하여 당신의 백성들이 갈 길을 보여주실 것이다.

이 사 야 서

Ⅱ. 이사야서 개요

A. 서 론

이사야가 활동하던 시기는 산헤립(Senacherib)이 예루살렘을 위협하던 시기(B. C. 701년)였다. 그는 예언자(豫言者)로 유다와 예루살렘에 대한 묵시를 통하여 예언한 유다 최대의 선지자(先知者)로 존중된다. 그는 정치가(政治家)로서 유다의 국사에 참여하여 활동한 인물이다. 그는 아모스(Amos)의 아들로 예루살렘에서 출생하였다. 전승에 의하면 아모스는 아마샤 왕의 형제라고 한다. 그러나 신뢰할 수 없다. 이사야는 예루살렘에서 성장하였다(사 1:1).

이름은 히브리어로 에샤야후(Yesha yahu) 및 예샤야(ysaya)이며 헬라어로는 에시이아스(esaias)이다. 이름의 뜻은 『여호와가 구원하신다』이다. 이 이름은 유대에서 흔히 볼 수 있는 이름이다(대상 25:3, 15. 26:25. 스 8:7. 느 11:7). 그는 20세 초에 선지자(先知者)로 소명을 받고(B.C. 779년 ~ 689년 사망), 히스기야 왕 14년까지 살면서 40년 이상이나 선지자(先知者)로 활동을 하다가 90세에 죽었다. 그는 호세야, 미가 선지와 동시대(同時代)사람으로 알려졌으며, 전설에 의하면 므낫세왕 시대에 순교했다고 전한다(히 11:37. 이사야 승천기. 왕하 21:16).

이사야에 대하여 제사장(祭司長) 출신이라는 설도 있으나 확인할 수 없으며, 그는 귀족 출신으로 왕과 더불어 국사를 논하였던 것으로 여겨진다(사 7:). 그는 정치적 식견(政治的 識見)이 풍부하였으며, 시종 품위 있는 성품의 소유자로서 왕들로부터 존경을 받은 것으로 생각된다. 이사야는 예언자(豫言者, 사 8:3. 38:1)와 결혼하여 슬하에 두 자녀 『스알야습』(Shear-jashub)과 『마헬살랄하스바스』(Maher-shaiai-hashbaz)를 두었다(사 7:3.

8:3).

이사야는 복음적 예언자(豫言者)이며, 문학적 천재(文學的 天才)로 그의 표현(질문 및 대화 : 사 6:8. 10:8~9. 반제 : 사 1:18. 3:24. 17:10, 12. 과장 : 2:7. 5:1~7. 28:23~29)이나 표상(사 1:13. 5:18, 25. 8:8. 10:22. 28:17, 20. 30:28, 30)의 방법을 능가할 자 없다. 그의 문체는 히브리 문학 예술(文學藝術)의 정점이었다. 그의 시대적 묘사는 모두 완성된 것으로 완벽한 예술가(藝術家) 였다. 그 美와 힘은 이사야서의 전체적(全體的) 특징이다.

그 예언의 중심은 『종』의 사상을 내포한 메시아(Messiah) 예언이 대부분(大部分)이다. 이사야서는 묵시로써 예언적 설교(豫言的 說敎), 찬송, 자서전(自敍傳)과 같은 성격이 있다. 신약성서(新約聖書)에서 모세와 함께 그리스도로부터 사랑을 받은 사람으로 그의 신학 사상은 그리스도에게 직결되어 있다. 그의 예언 중에 메시아의 탄생과 수난(受難)은 그 어떤 예언자(豫言者)에게서도 찾아보기 힘든 말씀이다. 우리는 이사야를 통하여 예수의 이상을 발견하게 되며, 이사야를 모르고서는 예수 그리스도를 정확하게 설명할 수 없다.

B. 소명 후의 이사야

이사야는 예루살렘에 거주하면서 유대 왕족인 아하스와 친근한 상관성(相關性)을 가지고 있었다(사 7:3~16. 37:21~35. 38:3~8). 이사야는 당시에 있었던 『예언자 학교』에는 다니지 않았던 것으로 여겨진다. 그는 분명치는 않으나 20세 경에 요담왕 시대의 역사를 편찬한 것으로 생각되며, 히스기야 시대의 역사편찬(歷史編纂)에도 관여된 것으로 생각된다(대하 26:22. 32:32). 그러한 의미에서 그는 웃시야 왕과 아하스 왕의 역사편찬(歷史編纂)에도 많은 관여를 한 것으로 여긴다. 특별히 그의 예언은 시 형식(詩形式)으로 되어 있으며(사 12:1~6. 25:1~5. 26:1~12. 38:10~20. 42:1~4. 49:1~9. 50:4~9. 52:13~53:12. 60:1~62:. 66:5~24), 선지자(先知者)로서 직무와 관련된 많은 설교는 왕들과 많은 관련을 가지고 있다. 그의 풍부한 어휘(語彙)는 에스겔이 1,535단어, 예레미아는 1,635단어, 시편 기자는 2,170단어를 사용하고 있지만 이사야는 2:186단어를 사용하여 하나님의 묵시를 표현하였다.

이사야의 소명은 『웃시야 왕이 죽던 해』에 있었다(사 6:1~13). 그러나 많은 주석가(註釋家)들은 이것을 처음 소명으로 인정하기를 꺼려한다. 웃시케야 왕은 문둥병이 걸려『성에서 멀리 떨어진 집에서 거주하였고』그의 아들 요담이 섭정을 보았다(왕하 15:5. 대하 26:21). 이사야의 예언 중 1장에서 5장까지는 이때에 기록한 것이라 주장한 자도 있다. 그리고『웃시야 왕이 죽던 해』(사 6:1) 하나님으로부터 묵시(默示)를 받고, 엄숙한 하나님의 말씀에 자원하고 선지자(先知者)의 길을 가게 되었다.

이사야는 신명기적(呻命記的) 신앙 사상을 가진 자였으므로 하나님을 두려워하는 성향을 지니고 있었다. 그의 예언의 성격을 보면 모든 사람들과 비타협적(非妥協的) 태도로써 예언을 하였다(사 7:13. 38:1. 대하 24:17~22. 1:15, 21). 예언의 말은 강인하였고, 불의를 책망하는데 주저하지 않았다. 그는 이스라엘 백성들이 자행하고 있는 학대(虐待), 탐욕(貪慾), 교만(驕慢), 오만(傲慢)함을 조금도 용납하지 않았다(사 1:10~23. 2:11~17. 3:9~15. 5:7~25. 28:7~15). 그의 비난은 가혹하리만큼 비판적(批判的) 이었다. 『창기』(사 1:21),『범죄한 나라』(사 1:4),『허물진 백성』, 『행악의 종자』,『행위가 부패한 자식』(사 1:4)이란 말을 사용하였다(사 30:9).

이사야 선지는 이와 같은 대담성(大膽性)과 엄격성(嚴格性)을 통하여 하나님의 영광이 더럽혀지지 않기 위하여 언제나 비타협적(非妥協的)이었다. 이러한 성격은 개인, 국민, 타국에 대한 예언에서도 잘 나타났다(사 22:4. 15:5. 16:9~11). 그는 타인의 아픔을 자기의 아픔으로 인식하여 떨기도 하였다(사 21:3~4). 그는 민족적 비극(民族的 悲劇)을 메시아(Messiah)의 출현과 연관시켜 예언하기도 하였다(사 2:2. 11:10~12. 19:32~25. 40:5. 42:1~4. 54:3). 그는 인종적 특권의식(人種的 特權意識)이나 개인적 이권의식(個人的 利權意識)같은 것은 없었다. 그렇다고 반민족적(反民族的)이거나 민족에 대한 무관심주의자(無關心主義者)는 아니었고, 하나님 편에 선 세계적 예언자(世界的 豫言者)였다.

이사야는 이스라엘을 침범한 나라의 오만한 王에 대하여 경고하였고 (사 7:5. 37:22), 거룩한 성읍을 더럽힌 자들에 관하여 경고하였다(사 13:1 ~22. 14:4~23. 21:1~10. 45:1~3. 46:1~11. 47:1~15. 48:14). 그는 우상 숭배자(偶像崇拜者)들에 대한 어리석음을 탄식하였다(사 44:12~17. 렘 10:3~16). 실로 그는 하나님 편에 선 영적 예언자(靈的 豫言者)였다.

이사야의 예언의 특색은 영적이고, 내적인 것으로 언제나 외형적(外 形的)인 어떤 행위보다『마음속에 숨겨진 인간성』을 중요시하였다(사 1:11~13. 66:3). 인간의 마음의 순수성(純粹性. 복종)만이 하나님 앞에 가장 고귀한 것으로 역설하였다. 또다른 특색은 다양한 표상을 많이 사 용하여 거룩하신 하나님께 대한 경외를 주장하였다는 것이다.(사 57:15. 8:13. 2:10. 6:1~5).

C. 이사야의 사역

1. 초기 사역(B. C. 742~734)

이사야의 초기 사역(初期 使役)은 그의 소명 이후부터 시작된다. 그의 소명은 신비적 체험(神秘的 體驗)으로 그의 신학사상(神學思想)에 많은 영향을 주었다. 이사야의 체험 문제 때문에 에스겔이나 예레미아 선지 와 같이 제사장(祭司長)이나 혹은 성소의 예언자(豫言者)로 생각하는 자 들도 있다. 그는 소명 후 예언의 성질을 보면 종교적(宗敎的)이며 사회 경제적(社會經濟的) 惡에 집중되어 있다. 그의 유다 백성들의 불신과 영 적 완고(靈的 頑固)함에 단호하였다.

이사야는 B. C. 734년 수리아가 에브라임과 유다를 침략함으로 공적 인 명성을 얻게 되었다. 그는 항상 언동에 있어서 보통 사람들보다 훨씬 차원 높은 위치에서 말함으로써 그의 인품이나 귀족성(貴族性)을 대변 하였다. 그는 임마누엘(Immanuel)의 탄생을 예언하며, 당시 앗수르의 보호를 대망하던 아하스(Ahaz)의 계획을 단호하게 반대하였다. 이사야는 유대가 다른 나라와 동맹을 맺음으로 후일에 정치적(政治的), 종교적(宗敎的)으로 더욱 큰 위험을 당하게 된다고 주장하였다(왕하 16:10~18).

이사야의 탄원은 외적으로 볼 때는 정치적(政治的)인 언동 같으나 실질적(實質的)으로 그 충고의 동기는 신앙에서 연유된 종교적(宗敎的)인 것이었다. 그는 언제나 어떤 인간이나 무력을 신뢰하는 것 보다 여호와 하나님을 신뢰한 것이 최상의 안전의 요건이라 하였다. 그 대표적(代表的)인 말씀은 『만일 너희가 믿지 아니하면 정녕히 굳게 서지 못하리라』 함이었다(사 7:9).

2. 중반기 사역(B.C. 715~705년)

이사야는 공생애(公生涯)에서 은퇴(隱退)하여(B. C .734~715년) 침묵을 지키며 여호와의 섭리를 기다렸다(사 8:16~18). 그러나 히스기야 (Hezekiah)가 아하스를 계승할 때 이사야는 다시 한번 자유롭게 예언할 수 있게 되었다(사 14:28~32). 이사야는 희망적(希望的)이고 낙관주의적 (樂觀主義的)인 예언자(豫言者)로 알려졌으나, 때로는 그는 유다의 운명을 상징적(象徵的)으로 예언하기 위하여 발을 벗고 예언하라는 명령을 받기도 하였다(사 8:18). 이사야는 이 명령을 평생 동안 외치며 명령을 수행하였다. 이와 같은 행동은 히스기야에게 경고한 말씀으로 앗수르에 대적하는 애굽에 절대로 가담하지 말라는 경고였다.

이사야는 동시에 앗수르의 잔악성(殘惡性)에 대해서도 잠잠하지 않았다. 하나님께서는 유다를 징벌하기 위하여 앗수르를 그 도구로 삼는다는 것이다(사 10:6~10). 그러나 하나님의 성수가 있는 한 앗수르를 그대로 영원히 존재케 하실 수 없고, 하나님의 경륜이 다하면 그들을 징계할 것이라 하였다. 하나님께서는 이스라엘이 됐던지 앗수르가 됐든지 교만한 자를 용납치 않으시고 징벌하신다는 것이다.

3. 후기 사역(B.C. 705~701)

B. C . 705년 사르곤 2세(2 Sargon)의 죽음은 앗수르를 반대하는 신호가 되었다. 바벨론왕 므로닥-발라단(Merodach-Baladan, B. C . 721~710 통치)의 사절의 사건(사 39장)은 이사야의 비참여정책(非參與政策)을 설명하여 준다. 하나님께서 세운 왕이 세상의 강대국(强大國)과 맺은 정책은『사망과 음부와 맺는 언약』(사 28:15)이라고 비난하였다. 애굽을 의존하여 동맹을 맺는 것을 비난하였다(사 30:1~5, 31). 그러나 히스기야는 하나님의 사람의 예언을 귀담아 듣지 않았다. 그 결과 산헤립(Senacherib)에 의하여 히스기야가 고난을 당하였다(왕하 18:13~37. 19:4. 사 37:4). 이사야는 산헤립(Senacherib)의 오만한 행동에서 이스라엘을 구원하시고, 보호하여 주신다는 것을 예언하였다(왕하 19:34. 사 37:35).

D. 시대적 상황

이사야가 살던 시대는 괴로운 시대였다. 이사야는 북왕국 이스라엘의 함락과 남왕국 유다의 공격을 보며 하나님의 모든 약속이 어떻게 실현되는가를 보면서 믿음으로 살았다. 그 시대적 배경(時代的 背景)을 살펴보면 다음과 같다.

1. 일반적인 상황

이사야가 살던 시대는 앗수르가 서방의 영토를 확장하기 위하여 혈안이 되어 있었던 때였다. 이전부터 아합과 근동의 여러 나라들은 연합군(聯合軍)을 만들어 (B. C . 854년에 카르타르 전투) 앗수르의 서방 진출을 저지하였다. 그러나 앗수르는 야욕을 버리지 못하고 계속적(繼續的)으로 서방 진출을 시도하였다. B. C. 754년에 디글랏 빌레셀 3세(3

Tiglath-Pileser, B. C. 754~727년까지 바벨론 왕)는 서방의 페니카아, 다메섹, 사마리아를 정복하고 그 나라의 왕들로부터 많은 조공(朝貢)을 거두워 들였다(왕 15:19~29). B. C. 732년에 디글랏 빌레셀 3세(3 Tiglath-Pileser)가 갈릴리를 정복하고 많은 민족을 혼합시켜 혼혈족(混血族)을 만들었다(왕하 17:6, 24).

2. 사마리아의 상황

살만에셀 5세(5 Shalmaneser, B. C. 726~722년)는 아버지 디글랏-빌레셀 3세(3 Tiglath~ Pileser)를 계승하여 아버지의 정책을 답습하였다. 이때 북왕국 이스라엘의 왕 베가가 내부적(內部的)인 음모로 살해되고 호세야가 왕이 되었다(B. C. 731년). 그러나 이 왕은 실질적(實質的)으로 앗수르의 꼭두각시에 지나지 않았다(왕하 17:3). 호세야는 급기야 반역을 꾀하다가 앗수르로부터 3년 동안 사마리아가 포위를 당하였고, 마침내 B. C. 722년에 멸망당하였다. 이때 북왕국(北王國)에 보내심을 받은 선지자(先知者)들이 있었는데 호세야와 아모스 선지였다(호 10:14).

살만에셀(Shalmaneser)에 의하여 북왕국이 멸망하여 점령당해 있으므로 유다는 앗수르의 위협에 있었으며, 아스글론은 이미 앗수르 군에 의하여 정복당해 있었다. 살만에셀(Shalmaneser)의 장군인 사르곤 2세(2 Sargon)는 사마리아인 27,290명을 추방하였고, 블레셋을 황폐케 하였다. B. C. 711년 사르곤(Sargon)은 애굽과 그 동맹국(同盟國)을 격퇴시켰다. 그러나 유다는 그 동맹국(同盟國)에 가담하지 않아서 그 화는 면하였다(사 20:1~6). 사르곤(Sargon)은 B. C. 721~705년까지 통치하였다.

3. 유다의 상황

사르곤(Sargom)의 아들 산헤립(Sennacherib, 앗수르와 바벨론 왕. 705~681년)은 유다를 침략하여 조공을 받았고, 히스기야 왕은 산헤립(Sennacherib)에게 은 300 달란트와 금 30 달란트를 바쳤다. 그는 유다의 성읍 46개를 정복하고, 200,150명을 포로로 잡아갔다(왕하 18:14). 그러나 산헤립은 B. C. 681에 살해당하였다(사 37:38).

4. 애굽의 상황

이사야 선지가 활동하는 시기의 애굽은 극도로 허약하였다. 그 당시의 애굽 왕은 테프나크테(B. C. 726~716년경)이었다. 호세야 왕이 도움을 청하였던 왕으로 생각된다(왕하 17:4). 제25 왕조의 사바카는 B. C. 709년에 애굽을 통일하여 B. C. 695년까지 통치하였다. 이 왕조에게 유다 왕은 도움을 청한 듯한데 이사야는 이와 같은 사실을 비난하였다(사 18:~20:. 30:. 31). 이사야서 37:9의 말씀을 보면 B. C. 690년에 타하르코가 왕위에 올라서 앗수르의 예루살렘 공격을 견제해 주었다.

5. 바벨론 상황

바벨론의 역사는 이사야 선지의 시대에 앗수르와 함께 깊게 관련되어 있다. 바벨론은 히스기야 왕이 통치할 때는 국제적인 세력을 가지고 세계적 강국(世界的 强國)으로 등장되어 있었다. 디글랏-빌레셀 3세(3 Tiglath-Pileser)의 치세 기간에는 갈대아가 바벨론을 점령하고 있었다. 이 때 앗수르는 바벨론을 재탈환(再奪還)하여 디글랏-빌레셀(Tiglath-Pileser)이 통치(統治) 하였다. 그 때 갈대아는 므르닥 발라단(Merodach-Baladan)이 통치하고 있었다. 그는 B. C. 721년에 아스돗 전쟁에서 앗수르를 바벨론에서 축출하고 바벨론을 재탈환하였다(B. C. 703년 산헤립의 등장으로 바벨론을 다시 빼앗겼다)(사 39:1~8).

히스기야는 이사야의 강력한 반대에도 불구하고 애굽(사 30:1~10), 바벨론(사 1~4), 불레셋과 동맹을 맺었다(왕하 18:8). 이로 보건대 이사야는 앗수르의 전성시대(全盛時代)에 살면서 바벨론의 발흥을 보았으며 유대인의 바벨론 유배에 대한 비참한 예언을 하였다. 이사야는 이와 같은 어려운 국제정세(國際政勢) 속에서 살면서도 유다에 대한 희망을 잃지 않고, 유다가 생존할 수 있은 방법은 오직 여호와 하나님을 신뢰하며, 그 약속을 신조로 고수해야 한다는 것이었다(사 8:12~13).

E. 이사야서의 저자 및 연대와 장소

1. 저 자

18세기 말 독일의 저술가 코페(Koppe)가 감독 로드(Lowth)의 이사야서를 번역한 것(사 40~66)을 읽고 이 예언에 대한 신빙성(信憑性)에 대한 의문을 갖게 되었다. 그는 이 예언은 이스라엘의 유배기(流配期)가 끝날 무렵 다른 저자에 의하여 기록되었다고 주장하였다. 그리고 그는 아모스(Amos)의 아들 이사야의 순수한 예언에 우연히 그의 이름을 붙여서 편집한 것이라 주장하였다.

독일의 합리주의자(合理主義者)들은 이와 같은 주장을 전적으로 받아드려 이사야서의 이사야 저작설(著作說)에 오물을 씌었다. 그들의 이름은 아래와 같다. 도레르린(Doderin), 아이흐호론(Eichhorn), 파울루스(Paulus), 바우어(Bauer), 로젠밀러(Rosnmuller), 드 베테(De Wette), 유스티(Justi) 등이다. 한편으로 에드발(Ewald)과 같은 자는 이사야서의 서론만 이사야의 저작으로 인정하고, 다른 부분은 제 2의 저작인(著作人)에게 돌린다.

이와 같은 주장은 이사야서의 통일성 문제와 관련된 문제를 제기하기 때문이다(자세한 것은 통일성에서 언급). 본서의 서두에 분명하게 『이사야가 유다와 예루살렘에 대하여 본 이상이라』(사 1:1) 하였다. 그 이상의 어떤 부정적(否定的)인 말도 용납될 수 없다. 왜냐하면 성경을 믿지 않는 것을 전제로 이와 같은 주장을 한다면 어떤 말씀도 인정될 수 없기 때문이다. 이사야서의 저자에 대한 부정적(否定的)인 학자들의 견해를 받아 드리지 않고, 이사야의 저서라고 말한 학자들도 많이 있다. 얀(Jahn), 헹그스덴베그(Hengstenberg), 클라이네르트(Kleinert), 헤버니크(Havernick), 스티어(Stier), 카일(Keil), 델리취(Delitzsch), 빈디쉬만

(Windishmann)과 영국의 헨더슨(Henderson), 힉스터불(Huxtable), 케이(Kay), 어위크(Urwick), 딘 페인 스미스(Dean Payne Smith) 등이다. 이들은 문체적(文體的) 통일성(統一性)의 문제에도 불구하고 통일성(統一性)의 필연성(必然性)을 주장한다.

2. 연 대

이사야서의 저작 연대(著作年代)에 대하여 문제가 된 것은 이사야의 족보가 명확하게 밝혀지지 않고 있기 때문이다. 저자에 대하여 『아모스의 아들 이사야』란 말씀 외에 다른 어떤 족보에 대하여 찾을 길이 없다. 그러한 까닭에 대체적(大體的)인 학설은 B. C. 739~681년이든지 혹은 좀 오래 전에 기록한 것이라 한다. 이사야 선지에 대하여 그렇게 많은 기록을 찾을 수 없는 것은 당시에 예언자 직분(豫言者 職分)이란 세습적(世襲的)인 것이 아니었기 때문이다. 그러한 까닭에 그의 족보 중에『다윗』이란 인물을 제외하고서는 아무런 기록이 없다. 이사야의 아버지 아모스(Amoz)에 관한 기록도 선지자(先知者) 아모스(Amos)와 구별됨을 알아야 한다.

이사야는 역사가(歷史家)들의 주장에 의하면 히스기야의 친구로 예루살렘을 쉽사리 왕래할 수 있었다고 한다. 히스기야의 종교개혁(宗敎改革)에 이사야의 예언이 많은 영향을 끼쳤다.

3. 장 소

이사야서의 기록을 연구하기 위해서는 그의 소명과 관계가 있다. 그가 성전에 들어가서 기도할 수 있었던 것은 그가 제사장(祭司長) 출신이라는 주장을 뒷받침해 주고 있다. 그가 성전에 들어가서 기도할 때 이 환상(이사야서 전부)을 받았는지, 혹은 일부를 받고, 또 다른 부분들을 나중에 받았는지 알 수 없다. 그러나 이사야가 본 이상임에 재언할 필요가 없다.

이사야서에 므낫세 왕은 물론 남왕국(南王國) 유다에 대한 예언과 사마리아에 대한 말씀(사 7:~12)을 볼 때 그의 예언의 방대함을 말해주고 있다. 그리고 이사야서에 사르곤(Sargon)이란 앗수르 왕의 이름이 언급되었으나(사 20장) 사마리아의 멸망을 언급하지 않은 점을 보면 예언자(豫言者)의 예언 장소가 유대를 벗어나지 않았음을 보여주고 있다. 그리고 이사야가 므낫세의 박해를 받다가 그에 의하여 나무 속에 숨었다가 나무와 함께 두 토막으로 켜져 순교 당하였다. 이 전설(이사야 승천기)은 이사야의 예언의 중심이 유대왕국의 위기와 격동의 시대를 겪으면서 유대에서 예언함을 강조해주고 있는 것으로 볼 수 있다. 그러므로 이사야서는 유대에서 기록되었다.

F. 이사야서의 정경성

이스라엘 사람들은 회당 같은 장소에서 성서를 읽기 위하여 작은 성서를 만들어 사용하였는데 그 대부분이 이사야서와 시편 같은 것으로 되어있다. 그 같은 것은 이사야서의 역사적(歷史的) 배경이 견고함을 볼 수 있다. 이사야서는 구약성서(舊約聖書) 중에 가장 긴 책이며 영적인 것이다. 그러므로 여러 면에서 풍부한 진리를 내포한 책으로 인정을 받았다. 이사야의 시대에 종교적(宗敎的) 문서가 많지는 않으나 이사야서는 유일한 당시의 문서로 인정을 받는다.

이사야는 당시의 어떤 예언자보다 신령한 능력을 소유한 인물로 각광을 받았다(사 48:22~25). 그는 미래적 사건의 예언을 세상종말(世上終末)과 연결하여 암시적(暗示的)으로 예언하였다. 그의 영적 예언(靈的豫言)과 권위에 대한 표현으로 볼 수 있다. 특히 이사야서의 전체 내용이 사해사본 중에 (다른 성경이 단편적(短篇的) 또는 부분적(部分的)으로 기록되어 있으나) 전편이 기록된 것을 보면 그 권위와 정통성(正統性)에 대하여 이의를 제기할 수 없다.

이사야서는 2세기 말까지 유대인들의 신앙훈련(信仰訓練)의 지침서(指針書)로 그들에게는 훌륭한 성서이었다(사 40:3). 특별히 쿰란 문서

(Qumran Codeu) 중에 사독(Zadok)의 문서가 많이 발견되어 있는데 그 문서의 내용 중에 이사야의 글이 단편적(短篇的)으로 많이 사용되어 있다. 특히 『감사와 찬양』의 시들 중에 이사야의 예언이 많이 수록되어 있다. 이사야의 글은 유대인의 신앙에 많은 영향력(影響力)을 끼친 것으로 그 정경성(正經性)에 대하여 반대하는 자가 없다.

신약성서(新約聖書)에 나타난 말씀 중에 예수께서 인용한 말씀을 보면 그 정경성(正經性)에 대하여 더욱 의심할 여지가 없다(마 4:15~16. 8:17. 12:18~21. 13:14~15. 15:8~9. 21:13).

G. 이사야서의 통일성

18세기에 성서 고등비평(聖書 高等批評)이 발생하기 이전까지는 이사야서의 통일성 문제에 대하여 이론을 제기하지 않고 그대로 받아드렸다. 그러나 18세기 이후 현대 신학자들의 새로운 성서 연구인 원문비평(原文批評)이 생긴 후부터 저자는 물론 표제문제(標題問題)까지 많은 이론이 재개되었다. 그러나 본서가 이사야의 작이며, 그 내용 역시 통일되어 있음을 부인할 수 없다. 그와 같은 것은 모든 사본들이 증명해주고 있으며 계속하여 발견된 사해사본과 쿰란에서 발견된 두루마리에서 이사야서의 통일성(統一性)을 확증해 주고 있다. 그러나 학자들의 견해를 보면 다음과 같다.

1. 현대적 비평

독일의 성서비평가(聖書批評家)들은 이사야서의 40장에서 66장까지는 이사야의 저작이 아니라고 주장한다. 이 부분을 그들은 『제 2 이사야』라고 불러왔다. 그들의 주장에 의하면 이사야는 1장부터 39장까지만 기록하였고, 그 다음의 기록은 천재적 재능을 가진 무명의 사람이 기록하여 이사야서에 첨부하였다는 것이다. 그리고 한 걸음 더 나아가서 이사야서 55장부터 66장까지 다시 분류하여 B. C. 400년경에 제 3 이사야

(Trito Isaiah)에 의하여 기록하였다 하여 『제 3 이사야서』라고 부르기도 한다. 그리고 저들은 이사야서 1장에서 39장도 다시 구분해야 한다고 말한다(13장, 14장, 26장 27장 34장, 35장은 이사야의 작이 아니라 함). 이와 같은 주장은 비평학자 E. J. 영, 아이스펠트. 로버트 파일퍼. O. T. 엘리스의 주장이다.

그들의 주장인즉 두 편의 문체와 사상이 대조적(對照的)이라는 것이다. 이사야서의 초반부 1장에서 39장까지의 내용은 심판에 대한 어조가 대부분이며, 40장 이후의 내용은 너무나 대조적(對照的)인 복음의 성격으로 되어 있다는 것이다. 그들은 제 3 이사야는 제 2 이사야를 모방하여 기록하였다고 주장한다. 그러나 우리는 그와 같은 표현은 복합적(複合的)인 작자의 표현이라 생각할 때 특별한 설득력(說得力)이 없다고 본다.

다른 학자들의 견해를 참조해 보면 이사야서는 전부가 구전으로 전승되어 오다가 B. C. 450년경에 이르러 전승된 전부의 내용이 문자로 기록되었다고 주장한다. 그러나 이와 같은 내용들의 주장도 설득력(說得力)이 없다. 우리는 어느 시대나 문학작품(文學作品)을 기록한 자들의 책을 보면 한 사람의 구상에서 희극도 나오고, 비극도 나오며, 애정물(愛情物)도 나오고, 전쟁물(戰爭物)도 나오며 산문도 나오고, 역사적(歷史的)인 사건을 다룬 기록도 얼마든지 찾을 수 있다. 그러므로 이사야서의 힘차고 강한 생명력(生命力)있는 글을 보면서 그 글의 내용의 복합적 성격(複合的 性格)에 하등의 이의(異議)를 제기할 수 없다.

2. 바벨론 포로의 예언 문제

이사야서의 통일성(統一性)에 대한 회의(懷疑)를 갖는 자들에 의하면 이사야 41장부터 46장까지의 배경과 이사야 시대의 배경이 너무나 많은 차이가 있다는 것이다. 바벨론의 문제가 B. C. 700년경에 도저히 쓰여질 수 없다는 것이다. 이들의 주장에 의하면 B. C. 539년 경에 나타난 바벨론의 정복자(征服者) 페르시아의 왕 고레스(Cyrus)의 이름이 어떻게 언급될 수 있겠느냐? 라고 반문한다(사 44:28. 45:1). 이 이름은 미래사(未

來事)들에 대한 예언적 절정(豫言的 絶頂)으로 기록되었기 때문이다.

역사적 견지(歷史的 見地)에서 볼 때 자연주의자(自然主義者)들은 모든 사고 방식이 예보적 예언(豫報的 豫言) 같은 사실을 믿을 수 없는 것이라 한다. 그리고 그와 같은 부분이 이사야 사후에 첨가된 기록으로 생각한다. 기독교 역사 가운데 많은 신학자(神學者)들은 물론 신자들은 이 사실을 믿는데 조금도 인색하지 않다. 다시 말하면 자연주의자(自然主義者)와 신앙인(信仰人)의 역사적 접근(歷史的 接近)의 방법은 상당한 차이가 있다는 것이다. 그러므로 이와 같은 주장은 자연주의자(自然主義者)의 역사적 접근방법(歷史的 接近方法)이 불신앙적(不信仰的)인 입장임을 말해준다.

O. T. 엘리스 같은 자는 이사야서의 전반을 이와 같은 불신의 방법으로 분해하여 통일성(統一性)에 대한 비판적 태도(批判的 態度)를 취하고 있다. 그러나 이성주의(理性主義) 입장에서 무엇이라 주장한다하여도 그 예언에서 어떤 하나님의 섭리적 사건(攝理的 事件)들이 성취되고 있는가를 우리는 성서적 입장에서 발견하게 된다. 하나님의 말씀을 믿지 못하는 이성주의(理性主義)와 자연주의(自然主義)는 신앙의 입장에서 수용할 수 없는 망언이며, 전혀 가치없는 망언에 불과한 것이다. 우리는 성서를 비판적 입장(批判的 立場)에서 말하는 소리를 들으려고 연구하는 것이 아니라 하나님의 섭리와 음성을 들으려고 상고한다.

비평적 연구가(批評的 硏究家)들은 예언적 자료와 연대에 대하여 이사야서 40장부터 55장까지에서 바벨론 포로에 대한 예언을 찾을 수 없다고 주장한다. 이 말씀은 고레스(Cyrus)의 통치 문제와 이스라엘이 유배지(流配地)에서 풀려 귀환한 사건이 기록되어 있기 때문이다. 그러나 이들의 주장은 포로생활의 시작으로 보며 그 상황은 당시의 상황과 일치한다고 주장한다. 그러므로 익명의 사람이 기록한 것이라 주장한다. 그러나 예언자(豫言者)는 신적 통찰력(神的 洞察力)을 가지고 희망적(希望的)인 사건을 예언하고 있는데 그것이 바벨론 포로의 귀환의 사건을 예언한 것이다.

우리는 이 장에 기록한 말씀의 진의(眞意)를 자세히 검토해 보면 이사야선지는 이 말씀을 시온, 곧 예루살렘에게 고하고 있다(사 40:2. 41:27). 하나님께서는 사방에 흩어져 있는 이스라엘의 포로민(捕虜民)들에게 귀환할 것을 약속하고 있다(사 43:5~6). 이 말씀은 전적으로 바벨론에 적용하여서는 안된다는 것이다. 물론 이사야의 예언 중에는 바벨론에 대한 문제를 예언한 바도 있다(사 43:14. 47:1. 48:14). 유대인의 귀환과 성전의 재건문제(再建問題)도 언급한바 있다(사 44:26~28. 45:13. 48:20. 51:11). 그리고 애굽의 귀환문제도 언급하였다(사 49:12). 이사야의 예언을 보면 어떤 사건을 일회적(一回的)으로 예언한 것이 아니고, 포괄적(包括的)이고 다양성(多樣性)있게 예언된 것이라 할 수 있다. 그러므로 비평가(批評家)들의 부당한 성경의 구분 때문에 하나님의 경륜에 손해를 입혀서는 안된다.

J. 바톤 페인의 견해를 보면 이사야 40장에서 55장까지의 말씀은 B. C. 8세기를 배경으로 한 동방의 정복자 산헤립(Senacherib)의 사건이라 한다. 이 기사에서 사건의 지명과 연대기(年代記)에 대하여 예보적 예언(豫報的 豫言)으로 기록될 수 없다는 것이다. 그러나 보수주의자(保守主義者)들은 이 견해를 수용하지 않는다. 이사야 40장에서 55장의 사건은 팔레스타인에서 기록된 것이 사실이다(사 57:7. 62:6. 63:1. 64:10~11). 그러나 이사야 선지는 이 예언에서 종말론적 사건(終末論的 事件)을 상징적(象徵的)으로 언급하고 있음을 알아야 한다. 예언의 독창적(獨創的)인 해석의 방법을 버리고서는 예보적 예언을 한 마디도 해석할 수 없을 것이다.

예언적 사건(豫言的 事件)을 수용할 수 있는 자라면 이사야 40장에서 48장의 사건뿐만 아니라 전성서(全聖書)의 예언은 과거적(過去的)이고 현재적(現在的)이며 미래적(未來的)이란 것에 하등의 이의를 제기하지 않는다. 이사야는 동시대(同時代)의 사건뿐만 아니라 미래적 사건(未來的 事件)을 하나님의 장중에서 거울 속을 보는 것처럼 환하게 들여다보면서 예보하고 있음을 알아야 한다. 그러므로 예언은 언제나 현재성(現在性)과 미래성(未來性)을 내포함을 알아야 한다(사 41:22. 42:9. 44:7~8. 45:4. 46:10. 48:3~6).

이사야서의 통일성(統一性)은 언어적 유사성(言語的 類似性)과 사상
과 수사학적 유사성(修辭學的 類似性, 사 6:5. 57:15. 1:24. 49:26. 60:19)을
가지며, 읽는 자들로 하여금 동일인(同一人)의 저작임에 의심의 여지를
주지 않는다. 이사야서의 통일성(統一性)은 신약성서(新約聖書)에서 확
실하게 증언되고 있으니 이사야서를 하등의 구별함이 없이 응용하고 있
음을 볼 수 있다.

이사야서	신약성경	이사야서	신약성경
사 1:9.	롬 9:29.	사 :9-10.	마 13:14-15.
			막 4:12.
			눅 8:10.
			요 12:40.
사 7;14.	롬 9;33.	사 8:14.	히 2:13.
사 9:1-2.	마 4:15-16.	사 10:22-23.	롬 9:27-28.
사 11:1, 10.	롬 15:12.	사 25:8.	고전 15:54.
사 27:9.	롬 11:27.	사 28:11-12.	고전 14:21.
사 28:16.	롬 9:33.	사 29:13.	마 15. 8-9.
	10:11.		막 7:6-7.
		사 40:3.	마 3:3.
사 29:14.	고전 1:19.		막 1:3.
			요 1:23
		사 40:6-8.	벧전 1:23-25.
사 40:3-5.	눅 3:4-6.	사 45: 23.	롬 14:11.
사 42:1-4.	마 12:18-21.	사 52:5.	롬 2:24.
사 49:8.	고후 6:2.	사 53:1.	롬 10:16.
사 52:7.	롬 10:15.		요 12:38.
		사 53:7-8.	행 8:32-33.
사 53:4.	마 8:17.	사 54:1.	갈 4:27.
사 53:12.	눅 22:37.	사 55:3.	행 13:34.
사 54:13.	요 6:45.	사 58:6.	눅 4:18.
사 56:7.	마 21:13.		
	막 11:17.		
	눅 19:46.	사 59:20-21.	롬 11:26-27.
사 59:7-8.	롬 3:15-17.	사 62:11.	마 21:5.
사 61:1-2.	눅 4:18-19.	사 65:1-2.	롬 10:20-21
사 64:304.	고전 2:9.		
사 66:1-2.	행 7:49-50.		

이밖에 이사야의 표현의 영향을 받고 기록한 곳이 신약성서(新約聖

書)에서 120곳이나 되는데 신약에서 인용한 전체의 이사야서 구절을 한 사람으로 인용함을 볼 수 있다. 그 방법을 보면 다음과 같다.

신약의 인용구	인용방법.	이사야서 인용구	가설구분
마 3:3.	선지자 이사야로.	사 40:3.	제 2 이사야.
마 4:14-16.	선지자 이사야로.	사 9:1-2.	제 1 이사야.
마 8:17.	선지자 이사야로.	사 53:4.	제 2 이사야.
마 12:17-21.	선지자 이사야로.	사 42:1-4.	제 2 이사야.
마 13:14-15.	이사야의 예언이.	사 6:9-10.	제 1 이사야.
마 15:7-9.	..예언하였도다.	사 29:12.	제 1 이사야.
막 1:2-3.	이사야의 글에.	사 40:3.	제 2 이사야.
막 7:6-9.	이사야가 예언.	사 29:13.	제 1 이사야.
눅 3:4-6.	이사야의 책.	사 40:3-5.	제 2 이사야.
눅 4:17-19.	이사야의 글.	사 61:1-2.	제 3 이사야.
요 1:23.	이사야의 말.	사 40:3.	제 2 이사야.
요 12:38-41.	이사야의 말씀.	사 53:1.	제 2 이사야.
행 8:28-35.	이사야의 글.	사 53:7-10.	제 2 이사야.
행 28:25-27.	성령이,이사야로.	사 사 6:9-10.	제 1 이사야.
롬 9:27-28.	이사야가 외치되.	사 10:22-23.	제 1 이사야.
롬 9:29.	..미리 말한바.	사 1:9.	제 1 이사야.
롬 10:16.	이사야가 가로되.	사 53:1.	제 2 이사야.
롬 10:20.	이사야가, 이르되.	사 65:1.	제 3 이사야.
롬 10:21.	대하여 가라사대.	사 65:2.	제 3 이사야.
롬 15:12.	이사야가 가로되.	사 11:10.	제 1 이사야.

H. 이사야서의 내용

이사야서는 후기 예언서로 예언서 중에 제일 처음에 기록되었다. 우리는 흔히 이사야, 예레미야서, 에스겔서, 다니엘서를 대선지서(大先知書)라 부른다. 그 이유는 선지서(先知書) 중에 제일 중요한 위치에 있어서가 아니고, 그 분량의 면에서 다른 소선지서(小先知書) 보다 많으므로 그렇게 명명(命名)되어진 것이다. 오래된 히브리어 성서 사본에도 그렇게 되어 있다(B. C. 10~11세기).

쿰란(Qumran) 두루말이에는 필사들이 이사야서를 에스겔 다음에 두었으며, 탈무드(Talmud)의 한 구절에도 그러한 입장을 취하였다. 그러나 역사적 견지(歷史的 見地)에서 볼 때 이사야서는 에스겔서 보다 먼저 기록된 것이 분명하다(사 48:17~25. 36:~41:1). 이사야의 예언은 미래적 사건(未來的 事件)을 예언한 것으로 포로기 전에 예언된 것이다. 이사야서의 본문을 요약하면 다음과 같다.

A. 서론 및 유다에 대한 비난 1:~5:
B. 이사야의 소명 6:
C. 임마누엘의 예언 7:~12:
    1.동맹에 대한 경고와 임마누엘 탄생 예고 7:
    2.외국과 동맹에 대한 경고 8:
    3.이스라엘의 소망인 다윗 자손 9:1~7
    4.앗수르의 침략과 궁극적 패배 9:8~10:34
    5.이새의 막대기와 이스라엘의 축복 11:
    6.감사와 찬송 12:
D. 주변 국가들에 대한 예언 13:~23:
    1.바벨론이 메데인에게 멸망함 13:1~14:23
    2.앗수르의 침략 실패 14:24~27
    3.불레셋의 일시 구원 14:28~32
    4.모압에 대한 심판 15:~16:
    5.다메섹에 대한 경고 17:
    6.애굽과 이디오피아의 쇠망 18:
    7.애굽의 쇠망과 궁극적 축복 19:
    8.애굽과 앗수르와 동맹 경고 20:
    9.바벨론이 메데인에게 멸망 21:1~10
    10.에돔과 아라비아의 고난21:11~17

I. 이사야서의 구성

이사야서의 문학적(文學的) 구성 요소(構成要素)는 보통 네 가지 부분으로 나눈다. 첫 째는 신탁으로 예언자(豫言者)가 직접 받은 여호와의 말씀 선포이며(사 1:10~17), 둘 째는 실록으로 예언자(豫言者) 자신의 회상에 의한 사건의 기록과 예언들이다(사 6:1~13). 세 째로 예언자(豫言者)의 전기에 속한 것으로 자신의 사실적(事實的)인 신탁들이다(사 7:1~17). 네 째는 예언과 지혜와 예언자적 예문(豫言者的 禮文)이다(사 33:1~24). 이와 같은 사실을 자세하게 말하면 다음과 같다.

1. 신 탁

예언자(豫言者) 이사야가 직접 받은 예언의 말씀을 보면『그가 그 입으로 이 모든 말을 불러 주기에 나는 먹으로 책에 기록했다』(사 36:18)고 말하였다. 예언자(豫言者)는 자신이 전한 말씀을 하나님의 말씀으로 생각하였다. 그 대표적(代表的)인 말씀이 두 곳에서 발견된다. 그 처음의 것은 이사야 1:1~39장까지의 말씀에서 신탁의 성격을 볼 수 있는데 그 말씀은 주로 책망과 경고와 권면과 약속들이 있다.『약속』이란 말을 사용할 때는 언제나『그 날』이라는 머리말을 붙여서 사용함으로 그 말씀이 미래적(未來的) 메시아적 사건임을 명시하고 있다.

이사야의 신탁의 형식은 주로 예언시(豫言詩)의 형식으로 되어 있다. 그 말씀은 짧고, 그 내용은 압축되어 있다. 용어의 사용법은 생생한 비유와 상징이며, 내용을 집중적(集中的)으로 힘차게 표현하고 있다. 그리고 즉흥적(直興的)인 말씀이지만 그 구성에 있어서 놀랄 만하게 문학적 형식(文學的 形式)을 갖추고 있다. 그러나 예언자(豫言者)는 언제나 자기의 뜻대로 예언을 한 것이 아니라 항상 하나님으로부터 받아서 대언한 형식으로 나타나 있다(사 20:7~9).

이사야서의 말씀을 보면 황홀경(恍惚境)에서 체험한 종교적 경험(宗敎的 經驗)과 의식적 구상(意識的 構想)과 문학적 표현(文學的 表現)은 분리될 수 없는 것이다. 그리고 예언자(豫言者)의 신탁이 즉흥적(卽興的)인 것처럼 보여도 그 말씀이 오랫동안 마음속에서 정제되어 표현된 말씀처럼 보인다. 그의 예는『스알야숩』(Shear-Jashub) 즉『남은 백성이 돌아오리라』(사 7:3)는 뜻에서 이사야의 공개된 종의 사상을 엿볼 수 있다. 그리고 둘 째 아들『마헬살랄하스바스』(Maher-Shalal-Hash-Bash) 즉 약탈이 빠르고 노략에 민첩한 뜻이 신탁으로 나타난 것처럼 보인다. 마지막으로『정의를 바랐더니 도리어 부르짖음이었다』(사 5:7)의 말씀은 상당 기간 마음속으로 기다리며 공개하지 않다가 나중에 공개한 것처럼 보인다.

2. 회고록

본서에는 사설(辭說) 부분이 그렇게 많지 않다. 그의 기록은 전기적(傳記的)인 것과 자서전적(自敍傳的)인 것으로 나누어지며, 후자를 우리는『회고록』이라 말한다. 이사야가 소명을 받기 전에 체험한 사건 같은 것들은 모두가 회고록(回顧錄)에 속한다. 그리고 이사야는 미공개적(未公開的)인 회고록(回顧錄)도 있음을 보게 된다.

3. 예언자적 전기

어떤 학자들은 이상에서 말한 이사야의 회고록(回顧錄) 말고도 다른 제 3자가 역사적 사건(歷史的 事件)과 이사야의 언행을 객관적으로 기록한 부분이 있다고 주장한다. 이와 같은 신명기적 신앙(呻命記的 信仰)을 가진 자는 이사야서뿐만 아니라 열왕기서에서 찾을 수 있는 것이라 주장한다(왕상 17:~19:. 21:). 그리고 이사야서 7:1~17 같은 말씀은 열왕기하 1:17~19:4의 것과 이사야 36~39장까지의 기록은 열왕기하 18:13~20절의 것과 같은 것이라 주장한다. 이와 같은 전기적 사건(傳記的 事件)을 적당하게 안배하여 예언자적 전기(豫言者的 傳記)로 삽입하여 밝힌 것이라 주장한다. 그러므로 이들은 이사야도 여러 편집자(編輯者)에 의하여 기록된 것이라 주장하기에 이른 것이다. 열왕기서와 이사야서를 비교할 때 이사야서가 훨씬 권위적(權威的)이므로 이사서를 권면적(勸勉的)인 명령(命令)으로 보고 열왕기서를 근원적(根源的)인 것으로 본다.

4. 기타의 재료들

이사야서는 이상에서 말한 바와 같이 그 주재료가 되는 시, 비유, 예문, 찬송시 등에 대하여 이사야의 것으로 보기보다는 전승되어 온 詩나 단편적 예언시(短篇的 豫言詩) 등으로서 작자 미상의 것들이 이사야의 이름 아래 기록된 것이라 주장한다.

5. 이사야의 재능

에발드(Ewald)의 말과 같이 "이사야의 예언은 그 어느 예언자(豫言者)에 비교할 수 없을 정도로 그 저작이 극도에 달했다" 함에 귀를 기울여야 할 것이다. 다른 예언자(豫言者)들은 특수한 여건이나 재능으로 구분될 수 있다. 이사야서는 이 모든 것이 조화와 완전성(完全性)을 이루고 있음을 볼 수 있다. 고원하고 아름답고 강직한 표현은 이사야 선지의 특성이라 할 수 있다.

이사야의 언어 구사와 다양한 사상을 비유적(比喩的)이고 시적으로 표현한 것은 이사야 특유의 재능이요 은사에 속한 것이라 할 수 있다. 이 장엄한 이사야의 정신은 하나님의 특별한 은사로써 그 사상과 비유적 표현(比喩的 表現)과 흐름에서 찾을 수 있다. 이사야서의 표현 중에 은유적(隱喩的)인 시적 표현은 그 언어를 일상생활(日常生活)의 것보다 더 높은 수준에로 승화시키고 있음을 볼 수 있다(사 7:18. 10:5. 10:15. 26:16. 40:11. 42:15. 8:14. 31:41. 25:4. 28:5. 52:3. 66:8. 53:7. 53:3. 33:11. 40:15).

일반적(一般的)으로 휴머니티(Humanity)는 『시들은 풀』과 같고 『시들은 꽃』과 같다는 것이다. 이사야의 아름다운 표현 중에 『삼림이 바람에 흔들림 같이 흔들렸다』(사 7:2), 『흑암에 덮였던 백성이 큰 빛을 보고 사망의 그늘진 땅에 거하던 자에게 빛이 비취도다』(사 9:2)와 같은 표현 말고도 많은 아름다운 은유는 읽고 듣는 자의 마음을 회망으로 넘치게 한다(사 11:9. 12:3. 32:2. 37:3, 22, 25, 27, 29. 38:12, 14, 18).

6. 이사야의 표현의 특색

이사야가 예언을 표현할 때 그 특색을 보면 극적인 것이 빈번하게 나타나고 있다.(사 63:. 3:6~7. 4:1. 5:19. 7:12. 9:10. 9:8~11. 14:10~17. 19;11. 21:8~12. 22:13. 28:15. 29:11~15. 30:10~16. 41:6. 45:9~10. 47:7, 10. 49:14. 52:7. 58:3. 65:5. 66:5). 그리고 이사야의 예언의 표현 중에 대조법(對照法)은 이스라엘인의 특징을 잘 설명해 주고 있다(사 1:18. 3:24. 5:7, 10, 20). 이와 같은 이유로 이사야서를 연구하는 사람들로부터 언제나 각광을 받으며, 그의 표현 능력이 높이 평가된다(사 1:6, 21. 2:10. 3:15. 5:154. 7:4. 9:6. 11:4. 33:12. 40:31. 42:3. 50:3. 52:14. 57:20. 66:15, 24).

이사야 선지의 표현법(表現法) 중에 수사학적(修辭學的)인 말씀도 많이 찾아 볼 수 있다. 그 표현은 삼중, 사중, 또는 오중까지 겹치는 특징을 볼 수 있다(사 1:4. 25:4~5. 40:12, 14. 2:13~16. 3:2~3, 18~23. 5:12. 22:12~13. 41:19. 47:13). 이처럼 이사야의 예언 중에 다양성(多樣性)을 보여주는 표현도 있다(사 11:6~9. 35:5~10. 55:10~13. 21:11~12. 56:9~12. 7:1~3. 8:1~4. 9:2~7. 8:1~4. 11:1~9. 14:4~23). 그 외에 비유(譬喩. 사 5:1~7), 이상(理想 사 6:1~13), 상징적 행위(象徵的 行爲. 사 20:2), 대화(對話. 사 21:8~9. 29:11~12), 서정적 노래(사 12:1~6. 26:1~18), 후렴(사 2:11, 17. 5:25. 9:12, 17, 20), 유사음(類似音 5:7. 7:9)을 볼 수 있다. 이처럼 이사야의 표현을 한 마디로 확정하여 말기는 상당히 어렵다.

J. 이사야서의 신학

이사야서는 있는 그대로 신학의 보고라 할 수 있다. 하나님과 그의 창조 및 섭리에 관해 누구도 감히 따를 수 없는 사상이 들어 있다. 인간의 죄로 말미암아 영적 갈등과 궁핍, 그리고 구속자(球束者)의 내림에 관한 교리는 추상적(抽象的)이거나 수집서(收集書)가 아니고, 하나님에 대한 사랑에서 나타난 교훈들이다. 이사야의 말씀은 동시대(同時代)의 사람들이나 지금의 사람들에게 생명의 말씀으로 조금도 부족함이 없는 메시지이다.

1. 여호와의 주권

이사야의 신학이 비록 조직적(組織的)으로 정립되지 않았다 할지라도 본서에서 신명기적 사상(呻命記的 思想)을 발견하기는 어렵지 않다. 그리고 모든 사상은 여호와는 유일하신 분으로 표현하고 있다. 유일신(唯一神)이란 말은 추상명사(抽象名詞)로써 8세기 자연신론자와 유일신론자(唯一神論者)들이 함께 사용한 말이었다. 이사야는 단적으로 하나님 이외에 다른 神은 없다고 언급하지 않았으나, 그는 실질적(實質的)으로 다른 우상을 인정하지 않았다. 그는 여호와의 영광이 온 땅에 충만하다고 하였고(사 6:2), 우상(에릴림 : lilim)은 『무가치한 것』이며 실재하지 않는 것이라 하였다(사 2:8, 18, 20~21). 우상은 사람의 손으로 만든 것이라 하였다(사 37:19. 2:8. 시 115:4).

여호와는 만유를 창조하시고 역사의 과정을 결정하시며, 역사의 주로서 이스라엘을 구원하시고, 온 세상을 구원하신 분은 여호와이시라는 사상으로 팽배하여 있다. 그러므로 그의 우주관(宇宙觀)은 신 중심적(神中心的)이다. 이사야서에서 범신론적(汎神論的) 이방의 신관은 찾아 볼 수 없다. 여호와께서 세상을 창조하신 후에도 하나님께서는 세상에 대하여 염려와 관심을 중지하지 않으신다. 그는 하나님을 이스라엘을 창조하신 분으로 표현함으로써 영적 사역(靈的 使役)을 하고 계심을 언급하였다(사 43:1, 7, 15). 여기에서 창조의 개념은 시간 속에 일어난 어떤 사건을 말한다(사 41:20).

여호와를 전사와 같은 분으로(사 42:13), 앗수르인들은 강하고 무적의 용사들처럼 보이지만 실제로 여호와의 손에 들리운 지팡이에 불과하다는 것이다(사 10:5~19). 여호께서는 지팡이를 사용하신 후에는 그것을 분질러 불에 던지우는 분으로 표현함에 있어서 선민 우위사상(優位思想)을 발견하게 된다. 그러므로 이방은 이스라엘을 교육하는데 필요한 도구에 불과한 것이다.

이사야서에서는 이스라엘과 하나님과의 관계를 묘사한 동사가 다양하게 사용되었음을 볼 수 있다(사 43:4). 그는 이스라엘을 구속한 자이며 구원자(救援者)이다. 그리고 왕이며 목자이다. 하나님은 이스라엘을 부르시고, 선택하셨으며, 그 백성들에게 힘을 주시고 손으로 붙드신다. 이와 같은 사상은 이사야의 신앙적 중심(信仰的 中心)에서 나오는 신학사상(神學思想)이라 할 수 있다.

2. 여호와 거룩함

이사야의 신학사상(神學思想) 중에 가장 뛰어난 개념이『거룩하신 하나님』에 대한 것이다. 이 말씀은 이사야 39장에서만 13회나 나타난다. 여호와의 거룩하신 개념은 상대적(相對的)이거나 윤리적(倫理的)인 개념이 아니고 초월적(超越的)인 개념이다. 이와 같은 신학사상(神學思想)은 그가 성전에서 기도하던 중에 하나님께서 계시하여 주셨음으로 체험적(體驗的)으로 인식한 신관이다(사 6:3).

이사야가 표현한『거룩하심』이란 말도 추상명사(抽象名詞)이다. 이와 같은 표현은 이방종교(異邦宗敎, 가나안)의 신전에서 우상을 섬기며 창녀의 일을 하던 자들에게도 사용하였다. 그러나 이사야는 이와 같은 이방 풍속에서 수용된 신개념(神槪念)이 아니라『거룩하다』,『거룩하다』,『거룩하다』란 스랍(seraphim)들의 찬양 소리에서 듣고 본 것이다. 이와

같은 삼중적 개념(三重的 槪念)은 히브리인들이 흔히 사용하는『가장
거룩한』분이란 개념에서 기인된 것이다.

　하나님은 성스러운 품격을 가진 분으로 인간과 상대적(相對的)인 존
재가 아니라, 그는 절대자(絶對者)로서 인간과 만물을 초월하여 계신 하
나님을 말한다. 그러나 굳이 도덕적(道德的)인 개념을 부과한다면 완전
한 도덕을 포함한 者로 여길 수 있다 (암 4:2). 그분은 인간편(人間便)에
서 볼 때 절대적(絶對的)으로 의로우신 분이라고 아모스는 역설하였다
(암 5:24).

　거룩의 개념은 구약신앙(舊約信仰)에 있어서 가장 전형적(典型的)인
요소로 이 말은 코데스(qodes) 명사에서 파생된 일련의 히브리어에 많이
나타나 있다. 이 말의 여러 가지 변화를 보면 카도스(qados, 형용사)로
『거룩한』,『신성한』이란 말이 있고, 카다스(qadas, 동사)로『분리되다』,
『성별되다』의 뜻이 있다. 그리고 피앨 키다스(pi el qidas)는 '신성하게
하다', '성별하다'는 의미로 사용하였다. 명사로써 미크다르(miqdar)로도
사용하였는데『거룩한 곳』,『성소』를 말하기도 하고 카데스(qades)로
'신전의 남창'과 케데샤(qedeshah)로 '신전의 창녀'로 언급하였다. 이상
과 같은 표현은 구약에서 830번이나 나오며, 그 가운데 약 350번은 모세
오경에서 언급되었다.

　이사야서에서는 하나님의 거룩(Qodes, 코데스)이란 표현이 많은데 이
말씀은 분명히 종교적 용어(宗敎的 用語)로써 하나님에 관해서만 사용
하였다. 이 말은 하나님 자신을 가리키든지, 하나님에게서 성결함을 받
는 것을 말한다(사 6:3). 그러므로 구약성서(舊約聖書)에서는 하나님과
관련되지 않은 '거룩'은 없다. 거룩은 인간의 특성이 아니며 비인간적
(非人間的)인 개념도 될 수 없다. 구약의 거룩은 피조물(被造物)과 비교
할 수 없는 하나님의 다른 성품과 위엄과 무류(無謬)를 말하며 하나님께
서 그 백성을 가리켜 하신 말씀이다(출 19:6. 사 62:12. 63:18. 시 16:3.
34:9. 단 7:21. 민 16:3). 이 거룩은 하나님의 은총에 의하여서 가능하다.
이사야는 하나님을 '이스라엘의 거룩한 분'으로 표현하였고, 이 명칭이
이사야서에서 24번이나 언급되었다(사 4:4, 5. 5:16. 6:1~5. 10:17. 욥

6:10. 시 71:22. 78:41. 89:18. 잠 9:10. 렘 50:29. 겔 39:7. 합 1:12. 3:3).

3. 인간의 죄

하나님의 거룩은 인간으로 하여금 자신의 죄를 자각케 하며 자신이 하나님의 심판을 피할 수 없는 존재인 사실을 긍정케 함으로 나타나 있다. 이와 같은 사실은 이사야가 천사들의 성호를 찬양함을 목격한 후에 받은 충격을 보면 잘 알 수 있다. "내가 말하되 화로다, 나여 망하게 되었도다. 나는 입술이 부정한 사람이요 입술이 부정한 백성 중에 거하면서 만군의 여호와이신 왕을 뵈었음이로다(사 6:5)"라고 하였다. 이와 같은 이사야의 죄악관(罪惡觀)은 하나님께 대한 배반이며 더러움으로 지적되었다(사 1:2).

인간은 하나님을 거역한 까닭에 죄는 전반적(全般的)이며, 온 사회가 죄로 물들여져 소돔과 고모라와 같이 하나님의 형벌의 대상으로 지적되었다(사 1:4~6. 10). 인간의 죄는 어떤 희생 제물(犧牲 祭物)을 가지고도 해결할 수 없는 것이다(사 1:11~15). 인간의 행동은 인간을 더욱 악화시켜 인간의 욕정과 자만, 교만, 부정의 삶이 불가피(不可避)한 결과로 마지막에는 하나님의 무서운 심판뿐이다. 아모스는 이 같은 심판이 '여호와의 날'에 임할 것이라고 하였다(암 5:18~20). 이사야는 이 '여호와 날'의 개념이 죄를 범한 인간들에게 전반적(全般的)으로 임할 것을 언급하였다(사 2:6~22).

이사야는 죄악된 인간들이 하나님의 위대한 사랑에 대하여 그 시대 사람들에게 말함으로 영원한 생명의 말씀임을 증거하였다. 인간의 죄악이 하나님과 사람 사이를 갈라놓았으나(사 59;2), 눈과 같이 희어질 것이라 하였다(사 1:18). 이와 같은 인간은 하나님의 저주의 대상이 아니라 오히려 축복의 대상임을 강조하였다(사 56:2~5).

4. 여호와 신앙

인간이 죄로 인하여 자만하여졌을 때 그 오만함과 의지를 치료하는 길은 하나님께 대한 신앙으로만 능하다. 이 점은 이사야서의 새로운 주장이다. "너희가 돌이켜 안연히 거하여야 구원을 얻을 것이요, 잠잠하고 신뢰하여야 힘을 얻을 것이라"(사 30:15)고 예언한 것은 이사야의 예언과 신앙의 극치를 말한다.

이사야는 예언으로 이스라엘 백성들의 신앙을 돕는다. 이것은 신앙을 견고히 하는 최선의 길이다. 하나님의 백성들이 예언(성서)을 게을리 연구하고서는 신앙이 성장할 수 없다. 성서는 하나님의 예언이다. 만일 예언 없이 신앙을 키우려고 한다면 그 신앙은 불구의 신앙이 되고 말 것이다. 신앙은 신자들의 삶의 안(內)이요, 또 그 밖(外)이다. 눈에 보이는 것을 마음으로 믿을 때 그것은 확고부동(確固不動)한 신앙이 된다. 선민이 신앙 안에 거할 때 신비로움을 체험하지만 신앙이 없을 때 천박한 삶이 되고 만다. 그러므로 언제나 신앙의 안과 밖이 건전할 때 용감한 사람이 될 수 있다.

이사야는 예언을 통하여 하나님의 성의(聖意: 聖旨)를 가르치며 그 예언을 순종함으로 하나님의 정의와 도의에 합당한 삶이 된다고 전한다. 이사야는 일생 동안 이 신앙에 굳게 서서 신앙을 위대한 이상(理想)으로 삼고 그 의의를 탐구하고 추구하며 증거하기 위하여 생의 전부를 희생하였다. 그리하였기 때문에 신앙은 그의 삶의 활력이 되어서 신비적 예언을 영적으로 선언한 것이다. 그 대표적(代表的)인 것이 메시아 예언이라 하겠다. 메시아 예언은 이사야의 산 신앙을 기초로 하여 굳게 세워졌다.

5. 남은 자

『남은 자』의 사상은 이사야 예언의 가장 심오한 신학사상(神學思想)이다. 아모스는 『요셉의 남은 자』(암 5:15)라 하였다. 이는 북이스라엘을 두고 한 말이다. 그들이 여호와의 은총을 입어 "재난을 넘기고 살아남을 것이라" 하였다. 이사야는 그 사상의 언급을 하나님으로부터 소명을 받은 직후에 하나님으로부터 계시 받았다(사 6:13). 그는 "남은 자"를 "거룩한 씨"와 "그루터기"로 표현하였으며, 이는 그의 깊은 신앙에서 발원

되었음을 볼 수 있다. 학자들은 이사야가 그 "남은 자"를 자신의 아들의
이름에 붙여, 즉『스알야숩』(Shear-jashub, 남은 자가 돌아오리라)이라 함
에서 "남은 자"의 신앙이 그 마음의 어떤 이상의 증표로 생각하였는지
도 모른다고 한다(사 8:18. 10:22~23. 11:11, 16).

　이사야의 "남은 자"의 사상은 이사야서 42:1~4에서 그 절정을 이룬
다. "여호와의 종을 보라"는 말씀은 종의 노래라 할 수 있는 이사야서
42:5~9와 49:6은 서로 상통한 특성을 가지고 있다(사 43:1. 45:18. 시 96:.
9). 그 사실을 자세하게 말하면 하나님께서는 이 "남은 자"들을 통하여
여러 가지 사역을 행하신다.

a. 구원의 신탁(사 41:8~13, 14~16. 43:1~4, 5~7, 44:1~ 5, 54:4~6).

　이 말씀은 흔히 대중적(大衆的)인 애가형식(哀歌形式)으로 구성되었
으며 청중들에게 연설을 통하여 구원을 보증하였으며 그것을 실현하기
위하여 하나님의 능력을 더하신다. 하나님께서는 당신의 기뻐하심을 위
하여 이와 같은 일을 조속한 기간에 완성시키시는 분으로 말씀하였다.

b. 구원의 선포(사 41:17~20. 42:14~17. 43:16~21. 46:12 ~13. 49:7~12, 14~26. 51:1~8. 9~16. 17~23. 54:7~10, 11~17. 55:1~5).

　서론적(序論的) 말씀으로 애통에 대한 암시가 있다. 하나님은 이스라
엘로 향하시거나 또는 이스라엘을 위하여 스스로 임하실 것을 선포한
다. 그 내용은 하나님께서 최종적(最終的)으로 무엇을 목표로 하는가를
포함하고 있다.

c. 재판에 대한 설교(사 41:1~5, 21~29. 42:18~25. 43:8~ 13, 22~28. 44:6~8. 45:18~25. 50:1~3).

　이상의 말씀들에서는 법정에서 진행되는 일반적 요소들을 다양하게
싣고 있다.

d. 논쟁(40:12~31. 44:24~28. 45:9~13. 46:5~11. 48:1~
     11, 12~15. 55:8~15).

이 말씀들은 낙심한 청중들에게 구원의 메시지(message)를 뒷받침해
주는 이완된 형식으로 독백과 찬양도 곁들여져 있다.

이사야서에서 "남은 자"는 하나님의 택하신 종으로 혈통적 유대인이
나 가시적(可視的) 선민을 말하는 것이 아니라, 영적이고 정신적(精神
的)인 하나님의 종들을 말하는 것이다. 인류의 역사(歷史)는 이 "남은
자", 즉 여호와의 '종'들의 역사(歷史)이다. 아벨이 그러했고 에녹이 "남
은 자"이다(히 11:4~6). 노아, 아브라함, 이삭, 야곱은 하나님의 '종'이
요, 유잔자(遺殘者)이다. 하나님은 이 유잔자(遺殘者)인 요셉과 모세, 기
드온과 사무엘과 다윗 같은 하나님의 종들을 통하여 당신의 구속사(球
束史)를 성취하신다. 이스라엘의 참된 예언자들은 그 유잔자(遺殘者)의
대표적 인물(代表的 人物)들로서 우상에게 무릎을 꿇지 않는 자들이다
(왕상 19:18). 그들을 통하여 "남은 자"의 신앙과 정신이 신약시대(新約
時代)의 사도들과 오늘의 영적인 성령의 사람들에게까지 이른 것이다.

이사야의 '종'의 사상은 이사야 49:1~6에 더욱 장엄하게 전개되고 있
다. 어머니가 자식을 잊을 수 없는 것 같이 여호와께서는 그 시온의 백
성을 잊지 않으시고, 그 백성들이 어디에 있든지 하나님의 도성으로 모
으실 것이다(사 49:17~23. 50:1~54:). 이사야는 "남은 자"를 신약의 그
리스도의 신부인 교회의 개념과 새 예루살렘의 개념으로 예언하였는데
그 표현을 "아내"라 하였다(사 50:1~3, 52:1~3, 54:, 렘 2:2, 겔 16:6~14,
60~63, 호 2:16, 엡 5:25~27, 계 21:2, 9).

6. 메시아

이사야서의 메시아(Messiah) 사상은 '종'의 사상과 연결되어 있다. 그
러므로 어디서 어디까지가 하나님의 '종'이며 메시아(Messiah)인지 구별
하기 곤란한 점이 있다. 이사야서에서는 하나님은 동작자(動作者)이고
그의 종은 수납자로 나타나 있는데 때로는 고레스(Cyrus)와 같은 자를

그렇게 부르기도 하였다(사 45:4). 그러나 그 예언 중에서 중심적 인물(中心的 人物)이 그리스도로 부각됨을 볼 수 있다(사 50:6). 신약에서는 이 말씀을 인용하지는 않았으나 이사야 50:4～10의 말씀이 그리스도의 수난에 대하여 문맥상으로 대행적(代行的)이라는 암시를 하고 있다(마 8:17. 눅 22:37. 요 12:8. 행 8:32. 롬 10:16. 15:21. 히 9;28. 벧전 2:22, 24, 25).

메시아(Messiah)는 이스라엘인들이 기다리는 구원자로 왕을 말한다. 신약에 언급된 그리스도란 말이 히브리어로 메시아(Messiah)인데 그리스식 발언이다. 메시아(Messiah)는 히브리인들 중에 특별한 지위에 있는 자로 기름 부음을 받은 자란 의미이다. 이스라엘인들은 종종 그의 신앙 생활에서 기름 부음을 목격할 수 있다(창 28:18. 31:130). 기름 부음에는 여러 가지 의미가 있는데 그 중에도 행복할 때와(시 45:7. 전 9:8. 사 61:3), 때로는 슬플 때에도 기름을 사용하는 것으로 언급되어 있다(삼하 14:2. 단 10:3). 이 기름은 특별히 제조된 올리브(감람유)에 유질, 몰약, 계피를 더한 것으로 이것을 부었을 때 거룩하여 진다고 하였다(출 30:23～25, 26～29).

하나님의 기름 부음을 받은 자(삼상 12:3, 5)는 하나님의 특별하신 가호 아래 있는 자로 카리스마(Charisma)적 왕권을 가지고 있었다(삼 10:1. 11:6. 16:13). 다윗은 야웨(YHWH)로부터 통치권(統治權)의 은사를 받은 것으로 사람들은 믿었다(시 89:20. 왕상 3:10. 출 31:3～5. 삿 3:10. 6:34. 11:29). 왕은 평범한 사람들처럼 죽을 수 없는 자로 인식되었고 왕의 위치는 신성불가침(神性不可侵)과 같은 것이었다. 그러한 까닭에 왕들은 예언자(豫言者)들의 감시의 대상이 되었을 것이다(삼하 12:1. 왕상 21:12. 22:13. 왕하 19:20).

이사야시대에 와서 이 왕은 이상적(理想的)인 메시아(Messiah)로 참 목자로 하나님을 대신하여 활동할 자로 언급되었다(렘 23:2, 5. 사 40:11). 역사적으로 이상적 왕권(理想的 王權)이 실현된 적이 없었으나 이스라엘 백성들이 타국의 압제 내지는 싸움에 실패를 당하였을 때 그 어려움에서 구하여 줄 자로 이스라엘은 인식하였다. 그와 같은 사상은

다윗이 하나님으로부터 약속 받았을 때 더욱 구체화(具體化)되어 역사
적 필연성(歷史的 必然性)으로 만들어졌다(삼하 7:1~17). 그러한 까닭에
역사적(歷史的)으로 메시아(Messiah)가 출현하지 않으면 안되게 되었다.
  메시아(messiah)의 도래는 역사적 종말(歷史的 終末)과 관계된 것으로
메시아 사상의 원류(源流)가 되었다. 이상적 메시아(理想的 Messiah)는
이새의 뿌리(쉬레쉬, 사 11:10), 가지(체마, 렘 23:5, 33:15. 슥 3:8. 6:12),
기묘자, 모사, 전능하신 하나님, 영존하신 아버지, 평강의 왕(사 9:6)으로
명명되어졌다. 이와 같은 결과는 이스라엘을 메시아주의(Messianism)에
빠지게 만들었다. 구약의 메시아주의(Messianism)는 여호와(YHWH)께서
하늘과 땅의 주제가 되신다는 논리적 귀결이 되었다. 그러므로 메시아
(Messiah)는 하나님으로부터 유래된다고 믿었다. 그러한 의미에서 평강
의 왕이 기대되며(사 9:6), 공의로 사악한 자를 심판할 분으로 믿었다(사
11:4).

  이상적 대망의 메시아(Messiah)는 백성들로부터 배척을 받으며 그의
수난은 대속적(代贖的)이라는 특색을 가지고 있다. 그의 고난의 심각성
(深刻性)이나 운명적인 사실은 그가 죽어 매장된 후에도 손을 볼 수 없
다는 말로 표현하고 있다. 그의 죽음은 속건제적이란 말로써 성전 제물
의 상징성(象徵性)을 말해 주고 있다(사 53:10). 그의 대속은 많은 사람
들을 의롭게 한다는 것을 단호하게 진술하고 있다. 이와 같은 사실은 다
윗을 통하여 언약한 것으로 하나님의 사랑에 근거한 것이다(사 53:3. 시
89:20~24). 하나님의 '종' 다윗의 자손으로 하나님의 어린양에 대한 약
속들이 이중적(二重的)으로 표현되어 있다.

  메시아(Messiah)의 고난과 죽음의 사실은 매우 명료하여 그 입에 궤사
도 없고, 어떤 죄인과도 그 성격면(性格面)에서 다른 분으로 예루살렘을
회복하는 도구요, 이상의 약속이다. 이스라엘은 구원의 대상이지 메시
아와 같은 도구는 아니다. 그의 고난은 이스라엘을 위한 구원의 사역이
지 이스라엘에 의한 사역과 고난은 아니다(사 53:9).

  고난의 종의 부활(사 53:10)은 이사야 뿐만 아니라 에스겔과 같은 선
지를 통하여서도 언급된바 있다(겔 37:). 이스라엘의 유배지에서의 귀국

은 마치 고난의 '종' 메시아의 부활과 같은 맥락에서 생각되어야 한다. 그러나 바벨론의 포로생활은 죄에 대한 결과의 심판으로 희생적(犧牲的)이거나 대속적 의미(代贖的 意味)는 없다. 그렇다 하더라도 구약성서(舊約聖書)에서 부활의 사건과 관련지어 언급할 수 있는 것이 많다(욥기. 사 24:~27:. 단 12:2).

이사야서에서 메시아(Messiah)적 사상의 다른 면을 보면 그의 '왕적 사상'이다(사 2장. 시 2장. 110장. 45장). 메시아(Messiah)의 왕적 권위(王的 權威)는 신적 권위로 나타나고 있다. 혹자들은 이 권위에 대한 것을 바벨론 왕의 권위와 같은 것으로 해석하여 종교적 접근법(宗敎的 接近法)을 사용하여 이사야서가 바벨론 유배 이후에 기록된 것이라 주장하기도 한다. 그러나 본서에서 메시아(Messiah)의 정통적 해석의 중심이 구약적 메시아(Messiah)임에 의심할 바 없다. 그와 같은 사상은 신약성서에서 뒷받침해 주고 있다. 메시아(Messiah)의 신학적 해석(神學的 解釋)은 이스라엘을 위한 희생적(犧牲的) 죽음은 다윗의 왕적 신권의 상징이며, 이와 같은 사실은 이스라엘로 신앙의 대상으로 발전하게 된다(사 54:5). 그러므로 메시아(Messiah)의 대속적 승리(代贖的 勝利)는 이스라엘이 바벨론에서 해방된 귀환보다 훨씬 심오하며 궁극적(窮極的)이라 할 수 있다(사 60:19).

이사야의 여호와 '종'의 예언은 곧 예수 그리스도에게로 귀착되어 지므로 그를 우리는 복음적 예언자(福音的 豫言者)로 호칭한다. 이사야는 어떤 예언자들 보다 소망적이며 성취적(成就的)이다(창 3:15. 삼하 7:). 이사야의 이 성취적 예언(成就的 豫言)은 몇몇의 시편에서도 근거를 형성하고 있음을 볼 수 있다(마 22:42). 이사야의 이 소망적 예언(所望的 豫言)은 메시아(Messiah)가 왕적 권위(王的 權威)를 가지고 아이로 탄생할 것을 언급하고 있다(사 9:6~7). 이 아이는 아하스도 아니고 고레스(Cyrus)는 더더욱 아니다.

이사야서 7:14와 11:1~10을 관련하여 볼 때 그는 정복자(征服者)로 말씀되어 있으나 무력을 가지고 정복하는 왕은 아니다. 그는 다윗의 왕위를 가지고 장래 소망을 성취할 주권적 평화(主權的 平和)의 왕이다.

이사야서 11:9과 65:25은 밀접한 유사성(類似性)을 가지고 있어 창세기 (創世記)에 나타난 죄를 제거할, 왕국을 건설할 자로 언급한다. 이 왕은 대속적 고난(代贖的 苦難)을 통하여(사 53:) 죄로부터의 용서와 자유, 그리고 영광스러운 평화의 축복을 가져다 줄 다윗의 언약의 성취자(成就者)로 연관되어 있다(사 53:3).

예수 그리스도는 이스라엘에 대한 하나님의 행동자(行動者)로 그리고 우주적(宇宙的) 메시아(Messiah)로 신약적(信仰的) 뒷받침을 받고 있다. 그러한 의미에서 예수 그리스도는 이사야의 메시아로 구속과 구원이 선민은 물론 이방인(異邦人)에게까지 관계되어 있다(롬 11:26). 그는 아름다운 소식을 진하도록 기름 부어진 자(사 61:1~3)로 우리 하나님의 신원의 날을 예고한 미래적(未來的) 그리스도의 모습이다(눅 4:16~2). 그리스도의 재림을 통하여 심판이 언급되었으며(계 14:19~20. 19:15), 하나님의 마지막 일들을 성취할 구세주(救世主)인 동시에 다윗의 가계에 속한 왕중 왕이 될 것이다.

예수께서는 자신을 메시아(Messiah)적 입장에서 인자(행 7:56. 히 2:6. 계1:13. 14:14. 막 8:20. 막 2:10, 28)와 하나님의 아들(요 10:36. 11:4. 5:26. 8:36. 막 3:11. 5:7)로 신학적 토대(神學的 土臺)를 만들어 주었다. 유대인들은 예수를 주라 부름은 메시아적 특징을 잘 설명하여 준다(마 8:25. 눅 8:24. 9:33. 막 9:5. 마 20:28). 이와 같은 말은 구주 예수라는 표현으로 예수의 메시아(Messiah)性을 입증해주고 있다(빌 3:20. 스 3:2. 느 8:17. 학 1:1. 슥 3:1. 골 4:11. 마 27:16. 요 1:29. 행 13:23. 히 4:8. 행 5:31. 13:23. 딤전 1:1. 2:3. 사 43:3. 45:15, 21. 렘 14:8. 호 13:4).

7. 임마누엘

이사야서 7장에서 12장까지는 위대한 메시아(Messiah)에 대한 예언 때문에 임마누엘(Immanuel)장이라 한다. 임마누엘(Immanuel)이란 뜻은 "하나님이 우리와 함께 계시다"(마 1:23)이다. 이 말씀은 이사야가 아하스(Ahaz)와 그 왕실에게 구원의 약속으로 주신 언약으로 이상적(理想的) 어린이를 상징적(象徵的 : 징조)으로 표현한 말씀이다(사 7:14. 8:8). 이

징조(超自然的 出生 = 모펫, mopet)는 아이가 처녀(브툴라, btula)의 몸에서 태어날 것임을 설명하고 있다. 이 말씀은 초자연적 출생(超自然的 出生)을 의미한다(출 4:8~9. 7:3. 신 4:34. 사 38:7, 22. 7:11). 이사야는 믿음을 통하여 임마누엘(Immanual) 신탁이 자신의 자녀들을 통하여 태어날 것으로 인식했는지 알 수 없다(사 9:7). 이사야의 아들들에 대한 이름을 통하여 볼 때 그렇게 추측할 수 있다. 스알 야숩(Sher-jashub, 사 7:3), 미헬 살잘 하스바스(Maher-shala-hashbas, 8:1~4).

이와 같은 묵시론적(默示論的) 말씀(사 7:14)은 하나님께서 약속으로 주신 마태복음 1:22~23로 임마누엘 신탁이 그리스도의 동정녀 탄생의 예언으로 성취되었다. 이와 같은 것은 구약의 메시아적 신학의 기독론(基督論)에 의해 해석되었다는 것에서 그 의미를 찾게 된다. 이와 같은 이유에서 신구약(新舊約)의 통일성(統一性)이 적어도 신구약 전체(新舊約全體)에 언급된 것임을 볼 수 있다.

임마누엘(Immanuel)이란 이름은 분명히 하나님의 이름이다(사 8:8). 그리고 그 이름은 이사야 8:10에서 번역되어 진다. 예수는 하나님에 의하여 불리어진 이름이고 임마누엘은 사람에 의하여 계시되어 불리어진 이름이다. 구원자(球束者)이신 예수는 하나님이 우리와 함께 하시는 것이다. 그분이 없이는 하나님을 만나고, 만지고, 볼 수 없다. 하나님은 우리에게 하나님을 계시하시기 위하여 성육신 하셨다(요 1:14). 예수는 하나님일 뿐만 아니라 함께 하신 하나님이시다. 우리 구원을 얻는 자들은 매일매일 임마누엘 하나님을 갖는다(마 18:20). 그리고 세상 끝까지 임마누엘이시다(마 28:20). 하나님께서는 예수로 세상에 오시고 임마누엘로 오늘도 계신다.

8. 종말론

이사야가 예언한 하나님의 왕국의 실현은 메시아(Messiah) 도래(到來)의 소망과 종말에 관계되어 있다. 이사야의 종말론적(終末論的) 예언들은 다양하다. 그 대표적(代表的)인 말씀은 이사야 2:1~5. 11:1~16. 25:6~26:21. 34:. 52:7~12. 54:. 60:. 65:17~25. 66:10~24 등이다. 이사야가 예언한 종말은 다윗에게 언약한 왕국이 실현될 때를 의미하고 있다(사 11:1~16. 65:17~25). 메시아(Messiah)의 통치는 초자연적(超自然的) 힘에 의하여 성취될 것으로 그 내용 은데살로니가 후서 2:8에서 반복하여 언급된다.

예수 그리스도께서 재림하실 때 불법의 사람들을 정복하실 것으로 말씀하였는데 그 암시는 계시록 9:15에서 다시 예언되어 있다. 여기에도 거짓 선지자(先知者)와 짐승을 멸하기 위하여 용을 결박하고 영광 중에 재림할 것을 언급하였다. 이와 같은 사실은 예수의 종말론적 사건(終末論的 事件)을 뒷받침해 주고 있다. 이사야는 이와 같은 왕국의 성취는 양과 이리가 함께 누울 것이라 하였고, 사자가 소처럼 풀을 먹을 것으로 예언하였다. 이와 같은 사상은 현재 기독교인(基督敎人)들이 대망하는 왕국의 개념과 특별하게 차이는 없다.

이사야 65:25에 대한 말씀 중에는 자연에 대한 저주도 풀릴 것이라 하였으나 창세기 3:14에 나타난 부언적 표현(附言的 表現 : 저주)은 풀리지 않을 것으로 언급되어 있다. 그러나 창세기 3장에 나타난 다른 저주들은 필연적(必然的)으로 회복될 것을 언급하고 있다. 다시 말해서 이사야는 자연에 대한 저주는 풀리지만 마귀에 대한 저주는 영원하다는 것을 암시해 주고 있다. 그러므로 이사야의 예언은 현실적(現實的)인 문제가 아니라, 그리스도 재림의 날에 성취될 문제인 것이다(롬 8:19~23. 사 65:21~22).

이사야가 말한 '새 하늘과 새 땅'이 계시록 21:1의 '새 하늘과 새 땅'과 어떤 함수적 관계(函數的 關係)가 있는지 알 수는 없으나 한 가지 분명한 사실은 모두가 영원한 나라임에는 틀림이 없다는 것이다. 그 때 부활의 영광을 이사야는 강조한 것으로 보인다(사 25:6~26:21). 그 때 여호와께서 눈물을 씻기신다는 표현은 종말론적 사건(終末論 事件)과 관계가 있으면서도 현실적 사건(現實的 事件)과도 밀접하게 암시되어 있다(사 25:8. 고전 15:54).

이사야의 시대에는 모암과 에돔이란 나라가 악의 전형으로 간주되었으므로(사 34:10), 그 나라의 위협에서 살아난다는 것은 현재적이고 미래적(未來的)인 의미가 함축되어 있는 것이다(사 26:14, 15, 19). 이사야는 하나님의 계시를 통하여 현재적(現在的)이고 미래적인 사건을 예언하고 있다.

이사야 34장의 사건은 종말론적(終末論的)인 예수 재림의 예언과 관계 있고(마 24:29. 사 34:4), 어린 양의 진노의 날과 관계 있다(계 6:14). 심판 후에 하나님의 백성의 모습은 아름답고 축복된 세상으로 시온에서 하나님의 백성들의 재회의 날이 될 것이다(사 11:16. 60:8~9. 2:2~3. 59:20~21. 롬 11:26). 바울은 하나님의 약속에는 후회함이 없다는 것이다. 그와 같은 이유는 하나님 뜻의 성취의 날이 되기 때문이다. 그 날들은 하나님의 영원한 영광의 날이 될 것이다(사 66:16, 24. 막 9:44, 46, 48).

예레미야서

I. 서 론

예레미야는 세계 시인 중에도 가장 위대한 위치를 차지하고 있다. 이사야를 희망의 예언자라 하면, 예레미야는 마음의 선지자(先知者)이다. 종교사(宗敎史)에 있어서 그의 지위는 독립적(獨立的)이며, 문학사(文學史)에 있어서도 영구한 위치를 차지하고 있다. 그의 시는 간명하고 생동감 있으며 한 폭의 수채화 같기도 하다. 때로는 그의 한 감정을 최고의 높이까지 구사한다. 그러면서도 그의 말은 어디까지나 진실하고 꾸밈이 없으며 시의 사실주의(寫實主義)를 가지고 있다(렘 4:23~25. 5:6. 8:7. 18:14). 이와 같은 사실주의(寫實主義) 시(詩)에 있어서 어느 누구도 그를 능가할 만한 구약의 예언자는 없다.

그는 시대의 모순과 자신의 연약함이 신앙이 되게 하였고, 또 이것을 솔직히 고백함으로 구약의 최고의 종교 시인이 되었다. 이와 같은 관점에서 예레미야서를 연구하면 더욱 은혜로울 것이다.

A. 인간 예레미야

예레미야는 이사야, 에스겔, 다니엘과 같은 대선지자(大先知者) 중의 한 사람이다. 그 이름을 히브리어로 이르므야후(yirmyahu, 약칭은 이르므야, yirmya)이다. 그 뜻은 『여호와께서 내던지다』, 『여호와께서 기초를 세우다』이다. 70인 역에는 예르미아스(iermias)로 기록되어 있고 불가타 역(Vulgate. 벨게잇)에는 예레미야(Jermias)로 기록되어 있다. 이와 같은 이름은 유대인들 중에 자주 나타나지만 예언자 예레미야는 『힐기야의 아들』로 표기되어 있다. 그러나 힐기야가 제사장(祭司長)이었는지는 불분명(不分明)하다(왕하 22:23).

예레미야 1:1에는 『베냐민 땅에 있는 아나돗의 제사장들 중의 한 사람』이었다고 하였다. 그 곳은 사독(Zadok)의 계열이 아닌 방계(傍系)에 속한 제사장(祭司長) 계층의 사람들이 살고 있었던 곳으로 생각된다(왕상 2:26).

예레미야의 개인적 성격(個人的 性格)을 보면, 예레미야서는 다른 예언서(豫言書)들 보다 자기의 생애와 경력에 대하여 많은 재료를 제공해 준다. 그는 이사야나 다른 예언자(豫言者)들보다 내면적(內面的) 삶이나 개인적 생활(個人的 生活)과 감정이 풍부한 자이다. 예레미야서를 통하여 그의 인간성(人間性)을 보면 그는 천성적(天性的)으로 부드럽고 어진 성품을 소유한 동적인 사람이었음을 볼 수 있다. 그러나 그의 예언의 중심은 그 성격과 상당한 차이가 있는 심판과 멸망에 대한 예고(豫告)를 하면서 그는 항상 눈물을 흘리지 않을 수 없었다. 그러한 이유 때문에 예레미야를 눈물의 선지자(先知者)라 한다(렘 1:18. 15:20).

천성적(天性的)으로 온화한 개인적 감정(個人的 感情)이 풍부한 선지자였다. 하나님께서 그에게 맡겨 준 엄격한 사명에 그가 얼마나 고통을 겪었는가는 그의 예언 어디서나 찾아볼 수 있다(렘 15:16~17). 그의 가슴에는 꺼지지 않는 불꽃이 있어 그를 항상 강권하였다(렘 20:7. 23:9). 그는 개인적(個人的)으로 외롭고 애정이 결핍된 사람처럼 보인다. 예레미야는 젊음을 보류하며 살아가도록 허락하였을 뿐 하나님께서는 결혼은 허락지 않았다(렘 16:1. 15:17).

예레미야는 자기의 백성을 사랑한 애국자(愛國者)였다. 그러나 하나님은 그에게 자기의 백성들에게 재앙을 예언하도록 하였다. 그런 까닭에 백성들로부터는 반민족적 인물(反民族的 人物)로 인식되게 되었다. 이와 같은 반응은 예레미야를 절망에 빠뜨리는 이유가 되었다. 그가 민족에게 하나님의 말씀을 바르게 증거한 이유 때문에 백성들의 적개심을 일으켜 희생제물(犧牲祭物)이 되었다(렘 9:1, 12:5, 15:10, 17:14~18, 18:23). 그는 자신의 생일마저 저주하며 백성의 완악함을 탄식하며 애통해 하였다(렘 15:10. 20:14~18. 욥 3:1). 그러나 하나님께서는 예레미야를 책망하셨으며 신뢰를 요구하였다(렘 15:19).

그럼에도 불구하고 예레미야는 구약의 어느 신자보다 예수 그리스도의 비애를 함께 체험한 구세주의 모습으로 잘 인식되었다. 예수 그리스도는 제사장으로서의 예레미야보다 더 많은 환난을 당하시며 백성을 위해 기도하였고 슬퍼하였다.

B. 예레미야의 인격

예레미야서는 문자적(文字的)으로 잘 기록되 보관되어 있으므로 예레미야가 하나님으로부터 사명을 받고, 그 시대 사람들에게 어떤 예언을 하였는가를 잘 알 수 있다. 고대 이스라엘에는 많은 예언자(豫言者)가 존재하였으나 예레미야만큼 그 생애에 대하여 명확하고 풍부하게 증언된 사람은 없다. 그러므로 예레미야의 일대기를 앎으로써 예언자(豫言者)들의 많은 예언의 경력의 자료를 탐색할 수 있다. 예레미야의 시(詩)는 주로 서정적(抒情的)인 특색을 가진 것으로 예언의 이면에 흐르고 있는 침전(沈澱)된 사상을 잘 알 수 있다.

예레미야의 예언에는 영감과 감정적(感情的) 힘과 풍부한 상상력(想像力)이 잠재되어 있으며, 다른 한편으로 정열과 감정에 호소하는 절규를 쉽게 찾아볼 수 있다. 우리는 예레미야의 독백(獨白)을 보면서 신앙고백적(信仰告白的)인 내면적 신앙(內面的 信仰)을 진정으로 엿볼 수 있다. 이러한 점에서 예레미야는 구약성서의 어느 예언자들보다 역대 기독 신자들(바울, 아우구스티누스, 루터)에 접근된 인물이다.

예레미야의 내면적 신앙(內面的 信仰)은 자신의 독특한 개인적 고백(個人的 告白)이 내재되어 있다. 그의 긴 시(詩)에는 솔직한 표현들이 꾸밈없이 산문체(散文體)로 나타나 있다(렘 4:10, 19~21, 23~26. 16:19~20. 8:18~19:2). 예레미야의 신명기적 표현(呻命記的 表現)은 그의 필사(筆使) 바룩의 영향도 무시될 수 없는 것으로 인정된다.

그의 문학적 표현(文學的 表現)에서 우리는 예레미야의 표출된 인격을 볼 수 있다. 자기 주변의 생활환경(生活環境)이 신속하게 변화되어도 그는 깊은 관찰을 통하여 느끼고, 당면한 모든 것을 말로 표현할 수 있는 능력을 가진 신앙의 소유자 였다. 이와 같은 신앙은 여호와께서 그에게 맡긴 사명에 대해 철저히 자각(自覺)한 데서 말미암은 것이라 할 수 있다.

예레미야는 영감과 시대의 사회상(社會相)을 잘 처리할 수 있는 능력의 소유자(所有者) 였다. 천태만상(千態萬象)을 이루는 자연계(自然界)에도 민감하고 예민한 관찰력(觀察力)을 가진 사람이었다. 그러한 까닭에 예레미야를 소위 자연의 선지자(先知者)라 한다(렘 1:11~12. 4:11. 8:7. 2:23~24. 2:12. 4:23~26, 28. 12:6. 17:9). 그는 자연 가운데서 역사하시는 하나님의 능력을 인식하고, 자연을 통하여 하나님의 음성을 듣는 위대한 시인이며 영에 속한 사람이었다.

그는 하나님께서 무서운 용사처럼 이스라엘을 위하여 싸우시는 여호와임을 인식하였고, 이스라엘의 역사는 하나님의 역사임을 인식하였다. 예레미야가 어려움 속에서도 예언을 지탱할 수 있었던 것은 하나님의 섭리에 대한 바른 인식에서 온 것이다. 그는 모세 같이 하나님의 부르심을 바르게 인식하고(렘 15:19), 자기 백성들과 고난받은 것을 부끄러운 일로 생각지 않았다(렘 14:8~9. 15:18. 17:17. 20:7).

예레미야는 이스라엘의 운명을 예언하는 예언자일 뿐 아니라, 만국의 예언자 이었다(렘 1:5). 유대민족을 위한 소명뿐만 아니라(렘 11:14. 14:11~12), 중보적 사명(仲保的 使命)까지 소유한 예언자로서 금으로 단련된 선지자(先知者)였다(렘 6:9). 그는 위협과 불신을 받으면서도 이스라엘의 캇산드라(Cassandra: 세상이 용납되지 않는 예언자) 였다(렘 13:1~11. 18:1~3. 191~2, 10~11). 갈대아인들이 B. C. 587년 예루살렘을 정복할 때까지 40년을 하루같이 하나님의 편에 서서 정직하고, 겸손하며, 강력하며, 유순한 목소리로 경건과 신앙, 희망의 은총을 증거하였다. 그는 민족 앞에 진실하게 예언함으로 재난을 극복하기 위하여 최선을 다한 위대한 선지자(先知者)였다.

C. 예레미야 시대의 국내 상황

예레미야는 제사장 힐기야(이 힐기야는 성전에서 율법책 발견과 관련된 예루살렘의 대제사장(大祭司長) 힐기야와 구별됨, 왕하 22:8)의 가문에서 태어났다. 아나돗 성읍은 예루살렘에서 4Km 떨어진 곳에 있었으나 베냐민의 영토에 속하였다(여호수아 시대에 레위인들에게 줌. 수 21:18). 다윗 치하에서 제사장(祭司長)으로 봉직하였던 아비아달(Abiathar)은 아나돗에 거주했다(왕하 2:26). 예레미야는 솔로몬 치하에서 예루살렘에 기반을 세웠던 사독(Zadok) 가문 출신이 아니라 아비아달(Abiathar) 가계에 속하였다.

1. 요시야의 치세의 예레미야

B. C. 627년 예레미야는 하나님으로부터 예언자의 소명을 받았다. 그 때 예레미야의 나이는 약관 20세 정도였다. 그의 소명의 기사는 짤막하지만 그의 소명은 어느 누구에서도 발견할 수 없는 특별한 경험이었다. 그는 자연을 통하여 하나님의 음성을 들었던 자로서 그의 예민한 정서의 한 면을 엿볼 수 있다. 여호와 하나님은 졸지도 주무시지도 않으시고 이스라엘은 물론 온 인류의 역사를 주관하고 계신다는 소명시의 자각은 예레미야로 깨어 성별되게 살려는 힘이 되었다.

예레미야는 하나님으로부터 모태에 짓기 전부터 성별된 선지자(先知者)로 택정함을 입은 자였다. 하나님께서는 그에게 예루살렘의 멸망이라는 예언을 주어 그 백성들에게로 보냈다. 그는 하나님의 대예언자로 어떤 부끄러운 일을 당하여도 거기에 굴하지 않고, 하나님의 말씀의 성취를 소망하면서 받은 대로 전하는 신실한 선견자(先見者)였다. 그의 예언의 중심은 소명시(召命時)에 보여진 북(바벨론)에서 화가 오리라는 것이었다.

당시 유다는 요시야의 종교개혁으로 성전예배의 성황기(盛況期)를 맞이하고 있었다. 지방에 흩어져 드렸던 제사(祭祀)를 예루살렘에 집결한 연고로 절기마다 그 성전에 드려지는 제사는 추측을 불허할 정도로 성황을 이뤘다. 이와 같은 사실을 본 거짓 선지자(先知者)들은 하나님의 축복이라 선언하면서 정치적 아부에 정신이 없었다. 당시의 외형적 예배(外形的 禮拜)만을 보았을 때 당연한 결론이었을 것이다. 그러나 예레미야는 만물보다 거짓된 것은 사람의 마음이라 부르짖으면서 종교적(宗教的), 내적 부패를 책망하였다.

예레미야의 예언은 백성은 물론 왕가에서와 종교인들로부터도 환영을 받지 못하였다. 그러나 그는 놋성벽 같이, 부싯돌 같이 마음을 굳게 하면서 하나님의 약속과 보호를 믿고 어떤 공격과 반대에도 굴복하지 않았다. 예레미야는 요시야의 죽음을 애도하면서(대하 35:25), 자주 성전연설을 하였다. 이와 같은 성전연설의 가능성(可能性)은 요시야 왕의 배려에서 기인된 것이라 할 수 있다. 예레미야는 신앙적(信仰的)으로 상통한 요시야 왕의 종교개혁(宗教改革)에 대하여 측면에서 많은 영향을 주었을 것으로 생각된다. 예레미야는 국내 및 국제적(國際的) 상황은 정치적(政治的)으로 낙관론(樂觀論) 할 수 없다고 주장하면서 협조하였을 것으로 여겨진다.

2. 여호야김 치세의 예레미야

B. C. 609년 요시야의 갑작스러운 서거(逝去)는 예레미야가 경험하였던 시대적 어려움 중의 하나였다. 불과 3개월 간에 속한 여호아하스의 짧은 통치와 애굽 왕 느고(Nech)에 의한 내정간섭(內定干涉)으로 왕위에 오르게 된 여호야김은 예레미야의 메시지에 대하여 호감적(好感的)일 수 없었다. 이와 같은 위기는 정치적 낙관론(政治的 樂觀論)이 점차적(漸次的)으로 쇠퇴하면서 유다 왕국은 586년에 왕국의 종말과 예루살렘 성전의 멸망을 향하여 붕괴일로를 걷고 있었다.

요시야의 선정(善政)이 끝나고 유다 왕위에 오른 다른 왕들의 불신적(不信仰) 왕정정(王政政)은 예레미야로 잠잠하게 할 수 없었다(렘 22:~23:). 그는 백성들을 향하여 죽은 자를 위하여 울지 말라고 권유하면서 여호아하스가 애굽의 유배지(流配地)에서 돌아오지 못하고 죽을 것을 예언하였다. 그리고 여호야김 치하의 부정과 부패를 탄핵하였다. 그는 여호야김은 나귀의 무덤에 매장될 것을 예언하면서 백성들은 그의 죽음을 애도하지 않을 것이라 하였다. 여호야긴 王은 왕통의 계승자를 남기지 못한 채 바벨론으로 끌려갈 것이라 하였다.

예레미야가 겪었던 수많은 경험들은 그 책에 밝혀져 있으나 그의 예언은 백성들로부터 환영을 받지 못한 것은 분명한 사실이었다. 백성들의 반대는 예레미야의 생명까지 위협을 받을 정도였다. 그러나 그는 아히감(Ah Kam)과 장로들이 힘써 준 덕분으로 생명을 부지하면서 예언자(豫言者)의 생활을 계속하였다. 당시에 선지자(先知者) 미가와 예레미야의 공통된 설교의 말씀은 여호야김의 불경스러운 신앙의 반대 때문에 상당 부분 예언 활동에 지장을 받게 되었다 실질적(實質的)으로 과거 요시야 왕의 통치하에서 활발하게 활동하며 협조하였던 종교가(宗敎家)들이 예레미야에게서 돌아서고 있었다. 그리고 민중들의 인기를 얻기 위하여 예레미야를 반대하며 우상 숭배(偶像崇拜)를 부추기는 일까지 하였다.

605년 6월 느부갓네살은 갈그미스(Carchemish) 전투에서 애굽인들을 격퇴시켰던 그 해 그는 바벨론의 왕위에 올랐다. 느부갓네살은 자기를 존중한다는 증거로 예루살렘의 귀족들을 인질로 바벨론으로 데려 갔다. 그 때가 여호야김 4년의 일 이었다. 예레미야는 23년 동안 그들에게 경고한 사실임을 충고하면서 불순종시(不順從時)에는 유다국이 바벨론에 의해 황폐하여 질 것이라 하였다(렘 25:1~38). 이것이 소위 예레미야 선지가 말한 북쪽에서 임한 화(禍, 렘 1:14)이다.

바벨론 왕 느부갓네살은 하나님께서 사용하시는 막대기다. 하나님의 백성들이 하나님의 말씀에 귀기울이지 않을 때 사용하도록 준비된 인물이었다. 그는 하나님의 무서운 진노와 심판을 가져다줄 하나님의 종이었다. 여호야김의 치세 4년은 이 불행한 하나님의 채찍을 맞아서 왕국의 종말을 고하는 시작으로 특징 지워질 수 있다. 예레미야의 예언은 이스라엘이 70년 동안 바벨론의 손아래 둘 것을 예고하였다. 그러나 70년 후에 다시 하나님께서 이스라엘을 회복할 것이라는 확신과 소망을 잊지 않고 전하여 주었다.

하나님께서는 이 난세에 예레미야에게 예언을 기록하라는 지시를 하였다. 그 목적은 유다 거민들이 하나님의 계획을 앎으로써 그들에게 회개할 기회를 주시기 위함이었다. 예레미야의 글은 그의 서기관(書記官)

인 바룩에 의하여 기록되었다(렘 36:1~8). 하나님께서는 이 기록된 말씀을 연래적(年來的)인 금식일(禁食日)에 성전에 모인 백성들에게 낭독하도록 명령하셨다.

바룩이 예레미야의 글을 공식적(公式的)으로 읽었던 것은 여호야김 5년의 일이다. 이 글이 왕에게 읽혀지는 동안 바룩과 예레미야는 피신하여 있으라 하였다(렘 36:9~19). 여호야김은 예레미야의 글을 읽고 신하들의 만류에도 불구하고 한 장씩 불에 던져 불살라 버렸다. 왕은 예레미야의 권고를 무시할 뿐만 아니라 바룩까지 잡아들이라는 명령을 내렸다. 그러나 다행스럽게도 그의 소재를 알 수 없어 화를 면하게 되었다(렘 36:20~26).

예레미야는 왕이 불태워버린 말씀을 다시 기록할 것을 하나님으로부터 명령을 받았다. 예레미야의 추가된 메시지(Message)에는 여호야김의 일신에 대한 예언도 기록되었다. 그의 시체가 낮에는 더위에, 밤에는 추위에 버려지게 될 것이라 하였다(렘 36:27~32). 추위에 대한 언급은 왕이 죽을 시기를 말씀한 것이며, 더위란 그가 죽을 때 극심한 전쟁의 상황을 말한 것으로 볼 수 있다. 하나님의 말씀을 거역하고 멸시하는 자들의 최후의 운명은 언제나 이처럼 불행한 것이다.

3. 시드기야 왕의 치세에 예레미야

B. C. 597년 제2차 바벨론으로 포로로 잡혀간 때 예레미야는 예언활동에 많은 제약을 받았다. 여호야김의 정책은 결국 바벨론을 유다로 불러들인 계기가 되었다. 589년 여호야김이 죽자 여호야긴이 3개월 치세를 하였고, 그후 1만 명이 유배지(流配地)로 잡혀갔는데 그 때 예레미야는 예루살렘에 남아 있었다. 시드기야 치세는 백성들이 전쟁으로 인하여 가난과 헐벗음이 한창이었을 때다. 그 때 예레미야는 그 계층의 사람들을 향하여 예언활동을 하였다.

이 유배(流配)가 있고 나서 예레미야는 무화과나무의 비유를 가지고 포로로 잡혀간 사건과 예루살렘에 잔류된 자들을 설명하였다. 그러다 때가 이르면 남아 있는 자들까지 유배지(流配地)로 끌려갈 것을 예언하였다(렘 24:1~10).

예레미야의 예언 중에 특별한 것은 그가 포로 중에 있는 백성들에게 편지로 바벨론에 있을 때에는 그들을 최선을 다하여 거하라 한 것이다. 그런데 거짓 예언자들은 조속한 시일에 예루살렘으로 귀환할 것이라 하였다. 예레미야는 그들의 거짓된 예언에 귀기울이지 말 것을 경고하였다(렘 29:1~23). 예레미야는 실물로 멍에를 만들어 목에 메고 다니면서 예루살렘 거민들에게 바벨론에 포로로 잡혀가면 그들에게 순종할 것을 간곡하게 권고하였다. 평화시(平和時)에는 하나님의 말씀을 순종하는 것이 하나님 앞에 올바른 믿음이지만 하나님의 징계시(懲戒時)에는 그 징계를 감수하고 수용한 것이 하나님을 순종하는 것이라 하였다(렘 27:1~22).

예레미야가 바벨론에게 순종하라고 계속적으로 권유하였으나 시드기야는 친 애굽 정책을 하면서 바벨론을 반대하였다(렘 34:1~7). 588년 1월 15일 바벨론 왕 느부갓네살이 예루살렘을 다시 공격하기 위하여 포위하기 시작하였을 때 시드기야는 회개하면서 예레미야의 도움을 청하였다(렘 21:1~14). 예레미야는 살길은 그들에게 무조건(無條件)으로 항복하는 길이라 하며, 시드기야의 죽음을 예언하였다. 그러나 포위가 잠시 누그러지자 예레미야는 붙잡혀 매를 맞고 감옥에 갇히었다(렘 37:11~21).

시드기야는 예레미야에게 은밀히 시대상황(時代狀況)을 묻고 그를 풀어 시위대 뜰에 머물게 하였다. 그리고 그에게 떡을 주었다. 그 때 예레미야는 토지를 구매하라는 계시를 통하여 이스라엘 백성들이 바벨론 포로 이후에 귀국하게 될 것이라는 약속으로 증표를 삼아 예언하였다(렘 32:1~44). 시대가 악화되자 예레미야는 다시 구금되었으나 에티오피아인 환관 에벳멜렉(Ebed-melech)에 의하여 구조되었다(렘 38:1~13). 그는 예레미야의 안전을 약속 받았으며(렘 39:15~18), 586년 시드기야는 전란을 피하여 여리고까지 도망하였으나 붙잡혀 바벨로니아로 유배되었다(렘 39:1~10).

4. 애굽에서 예레미야의 말년

B. C. 586년 8월 14일 예루살렘 멸망에서 살아 남았다(왕하 25:8. 렘 52:12). 바벨론인들은 예레미야를 우대하였고 그의 안전을 위하여 유배지(流配地)로 끌고 가지 않았고 잔류민(殘有民)을 통치한 그달리아(Gedaliah)에게 그를 인도하였다(렘 39:11～14). 그달리아(Gedaliah)가 살해당한 후 예레미야는 팔레스타인에서 애굽으로 내려갔다(렘 42:1～43:7).

애굽의 다비스에서 상징적(象徵的)인 메시지(message)를 통하여 하나님께서 느부갓네살을 애굽으로 보낼 것을 백성들에게 경고하였다(렘 43:8～13). 예루살렘이 폐허가 된 까닭은 그들이 하나님의 선지자(先知者)들의 말씀을 귀담아 듣지 않고 하나님의 말씀에 무지했기 때문이라 강조하였다. 유다는 하나님의 진노를 격동시켰기 때문에 열방들에게 저주와 모욕거리가 되었다고 강조하였다. 그러나 애굽에서조차 예레미야의 예언에 귀를 기울이는 자들은 없었다. 그들은 오히려 그들에게 내린 재앙(災殃)이 우상숭배(偶像崇拜)를 폐했기 때문이라 하였다. 예레미야는 애굽에서 살면서 완악한 백성들의 마음을 정화시켜 하나님에게로 돌아오게 하기 위하여 일평생(一平生)을 바쳤다.

D. 예레미야서는 어떤 책인가

예레미야서를 보면 그 예언의 성격을 잘 알 수 있다. 그 예언의 특징은 직선적(直線的)이며 명백하고 세부적(細部的)이다. 그의 예언의 연대는 B. C. 608년으로부터 시작된다. 예레미야 예언의 역사성(歷史性)에 대하여 어떤 학자도 의심하지 않는 것은 그의 활동이 다른 문헌에서도 뚜렷하게 입증되기 때문이다. 예레미야는 서기관 바룩을 통하여 예언을 기록하도록 하였다. 마치 사도행전의 사건을 베드로나 바울이 기록하지 않고 누가가 기록한 것과 동일하다. 그러므로 사도행전은 누가의 모든 실력과 사상이 표현되고 잠재되어 있다.

바룩은 대체적(大體的)으로 예레미야의 입장을 잘 살려 그 예언의 표현을 예레미야의 시성에 알맞게 표현하기 위하여 최선을 하였다. 그와 같은 성격은 예레미야의 독백(獨白)을 보면 잘 이해할 수 있다. 그러나 모두가 예레미야서에 대하여 문제를 제기하지 않는 것은 결코 아니다. 브라이트(J. Bright) 같은 자는 예레미야서를 비판적 입장(批判的 立場)에서 평하였다. 그는 예레미야서에는 설화(說話)도 있고 동시대의 다른 사람들의 단편 작품도 있다고 주장한다. 그리고 혹자는 지금의 예레미야서의 모든 수난사(受難史)는 바룩의 것이라고 주장하기도 한다.

5. 예레미야서는 신명기적 정신의 책이다

예레미야서의 독립성(獨立性)을 주장하는 학자는 둠(Duhm)과 모빙겔(Mowinckel)이다. 이들은 예레미야서가 신명기적 사상(呻命記的 思想)을 가지고 있다는데 이의를 제기하지 않았다. 예언자들의 예언의 성격이나 내용이 보통 신명기적(呻命記的)이지만 예레미야서에는 그와 같은 문장의 표현이 뚜렷하게 나타난 것을 볼 수 있다. 그러나 그와 같은 말씨가 시대적(時代的) 흐름인지 선지자(先知者)들의 특유한 용어인지는 분명하지 않다. 단지 여기에서 깊이 그 내용을 찾을 수 없으나 직업적 예언자(職業的 豫言者)들의 예언에서는 신명기적 예언(呻命記的 豫言)의 성격을 찾아볼 수 없음을 유의해야 한다.

예레미야의 성전연설(聖殿演說)에서 그의 사상적 성격(思想的 性格)이 잘 나타나 있다. 당시의 성전예배의 부당성(不當性)과 타락성(墮落性)을 언급할 때 신명기적 용어(呻命記的 用語)를 많이 사용하였다. 바룩이 말씀을 기록하면서 예레미야의 신앙적 성격(信仰的 性格)과 예언정보(豫言情報)에 얼마나 정확성(正確性)을 가지고 있었는가를 그 예언을 통하여 엿볼 수 있다. 그 예언의 역사성(歷史性)을 말할 때『토기장이와 질그릇의 비유』에서 그 특유의 사상이 표현되고 있음을 볼 수 있다(렘 18:1~12). 이와 같은 이야기는 누구도 예레미야의 것이라는데 이의를 제기하지 못한다. 그러므로 예레미야서의 신학사상(神學思想)은 어디까지나 신명기적(呻命記的)이라는데 결론이 모여지게 된다(렘 32:.

34:~35:).

6. 예레미야서는 위로의 책이다

예레미야서 30장에서 31장까지의 말씀을 보면 이 책의 또 다른 면의 성격을 볼 수 있다. 그 대표적(代表的)인 것이 『위로의 책』이란 것이다. 이와 같은 사실은 예레미야서를 연구하는 모든 학자들이 동의한다. 예레미야서는 지극히 복잡한 복합성(複合性)을 가지고 있으나 이와 같은 표현은 예레미야 선지의 세련된 예언의 성격에서 나온 것이라 할 수 있다. 예레미야는 북왕국(北王國)의 멸망을 보았으므로 그 예언의 성격에 잠재되어 있는 그것을 완전히 지워버릴 수 없었을 것이다. 그는 북왕국(北王國)의 멸망의 잠재의식(潛在意識)과 남왕국 유다의 멸망의 사건을 비교하면서 그와 같은 애가를 말하였다.

우리는 예레미야서에 흐르고 있는 전반적 표현(全般的 表現)은 **활력**이 있고 풍부한 상상력(想像力)이 있음을 볼 수 있다. 말의 진정성(眞正性)과 무아지경(無我地境)의 특성은 그 시대에 흐르고 있는 신앙의 심각성(深刻性)을 찾을 수 있다. 하나님께서는 창자가 끊어질 듯한 아픔으로 예레미야 선지를 통하여 당신의 마음을 이스라엘 백성들에게 전하고 있다. 그 아픔이 예레미야의 아픔이요 그 탄식이 예레미야의 탄식이 됐다.

3. 역사적 부록으로 외국을 향한 예언이다

이스라엘 예언자(豫言者)들의 예언의 특색은 그 백성에게만 국한하지 않았다는 점이다. 이사야가 그렇게 하였고(사 13:23:), 에스겔이 그렇게 했으며(겔 25:~32), 그리고 모든 소선지자(小先知者)들의 예언도 비슷한 성격을 볼 수 있다(암 1:1~2:4). 그와 같은 문제에 대하여 바르트케(Hans Bardtke) 같은 자는 이 예언 모두 예레미야의 것이라고 주장하였다.

우리는 사도나 예언자(豫言者)들이 자국의 문제뿐만 아니라 이방인(異邦人)들을 위하여 부르심을 받고 세우심을 볼 수 있다. 바울이 그렇게 했고 예레미야가 그렇게 했다. 우리는 그러한 점에서 예레미야서에 기재된 이방에 대한 예언들이 예레미야의 것이라 주장한다. 예레미야는 긴 수난의 생활을 하면서도 신실하고 정직한 예언자로 협량주의적(俠量主義的)인 민족주의자(民族主義者)는 결코 아니었고, 그는 세계적(世界的)인 선지자(先知者)로 사명을 다하였다. 그의 독립적(獨立的)인 말씀에서 세계열방(世界烈邦)의 역사를 볼 수 있으니 애굽과(렘 46:3~12), 바벨론의 운명을 읽을 수 있다(왕하 24:18~25:21. 사 36:~39:. 렘 52:28~30). 이와 같은 예레미야의 예언은 세계사 연구(世界史研究)에 대단한 의미를 제공하여 주고 있다.

C. 예레미야의 예언

예레미야가 설파한 메시지(message)는 유대의 심판이었다(렘 5:1~6). 하나님의 심판은 북왕국(北王國) 이스라엘에게 행하였던 것 같이 유다 백성들에게도 예외는 아니다. 유다 백성들이 산당(바모트, bamot)에서 행한 우상숭배(偶像崇拜)는 이교도(異敎徒)들의 폐습이어서 유다 백성들의 멸망의 원인이다. 사실 므낫세 왕 같은 자는 노골적으로 우상을 숭배하여 힌놈의 골짜기에서 바알 몰랙(Baal~Molech)이라는 神을 찬양하고 어린아이들을 희생제물(犧牲祭物)로 드렸다(렘 7:31. 19:5. 32:35). 그리고 하늘의 여신을 숭상하였다(렘 7:18,. 44:19).

요시야 왕은 이와 같은 것을 타파하기 위하여 종교개혁(宗敎改革)을 단행하였다. 그 개혁은 외형적(外形的)인 것일 뿐 내면적(內面的) 신앙적(信仰的) 깊은 곳까지는 미치지 못하였다. 요시야의 종교개혁(宗敎改革)은 왕의 만족을 위한 종교개혁(宗敎改革)이었으므로 표면적(表面的)이고 외형적(外形的)인 회칠한 무덤 격이었다.

예레미야는 외식적(外飾的) 종교개혁(宗敎改革)을 단행한 왕과 백성들을 향하여 모든 죄를 규탄하고 그들의 행동은 이중적(二重的) 죄를 가중시키는 일이라 하였다(렘 16:11). 유대의 종교적 불성실(宗敎的 不誠實)과 도덕적 부패(道德的 腐敗)는 어느 개인뿐만 아니라 전반적(全般的)인 경향임을 예레미야는 지적하며 탄식하였다(렘 5:31). 그들의 속임수,

부정, 불의, 약자의 강탈, 비방 등은 그 시대의 멸망 직전의 사회상(社會相)이요 종교 현상(宗敎現狀)이었다(렘 5:1, 7, 26. 6;7, 13. 7:5, 9.9:2, 6, 8. 17:9. 21:12. 22:13. 23:10. 29:23).

불신앙적 행동(不信仰的 行動)은 언제나 하나님의 심판으로 부르게 된다. 심판은 언제든지 백성의 죄에 대한 형벌로 나타나며 그 심판의 도구(道具)는 이방인(異邦人)들이 될 것이란 것이다(렘 1:13). 북쪽에서 밀려든 화는 여호야김 통치 제4년에 실현되었다(렘 25:). 학자들은 예레미야의 예언은 스구디아인들을 두고 예언한 것으로 해석한다(헤로도투스 : Herodotus, 렘 4:11. 5:15. 6:3, 22).

그러나 예레미야의 예언대로 유다는 분명하게 이방으로 사로잡혀 갔다(사 39:6. 미 4:10. 슥 6:8). 유다를 괴롭힐 백성은 바벨론임을 우리는 여러 성서의 기록을 통하여 볼 수 있다(렘 25:11. 29:10. 3:14. 12:14. 16:14. 23:1. 24:6. 47:2~7).

예레미야의 예언은 그가 지닌 종교적 내면성(宗敎的 內面性)이다. 유대의 외형적 신정론(神政論)이 내면적 종교(內面的 宗敎)의 말살을 가져왔다고 주장한다. 당시의 위정자(爲政者)들은 하나님의 계시에 의하여 정치를 한다고 주장하였다. 참된 정치는 외형적(外形的)인 어떤 형식에 있는 것이 아니다. 내면적(內面的)이고 마음으로 하나님을 두려워하는 것이 없을 때 생명력을 상실할 수밖에 없다. 그러므로 진실한 마음을 상실한 어떤 형식이나 할례 같은 따위는 전혀 가지가 인정되지 않은 것으로 성전도 도피처(到避處)가 될 수 없고, 경전도 구원의 도구는 될 수 없다. 다만 저들은 율법을 악용할 수밖에 없다(렘 8:8).

예레미야는 율법은 마음비(心碑)에 새겨야 할 것으로(렘 31:31), 여호와를 소유한 자만이 그가 의(義)가 될 것을 예언하고 있다(렘 23:6. 33:16). 이와 같은 사상은 이상주의(理想主義) 말이 아니다. 하나님의 계시에 의하여 주어진 시대적 산 진리임을 오늘을 살아가는 기독교인(基督敎人)들은 명심할 것이다.

F. 예레미야의 시대

예레미야는 남왕국(南王國) 유대가 멸망할 때까지 40년 동안(B. C. 627~586) 남왕국(南王國)에서 활동한 선지자(先知者)이다. 그는 남왕국 (南王國)이 우상숭배(偶像崇拜)로 붕괴하는 시대에 살면서 예루살렘 성 전과 유다 왕국의 멸망을 목격하면서 피눈물을 흘리며 예언했고, 말년 에는 애굽에서 살았다.

1. 근 동

B. C. 631년 아슈르파니팔이 죽자 앗수르의 정세는 불안하기 시작하 였다. 앗수르 제국하(帝國下)에 있던 많은 나라들은 폭동의 기미가 일기 시작하였다. B. C. 626년 갈대아가 나보폴랏살의 지휘하에 자체의 독립 을 선언하자 혼란의 시대는 뒤따랐다. 이와 같은 사실을 바벨로니아 역 사는 훌륭하게 보충해 주고 있다. 616년 나보팔랏살은 앗수르를 침략하 였고, 그 직후 메데인들(Medes)이 카악사레스(Cyaxares) 지휘하(指揮下) 에 이 전투에 참여하여 614년에 메데인들이 앗수르 수도를 함락했다.

그 후 갈대아인들은 메데와 동맹을 맺고 니느웨를 612년에 함락했다. 그 사이에 에집트 군대가 포삼메티쿠스(Psammetchus. B. C. 663~609년) 의 지휘하에 앗수르 군대를 지원하러 하란(Harran)에 왔으나 하란도 610 년에 함락 당하고 말았다. 그후 B. C. 609년에 느고(Nech)가 궁지에 처한 앗수르를 구하러 왔으나 그는 므깃도 전쟁에서 유다 왕 요시아를 만나 그를 죽였다. 그러나 그는 앗수르를 구원하지는 못하였으니 이미 갈대 아군이 아수르를 장악하고 있었기 때문이다. 애굽과 갈대아는 갈그미스 전쟁을 하였는데 그 전쟁은 B. C. 605년에 느부갓네살의 대승리로 끝났 다. 느부갓네살은 이어서 핫투(Hattu, 시리아 북부)를 정복하고 영토를 확장하였다. 그후 고레스(Cyrus)가 일어나기까지 근동지방(近東地方)은 갈대아의 손 안에 있었다.

2. 유 다

므낫세(Manasseh)는 B. C. 687~642년까지 55년간의 통치를 하면서 앗수르에 아첨을 하였다. 그의 아들 아몬(Amon)은 B. C.642~640년까지 2년간 통치하였으나 앗수르를 반대하는 자들로부터 암살을 당하고, 그의 뒤를 이어서 불과 8세 밖에 안된 어린 요시아가 왕위에 올랐다(대하 34:3). 그는 어렸을 때부터 믿음이 돈독하여 하나님을 찾기 시작하였고 12살에는 예루살렘에 있는 혼합종교를 제거하였다.

요시아의 종교개혁(宗敎改革)은 요시아 자신의 공로만은 아니었다. 므낫세의 오랜 통치기간(通治期間) 동안에 지하에서 활동하던 反앗수르 파들의 온갖 노력의 힘도 결코 간과(看過)할 수 없다는 것이 학자들의 견해이다. 그러나 성서는 621년 요시아가 성전 수리 중에 율법책(律法書)을 발견한 후부터 종교개혁(宗敎改革)이 시작되었다고 말한다. 요시아의 종교개혁(宗敎改革)은 갈대아가 앗수르에 대하여 폭동을 일으킨 해에 요시아는 종교개혁(宗敎改革)을 단행한 것으로 되었다. 우리가 여기에서 중시해야 할 것은 종교개혁(宗敎改革)의 출발은 유다의 예속시대가(隷屬時代) 끝났다는 것을 암시해 주고 있다는 것이다.

요시야의 종교개혁(宗敎改革)은 종교적(宗敎的) 혹은 정치적 의도(政治的 意圖)를 내재하고 있다. 요시야는 당시 백성들의 열망에 따라 자기의 통치기간(通治期間)에 다윗 왕의 황금시대(黃金時代)를 재현하고자 하였다. 신명기(呻命記) 안에 포함된 언약의 책들은 모세 신앙의 바탕 위에 선 것이지만 시간이 흐름에 따라 그 사상은 이스라엘의 훌륭한 정신사(精神史)로 자리를 잡기에 이르렀다. 그 사상은 시대의 상황과 언어, 문학적(文學的)인 문체를 통하여 새로운 사상으로 정립되어 표현되었다. 모세의 신명기적 사상(呻命記的 思想)은 갈수록 대폭적(大幅的)으로 확대되어 많은 신앙인(信仰人)들에게 전승되었다.

B. C. 609년에 애굽의 원수 느고(Nech)는 앗수르를 도우러 갔으나 요시야의 방해로 그 뜻이 좌절되었다(대하 35:20~24). 요시야는 갈대아를 애굽보다 선호한 것으로 보이는데 그와 같은 모험은 요시야의 전사로

비참하게 끝났다. 그런 사이에 요시야의 둘째 아들인 여호아스가 유다의 왕으로 군림하게 되었다. 애굽왕 느고(Nech)는 즉시 여호아스를 리블라(Riblah)로 소환하고 그의 형 여호야김을 왕으로 세웠다(B. C. 609~598).

B. C. 605년 갈그마스 함락이후 3년 동안 조공을 바치다가 유대 왕은 조공을 거부함으로 타민족(앗수르, 모압, 암몬)의 침입으로 많은 어려움을 당하였다(왕하 24:2). 여호야김이 계속적(繼續的)으로 조공을 거부한 결과로 B. C. 598년 다시 예루살렘이 포위를 당하였고 마침내는 도성의 상류층(上流層)에 있는 귀인들과 기술자(技術者)들이 대부분(大部分) 유랑지(流浪地)로 끌려가게 되었다.

그 사이에 왕으로 오른 여호야긴은 바벨론으로 끌려갔고, 유다 왕국은 혼란으로 親애굽파와 親갈대아파의 분쟁이 격심하였다. 이와 같은 국민의 양분된 조짐은 예레미야시대의 불행을 잘 설명해 주고 있다. 예레미야는 당시의 민족주의적(民族主義的)인 열기와 광적인 날뜀에의 희생제물이 되었다. B. C. 588년 갈대아군의 예루살렘 포위 끝에 1년 반 후에 아브(Ab)월 9일에 갈대아군은 성전을 함락하였으며 유다 왕국은 비참한 종말을 고하게 된 것이다.

당시 시드기야(Zedekiah)왕(B. C. 598~587년)은 두 눈을 뽑히고 전쟁포로(戰爭捕虜)가 되여 바벨론으로 잡혀갔으며 아들들이 자신 앞에서 살해됨을 목격하였다. 유다 왕국은 바벨론의 한 지방에 병합되어 사반(Shaphan)의 가문의 통치를 받는 비운을 70년 동안 당하게 된 것이다.

G. 예레미야 시대의 연대표
(B. C. 686~586)

686년   므낫세가 왕위에 즉위함
648년   요시야의 출생
642년   아몬이 므낫세를 계승하여 즉위함
640년   요시야가 아몬을 계승함

633년   요시야가 하나님을 찾음(대하 34:3)
        아수르의 왕 아슈르바니팔이 사망
        카악사레스가 메데의 왕이됨
628년   요시야의 종교개혁 시작
627년   예레미야가 예언자로 피소
626년   나보폴라살이 바벨론 왕이 됨
621년   성전에서 율법책이 발견됨
612년   니느웨의 멸망
609년   요시야가 므깃도에서 전사함
        여호아스가 3개월간 왕이 됨
        여호야김이 예루살렘에서 왕위에 오름
605년   베벨론인들이 갈그마스에서 애굽인들을 격파함
        다니엘과 그 밖에 귀인들이 성전 기물과 함께 잡혀감
        느부갓네살이 왕이 됨
604년   느부갓네살이 공을 받으려 유다를 방문함
601년   느부갓네살이 애굽 근처에서 격파 당함
598년   여호야김의 치세가 끝남
        여호야긴이 598년 12월 9일~597년 3월 16일까지 통치하고
         597년 4월 22일에 포로로 끌려감
597년   시드기야가 유다 왕으로 즉위함
588년   1월15일 예루살렘이 포위 당하고 공격을 받음
587년   예레미야가 투옥됨(렘 32:1~2)
586년   7월 18일에 시드기야가 도망함(왕하 25:2~3.
586년   8월 14일 예루살렘의 멸망이 시작됨(왕하 25:8~10)
586년   10월 17일 시드기야가 암살 당함 유대인들의 애굽으로 도피
        함

II. 예레미야서

A. 예레미야서의 일반적 성격

예레미야서의 초기 저작은 예레미야 36:1에 자세하게 보고되어 있다. 여호야김의 통치 4년에 예레미야는 여호와의 명령을 따라서 그가 지금까지 선포한 예언의 말씀을 제자 바룩을 명하여 기록케 하였다. 바룩은 그의 말씀을 두루말이에 받아 기록하였다. 그러나 여호야김은 그 두루말이 책을 불태워 버렸으므로 예레미야는 다시 기록하라는 명령을 하였고 따라서 추가 내용까지 기록케 하였다(렘 36:32).

이것이 우리가 현재 볼 수 있는 예레미야서의 기원이라 할 수 있다. 학자들에 의하면 예레미야의 글은 많은 부분이 추가되었고 연대기 순으로 정리되었다고 주장한다. 예레미야서의 제1판에는 여호야김 통치 4년까지만 연설형식의 것과 시드기야 시기에 선포되었던 강연도 기재되었다고 본다(렘 21:1~. 23:~. 26:1~). 그러나 제2판(렘 36:28)에는 당시 존재한 이방 민족들의 현황과(렘 25:) 예레미야의 여러 예언들이 첨가되어 기록되었다(렘 26:. 35:. 3:). 이 첨가된 부분을 예레미야의 초기의 예언으로 보는 학자들도 적지 않다.

예레미야 37장에서 도성(都城)의 멸망과 함께 많은 예언들이 바룩에 의하여 구체적(具體的)으로 발췌되어 기록된 독립의 기록이라 말한 학자들도 있다. 그러나 이와 같은 학설은 어디까지나 학설에 불과한 것이며 예레미야서는 독립(獨立)된 책으로 바룩의 책과는 다른 성격을 가진 하나님의 예언의 말씀의 기록이다. 다소 부자유스러운 것들은 바룩이 후일에 예레미야의 예언을 정리하면서 보충적 혹은 부언적(附言的)으로 다소 추가하였을 것이라 생각된다. 바룩은 역사적 예언의 말씀을 기록

한 서기관(書記官)이며 안내자(案內者)로 그의 안내문 격으로 언급하였
고 대부분(大部分)의 말씀은 예레미야가 불러 주었고, 바룩은 그것을 기
록하여 오늘에 이르기까지 남기게 된 것이다(렘 18:1~. 27:1~. 32:1~).

B. 예레미야서의 구조

1901년 베른하르트 둠(Bernhard Duhm)이 예레미야서를 연구하여 주
석서(註釋書)를 출판하면서 예레미야의 예언의 폭넓은 시적 문체와 문
학적(文學的) 여러 충돌을 발견하면서부터 예레미야서의 자료문제(資料
問題)가 제기되었다. 그 후 예레미야서의 연구를 진전시킨 자는 모빙켈
(S. Mowincel)이다. 그는 예레미야서의 문학적 충돌(文學的 衝突)을 다음
과 같이 명확하게 확인되었다고 천명하였다.

1. 예레미야의 신탁의 말씀이지만 서론이나 결론의 일정
한 표들이 없는 부분들이 있다.

렘 1:4~10, 11~12, 13~16.
렘 2:2~9, 10~13, 14~28, 29~30.
렘 3:1~5, 19~20, 21~25.
렘 4:1~4, 5~10, 11~18, 19~22, 23~28, 29~31.
렘 5:1~9, 10~14, 15~17, 20~31.
렘 6:1~6, 6~8, 9~15, 16~19, 20~21, 22~26, 27~30.
렘 8;4~12, 13, 14~17, 18~23.
렘 9;1~8, 9~11, 16~21, 22~23, 24~25.
렘 10:17~22,
렘 11:15~16, 18~20, 22~23.
렘 12:1~6, 7~12.
렘 13:12~14, 15~27.
렘 14:2~10, 11~16, 17~22.
렘 15:1~2, 5~9, 10~21.

렘 16:1～13. 16～18,21.
렘 17:9～10, 12,14～18.
렘 18:13～17, 18～23.
렘 20:7～13, 14～18.
렘 21:11～12, 13～14.
렘 22:6～9, 10～12, 13～19, 20～23, 24～30
렘 23:5～6, 9～15, 16～20, 21～24, 29.
렘 24:1～10.
렘 25:15～16, 27～28.

2. 저자의 개인적인 이야기

렘 19:1～2, 10, 11. 14～15.
렘 2～:1.
렘 26:1～24.
렘 28:1～17.
렘 29:24～32.
렘 36:1～32.
렘 37:1～10, 11～16, 17～21.
렘 38:1～13, 14～28,
렘 39:3, 14.
렘 40:2～12, 13～43:7.
렘 43:8～13.
렘 44:15～19, 24～30.

3. 뚜렷하게 신명기적 성질을 가진 문체를 지닌 자료들

렘 7:1～8:3.
렘 11:1～5, 9～14.
렘 18:1～12.

       렘 21:1~10.
       렘 25:1~11.
       렘 32:1~2, 6~16, 24~44.
       렘 34:1~7, 8~22.
       렘 35:1~19.
       렘 44:1~14.

　예레미야서 본문 전승(傳承)의 문제에서 본문 구성문제(構成問題)를 놓고 학문적(學文的)인 연구와 비판이 없을 수 없으나 의견일치(意見一致)를 초래할만한 전면적(全面的)인 의견이 아직까지 나타나지 않고 있다는 것이다. 이 책의 형성과정(形成過程)은 심히 복잡한 것으로 면밀한 검토와 연구가 필요하다. 리이쩰(Rietzschel)과 같은 자들은 예레미야서를 연구 끝에 추가부분(追加部分)과 보충 부분(補充部分)이 있다고 주장하지만 이와 같은 학설은 문학들이 그런 것이지 그 내용의 정확성(正確性)에 대하여 반대할 만한 확신은 없다.

　또한 신명기적(呻命記的)인 자료문제(資料問題)에 있어서도 바이페르트(H. Weippert) 같은 자는 신명기학파(呻命記學派)의 산문적 자료(散文的 資料)와 전혀 상관이 없다고 밝히므로 예레미야서가 오랜 예언을 보존하는 그릇이 된다고 하였다.

C. 예레미야서의 저자

　예레미야의 이름이 붙어 있는 책의 저술 경위에 대해서는 다른 어떤 구약의 책들보다 구체적(具體的)으로 기록되어 알려지고 있다. 여호야김 제 4년인 B. C. 605년에 예레미야는 하나님으로부터 그의 예언을 기록하라는 명령을 받고(렘 36:1~8), 그의 서기관(書記官) 바룩에게 의탁하여 자신의 활동시기 였던 B. C. 627년부터 시작된 자신의 예언을 기록케 하였다. 그러나 이 두루말이 책은 여호야김에 의하여 불태워져 버렸다.

예레미야는 불에 탄 기록을 다시 기록할 것을 명하였고, 그 때 바룩은 많은 말씀을 부가하여 예레미야서를 작성하였다(렘 36:32). 그러나 그 때 바룩이 기록한 말씀 중에 얼마의 부분이 삽입(挿入)되었는지 알 수 없다. 그러나 하나님께서는 이 기록한 말씀을 예루살렘을 위하여 보존하라는 명령을 하였다(렘 45:1~6).

맛소라 본문에 있는 기록과 70인역(알렉산드리아에서 70인의 번역사들이 히브리어로 된 성서를 헬라어로 번역한 것)의 예레미야서의 본문의 길이가 상당 부분(相當部分) 다르다는 문제 때문에 현존한 예레미야서가 보다 다른 단편의 예레미야서가 있다는 학자들의 주장이 생기게 되었다.(70인역에는 맛소라(Masora)본문의 1/8 정도 즉 2.700단어가 짧다) 그것을 비교해 보면 다음과 같다.

70인 역의 본문	맛소라의 본문
렘 1:1-25:12	렘 1:1-25:12
렘 25:14-20	렘 49:34-39
렘 26:1-28	렘 46:
렘 27:	렘 50:
렘 28:	렘 51:
렘 29:	렘 47:
렘 30:	렘 49:
렘 31:	렘 48:
렘 32:-51:	렘 25:13-45:5

이상의 배열을 보면 두 가지 상이점(相異點)이 발견된다. 46~51장에서 기록된 외국에 대한 예언이 예레미야 25:14로 시작되는 희랍어 본문의 자리에 삽입(挿入)되어 있다. 다시 말하면 메시지의 순서가 뒤바뀌어져 있다는 것이다. 그리고 위에서 보여준 바와 같이 희랍어 본문에는 예레미야 33:14~26. 39:4~13. 51:44~49. 52:27~30이 빠져 있다는 것이다. 이와 같은 사실은 70인 역과 히브리 본문과 상당부분 차이가 있음을 발견하게 된다. 우리는 이와 같은 사실에 대한 답변으로서 처음 바룩이 기록한 예언이 상실되었기 때문에 다음에 바룩이 기록할 때 그 동안의 예

레미야의 부분을 상당 부분을 삽입 추가했다고 볼 수밖에 없다.

바룩이 처음 기록한 제1판의 예레미야서와 다음에 기록한 제2판의 예레미야서는 당연히 시간적 차이 때문에 그 분량 면에서 차이가 있을 수밖에 없다고 보아야 한다. 그러므로 차이가 있는 예레미야서는 바룩이 예레미야 사후(死後)에에 기록한 최종판일 수 있다(?). 확실한 것은 예레미야서가 예레미야의 것이 아니라는 반증이 너무나 빈약한 상태이므로 본문의 문제 제기는 학설로 받아드리는 것 외에 어떤 의미도 있을 수 없다.

D. 예레미야서의 자료

예레미야서는 요시야 통치 13년부터 예레미야가 전파했던 말씀 그대로인가? 질문을 하였을 때 학자들은 그 자료에 있어서 여러 가지 논란을 제기한다. 마치 이사야서가 제 1 이사야, 제 2 이사야, 제 3 이사야가 있는 것처럼 예레미야서도 본래 형태 그대로 우리에게 전승(傳承)되어 온 것이 아니라 몇 개의 소책자(小冊字)나 예언 수집서로부터 발달되어 온 것이라 주장한다. 그 이유 중의 한 증거는 70인 역과 맛소라(Masora)의 본문이 서로 상이(相異)하다는 예(例)를 들어 그렇게 주장한다. 그러므로 원래 예레미야서의 자료는 현존의 것보다 훨씬 분량이 적을 것이라 한다.

현재 이 책의 핵심을 이루고 있는 자료의 수집물(收集物)을 다음과 같은 것이라 주장한다. 예레미야 1:1~2, 4~9:22. 10:17~12:6. 25:. 46:1~49:33, 26:. 36:. 45:. 등이 그것이라 한다. 그러나 다른 학자들은 이와 같은 말씀이 예레미야 36장에 언급된 내용으로 생각한다. 예레미야 32:2의 말씀은 『내가 네게 말하던 날 곧 요시야의 날부터 오늘까지 ....네게 이른 모든 말』을 기록하라고 명령되어 있다. 예레미야가 바룩에게 말씀을 기록하라고 한 것은 그가 예언 사역을 시작한 때부터 23년의 세월이 흐른 다음이었다고 볼 수 있다. 초기에 예언하신 것을 그 때 바룩이 모두 기록하였다는 사실을 배제(排除)하게 된다. 예레미야서의 전기 예언과 후기 예언이 서로 다르게 기록될 수 있다는 가능성(可能性)이 생긴다.

이사야서에서도 언급되었으나 일개인(一個人)의 예언이라 할지라도 그 예언의 주체가 예언을 한 예언자가 아니요 하나님이시기 때문에 그 예언의 내용이나 성격이 서로 전과 후가 다를 수도 있다는 것을 인식할 필요가 있다. 우리는 현대 문학작가(現代文學作家)들의 동향에서도 흔히 발견할 수 있는 것처럼 탐정 소설로 문단에 등장한 작가 도중에 역사적 근거(歷史的 根據)를 내용으로 한 역사 소설(歷史小說)이나 애정 소설(愛情小說) 같은 것을 내놓을 수 있으며, 때로는 시(詩)나 산문 같은 것도 발표할 수 있다. 예레미야서의 불균형(不均衡) 같은 것을 이유로 하여 인위적(人爲的)으로 뜯어 맞추고 해부하는 것은 연구의 대상은 될 수 있어도 주장의 성질은 될 수 없다.

성서는 성서로서 권위를 인정하고 터무니 없는 사실을 언급하지 않는 이상 말씀 그대로 순종하는 것이 신자의 겸허한 태도라 할 것이다. 설사 이사야서와 예레미야서의 저자가 몇이 있다손 치더라도 그 근거를 확실하게 말할 수 없는 이상 언제나 사상을 사실로 인정하여 사실을 부정하는 일은 언어도단(言語道斷)이다. 나는 이런 의미에서 이성주의(理性主義) 견해나 지식주의 견해(知識主義見解)를 배제한다. 성서는 책이 아니고 책 이전에 하나님의 살아있고 운동력 있는 말씀이라는 것에 그 의미를 크게 둔다. 그리고 70인 역에 나타난 본문과 맛소라(Masora)의 본문의 문제도 각각 상이한 내용을 언급한 것이 아니라 시대적 견해(時代的 見解)에 따라서 가감할 수 있었을 것이라 생각된다. 현대인(現代人)들에게 성경 66권을 편집하라 한다면 과연 얼마만큼의 분량을 하나님의 말씀으로 인정할 것인가 생각해 봄직 하다.

E. 예레미야서의 정경성과 통일성

예레미야서를 바룩의 글로 보지 않고 이것들이 후대에 삽입된 것으로 주장하는 자들이 있다. 그들의 말인즉 예레미야 10:1∼16에 우상숭배의 생활을 하는 자들에게 우상숭배(偶像崇拜)를 하지 말라고 경고한 권면

이 포함된 것을 그 이유로 주장하고 있다. 그리고 예레미야 17:19~27의 말씀도 예레미야의 말이 아니라고 주장한다.

그 이유는 예레미야 같은 선지자(先知者)가 안식일(安息日)에 대한 주장을 할 수 없다는 것이다.

전항에서도 언급한바 있으나 예레미야는 현세적(現世的) 이상주의자(理想主義)가 아니며, 하나님의 말씀을 따라 학자의 혀를 가지고 예언하였으므로 과거의 말씀을 미래의 말씀으로, 현재의 말씀을 과거의 말씀으로 언급할 수 있다. 예언의 성격은 하나님의 계시를 언급한 것이기 때문에 현재에서 과거를 언급할 수 있으며 과거를 미래적 사건(未來的 事件)으로 말할 수 있다. 인간에게는 과거·현재·미래의 시제가 분명하며, 인간은 시공간을 초월하여 생각하거나 느낄 수 없다. 그러나 하나님은 시공간(視空間)을 초월하여 말씀하시고 보실 수 있기 때문에 예언자(豫言者)의 말이 인간적 견해(人間的 見解)에 맞지 않을 수 있다. 모든 말씀이 연대적(年代的)이거나 순서적(順序的)으로 틀림이 없어야 하나님의 말씀이라고 단정하는 것은 잘못된 견해라 할 것이다.

D. 예레미야서의 내용과 분해

바벨론의 연대기(年代記)는 예레미야서의 수많은 언급에 대하여 보다 광범위(廣範圍)하게 실증하여 준다. B. C. 606년 느부갓네살은 황태자(皇太子)로서 앗수르에서 바벨론 군을 지휘하였으며 B. C. 605년에는 갈그미스와 하맛에서 애굽의 느고(Nech) 2세를 격퇴시켰다(렘 46:2. 왕하 23:29. 대하 35:20). 그는 하티(Hatti)의 전토(全土), 즉 앗수르와 팔레스타인을 점령하여 취하고, 여호야김을 3년 동안 지배하였다. 아버지의 사망 소식을 듣고 사막을 횡단하여 B. C. 605년 9월 6일에 왕으로 즉위하였다.

예레미야는 감정이 퍽 예민한 예언자(豫言者)로 국가민족(國家民族)의 당한 여러 가지 비운은 그에게 큰 인상을 주었다. 그는 솔직하여 느낀 바를 거침없이 말하였다.

그는 예언자(豫言者)로서 국민을 향하여 많은 경고를 하였다(렘 11:18
~23. 20:7~10. 26:11. 37:15). 그는 민족적 죄악(民族的 罪惡)을 인하여
낙망하였고, 박두한 망국의 참화에 대한 비분은 그의 웅변과 달필로 여
실히 표시하였다. 그는 국가의 비운을 애곡하였고(렘 4:19~21. 6:26.. 7:29.
8:18~22. 9:1. 13:7), 원수의 보복을 탄원하였다(렘 15:10. 20:14~18).

그는 여호와의 무심함을 원망하였으니(렘 15:18. 20:17), 그의 속 사람
은 언제나 여호와를 의지하여 용감하였다(렘 1:7, 17, 19. 12:5. 15:19~
21. 21:11~13). 멸망의 비탈길로 내리 달리는 조국에 대한 애타는 마음
을 그의 글을 통하여 어디서나 목격할 수 있다(렘 7:16). 그는 눈물을 흘
리며 백성들을 향하여 돌아오라고 호소하였다(렘 14:~15:). 그러나 그
백성들은 목이 곧은 백성이어서 그 말씀에 귀기울이지 않았다.

Ⅰ. 예레미야의 예언	1:1~25:
A.서문	1:1~3
B. 예레미야의 정신 생활	1:4~19
C. 시상에 대한 반동	2:1~15:9
D. 자백과 연설	15:10~20:1
E. 왕과 예언자들을 비난	21:1~23:40
F. 두 가지 묵시	24:1~25:2
Ⅱ. 바룩의 예레미야 전기	26:~45:
A. 예레미야의 성전 예술	26:1~24
B. 유대 외교에 대한 고문	27:1~29:32
C. 나라와 민족에 대한 소망	30:1~33:26
D. 포로 기간의 경험	34:1~36:32
E. 예루살렘 함락	37:1~39:18
F. 예레미야의 만년	40:1~45:5
Ⅲ. 외국에 대한 예언	46:~51:
A. 애굽	46:1~28
B. 블레셋	47:1~7
C. 모압	48:1~47
D. 암몬	49:1~6
E. 에돔	49:7~22
F. 다메섹	49:23~27
G. 그달, 하솔	9:28~33
H. 엘람	49:34~39
I. 바벨론	50:1~51:64
Ⅳ. 역사적 부록	52:1~33

E. 예레미야서의 가치

예레미야서는 아름다운 시(詩)이다. 이사야의 웅장함과 욥기와 같은 찬란함은 없으나 그 서정적(抒情的)인 시(詩)는 읽는 자들로 하여금 심금을 울리는, 슬픈 노래는 듣는 者들로 마음을 숙연하게 한다. 코닐이란 사람은 그를 가리켜 『마음의 시인』이라 불렀다. 그 이웃, 그 백성, 그 하나님께 대한 숨김없는 심정은 구약의 어느 선지들 보다 밝히 나타나 있다. 이런 점에서 사랑의 선지 호세야보다 우월하다.

예레미야는 종교적(宗敎的) 역사관(歷史觀) 하나님과 개인 영혼(個人靈魂) 인격적(人格的) 관계와 종교적 실제(宗敎的 實際)와 의의를 가르치는 새 기원을 이루었다. 가정과 사회의 즐거움을 알지 못한 그는(렘 16:2, 8. 15:17), 자기 민족을 가정과 같이 사랑하였다. 그러나 그 백성들로부터 모욕과 핍박이 돌아 올 때 그는 하나님 앞에 나아가 위로를 받고 용기를 얻었다. 예레미야처럼 마음을 울리는 선지자(先知者)는 없었으나 백성들은 마음이 굳어져 그 말씀을 듣고 기뻐하지도 슬퍼하지도 않았다.

예레미야는 슬픔과 고난 중에서도 하나님과 인격적(人格的)으로 교통하였고, 그의 영적 경건(靈的 敬虔)의 생활은 모범적(模範的)인 예언자의 모습이었다. 그는 혼과 마음과 영을 하나님께 맡기고 그의 응답을 기다렸다. 그는 개인적(個人的) 종교관념(宗敎觀念)에서 개인 의무의 진리를 강조하였다(렘 31:30). 그는 새 언약의 말씀을 마음에 새긴다는 주장을 통하여 신약성서의 성령강림의 새로운 전기를 마련하였다(렘 31:31). 하나님을 알 수 있는 방법은 개인적(個人的)으로 성령을 통하여 가능하게 된다는 새로운 주장을 하였다. 우리는 예레미야의 인격을 본받아서 압박과 수난이 온다 하여도 하나님을 통하여 용기를 얻는 예레미야를 배워야 한다.

III. 예레미야서의 신학

예레미야의 신학사상(神學思想)과 신앙은 너무도 밀접하게 관계되어 있다. 그러므로 그의 신앙과 신학을 분리하여 설명하기란 그렇게 쉽지 않다. 예레미야는 예언을 할 때 어떤 사상체계(思想體系)를 가지고 한 것이 아니고 오히려 다양하고 풍성한 상상력(想像力)이나 다채로운 시적 감각을 가지고 예언의 말씀을 전하였기 때문이다. 그의 예언의 특별한 성격은 하나님과 인간의 깊은 내면적 경험을 자서전적(自敍傳的)으로 묘하게 역설(力說)하고 있기 때문이다. 예레미야는 소명을 받으면서부터 끝까지 여호와 중심적 생애(中心的 生涯)를 보내면서 인간을 초월한 하나님의 실재를 구체적(具體的)으로 이스라엘의 역사 가운데 나타내면서 인격적(人格的)으로 선택(選擇), 계약(契約), 신앙(信仰), 전통(傳統)이 있음을 주장했다.

예레미야는 하나님과 인간 그리고 자연을 통하여 인간의 마음과 제도의 신성함을 경축한 의식은 그의 내면적 신앙(內面的 信仰)의 숭고함을 보여주고 있다. 그는 새로운 상황에 돌발적(突發的)인 새로운 계시가 구체화(具體化)되고 특유하게 되며 생동감(生動感) 있게 됨을 볼 수 있다. 그는 과거 하나님께서 계시(啓示)를 통하여 말씀하신 사실에 소망을 두고 인간적 사고(人間的 思考)나 양식의 합리적 공식(合理的 公式)을 배격하며 하나님과 대화와 독백을 통하여 풍성하고 독특한 상징적 방법(象徵的 方法)으로 일반인(一般人)들에게 예언함을 볼 수 있다.

A. 하나님 말씀

예레미야에게 있어서 말씀의 신학은 절대적(絶對的)이고 최고점(最高點)에 해당된다. 그는 전 생애(全生涯)를 통하여 하나님을 운명적(運命

的)으로 증거해야 된다는 것을 자각하고 있었다. 야훼(YHWH)의 말씀, 다발(dabar)은 신약 성서에서 레마와 같은 의미를 함축(含蓄)하고 있다. 소명을 받을 때 하나님의 말씀이 그 입에 주어졌으며, 그 말씀은 선민이나 이방 민족들에게 항상 압도적(壓倒的)으로 임하는 권능의 말씀으로 이해되었다. 하나님의 말씀엔 하나님의 의지와 뜻이 내포된 것으로 그 말씀이 선포된 곳에서 하나님의 주권적 사건(主權的 事件)도 함께 성취되는 것을 그는 믿었다.

예레미야는 당시 많은 직업적 예언자(職業的 豫言者)들과 자주 충돌하면서 예언의 신실성(信實性)이 하나님의 계시와 연결된다는 사실을 발견하게 된다. 그는 하나님의 이름을 걸고 그의 예언의 계시성(啓示性)을 강조하였다. 예레미야는 단호하게 직업적 선지자(職業的 先知者)들에 대하여 하나님께서 보내지도 않았고(렘 23:21), 속하지 않는 자들이기 때문에(렘 23:18, 22), 그들은 하나님의 말씀도 받는 자들이 아니란 것이다(렘 23:21). 직업적 선지자(職業的 先知者)들의 예언은 꿈에 속한 것으로 그 예언의 발원이 인간 자신이며 하나님이 아니라는 것을 언급하였다(렘 23:25~28).

직업적(職業的)으로 왕궁에서 녹을 먹고 예언한 자들은 신적 지식(神的 知識)이 없는 자들로서 그들이 전하는 말은 하나님 편에서 볼 때 거짓을 퍼뜨리는 것과 같다(렘 14:18. 5:31. 23:26~27). 그들은 대중들의 인기에 아부한 자들로 백성들을 향하여 『평안하다. 평안하다.』 하며 거짓 평안을 선전하는 자들로 나라의 장래와 국민의 미래에 대하여 언제나 낙관주의적(樂觀主義的)이지만 사실 그와 같은 것은 하나님을 부정하고 백성을 기만한 것이라 하였다.

직업적 예언자(職業的 豫言者)들이 선포한 말은 잠꼬대와 같은 소리이지만 하나님의 참된 말씀은 누구도 감당할 수 없는 권위와 능력이 있는 말씀이므로 예레미야 자신도 어찌할 수 없는 것으로 생각하였다(렘 23:18). 사람의 말은 합리적(合理的)이지만 하나님의 말씀은 때때로 역설적(逆說的)이어서 사람의 소망과 어긋나기도 한다는 것이다(레 28:1~7). 그러므로 참된 종은 그 말씀에 대하여 언제나 신중하고 진정한 경청의 태도와 복종의 태도를 가져야 한다는 것이다.

하나님의 말씀은 활활 타오르는 불꽃과 같아서 그 어떤 것도 그 앞에서 견디어 낼 수 없으며 소멸하고 만다. 그러나 때로는 타락한 인간들로 비웃음거리가 되기도 한다(렘 20:7~9. 23:29). 그렇다고 하나님의 말씀이 광신주의자(狂信主義)들이 생각하듯 마술력(魔術力)을 가지거나 카리스마(Charisma)적 발작행위(發作行爲)의 근원이 된 것은 아니다. 예레미야는 언제나 기도하면서 하나님의 말씀을 기다리는 겸손한 태도를 잊지 않았다. 그는 하나님으로부터 임하는 말씀 때문에 큰 충격을 받기도 하였으며 술취한 사람처럼 비틀거리기도 하였다. 그리고 진동을 느끼기도 하였다(렘 23:9).

B. 하나님을 아는 것

하나님의 말씀이 예레미야에게 주는 감동은 하나님을 아는 지식을 주는 것이었다. 그는 깊은 말씀의 감동을 통하여 자신이 하나님의 정권에 의하여 포로가 되어 있음을 깨닫게 되었다. 하나님은 예레미야에게 깊은 감화를 주어서 나를 『아는 자』란 고백을 하도록 하였다(렘 29:23). 신앙의 삶은 하나님께서 아는 생활이며, 그가 하나님을 안다고 고백하는 것이다. 『아버지가 내 안에 내가 아버지 안에』 있음을 자각하지 못한 자들은 하나님의 사람이 아니다. 예레미야는 하나님께서는 자신을 태(胎)에 짓기 전부터 안 자로 인식하였다(렘 1:5).

예레미야의 신앙은 하나님은 인간의 어떤 계획과 부르짖음도 아시는 분으로 설명하였기 때문에(렘 18:23. 29:11), 그는 하나님을 향하여 부르짖기도 하였다(렘 12:3. 11:18. 15:15. 17:16). 예레미야를 하나님께서 아신다는 것은 인간의 인식의 차원을 넘어서 영원적(永遠的)인 것이라 하였다. 그러나 오히려 하나님과 객관적 행위(客觀的 行爲)의 느낌이요, 내면적(內面的)으로 그가 근원적(根源的)으로 사로잡혀 있어서 자신도 어찌할 수 없는 지경을 말한다.

인간은 창조 시부터 하나님을 알 수 있는 능력을 받았다. 그러나 죄로 인하여 인식의 능력이 상실되었다. 그럼에도 인간은 자연계시(自然啓示)를 통하여 하나님을 더듬어 알 수 있다. 예레미야 당시의 직업적 예언자(職業的 豫言者)들이나 제사장(祭司長)들은 하나님을 알지 못하였다(렘 2:80). 그들의 무지는 패망의 선봉이 되었다. 호세야는 이 백성들이 하나님을 아는 지식이 없어서 망한다고 탄식했다. 하나님을 인식한다는 말은 지식 이상(以上)의 의미를 가진다. 그리고 산 체험이다. 그러나 당시 모든 지식인(知識人)들은 여호와의 길을 모르기 때문에 불행을 자초하게 되었다(렘 5:4). 하나님을 모르는 者는 자고로 모두 바보들이다(렘 4:22).

하나님을 모르는 까닭은 우상(偶像)을 알았기 때문이다. 우상을 알면 하나님을 모르게 되고 하나님을 알면 우상(偶像)을 모르게 된다. 그러나 이스라엘 백성들은 지식(知識)으로는 하나님을 알았으나 영적으로는 체험이 없었다. 다시 말하자면 영으로 영적인 하나님을 알지 못하였다. 그들은 그들이 아는 길로 갔다(렘 7:9). 공중의 학(鶴)도 제때가 되면 돌아가야 할 것을 알지만 이스라엘 백성은 갈 길을 알지 못했다. 하나님의 규례를 모르는 백성은 하나님께 돌아가야 할 것을 알지 못한다(렘 8:7).

예레미야는 새 계약시대(契約時代)가 되면 누구에게 배우고 가르침을 받지 않아도 모두가 여호와를 알 수 있다는 것이다. 그 때는 『여호와를 알라』할 필요가 없는 시대이다. 빈부귀천(貧富貴賤)은 물론 노소(老少)를 막론하고 하나님의 은혜를 받았기 때문에 죄를 알고 자기를 알고 하나님을 알 수 있다고 선언한다. 하나님께서 이스라엘의 가족의 하나님이 되심을 믿어 알 수 있다는 것이다.

그 시대는 성령의 도래(到來)를 통하여 시작될 것이다. 선민(選民)만이 누렸던 앎의 특권이 사라지고 온 세계가 하나님을 알 수 있는 은혜의 날이 도래(到來)할 것을 예레미야는 내다보았다.

C. 하나님의 활동

1. 예언자들을 통하여

선지자 예레미야를 통하여 하나님의 역사 하심은 그의 소명과 독백(獨白)인 애가를 통하여 잘 이해할 수 있다. 예레미야 선지의 신앙고백(信仰告白)과 여러 가지 사건들을 통하여 그의 신학(神學)의 어떠함을 알 수 있다. 특히 예레미야의 탄식 중에 나타난 동사를 보면 하나님이 일인칭으로 사용한 동사가 많다는 것이다.『내가 너를 알았다』,『내가 너를 성별 했다』,『내가 너를 임명했다』,『내가 너를 보냈다』,『내가 너에게 명령한다』,『내가 너와 함께 있다』,『내가 내 말을 네 입에 두었다』,『내가 너를 열국 위에 세웠다』 등이다(렘 1:5~10). 이와 같은 동사(動詞)에서 여호와는 현존하신다는 것을 인식하게 된다.

2. 백성의 삶을 통하여

예레미야가 이스라엘 백성들에게 선포한 모든 메시지(message)의 저변(底邊)에는 하나님께서 그들을 선택했다는『선민』사상이 깊게 뿌리를 내리고 있다. 그는 언제든지 이 택했다는 사실을 전제로 하여 심판과 권고와 약속을 선포하였다. 이와 같은 사상은 신명기적 사상(申命記的 思想)으로써 이 백성들의 특유성(特有性)의 원천이 된 것이다. 이스라엘 백성의 존재 이유는 그들이 선민이기 때문이다. 선민은 하나님을 세상에 드러내며 모든 이방민족(異邦民族)들에게 거룩한 백성이란 사실을 나타내는 것이 그들의 첫째 의무이다.

이스라엘을 하나님께 여러 가지 비유적(比喩的) 말씀을 통하여 여러 선지자들에게 말씀하였다(사 5:1~5). 그러나 예레미야는 보다 많은 상징적 표현(象徵的 表現)으로써『추수의 첫 열매』(렘 2:3),『선택된 가지』(렘 2:21),『하나님의 사랑을 받는 자』(렘 11:15. 12:7),『유산』(렘 12:7~

9), 『포도원』(렘 12:10), 『양떼』(렘 13:17), 『장자』(렘 31:9)로써 여호와의 선택된 백성임을 말하였다. 예레미야는 그의 예언의 활동 초기부터 여호와께서 함께 역사 하였음에 관하여 이야기하고 있다.

예레미야의 예언을 더욱 구체적(具體的)으로 살펴보면 이스라엘이 청년기(靑年期)에 가졌던 신앙으로 헌신(헤쎄드, hesed)과 신부로서 사랑(아하바, ahaba, 렘 2:2)과 광야에서 여호와를 좇음(레크테 아하라이, lekte aharay) 등을 회상(回想)하면서 여호와 하나님께서는 이스라엘의 시간 속으로 깊숙이 들어와 개입함을 일깨워 주었다.

모세와 같이 율법적 계약(律法的 契約)에 대하여 언급을 많이 하지 않았으나 그에게서 특별한 계약 사상이 표출되었는데 그것은 『새 언약』이란 개념이다(렘 14:21. 31:31~34). 그에게 계약사상(契約思想)은 어떤 예언자(豫言者)보다 확실하게 나타나 있다(렘 7:23. 11:3~8. 24:7). 예레미야가 담대하게 이스라엘 백성들에게 어떤 것을 요구한 이면에는 언제나 여호와의 계약이 내재되어 있다. 하나님께서는 이스라엘 백성들에게 언약하신 것을 한번도 이행하지 않는 것이 없다. 그러나 이스라엘 백성들은 계약에 신실하지 못하였다.

이스라엘 백성들이 선민이 된 것은 나라의 영토가 크고 국민성(國民性)이 위대하며 어떤 공로가 있어서 택한 것이 아니라 하나님의 지극하신 은혜와 사랑이 선재되었기 때문이다. 하나님의 활동은 언제나 이스라엘을 능가한 것이었다. 예레미야의 메시지(message) 속에서 이스라엘은 거룩한 하나님께 속한 백성이라는 관념이 일관되게 그리고 강하게 주장되어 있다.

예레미야가 이스라엘에게 복종을 강조한 이면에는 이와 같은 선민 사상의 기반 위에서만 가능하였다. 그러한 까닭에 예레미야는 자신의 어떤 희생도 감수(甘受)하면서 감사하는 마음으로 최선을 다하였다. 호세야와 같이 예레미야도 여호와와 이스라엘의 관계를 말할 때 아버지와 아들, 그리고 남편과 아내로써 표현하였고(렘 2:2. 3:4, 19, 22, 18:20. 31:9), 다른 곳에서는 토기장이로 묘사하였다(렘 18:1~11). 이스라엘은 토기장이의 흙이 되어 하나님의 절대주권(絶對主權)에 지배를 받는다는 것을 강조하였다. 이스라엘과 하나님은 상호간(相互間) 책임이 서로 있음을 예레미야는 주장하였다.

3. 세계열방을 통하여

예레미야의 세계관 역시 하나님의 주권에 의하여 은혜로 통치된다는 사실을 믿었다. 하나님께서 이방의 군주 느부갓네살이나 고레스 같은 자를 통하여 세계 역사(世界歷史)를 경영하심을 볼 수 있다. 그러한 의미에서 고레스(Cyrus)와 느부갓네살 같은 인물을 『여호와의 종』이요 그의 『도구』라 하였다(렘 27:6. 사 45:1. 43:27. 렘 27:9). 예레미야는 여호와는 만물을 창조한 자로서 모든 인생도 다스림을 주장하였다(렘 27:5).

예레미야가 소명시 북쪽에 밀려온 화(禍)를 바벨론으로 이해했다면 세계 역사가 하나님의 주권에 의하여 운영되고 있음을 주장함은 당연한 것이다. 유다가 멸망한 후에도 여호와는 이스라엘에 대하여 망각하지 않고 때가 이르면 미스바에 남은 자들을 다시 구원하고 고토로 보내어 선민으로서의 사명을 다하게 할 것을 선언하면서 조금도 낙심하지 말고 하나님의 섭리에 따르라고 역설한다.

4. 우주만물을 통하여

여호와 하나님은 천지만물(天地萬物)을 창조하시고 그 안에 있는 모든 것을 통활 하신다는 것이 예레미야의 우주관(宇宙觀)이다(렘 27:5). 피조된 우주만물 전체(宇宙萬物全體) 질서와 목적은 여호와 하나님께서 지배한다는 보증이다(렘 31:35~37). 하나님은 계절을 만드시고 계절을 따라 우로를 주시며(렘 5: 24. 14: 22), 그는 학과 반구와 제비와 황새의 거처할 시기를 정해놓고 철을 따라서 옮겨 다니도록 하였다(렘 8:7).

인간은 무지하여 자신의 생사의 문제에 대하여 무지하지만, 하나님은 어떤 사람이든지 그 생명을 정해 놓고 운행하신 시간의 主, 운명의 主, 존재의 主가 되신다. 우리는 하나님의 주권을 인식할 때만 하나님 앞에 겸손할 수 있다. 하나님은 미물에서부터 만물의 영장인 인간에 이르기까지 하나님으로 역사하시는 분으로 예레미야는 주장하였다.

D. 예레미야의 인생관

예레미야는 『인생을 만물보다 거짓되고 심히 부패한 마음이라』(렘 17:9), 주장함으로서 인간이 죄로 타락된 존재임을 주장한다. 이와 같은 인간을 향하여 하나님께서는 그의 거룩하신 뜻인 율법을 계시하여 주시고 제사장(祭司長)들과 예언자(豫言者)들을 세워 그들에게 당신의 마음을 전달하여 주셨다. 하나님 앞에서 이스라엘은 언제나 딴 길로만 행하였다. 하나님은 이스라엘을 포기하지 않으시고 이스라엘을 통하여 세계를 어떻게 통하시는가를 보이셨다.

하나님은 이스라엘을 향한 견고한 사랑, 공평, 정의, 공의로 다스리시므로 모든 삶들이 하나님의 행동 방향을 깨닫도록 하였다(렘 9:23~24). 이와 같은 것들이 피조물(被造物)에게도 존재하나 하나님은 인간의 성질을 바탕으로 행하시지 않고, 이스라엘을 선택하시고 부르시며 성별하신 후 당신과 계약관계(契約關係)를 통하여 자신을 드러내신다고 예레미야는 보았다. 이스라엘의 성질을 규정짓는 것은 본성적(本性的)인 것이 아니라, 하나님의 주권에 의하여 이루어진 후자에 의하여 결정지어지게 된다는 것이다.

예레미야는 인간의 죄란 하나님과 인간 사이를 부자연(不自然)스럽게 만드는 것으로 인식하였다. 택함을 받은 이스라엘이 당연히 행하여야 할 헌신이나 복종을 거절하고 말씀을 행하지 않은 행위가 하나님 앞에 죄란 것이다(렘 2:11, 21). 이스라엘이 선민 됨을 스스로 포기하고 하나님을 인정하지 않으며 하나님을 멀리 떠나간 것을 그는 죄의 결과로 본 것이다(렘 2:5). 그들이 좇는 것은 『허무한 것』(히, 헤벨, hebl)이며 구속사의 계시적(世界的)인 사건들을 묻는 것을 거절하는 행위이다(렘 2:6~8).

이스라엘이 생명의 근원인 여호와 하나님을 거절하고, 다른 神들을 좇아가는 것은 참에 대한 배신 행위이며(렘 2:11~12), 거룩한 백성으로서의 삶을 포기한 것이라 보았다(렘 2:32. 3:21). 자기들의 길을 구부러지게 만드는 행위이다(렘 3:21). 이와 같은 행동은 완악한 자식들의 불성실(不誠實)에서 나오는 것이며(렘 3:22), 하나님을 내버리는 것이다(렘 2:17, 19).

예레미야는 이스라엘의 이와 같은 행위를 방탕하고 낭비한 것으로 보았고(렘 2:36), 불순종(不順從)하는 행위로 인식하였다(렘 3:13). 주종의 관계를 파괴하는 행위로서(렘 2:20), 부부의 정조를 지키지 아니한(렘 3:20) 하나님께 대한 음행이라 탄식하였다(렘 2:20, 25, 3:1). 이스라엘은 이와 같은 패역한 질병에 걸린 자들이요(렘 3:22), 도저히 고침을 받을 수 없는 것이라 하였다(렘 2:30, 35). 이스라엘의 죄는 고칠 수 없는 짐승의 얼룩 무늬와 같은 것으로 잿물로도 도저히 씻을 수 없다고 하였다(렘 2:22. 13:23). 이와 같은 사실은 선민으로서 그 성질이 퇴화되어 가장 부끄러운 일이 됐다(렘 2:21. 3:3).

하나님께서는 언제나 의롭게 역사를 정화하기 위하여, 이와 같은 자들을 과감하게 심판하시기 위하여 활동하시는 분이시다. 이 세상의 어떤 민족이나 개인에게 임하는 재앙은 하나님으로부터 오는 심판이요, 그것은 백성들의 죄, 허물, 불순종(不順從)으로부터 초래된 것이다. 하나님은 언제나 징계하시기 위하여 징계의 매를 준비하신다. 북쪽에서 내려오는 앗수르가 그렇고 바벨론이 그러하며 남쪽에서 올라오는 애굽과 모압이 그것이다. 하나님은 자기의 사랑하는 자가 회개하고 돌아오기를 원함으로 준비하신 하나님이다. 예레미야는 이와 같은 사실을 백성들에게 한 마디로 『회개하라』(렘 3:1~4:4)고 호소하였다.

예레미야는 선민(選民)인 이스라엘이 자신의 위치를 자각하고 회개하여 하나님께 돌아온다면 세계만민(世界萬民)이 저들을 통하여 복을 받을 것이라 하였다(창 12:1~3). 예레미야는 하나님은 돌아오는 자를 용서하시는 여호와라고 설명한다(렘 3:12~14, 19~22). 하나님은 돌아오는 자의 과거 죄에 대하여 용서하시고 더 이상 기억하지 않으신다는 심정에서 『새 계약』이 발현된 것이다(렘 31:31~34. 2:2).

예레미야가 주장한 여러 가지 종교의식(宗敎儀式)은 마음을 통회하고 나온 자들의 행위일 때 그 의미가 있는 것이다. 왜냐하면 예배는 하나님과의 화해(和解)요, 구원의 수단이 되기 때문이다. 그러나 성전에 나온 자가 아무런 자아비판(自我批判)이 없이 하나님 앞에서 절기나 월삭(月朔)이나 제물을 드리는 것은 전연 의미가 없다는 것이다. 종교의식(宗敎儀式)은 회개의 표현이 될 때만 화해의 의미와 구원의 기회가 되는 것이지 회개를 전제로 하지 않는 어떤 것도 가식적 형식이요, 외식일 수밖에 없는 죽은 행위들이다. 그리고 성전 자체로서는 아무런 의미가 없다. 예레미야는 이와 같은 맥락에서 성전의 의미를 주장하고 자기의 활동과 관련하여 말하고 있다(렘 7장, 26장).

참된 예배(禮拜)가 요청하는 바는 진실한 마음과 정직한 태도이다. 당시 예루살렘 성전은 이와 같은 태도를 침해하기 때문에 세상에 존재가치(存在價値)가 없어 멸망과 파멸이 불가피(不可避)하게 됐다. 참된 예배자의 삶은 회개를 통하여 변화를 받고 이 세대를 본받지 않고 하나님이 기뻐하시는 산 제물이 되는 것이다. 아무리 많은 희생의 제사와 제물이라 할 찌라도 그 자체로서는 인간을 구원하거나 성전 파괴의 화를 면하게 할 수 없으며, 육신의 할례를 가지고 재앙을 면하고 하나님의 축복에 참례할 수 있는 것이 아니다. 할례는 마음에 받아야 하고(렘 4:4), 성전에 들어오는 자는 진실과 순전한 마음과 뜻을 모아 드려야 한다.

예레미야는 제도(制度)를 부정하거나 제사를 금한 것이 아니라 제도가 사람의 마음을 경화시키는 도구(道具)가 되어서는 안된다는 것이다. 그는 하나님이 합법적(合法的)으로 이스라엘 백성 중에 함께 계시게 하기 위하여서는 왕과 제사장(祭司長)들과 장로와 백성들이 본원적(本源的)으로 하나님을 사모하며 죄를 멀리하고, 하나님의 계약을 왜곡 변조시키지 말고 여호와의 원초적 요구(原初的 要求)를 수용하면서 인애와 공의가 진실 안에서 일치하게 될 때 하나님은 이스라엘의 하나님이 될 것이란 것이다.

E. 예레미야의 종말관

예레미야의 종말에 대한 견해는 상당 부분(相當 部分) 주장되어졌다

(렘 23:1~8. 30:10~11, 18~22. 31:10~14, 24~25). 하나님께서 열방에 있는 남은 자들을 모으신다(렘 23:3~4. 30:10~11. 31:10~14). 그 남은 자들을 다윗의 의로운 가지로 보았다(렘 23:5~6). 그리고 새로운 출애굽 같은 사상은(렘 23:7~8)은 이사야나 다니엘과 같은 메시아적 구속과 얼마나 관련이 있는지 분명하지 않다.

예레미야의 종말론(終末論)에 대한 의미는 이스라엘의 귀국에 더 큰 관심을 둔 것처럼 보인다. 무화과나무의 두 바구니 비유(렘 24:)는 유배지에 있는 자들을 선하게 보고 그들에게 새로운 신앙의 기회를 약속하기 위하여『새 마음』을 약속한다(렘 24:4~7). 예레미야는 유배지(流配地)에 편지를 보내어 귀환의 희망을 거절하면서 하나님의 섭리가 다하기까지는 귀환할 수 없으므로 급하게 돌아오리라는 꿈을 버리라고 포로생활(捕虜生活)에 충실할 것과 평화의 날을 위하여 기도하라고 권하였다(렘 29:4~14).

예레미야는 그들을 위한 하나님 비밀을 가지고 있었으므로 포로의 생활이 무궁한 것이 아니고 시한부적(時限附的)인 것을 저들에 제시하였다(렘 29:11~12). 예레미야가 하나님으로부터 아나돗 땅을 샀다는 사건은 유대인들의 귀환을 보증하는 것을 의미한 것으로 해석된다(렘 32:9~15).『만군의 여호와 이스라엘의 하나님이 가라사대 사람이 이 땅에서 집과 밭과 포도원을 다시 사게 되리라』고 말씀하신 것이 그 예레미야의 미래에 대한 확실한 계획이다(렘 32:39).

다음으로 계약에 대한 예언으로 그들의 도래에 대한 시기를 제시한 위대한 예언을 볼 수 있다. 이 예언은 하나님의 마음을 읽고 보고 전하는 말로써 그의 일관된 예언과 무관하지 않다. 여호와께서 그들의 죄악을 용서하시고 그 증거로써 여호와께서『새 언약』을 주실 것을 선언한다. 이 언약은 과거 모세를 통하여 준 석비에 기록한 언약과는 상당한 차이가 있는 것으로 그것은 마음 비에 기록한 사실을 언급하였다(렘 31:34). 예레미야는 70년 후에 이스라엘인들이 고토에 돌아와 여호와 하나님을 새롭게 된 마음으로 섬길 것을 증거한다.

IV. 예레미야의 최근 연구

1950년 뮐렌버그(Muilenburg)와 같은 자는 예레미야서의 연구를 통하여 새로운 문제를 제기하였다. 그들이 주장한 내용을 보면 주로 예레미야서의 연대기 문제(年代記問題)와 자료에 대한 양식비평(樣式批評)의 문제와 예레미야서의 본문 구성 문제(構成問題)를 가지고 많은 학설을 발표하였다. 그 내용을 간략하게 언급하여 보면 다음과 같다.

예레미야가 예언을 시작한 때가 B. C. 627~6년이었으므로 그의 처음 몇 장에 나오는 신탁의 부분의 예언(렘 2:~4:)을 B. C. 626~621년의 것이라 한다. 그가 주장한 연대기에 의하면 예레미야는 요시야가 살해된 B. C. 609년이나 그가 갈그미스 전쟁 기간인 B. C. 605년부터 예언했을 것이라 한다. 그는 요시야가 나라를 다스린지 13년(627~6년, 렘 1:2)을 예언자(豫言者)의 출생 년대라 주장한다. 그러나 신학적(神學的)으로 볼 때 예레미야는 출생전(出生全)부터 하나님과 밀접한 관계가 있음을 말할 수 있다(렘 1:5). 한가지 어려운 문제는 성서의 연대기(年代記)와 세계사(世界史)의 연대기(年代記)와의 문제인데 성서에서는 주로 세계사적 연대기(世界史的 年代記)를 무시함으로 그러한 맥락에서 성서적 연대기(聖書的 年代記)를 이해하여야 한다.

다음으로 주장한 문제는 양식비평(樣式批評)의 문제이다. 학자들은 예레미야서의 자료의 문제에 대하여 양식비평(樣式批評)의 방법으로 예레미야서를 이해하려고 한다. 그들은 예레미야가 당시의 어떤 문헌의 자료를 사용하였을 것이라 주장한다. 예레미야는 자신의 시대보다 훨씬 오래된 자료를 가지고 재구성(再構成) 하였다는 주장을 하고 있다. 양식비평가(樣式批評家)들은 예레미야에 대한 가정(假定)을 언급하면서 심리학적(心理學的)으로 예레미야를 이해할 것을 촉구한다. 그러한 의미에서 예레미야가 제사장직을 맡았을 것이라 주장한다. 그가 고백하는

여러 말씀들은 백성들을 대신하여 언급함에서 그 증거를 받을 수 있다
고 말한다. 신앙고백(信仰告白)을 개인적(個人的)으로 언급한 것처럼 보
이지만 그 내용을 보면 그 용어의 대부분(大部分)이 성전의 용어를 사용
함에서 그가 성직자(聖職者)였음을 주장한다(렘 15:15~18, 19~21. 1:17
~17, 19. 왕상 20:11). 그러나 이와 같은 것에 대하여 누구도 단정할 수
없다.

그리고 양식비평(樣式批評)의 문제에 있어서『북으로부터 오는 적』
(렘 4:5~12)에 대하여 다른 해석을 첨가하고 있는데『성전의 주제들, 즉
나팔소리, 전쟁의 공포, 저들의 외침』등 비도덕화(非道德化)된 것을 추
방한 것이라 주장한다. 예레미야는 어떤 면에서 이스라엘인들에게 성전
을 선포하는 자로 호소하고 있다고 보았다.

예레미야서의 독특한 구절들에 대한 참신한 해석은 예레미야를 이해
하는데 많은 공헌을 한다.『내가 여호와 앞에 나의 경우를 여쭙겠습니
다』(렘 12:1)와 같은 관용어(慣用語. 렘 39:5)가 하나님과 약속을 지키지
않는 백성에게 내리시는 심판에 관한 문제를 묻는 것이었다면 하나님의
어떤 판결도 이유를 제기할 수 없었을 것으로 생각했을 것이다(렘 1:8.
39:5). 하나님께서는 예레미야가 눈물을 흘리면서 탄원을 했으나(렘 9:1.
8:23), 그 말을 열납지 않고 그에게 오히려 백성들을 떠나 광야에 우거할
것을 원하고 있다. 예레미야서를 보면 이렇게 이해할 수 없는 모호한 내
용의 말씀들이 허다하게 있음을 볼 수 있다. 더욱이 어떤 경우에는 한
가지 사건이 두 가지 이상의 해석을 요하는 경우도 있다(렘 14:8. 17:143.
2:13. 2:31. 15:18). 이와 같은 여러 가지 모호한 말씀들을 비평가(批評家)
들은 두 사람 이상의 말로 받아들인다. 그러나 오늘날 많은 학자들은 예
레미야서의 말씀에 대한 진정성(眞正性)에 대하여 수용적(收用的)이다.

에스겔서

I. 서 론

에스겔(y'hzke'l)은 사독(Zadok) 계열의 제사장(祭司長) 부시(Buzi)의 아들로 태어났다(겔 1:3). B. C. 598년 바벨론 느부갓네살 왕에 의하여 포로로 잡혀간지 5년 후에 예언자로 소명을 받았다. 스가랴(슥 1:1. 느 12:12, 16)와 예레미야(렘 1:1)와 같은 시대에 선지자(先知者)로 부르심을 받고, 제사장 직분(祭司長 職分)과 선지자 직분(先知者 職分)을 겸직하였다. 그는 B. C. 597년 여호야긴(Jehaiachin)이 바벨론에 항복했을 때(왕하 24:10~17), 에스겔은 바벨론으로 끌려간 불행한 포로들 중에 끼어 있었다. 그 때 그의 나이는 25세 정도이었을 것으로 추측한다(B. C. 592년, 겔 1:1). 세례 요한과 예수 그리스도처럼 그가 30세에 사명을 받은 것이다(눅 3:23). 그는 22년간 예언자 직분(豫言者 職分)을 충성스럽게 이행한 사람이다.

그가 귀족의 한 사람으로(왕하 24:14) 그발(Chebar) 강가에 있는 델아빕(Tel~Abib, 폭풍의 신의 언덕이란 뜻)에 정착하고 살았다. 이스라엘 백성들이 이 유브라데스(Euphratas) 강가에 살게 된 것은 그 민족에게 큰 영향을 끼쳤다. 유대인들의 상술(商術)을 그곳에서 배웠다고 주장하는 자들이 있기 대문이다..

에스겔의 메시지(message)는 크게 두 부분으로 나눌 수 있는데 첫 번째는 B. C. 592년~586년인데 이 때 에스겔은 주로 예루살렘에 대한 직접적(直接的)인 예언을 통하여 유대의 회개를 촉구했다. 또한 그는 하나님께 대한 그들의 역사적 신앙을 다시 회복하도록 하는 반복적(反復的)인 경고를 상징과 비유로써 말하고 있다.

다음으로 B. C. 586년~570년 예루살렘 멸망으로부터 시작되는데 이 동안 에스겔은 바벨론의 유대 포로민(捕虜民)들에게 정신적 지도자(指導者)로 저들에게 위로와 소망을 전하는 주의 사자이었다(겔 33:~48:).

그러나 그에게는 13년 동안 침묵의 기간도 있었으니 B. C. 585년~572년 3월이 될 때 까지였다(겔 32:17). 그가 하나님의 말씀을 듣지 못하였던 것이 그에게 어떤 의미를 갖는 것인지 알 수 없다(겔 40:1). 에스겔은 바벨론에 있으면서 예루살렘의 최후 멸망의 의미를 하나님의 계시(啓示)를 통하여 밝히 알았다(겔 33:21~22).

에스겔의 유배생활(流配生活)의 기한은 유대 역사상 가장 통렬했던 시기로 여겨진다. 에스겔은 결혼하여(겔 24:16~18), 자기의 집에 살았다(겔 3:24, 8:1). 하나님께서 에스겔에게 소명을 주신 것은 이스라엘은 물론 하나님의 전지전능(全知全能)하심을 알지 못하는 이방 나라들에게 하나님의 말씀을 선포하도록 함이었다. 그는 하나님의 말씀을 먹으라는 명령에 따라(겔 2:10. 3:3), 하나님의 말씀을 받아 증거 했으나 자기 백성들로부터 가장 완고한 저항을 받기도 하였다(겔 3:1~11).

에스겔의 예언을 이사야와 예레미야의 체험들과 비교하여 보면 이사야는 하나님으로부터 소명을 받기 전 입술이 더러운 존재로 알았으며(사 6:6~10), 예레미야는 하나님의 손에 의하여 말씀을 입에 넣어 줌을 받았다(렘 1:4~10). 그러나 에스겔은 미리 기록된 말씀을 먹으라 하였다(겔 2:10).

에스겔의 예언의 특색은 가장 활기찬 용어로 죄에 대한 개인적(個人的)인 책임을 강조한데 있다. 『범죄한 그 영혼은 죽으리라』(겔 18:4)란 말씀은 그 개인적(個人的)인 예언에 대한 성질을 잘 표현하고 있다. 에스겔의 예언이 그러한 의미에서 놀라운 전환점(轉換點)을 형성하고 있는데 국가와 민족에서 개인으로 그 책임을 강조함을 볼 수 있다. 아마도 국가를 상실한 후였기 때문인지도 모르겠다. 우리는 그의 메시지(message) 선포 방법에 대하여 다양한 비유와 상징적 표현(象徵的 表現)에 주의해야 한다(겔 4:1~3. 4:4~8. 5:1).

에스겔이 종교적(宗敎的), 도덕적(道德的), 정치적(政治的), 경제적(經濟的) 미래에 대하여 결정적 용어(決定的 用語)를 사용함에 있어 우리는 놀라움을 금할 수 없다. 이와 같은 성격은 신약성서에까지 파급되었음을 볼 수 있다. 이런 이유 때문에 에스겔을 계시문학(啓示文學)의 아버

지로 생각하게 되었다. 그의 개인불멸(個人不滅)의 교리와 부활사상은
유대교의 율법에 대한 강조와 함께 신비로운 진리들이다.

A. 에스겔의 인간성

　에스겔은 제사장(祭司長)이며 예언자(豫言者)인데 그의 개인적(個人
的)인 사적은 거의 없다. 우리가 에스겔의 인간성(人間性)을 접할 수 있
는 부분은 그의 메시지를 통해서만 가능하다. 그의 메시지(message) 속
의 특징들은 심리학적(心理學的)으로 볼 때 상당히 중병에 걸린 것처럼
보인다. 그러므로 브룸(Broome)과 같은 사람은 에스겔을 정신분석학적
(精神分析學的)으로 분석하지 않으면 안된다고까지 하였다. 그의 말씀
의 특징적인 것은 에스겔 3:15, 26~27. 24:27. 33:21~22. 3:25. 4:4~8.
24:15~18 등이다.

　유명한 철학자(哲學者)이며 정신분석학자(精神分析學者)인 카알 야스
퍼스(Karl Jaspers)는 에스겔은 그 예언의 말씀을 통하여 볼 때 오랫동안
정신병(精神病)으로 시달린 사람이라 하였다. 이와 같은 주장을 우리는
에스겔의 유별난 예언의 성격과 예언의 표현방법 때문에서 온 곡해라
할 수밖에 없다. 에스겔은 하나님의 묵시를 체험한 사실을 은유적 언어
(隱喩的 言語)로 표현하였기 때문에 이러한 오해를 받은 것으로 생각된
다. 누구나 하나님의 신비로운 체험을 언어와 문자를 통하여 표현할 때
는 에스겔과 같은 기재방법(記載方法)을 취할 수밖에 없었을 것이다.

　에스겔의 예언이 비록 상징적(象徵的)인 방법으로 많이 표현되고 있
으나 그 상징 속에 함축된 하나의 진리는 풍부한 경향성(傾向性)을 보여
주고 있다. 에스겔의 인간적 생애(人間的 生涯)는 이러한 모든 특징으로
감추어진 신비로운 하나님의 사람임에 틀림없다.

B. 에스겔의 메시지

　에스겔 선지의 메시지의 첫 번째 단계는 예루살렘 멸망의 임박성(臨迫性)

과 회개가 그 예언의 주류를 형성하고 있다. 에스겔의 예언 중에는 언급되어 있지 않으나 예루살렘에 상존했던 자들의 운명에 대하여서도 언급하고 있다. 예루살렘에 남아 있는 유대인들이나 바벨론으로 잡혀 온 유배자(流配者)들이 에스겔에게 있어서는 모두 중요한 예언의 대상들이었다.

에스겔은 하나님의 심판에 대해 강조점(強調點)을 두고 있는데 그 내용들은 에스겔의 신앙에서 구체적(具體的)이며, 공식적(公式的)으로 찾아 볼 수 있다. 이러한 이유 때문에 에스겔은 심판의 예언자(豫言者)들 중에서 분명한 신학자(神學者)로 불리어진다. 호세야, 이사야, 예레미야 같은 선지자들도 당시 예루살렘에 대한 심판을 고지(告知) 했으나, 에스겔의 예언을 보면 백성의 사악함, 그리고 반항적(反抗的)이며, 죄악적(罪惡的)인 상태를 확실하게 엿볼 수 있다.

에스겔은 포도나무를 상징적(象徵的)으로 도입하여 언급하였는데 이 포도나무는 이스라엘의 고결함을 언급할 때 관례적(慣例的)으로 사용한 것이었다(시 80:). 그러나 에스겔은 이스라엘이 하나님을 떠나서 심판을 받게 되었을 때 그 포도나무가 세상에 어떤 나무보다 가치가 없다는 것을 역설한다(겔 15:). 또 다른 전대미문(前代未聞)의 선언 속에서 이스라엘에게 주어진 善과 義의 상징인 율법을 그들이 무시하고 생활하였을 때 그 율례는 능히 그들을 살리게 할 수 없고 구원을 성취할 수 없으며 오히려 하나님을 괴롭게 하는 짐이 된다는 것이다(겔 2:25).

첫 새끼를 하나님 앞에 드린다 할지라도 그들은 죄악에서 비롯된 가혹한 심판에서 구원받을 수 없고, 피 흘린 성읍 예루살렘은 필연적(必然的)으로 파멸하게 된다는 것이다(겔 22:). 에스겔의 예언대로 예루살렘은 더 이상 기대할 수 없어 B. C. 597년과 587년에 불로 파멸하게 되었다는 것이다. 이와 같은 사실은 이스라엘이 여호와 하나님께서 홀로 하나님이심을 보이신 것이다. 예루살렘을 보면서 그 황무함 때문에 지나가는 사람들이나 범법한 자들이 여호와가 누구이심을 깨닫게 되었을 것이다.

B. C. 587년 사건은 에스겔 예언의 전환점(轉換點)이 됐다. 그의 예언이 이웃 나라에 대한 심판으로 특징을 이루기 때문이다. 그러나 환난에

서도 하나님께서 이스라엘을 돌보심으로 그들에게 어떤 가능성(可能性)이 있음을 보여준다. 하나님께서 해골 떼를 소생시키심같이 이스라엘을 소생시키신다는 계시는 엄밀하게 말해서 죽음으로부터의 부활을 의미한다. 참 생명은 오직 조물주(造物主)만 가능하다는 것을 보여준다(겔 37:11~14). 고향으로 귀환하는 공동체(共同體)는 부활하는 뭇 성도들의 모습을 상기하게 한다(겔 20:32~44. 20:1~31).

이스라엘이 바벨론 유배를 통하여 정결하게 정화될 때 그들을 거룩한 山으로 새로운 출애굽과 같은 사건을 통하여 인도되어 새롭고 순수한 성전제사(聖殿祭祀)가 실현될 것을 언급하고 있다(겔 40:~48:). 에스겔의 예언은 이스라엘 백성들의 내적 갱신(內的 更新)을 통하여 다윗에게 약속한 정의로운 나라가 재건될 것을 말하고 있다(겔 36:25~32. 34:. 37:17. 39:8. 렘 4:~6:). 이와 같은 것은 에스겔 메시지(message)의 특수 문학적(特秀文學的) 표현방법(表現的 方法)이라 하겠다.

C. 에스겔의 활동 장소

A. D 20세기 초엽 위고 빙글레(Hugo Winckler)는 에스겔서가 초기 바벨론의 혼란기(混難期)의 사건을 기록한 혼잡한 작품이라 하였다. 1932년 V. 헤른트리히는 에스겔은 팔레스타인에서 예언했지만 어떤 편집자(編輯者)가 거기에다 바벨론적인 배경과 관련된 자료를 첨부시켰다고 주장하였다. 그리고 1930년 토리(C. C. Torrey)는 에스겔서는 B. C. 200년경에 어떤 작가로부터 유래된 것이며, 에스겔이란 인물은 결코 존재하지 않았다고 주장하였다. 토리는 에스겔서의 바벨론적 배경은 후대에 편집자(編輯者)에 의해 생긴 결과라고 하였다.

1943년 미국 시카고 대학의 W. A. 어원은 에스겔서의 희랍어 원문이 1,273구절 중 단지 251절 만 에스겔의 것이라 주장하였다. 그러므로 어원은 80%정도가 위조된 에스겔의 것이라 하였다. 그러나 이상과 같은 자유주의적(自由主義的) 비평도 있으나 반대로 보수주의적(保守主義的)인 학자들의 주장은 그보다 훨씬 그 지지도가 높다는데 유의해야 한다.

C. G. 호휘는 1950년에 에스겔서의 정통적(正統的)인 견해를 연구 발표하기를 에스겔서가 혼합 작품이라는 학설에 대하여 이의를 제기하였고, G. 포러(Fohrer)도 에스겔서의 대부분(大部分)이 진정한 것이라 주장하였다. 그리고 에스겔의 바벨론의 활동을 지지했다.

고고학적(考古學的)인 발굴에도 에스겔의 바벨론 활동과 역사성(歷史成)에 대하여 이론을 제기하지 않았다. 바벨론에 유대인들이 생존했던 도성의 비문과 도자기(陶磁器) 등의 유물(遺物)에서 예루살렘의 함락에 대한 사실을 생생하게 묘사하여 그린 것이 수없이 많이 발굴된 것이다. 그리고 유다 왕 야우킨(여호야긴)과 그의 다섯 아들에 관해서도 여러 번 언급한 것이 발견되었다. 이와 같은 사실들은 유다가 바벨론에 유배(流配) 당한 적이 없다고 주장하는 자유주의(自由主義) 학자들이나 에스겔의 바벨론 생존에 대한 사실을 부정한 학자들의 견해가 얼마나 잘못된 비판인가를 볼 수 있다.

에스겔의 바벨론 활동과 사역의 장소가 바벨론이 아니라는 반론에 대한 역사성(歷史性)은 전혀 신빙스러운 것이 못된다(겔 1:1). 에스겔의 예언의 환상은 종교적(宗教的), 정치적(政治的), 문화적(文化的) 사상을 바르게 이해하지 못하고서는 이해하기 곤란한 말씀이다(겔 8:. 11:1~13). 에스겔은 바벨론에 거하면서도 예루살렘에 있는 공동체사회(共同體司會)인 유대인들을 깨우치기 위하여 예언을 기록하여 전달하였으므로 에스겔서에 나타난 바벨론의 언급이나 유다의 언급에는 하등의 모순이 없다는 것이다.

II. 에스겔서의 지리 및 역사적 배경

A. 지리적 배경

우리는 전항에서 에스겔 선지의 활동에 대한 여러 사람들의 이질적 견해(異質的 見解)를 살펴보았다. 그러나 전통적(傳統的)으로 예언자(豫言者) 에스겔은 텔아비브(Tel-Abib)에 거주하는 포로의 공동체(共同體)의 일원으로 하나님의 종으로서 말씀을 선포하였다고 주장한다. 텔아비브에서 그는 환상을 보았으며 그의 신탁을 선포하였다. 다니엘 1:~24:까지는 의심의 여지가 없이 『피 홀리는 성읍』이라고 표현한 점으로 보아서 예루살렘 백성들에게 증거한 말씀이라 할 수 있다. 에스겔은 『패역한 족속』, 즉 시드기야의 통치 하에 있던 팔레스타인에 거주한 백성들에게 말씀을 전한 것을 볼 수 있다.

그의 예언들은 텔아비브(Tel~Abib)에 사는 자들에게는 아무런 관계가 없는 듯이 보이지만 실상은 눈으로 볼 수 있는 유배인들이나 볼 수 없는 팔레스타인 사람들에게 동일한 가치가 있는 말씀이다. 에스겔이 바벨론에 살면서도 유다의 지리적 형편(地理的 形便)이나 여러 가지 상황을 잘 알 수 있었던 것은 하나님의 계시뿐만 아니라, 유배지(流配地)에 있는 공동체인(共同體人)들로부터 상세하게 들은 말씀이다. 그는 바벨론에 유하면서도 마치 예루살렘을 돌아다니면서 말씀한 것처럼 생동감(生動感) 있게 묘사할 수 있었다.

우리는 에스겔에 대한 사실성(事實性)에 관하여 부정적 입장(否定的 入場)을 내세운 자들의 의견에 대하여 언급하고 싶은 것은 예언의 성격은 어떤 시공간적(視空間的) 타당성(妥當性)에 맞게만 예언되어진 것은 결코 아니란 것이다. 때로는 시공간(視空間)을 초월하여 처음 것이 나중에 언급될 수 있고, 나중 것이 처음에 언급될 수 있다. 예언은 인간의 이성적 판단(理性的 判斷)에 알맞게 말씀되어진 것이 아니며 하나님께서 계시한 대로 예언되어지기 때문에 바벨론에 대하여 먼저하고 이스라엘에 대하여 나중에 하는 것이나 이스라엘에 대하여 먼저하고, 바벨론에 대하여 나중에 한 것이 결코 그 예언의 신빙성(信憑性)에 대한 표준은 될 수 없다.

예언자의 비상한 신통력(神通力)에 대하여 누구도 왈가왈부(曰可曰否)할 수 없다. 다만 예언자(豫言者)가 되어 본 자만이 예언자(豫言者)의 입장을 이해할 수 있으며 성령의 인도하심이 없이는 영적 사건(靈的 事件)에 대하여 우매할 수밖에 없다. 그러므로 에스겔의 바벨론 활동과 예언에 대하여 하등에 의심할 여지가 없다.

우리는 에스겔서에서 도저히 삭제할 수 없는 바벨론적 기사들이 있음을 발견하게 된다(겔 8:1, 8∼11. 37:1∼14. 40장∼48장). 에스겔은 바벨론에서 부르심을 받고 포로들 사이에서 사명을 완수하였다. 그리고 멀리 떨어진 이스라엘 백성들에게도 예언하였다. 유배(流配)된 자들이나 고향에 남아 있는 자들이 모두 패역한 자들이기 때문에 그의 예언 중에는 항상 이중적(二重的)인 의미가 내재되어 있다. 그리고 텔아비브(Tel-Abib)에 거한 자들도 고향에 돌아가리라는 희망이 있었다.

지식적(知識的)으로 말하자면 바벨론과 팔레스타인에 개방된 교통로가 있었음을 우리는 느헤미야의 기록에서도 볼 수 있다(겔 29:). 에스겔은 어디에서 예언하든지 지리적 문제(地理的 問題)에 대하여 상당한 지식이 있었다(겔 4장. 11:1∼3. 렘 28장∼29장). 그러므로 어떤 사건에 대해서도 결코 무지할 수 없었을 것이다. 에스겔은 그런 입장에서 자유롭게 바벨론과 팔레스타인에 대한 사건을 언급을 할 수 있었다.

B. 역사적 배경

요시야 왕은 B. C. 621년에 종교개혁(宗敎改革)을 단행하였다. 그 목적은 지방에 흩어진 종교를 예루살렘 중심으로 집결하여 예루살렘 성전 예배(聖殿禮拜)를 부활하고자 함이었다. 그러나 그 결과는 실패로 나타났다. 외형적(外形的)으로 볼 때는 대성공(大成功)처럼 보였다. 내면적(內面的)으로나 영적으로 볼 때 전혀 개혁의 목적은 달성되지 못하였다. 오히려 종교제도(宗敎制度)의 집중은 제사장(祭司長)들과 정치가(政治家)들의 이용물(利用物)이 되어 더욱 부패하였다. 이때 결정적으로 아비아달(Abiathar)의 자손인 아나돗(Anathoth)사람 예레미야는 물론 많은 지방에서 봉직하던 제사장(祭司長)들의 직업이 상실됐고, 사독(Zadok) 계통의 가문들은 득세를 하여 지방의 여러 제사장(祭司長)들의 간섭 없이 예루살렘에서 예배제도(禮拜制度)를 맡아보는 새로운 직분에 임명되었다.

그러나 이와 같은 일은 오래가지 못하였다. B. C. 609년 요시야 왕이 므깃도(Megiddo) 전쟁에서 사망하자 종교개혁(宗敎改革)도 끝나고 말았다. 그 후 B. C. 605년 여호야김(Jehoiachem)이 몇년 동안 바벨론 정권을 지지했으나 바벨론의 침입을 받고 그 뒤를 이어 여호야긴(Jehoiachin)은 불과 3개월 정도 이스라엘을 통치한 후 바벨론의 황태자 느부갓네살에게 예루살렘이 함락당하고 말았다(B. C. 589년). 에스겔이 바벨론으로 유배지(流配地)로 간 것은 이 처음의 사건이었다. B. C. 598년 시드기야가 왕위에 올랐으나 그 역시 바벨론에 반란을 일으켜 약 8년 후에 진압을 당하고 B. C. 587년 예루살렘은 완전히 파괴당하고 말았다.

에스겔은 신명기 종교(呻命記 宗敎)의 중심사상인『순수종교』의 목표를 향하여 요시야가 개혁을 시작하였으나 실패로 돌아가고, 그 결과는 혼합종교(混合宗敎)로 전락되어 나라 안과 밖으로 부패함을 보았다. 약소국(弱小國)인 팔레스타인은 역사적(歷史的)으로 두 개의 강국 사이에서 항상 불행한 정치적 상황에 있었다. 바벨론과 애굽의 압력은 항상 거대한 세력 앞에 아첨하도록 강요되었고 애굽의 세력 앞에 굴복하면 또 다른 세력인 바벨론의 견제를 받는 것이었다. 이와 같은 정치상황(政治狀況)은 끝없이 강대국(强大國)을 의지하게 하는 역순환(逆循環)이 계속되게 하였다. 당시의 정치상황(政治狀況)은 백성의 신앙심(信仰心)을 저해하는 요인이 되었고, 하나님께서는 그럴 때마다 선지자(先知者)들을 세워 종교적 각성(宗敎的 覺醒)이 나라의 번영의 길임을 강조하게 하였다.

에스겔이 하나님의 부르심을 받은 시기는 이스라엘 역사상(歷史上) 가장 중대한 시기였다. 그의 기록을 보면 얼마나 당시의 시대적 상황(時代的 狀況)이 난세였는가를 목격하게 된다. 에스겔은 바벨론의 포로의 한 사람으로 이스라엘의 회복을 바라보면서 그 백성들에게 새로운 희망을 약속하였다.

1. 북왕국 이스라엘의 멸망

북왕국 이스라엘은 B. C. 722년 앗수르에 의하여 멸망하였다. 그 앗수르는 남왕국 유다도 함께 공략하였으나 예루살렘을 함락하지는 못하였다. 아슈르바니발(Ashurbanipal, B. C. 669~633)의 통치 때에 앗수르 제국은 나보폴라살이 이끄는 바벨론의 연합군 메데, 스구디아, 바벨론을 대항하다가 B. C. 612년 신사르쿤(Sin shar ishkun)왕 때 이르러 붕괴 당하였다.

이 때 남쪽의 애굽의 세력이 점점 성장하여 애굽의 왕 느고(Nec)는 점점 커 가는 바벨론의 세력을 견제하기 위하여 앗수르와 동맹을 맺었다. 느고(Nec)가 군대를 일으켜 유다를 관통하기 위하여 북상할 때, 당시의 왕인 유다왕 요시야는 므깃도 전투에서 사망하였다(B. C. 639~608, 왕하 23:29). 그 후 유다는 애굽에 예속된 나라로 전락하였고 애굽 왕은 유다의 정치를 간섭하게 된 것이다.

애굽 왕 느고(Nec)는 유다왕을 여호아하스라 불리운 요시야의 아들 살룸을 유다의 왕좌에 앉혔다(렘 22:10~12. 겔 19:2~4). 그러나 그가 느고(Nec)의 마음을 만족스럽게 하지 못하자 3개월 후에 여호아하스 왕을 애굽으로 추방하고 요시야의 장자 여호야김을 다음 왕위에 오르게 하였다(B. C. 608~597, 왕하 23:31~36).

2. 앗수르의 멸망

애굽은 근동지방(近東地方)의 패권(覇權)을 잡기 위하여 바벨론과 최후의 단판을 요구하기에 이르렀다. 애굽은 앗수르와 연합전선(聯合戰線)을 만들어 B. C. 605년 유브라데(Euphraates) 강변의 갈그미스(Carchemish)에서 바벨론 왕 느부갓네살과 싸움을 하였으나 패배를 하고 말았다(렘 465:2). 이때부터 세계의 판도는 바뀌어 바벨론의 세상이 되었고, 그 때 유다왕 여호야김은 느부갓네살의 봉신(封臣)이 되었다(왕하 24:1). 그러나 여호야김은 바벨론에게 반기를 들었으나 예루살렘에 진군한 느부갓네살에게 함락되었고, 그 때 1차 포로들이 바벨론으로 유배를 당하게 되었다. 다니엘도 그 포로민 중에 있었다.

여호야김의 치하에 있었던 이스라엘인들은 영적으로 많은 수난을 겪었다. 여호야김은 많은 예언자(豫言者)들을 박해하였으며(렘 36:1, 9, 28, 30, 32), 그의 바벨론에 대한 음모는 예루살렘을 침공하는 원인을 제공케 하는 결과가 되었다. B. C. 597년 느부갓네살이 침공하기 직전 여호야김은 죽었고 그는 예언대로『나귀와 같이 매장』되었다(렘 22:18~19). 왕위는 아들 여호야긴(고니아 또는 여고니야)에게 물려졌으나 3개월만에 바벨론의 침입으로 나라와 함께 망하고 수많은 유다의 귀인들이 바벨론으로 유배를 당하게 되었다. 그 포로민 중에 여호야긴 왕과 에스겔도 있었다(왕하 24:8~17. 렘 22:24~30. 겔 19:5~9). 그 때부터 에스겔의 예언 연대로 사용하는 자들도 있다. 여호야김은 포로 중에도 왕으로 호칭되었다.

느부갓네살은 요시야의 셋째 아들 맛디아를 여호야긴을 대신하여 왕위에 오르게 하고, 그의 이름을 시드기야란 이름으로 바꾸었다(왕하 24:17~25:7. 겔 19:11~14). 그러나 시드기야의 인물됨은 왕의 사명을 감당할 만한 인물은 되지 못하였다. 그는 친 애굽파들의 꾀임에 빠져 반바벨론국들과 동맹을 맺었다(렘 27:1~11. 겔 17:13~15). 이와 같은 사실은 자신의 운명을 재촉한 계기가 되어 시드기야 4년에 느부갓네살의 소환을 받았으나(렘 51:59), 계속 친 애굽 정책을 펴다가 다시 느부갓네살의 침입을 받게 되었다(왕하 24:20).

3. 예루살렘의 멸망

바벨론이 예루살렘을 포위한지 1년 반 동안 성은 기근, 약탈, 방화, 혼란에 빠졌다(왕하 25:1~3. 렘 37:21. 애 2:4). 시드기야는 광야로 몽진을 하다가 느부갓네살에게 붙잡혀 무릎을 꿇게 되었고, 그의 아들들이 그가 보는 앞에서 처형을 당하는 모습을 본 후 그는 두 눈이 뽑혔으며 쇠사슬에 묶여 바벨론으로 끌려갔다. 이와 같은 사실을 에스겔(12:13)과 예레미아(렘 34:2~5)의 예언의 성취로 하나님의 말씀의 신실하심과 준엄함을 볼 수 있다.

4. 이스라엘의 바벨론 유배

여호야긴과 시드기야는 바벨론에서 포로생활(捕虜生活)하고 있을 때 많은 사람들은 여호야긴이 다시 돌아와 유다의 왕위에 복귀하리라는 막연한 믿음을 갖고 있었다(렘 28:3, 4, 11). 예레미아는 그와 같은 일은 일어나지 않을 것이라 예언하였으나(렘 22:24~30). 여호야긴이나 백성들 중에는 왕좌의 복귀를 계속 기대하였다. 바벨론은 여호야긴을 그곳에 억류시켜 놓고 유다 왕이라 불렀다. 바벨론의 공식 문서를 참고하여 보면 여호야긴을 『유다의 왕 야우긴』(Yaukin)이라 기록하였다. 이와 같은 기록은 최근 발굴된 사적지(史蹟地)의 문서에서 발견되었는데, 그의 이름은 물론 그의 다섯 아들의 이름도 양식을 배급하는 문서에 거론되었다.

여호야긴은 포로로 잡혀간지 37년이 되는 B. C. 650년 느부갓네살의 아들 에윌 므르닥(Merodacth)에 의하여 죄수의 신분에서 풀려났다(왕하 25:27). 그는 바벨론에서 풀려나기까지 섭정을 하면서 시드기야 왕과 함께 유다의 합법적(合法的)인 왕으로 대접을 받은 것으로 기록되었다. 예레미아 29:4~7의 말씀을 보면 포로로 끌려간 이스라엘 귀족들은 노예의 신분을 면하지 못하였다. 많은 사람들이 자기의 집을 짓고 아내와 농사를 거두고 살았으며, 어떤 자들은 그 나라에서 상업을 하면서 많은 상술도 배웠다.

닙푸성의 폐허에서 발굴된 기록을 보면 무라슈와 손즈(Murashu and Sons)의 유력한 금융회사(金融會社)와 관련된 수많은 유대인들의 이름이 기록되어 있다. 스가랴서 2:68~69의 말씀을 보면 스룹바벨이 귀국하여 성전을 재건할 때 이들의 재정적(財政的)인 도움으로 되었다고 본다. 열왕기하 24:14에 의하면 B. C. 597년에 바벨론으로 끌려간 포로민은 10,000명(렘 52:28~30)이었으며 세 차례에 걸쳐 약 50,000명의 귀족이 잡혀갔는데, 상당수는 스룹바벨의 귀환 시에 바벨론에 잔류(殘留)한 것으로 기록되었다. 그 이유를 혹자는 그들이 그곳에서 상업을 통하여 확고한 기반을 닦았기 때문이라고 말한다.

유대인들이 포로로 잡혀가 생활한 곳은 바벨론의 남동쪽인 닙푸를 통과하고 있는 운하인 그랄발 강가 텔아비브(Tel-Abib)에 있었던 것으로 보인다. 에스겔은 이 텔아비브(Tel-Abib)의 식민지에 살면서 생활하였다 (겔 3:24. 8:1. 20:1). 그는 그곳에서 하나님의 영을 통하여 감동하심을 받았으며, 포로민(捕虜民)들과 유대인들을 위하여 신비로운 체험과 함께 많은 예언을 하였다(겔 1:4~28. 2:3). 그 예언의 특색은 상징과 비유가 많았는데 아무래도 이국 땅에서 정치적(政治的)인 상황 때문에 하나님께서 그러한 방법으로 역사한 것으로 믿는다. 우리는 이와 같은 상황을 신약시대의 요한에게서도 볼 수 있다.

현대신학자(現代神學者)들이 에스겔의 예언의 방법을 이해하지 못한 채 과대망상증(誇大妄想症), 정신분열증(精神分裂症), 심한 긴장병(緊張病)에 걸린 사람으로 규정짓는 것을 보면서 우리는 그들의 영적 우매함에 놀라지 않을 수 없다. 우리는 에스겔이 신비로운 풍부한 체험을 통한 상상력(想像力)이 풍부한 선천적(先天的)인 예술적(藝術的) 예언자(豫言者)이며, 천재적(天才的) 자질을 가진 하나님의 사람임을 의심할 필요가 없다.

III. 에스겔서의 주제

에스겔의 예언의 특색은 많은 주제들이 있다는 것이다. 그러므로 에스겔을 바르게 이해하기 위하여서는 그의 예언의 방법과 많은 신비적 체험(神秘的 體驗)을 충분히 이해하여야 한다. 그리고 예언의 대상인 히브리인들이 바벨론에서의 어떤 형편에 있었는가를 알 필요가 있다. 히브리인들의 신앙의 신념은 하나님께서 임재하여 계신 예루살렘 성전은 어떤 일이 있어도 무너지지 않는다는 것이었으며, 이 신념은 산헤립(Senna-cherib)의 패배 때까지 계속 조장되었다. 이와 같은 신념은 이사야의 예언에서 많이 볼 수 있었던 것들이다.

예루살렘은 여호와의 도성이라는 잘못된 개념의 결과로 어떤 이방 원수의 침략을 받아도 성도(聖都)는 더렵혀질 수 없다는 생각은 그들이 강국들의 침입을 받아 폐허가 되기까지는 변하지 않았다. 이로 말미암아 예루살렘이 파괴되고 이방의 말발굽 소리가 도성에 들릴 때 대중들은 낙심과 불신의 충격에 사로잡히게 되었다. 성도의 폐허는 그들의 神 개념과 관련된 것으로 히브리인들은 그들의 여호와 하나님에 대한 회의를 면할 수 없었다. 이 때 에스겔 선지는 저들에게 예언을 통하여 히브리인들의 신앙적 각성을 촉구하기에 이른 것이다.

A. 예루살렘의 멸망원인

예루살렘의 멸망에 대한 이스라엘 백성들의 잘못된 견해를 에스겔은 언급하였다. 그는 멸망의 이유가 이스라엘 백성들이 하나님을 떠나 죄악된 생활을 함으로써 야기된 결과라고 말한다. 하나님을 떠난 생활은 어느 때 누구에게나 동일한 파멸밖에 없다. 그런데 이스라엘 백성은 하나님을 버리고, 패역한 생활을 함으로 예루살렘은 피흘린 성읍이 되었고(겔 22:2), 우상을 섬기는 소굴이 되었으며(겔 8:7~13, 14~17), 거짓 선지자들의 활동무대(活動舞臺)가 되었으므로(겔 13:1~16), 하나님께서 저들을 버리신 것이다(겔 2:1). 영적(靈的)으로 간음(姦淫)을 행한 이스라엘 백성들은 아무 소용도 없는 불타 버린 포도나무가 된 것이다(겔 17:).

이스라엘은 하나님밖에 아는 것이 없는 백성인데 저들이 하나님의 율법을 버리고 그 규례를 따라 살지 않는 것은 하나님 앞에 반항적 태도(反抗的 態度)가 되는 것이며, 그들의 삶이 퇴폐와 나락(奈落)에 빠지는 것으로 하나님과 더 이상 교제할 수 없는 백성으로 전락하게 되는 것이다. 에스겔은 여호와의 영광이 예루살렘으로부터 떠난 것을 보고, 예루살렘의 멸망은 하나님의 영이 함께 하시지 않은 이유 때문이란 사실을 깨닫게 된 것이다. 히브리인들의 복지는 하나님의 영광을 회복하는 일이며, 그와 같은 일은 하나님의 말씀을 순종하는 길밖에 없다는 것이다.

에스겔의 환상에 의하면 예루살렘이 폐허가 된 원인은 하나님을 의지하지 않았기 때문이며, 그들의 삶이 하나님께서 인정할 수 없는 것이었기 때문이다(겔 6:). 하나님은 언제나 거짓 선지자(先知者)들의 환상을 궤멸하며(겔 13:), 그의 손은 부정한 백성들에게 형벌을 내리신다는 것이다(겔 16:). 그리고 사악한 백성들을 망하게 한다(겔 21:). 하나님은 우상 숭배(偶像崇拜)하는 나라를 징계하시며(렘 23:), 저들에게서 생명을 거두시고 철저한 저주로 죽음과 파멸을 당하게 하신다. 이스라엘 백성들의 유배는 이와 같은 이유 때문이라 주장하는 것이 그의 신학 사상이다.

B. 생명을 주시는 하나님

유배지(流配地)에서 부르심을 받은 선지자는 제사장(祭司長)으로서 예언자(豫言者)로서 하나님의 말씀을 용이하게 발전시켰다. 그는 하나님의 생명의 말씀을 백성들에게 가르치고 순종하게 만들기 위하여 최선의 노력을 하였다.

창세기의 창조의 사건에서 볼 때 하나님께서 생명을 창조하실 때 생기를 코에 넣어서 생령이 되게 하였다. 에스겔에 의하여 주장되어진 신학적 주장(神學的 主張)은 인간의 생명이 인간 자신에게 있는 것이 아니라, 하나님께서 부여해 주시는지 여하에 달려 있다는 것이다. 이와 같은 주제는 에스겔서 37장에서 잘 설명되어 있다.

생명과 죽음의 묘사는 그의 환상(幻想)이 절정에 속한 것으로 에스겔에게 주신 하나님의 신탁(信託)이기도 했다. 마른 뼈와 같은 이스라엘을 하나님의 영을 통하여 살게 하라는 신탁은 인간에게 주어진 창조적(創造的)인 힘이 오직 하나님의 이름에 의하여 성취된다는 것을 인식하였다. 이스라엘 백성들의 회복과 생명에로 인도하심을 이스라엘 백성들에게 전함으로써, 심판으로 멸망시켰던 하나님께서 생명으로 회복키시는 전능자(全能者)임을 계시하신다. 에스겔의 예언의 최종적 주제(最終的 主題)는 생명의 흐름이었다(겔 47:1~12). 생명의 강이 성전으로부터 흘러 내려오는 환상은 근시적(近視的)으로 이스라엘의 회복을 말함이요, 원시적(遠視的)으로는 왕국의 도래를 예고한 것이다. 강의 소생함과 히브리인의 회복은 하나님의 능력에 의하여 성취된 사실임을 에스겔은 보았다.

에스겔의 예언의 주제는『여호아 삼마(Yahweh Shamah : 여호와 거기 계시다)』로 압축된다. 다시 말하면 회복될 시온 城에 내재하실 여호와에 대한 소망은 에스겔 예언의 중심적 신탁사상(中心的 信託思想)이다.

생명과 죽음, 희망과 절망의 유무는 현존한 여호와의 신앙에 달려 있다. 인간은 하나님의 영이 없으면 하나님의 사람이 될 수 없다. 즉 하나님의 생명을 받기까지는 누구도 하나님 앞에 살아 있는 자가 아니다. 하나님께서 개인이나 사회를 외면하신다면 그는 생명과 관계없는 존재가 될 것이며 아무리 절망적(絶望的)인 현실이라 할지라도 하나님께서 생명을 공급하시면 죽을 자가 생명으로 소생한다는 것이 에스겔이 환상을 통하여 습득한 통찰력(洞察力)이다.

C. 역사의 지배자로서 하나님

유배지(流配地)에서 부르심을 받은 예언자는 처음부터 하나님의 주권을 인식하지 못하였다. 그러나 하나님께서 그에게 보이신 환상의 첫 장면은 온 우주 만물의 역사를 주관하신다는 것을 보이셨다. 독수리, 사자, 소, 사람, 바퀴의 안과 밖에 눈은 역사를 지배하신 하나님에 대한 적절한 표현이다. 하나님은 초월하신 분으로 역사를 주관하시고 통치하시는 분이란 발견은 에스겔에게 있어서 그 예언의 방향을 제시하여 주었다.

에스겔은 우주를 향하신 하나님의 눈의 충만함을 보았다. 세상은 하나님께서 섭리하신 방향을 따라 굴러가는 바퀴란 것이다. 하나님은 활동적(活動的)인 분으로 어떤 한 곳에 머물러 계시지 않는 분이란 것이다. 하나님은 바벨론 유배지(流配地)에도 계시고 팔레스타인에도 계시며, 예루살렘 성전에도 계시고 그발 강가에도 계시는 분으로 이해되었다. 하나님은 지금까지 이스라엘 백성들의 운명을 좌우했을 뿐만 아니라 두로와 애굽과 앗수르는 물론 바벨론의 운명까지도 심판하시는 분으로 말하였다. 그러므로 하나님은 모든 사람, 모든 민족, 모든 나라의 주가 되신다는 것이다.

D. 개인의 책임

에스겔의 예언의 주장은 개인적(個人的) 삶에 대한 책임의 문제이다. 물론 에스겔에게 있어서 이상이 처음 나타난 것은 아니다. 히브리인들에게 민족도 대단히 귀한 존재 의의를 가지지만 개인에 대한 신앙은 그들의 무형의 유산으로서 상당히 중요시 해 왔다. 그런데 에스겔에 이르러 이 신앙이 크게 촉진되었다. 이스라엘 공동체(共同體) 속에 개인은 그 공동체구성(共同體構成)에 있어서 중대한 의의를 갖는다. 아무리 큰 공동체(共同體)라 할지라도 개인이 책임을 다하지 못할 때 그 공동체(共同體)의 존속은 계속될 수 없다. 에스겔은 민족과 백성을 하나의 집단적(集團的) 인격체(人格體)로 언급하여 말할 때도 있었다. 이와 같은 사실은 개개인(個個人)의 보편적 상황(普遍的 狀況)을 설명하는데 사용하는 방법이기도 하였다. 『범죄한 영혼은 죽으리라』는 말씀은 지나치게 단순화(單純化)시킨 것이지만 확대하여 말하면 그 말씀은 상당히 넓은 의미로도 생각할 수 있다.

에스겔은 어떤 문제의 책임을 개인이 져야 할 것을 언급하였다. 그 말씀의 이면에는 이미 공동체(共同體)가 상실되었기 때문이라고 해석될 수 있다. 공동체(共同體)의 죄악의 형벌을 개인이 감당할 부분도 있고 감당할 수 없는 부분도 있음을 언급하였다. 그는 그와 같은 사실을 분명하게 설명하였는데 에스겔 14장이 그 대표적(代表的)인 예이다. 누구든지 자기의 義로 구원을 얻을 수 있다는 주장은 에스겔의 개인에 대한 책임 문제를 분명하게 주장한 것을 말한다. 하나님의 축복과 형벌은 개개인(個個人)들의 義와 관련된다는 것이 그의 메시지의 한 주제이다.

E. 하나님의 성품을 입증한 역사

전능자(全能者)는 세계사(世界史)를 통하여 증명된다. 특별히 이스라엘의 역사는 하나님의 생존하심을 잘 나타내 주고 있다. 이스라엘의 역사는 부정적(否定的)인 면에서 보다 긍정적(肯定的)인 면에서 하나님을 계시하여 주고 있다. 에스겔이 『네가 나를 하나님인 줄 알리라』라는 표현을 통하여 하나님께서 이스라엘에게 소망을 주신 분으로 언급함은 하나님의 경륜은 소망 안에서 찾을 수 있다. 하나님은 의롭고 거룩한 분이라는 사실을 수용한 에스겔은 그의 논리적 표현(論理的 表現)에서 죄악에 대해서는 파멸이시고(겔 8:), 하나님을 찾는 자들에게는 애정을 쏟으시는 분으로 설명한다(겔 34:). 그러므로 하나님의 축복과 심판은 모든 열방으로 하여금 자신을 인식케 하는 위대한 방법이다.

이스라엘의 역사는 구속의 역사로써 애굽에서, 광야에서, 강국들의 손에서 건져내심으로 자신의 신실하심이 어떠함을 잘 설명해 주고 있다. 이스라엘 백성들이 죄를 범하고 회개하지 않았을 때 여지없이 그들을 강대국(强大國)의 손을 의탁하여 고난을 당하게 하시고 섭리의 기간이 지나면 하나님께서는 새로운 방법을 통하여 그들을 구원하사 하나님의 약속이 신실함을 깨닫게 하였다. 그러므로 하나님의 주재는 역사의 소용돌이 속에서는 보이지 않는 것 같으나 그 혼란이 지난 후 구원의 사건을 통하여 역사의 지배자(支配者)로서 하나님의 새로운 모습을 포착케 한다.

IV. 에스겔서의 구성

예언자(豫言者) 에스겔은 여호야긴 왕과 함께 바벨론에 유배된 자이었으나 느부갓네살 왕 7년 아달(Adar) 7월 2일에 예언자로 부르심을 받았다(이날은 B. C. 597년 3월 16일에 해당함). 이와 같은 연대는 바벨론의 연대기(年代記)에서도 찾아볼 수 있다. 이 책의 구성의 특징은 이중적(二重的)이라는 것이다. 또 이스라엘의 재앙에 관한 예언 겔(1:~24:)과 이방족속(異邦族屬)에 관한 비평(겔25:~32)이다. 그리고 구원에 관한 예언들이 에스겔 33장에서부터 시작된다. 이와 같은 구성은 다른 선지자(先知者)들의 예언의 형식에서도 볼 수 있다. 이스라엘의 심판에 이어서 이방의 심판을 선포한 것들이 스바냐서와 로마서 같은 경우에도 있다.

에스겔은 『여호와의 말씀이 내게 임하니라』란 말씀을 언급하면서 이스라엘의 구원을 50개의 단락에서 언급하였다. 그리고 대부분(大部分)의 예언의 내용이 환상으로 그 성격을 표현하였다. 이와 같은 명백한 구조는 자유주의(自由主義) 신학자(神學者)들이 주장한 구절들이 수정되었다는 학설과 대조를 이루고 있다(겔 1:15~21). 성서의 예언을 연구할 때 특별히 해석(解釋)상에 있어서 중시해야 할 것은 점진적(漸進的)으로 한 사건을 말씀하고 있음을 알아야 한다. 그 예를 들어보면 『너는 이 일을 너희 자녀에게 고하고 그 자녀는 후 시대에 고할 것이니라, 팟종이가 남긴 것을 메뚜기가 먹고 메뚜기가 남긴 것을 늣이 먹고 늣이 남긴 것을 황충이가 먹었도다』(욜 1:3~4) 하였다. 이와 같은 표현법(表現法)은 하나님의 예언의 말씀에 귀를 기울이게 하기 위함이다.

에스겔서와 요한 계시록에서도 그와 같은 표현이 응용되고 있음을 볼 수 있다. 에스겔 1:15~21의 사건이 10장에서 다시 나타남을 볼 수 있다. 그러나 이성주의적(理性主義的) 학자들 가운데는 이와 같은 사실을 부정하고 에스겔서가 다른 사람들에 의하여 수정된 것이라 하고, 이 수정 학자(修訂學者)들을 가리켜『에스겔 학파』라 부른다. 예언 중에 단락의 부분을 에스겔 학파들은 애굽의 문헌들에서 취한 것으로 믿고 있다. 우리는 어떤 학문이든지 한 단락의 사실만 취한 것이 아니고, 여러 가지 주제 하에 여러 가지 표현을 통하여 역설돼 있음을 알아야 한다.

에스겔서의 구성 가운데 7이란 숫자의 개념이 많이 나타남을 볼 수 있는데 그 때의 7개의 정치적 강국(암몬, 모압, 에돔, 불레셋, 두로, 시돈, 애굽) 등의 언급에 이와 같은 구성법(構成法)을 찾을 수 있다(28:24~26. 25:32:).

에스겔 서에 나타난 연대기적 문제(年代記的 問題)에서 서로 조화를 이루지 못한다는 점을 들어 상당한 학자들이 에스겔 학파들에 의하여 구성된 작품이라 생각한다(겔 29:17~21. 25:~32:). 그러나 성서의 예언의 기록은 어떤 민족의 연대기(年代記)를 기록하여 남긴 것이 아니라 하나님의 역사에 관한 확실성(確實性)과 자유성(自由性)을 입증하기 위하여 기록된 것임을 입증하고 있음을 인식할 때 성서에서 역사적(歷史的) 연대기(年代記)를 찾는 것은 잘못된 것이라 할 수 있다. 우리는 에스겔 서에서 성전제사(聖殿祭祀)의 사건이 새로운 성전제사(聖殿祭祀)로 표현된 환상을 보면서 성서에서 주장하고자 한 하나님의 통일체(統一體)로 형성된 진리를 언급하고 있음을 볼 수 있다.

요세퍼스(Josephus)는 두 개의 에스겔서의 구성을 언급하였는데 예루살렘의 멸망과 위로에 대한 기록을 열거하였다. 이와 같은 구성은 모든 선지자(先知者)들이 취한 예언의 형식 중 하나이다. 에스겔은 예루살렘의 멸망을 예언하면서 거짓 선지자(先知者)들의 그릇된 예언이 얼마나 허구적(虛構的)인가를 말한다. 에스겔은 백성의 죄가 극에 달하였으므로 하나님께서 멸망시키실 수밖에 없다는 사실을 입증하면서 이스라엘 민족의 배교(背教)의 죄를 강조한다. 당시 계명은 문화적(文化的)인 면에서나 종교적(宗教的)인 면에서나 도덕적(道德的)인 면에서 전연 지켜지지 않았다는 사실을 질책(叱責)하였다(겔 3:16. 8:1. 20;1).

에스겔서 24:1이하에서 고기 조각을 담은 끓는 가마의 환상(幻想)에서 예루살렘의 함락과 멸망을 상징적(象徵的)으로 보이신다. 이와 같은 구성의 방법은 실질적(實質的)으로 연대기(年代記)와 상관이 없는 것으로 해석되어야 한다. 하나님의 환상의 사건과 역사적(歷史的)으로 일어나는 실제적(實際的) 사건의 관련에 따라 그 예언의 진의성(眞意性)을 주장한다는 것은 예언 해석법(豫言 解釋法)의 무지에서 온 결과로 볼 수 있다. 우리는 환상과 그 사건의 발생 연도의 차이가 어떤 때는 과거일 수 있고 혹은 수년 혹은 수 십년 후에도 실현된다는 가능에 주의를 하여야 한다.

V. 에스겔서의 정경성

많은 히브리어 사본들 중에도 특히 독일계 유대인들과 프랑스계 유대인들의 사본에서는 예레미야서와 에스겔서 같은 것들이 이사야서의 전기의 것으로 나타난다. 그러나 스페인의 유대인들이 사용한 사본에는 이사야, 예레미야, 에스겔의 순으로 나타난다. 그러나 원본이 모두 상실된 연고로 진정성(眞正性) 여부에 대하여 상당한 융통성(融通性)을 갖는다. 제롬(Jerome)과 같은 자는 에스겔서의 마지막에 불분명(不分明)한 구절들이 포함되어 있음을 주장하였고, 힐렐(Hillel)과 샴마일(Shammai)과 같은 자는 에스겔을 『비밀리에 감추어 두어야 할 책』속에 포함시켜 이스라엘인들 중에 30세가 되지 않는 자는 이 책을 읽는 것을 금하기도 하였다.

이상의 범주에 속하지 않는 책들은 잠언, 전도, 에스더, 아가 등이다. 그러나 이러한 것들이 성서의 진정성(眞正性) 여부를 판가름하는 표준은 못된다. 그리고 책들을 정경에서 삭제해 버리지도 않았다. 문제가 된 것은 이 책들이 공중예배시(公衆禮拜時)에 낭독되지 않았다는데 있다. 그와 같은 문제는 이 책의 정경성(正經性)의 문제 때문이 아니라 이 책의 내용 때문이라는 것을 인식할 필요가 있다.

에스겔서가 많은 사람들로부터 이와 같은 많은 문제점(問題點)을 일으킨 것은 에스겔서의 서두에 나타난 거룩한 환상에 대한 신성을 더럽히지 않기 위해서란 것이다. 이것이 율법(Torah)과 에스겔서의 모순점(矛盾點)이다. 이와 같은 모순점(矛盾點)들이 여전히 제거되지 않은 채 에스겔서는 정경의 위치에서 한 걸음도 물러서지 않고 있다.

VI. 내용과 개요

일반적 주제(一般的 主題)에 있어서 에스겔서는 이사야와 비슷하다. 첫 번째 부분은 심판의 예고요, 두 번째 부분은 위로의 복음이다. 이와 같은 맥락에서 에스겔서는 4개의 부분으로 나뉘어진다. 많은 학자들이 주장한 것은 전체적(全體的)인 구조가 자료의 순서에 따라 연대순(年代順)으로 배열되었다고 말한다.

에스겔 예언의 중심적 내용은 예루살렘의 멸망이다. B. C. 586년 예루살렘이 멸망되기 이전까지 예언의 주된 목적은 회개의 중요성(重要性)을 증거하는 것이었고, 백성들의 생활 방식의 개혁을 촉구한 것이었으며, 애굽이나 바벨론의 손으로부터 구원하여 주신다는 과신의 잘못됨을 백성들에게 경고하는 것이었다(겔 17:15~17. 렘 37:7).

에스겔은 예루살렘 성도(聖都)가 불원간 무너질 것이라는 사실을 백성들에게 확신시키려 하였으며, 예루살렘이 멸망한 후에는 하나님의 정하신 때가 되면 귀국하게 하여 하나님의 섭리를 실현하는 히브리인들이 될 것이라는 희망의 메시지(message)를 전하였다. 에스겔은 그 백성들에게 미래에 대한 축복의 확신을 증거함으로서 백성들로 하여금 용기를 잃지 않게 하는데 그 예언의 내용이 집중되어 있다.

Ⅰ. 예루살렘 멸망 이전의 심판	1:~24:
Ⅱ. 일곱 이방나라에 대한 예언	25:~32:
A. 암몬, 에돔, 모압, 불레셋	25:
B. 두로	26:~28:19
C. 시돈	28:20~26
D. 애굽	29:~32:
Ⅲ. 예루살렘 멸망후 예언	33:~39:
Ⅳ. 이상적 왕국	40:~48.
A. 성소	40:~43:
B. 예문과 예전	44:~46:
C. 거룩한 강	47:
D. 거룩한 땅	48:

VII. 에스겔서의 연대

에스겔서가 언제 쓰여졌느냐 하는 문제에 대하여는 여러 가지 의견이 있다. 어떤 사람은 독자적(獨自的)인 저작이라 하기도 하며 혹자는 이 책이 여러 사람들에 의하여 기록되었다고 주장하기도 한다.

에스겔의 연대기(年代記)에 대하여 토레이(C.C. Torrey)는 왕하 21:2~16에 근거하여 팔레스타인적인 배경을 가진 자가 B. C. 250년 경에 기록하였다고 주장하였다. 그러나 역사서의 사건은 B. C. 200년전의 바벨론의 배경들이 있으므로 토레이의 말대로라면 역사서(歷史書)는 비역사적(非歷史的)인 기록이 된다.

스코트랜드의 학자인 제임스 스미드(J. Smith)는 에스겔서는 므낫세 왕 때 북국 이스라엘을 위하여 선포한 말씀이라 주장한다. 그는 에스겔은 유배지에 끌려간 자들에 대하여 전혀 예언하지 않았다는 것이다.

닐스 메셀(Nils Messel)은 에스겔서의 저작 연대를 에스라 느헤미야의 때로 보았다. 그리고 브라운(L. Browne)은 알렉산더(Alexander) 대왕의 격동의 시대에 기록된 것이라 주장하였다. 그러나 정통주의(正統主義) 입장은 에스겔서가 직접적이든 간접적이든 에스겔에 의하여 기록되었다고 주장한다. 어느 때인지는 모르지만 다소의 수정된 흔적을 볼 수 있으나 여전히 에스겔서는 에스겔이 저작한 것이라 주장한다. 그 이유는 모든 부정적(否定的)인 학설의 근거가 희박하기 때문이다. 다만 많은 사람들이 주장한 근거는 억측에 불과하기 때문에 에스겔이 저작하였다는 주장에 대하여 강력한 반박을 할 수 없다.

아람 사상을 주장하는 자들은 4세기경에 에스겔서가 기록되었다고 주장하는데 그 이유는 에스겔서에 9개의 아람어가 들어 있기 때문이란 것이다. 그러나 믿을 만한 조사에 의하면 벌써 8세기 후반부터 아람어는 앗수르 제국에 들어가 혼성외국어(混成外國語)로 되었다고 주장한다.

그러므로 4세기설을 운운하는 것은 잘못된 것이다. 따라서 에스겔서의 기록은 7~6세의 것으로 믿는다.

어형론(語形論)을 역사적(歷史的)으로 볼 때 많은 유대인들은 아람어를 사용하면서 기록은 히브리어로 기록했다는 것이 상식적(常識的)인 견해이다. 그러한 상황에서 상식적(常識的)으로 그와 같은 문제도 있을 수 있다고 보기 때문에 별 문제는 없다. 우리는 에스겔서 47:5 이하의 말씀을 보면 에스겔은 분명히 실제의 성전을 기억하면서 그 잠재의식(潛在意識)에 의한 반영으로 기록한 것을 볼 수 있다. 그러므로 에스겔이 성전이 무너지기 이전에 살았다는 것이 입증된다.

에스겔의 연대 계산법(計算法)은 유배된 여호야긴의 연대로부터 계산하므로 그 모든 연대문제(年代問題)가 해결된다고 올브라이트(Albright)는 주장한다(겔 1:2, 8:1, 20:1, 24:1, 26:1, 29:1, 17, 30:1, 32:1, 17, 33:31, 40:1). 에스겔서 1:1에서 언급한 제 30년은 여호야긴의 통치 제 30년을 의미한 것으로 보며 에스겔이 책을 기록할 때가 제 30년이었다고 한다. 그런데 에스겔 32:1. 33:21에는 제 12년으로 기록되었다고 말한다. 그러므로 에스서의 새로운 고고학적 증거(考古學的證據)가 나타나기 전까지는 6세기에 에스겔이 기록했다는 사실을 번복할 수 없다.

VIII. 에스겔서의 문체

독일의 시인 쉴러(꾀데의 친구)는 본서를 읽기 위하여 히브리어를 배우고 싶다고 하였다. 그 이유는 에스겔서가 구약의 어떤 책보다 훌륭한 내용으로 구성되어 있기 때문이다. 『나 여호와가 말하노라』, 『저희는 내가 여호인 줄 알찌니라』가 본서에 65회나 사용되었고, 『우상』이란 말이 38회나 언급되어 있다. 본서는 비유(譬喩)와 상징(象徵)이 적절히 조화된 요소가 많으며(겔 17:3~6. 32:2), 상상과 사실(겔 31:17), 적당치 않는 것들(겔 11:3. 15:1~5)이 섞여 있다. 에스겔서의 특징 가운데 하나는 모든 사건에 생동감(生動感)이 넘친다는 것이다. 본문 가운데는 에스겔의 예언자적 개성(豫言者的 個性)과 반대되는 것도 있으나 외형적(外形的)으로 나타난 모든 예언은 에스겔의 예언의 성질을 결정지어 준다. 이와 같은 표현이 어떤 때는 시(詩)로 그리고 어떤 때는 통속적(通俗的)인 산문으로 표현되어 있다. 에스겔은 끌려간 왕자를 애도하면서 아름다운 애가서(哀歌書)를 기록하였고, 현실적(現實的)인 사건들을 비(碑)로 표현함으로 그의 시성(詩性)은 더욱 빛나게 된 것이다(겔 19:2~6, 8, 9. 27:3~9, 26~36. 16:1~63). 에스겔서의 산문체(散文體)는 대체적(大體的)으로 특별한 점은 없으나 그의 메시지를 전달하는데 명확하게 나타나 있다. 에스겔은 히브리어를 사용하고 있었으나 아람적 요소도 많은 것 같다. 에스겔서에 자주 반복되는 구절들은 에스겔 문학의 통일성(統一性)을 강력하게 지지해 준다. 『나의 법령 중에 걸으면서』(11회), 『나의 안식일』(12회), 『내가 살기에, 여호와 하나님께서 말씀하시기를』(13회), 『나라들』(24회), 『우상들』(40회), 『여호와 인줄 알리라』(50회) 등은 에스겔의 예언의 성격을 잘 표현한 말씀 중에 하나이다. 에스겔의 어법, 모형, 표현들은 그의 통찰력(洞察力)을 잘 나타내 준다. 에스겔의 포괄적(包括的)인 예언의 표현은 에스겔의 예언의 구조가 얼마나 에스겔적인가를 설명해 주고 있다.

IX. 에스겔서가 이스라엘 종교사에 끼친 영향

에스겔서가 이스라엘의 종교사(宗敎史)에 있어서 양식적(樣式的)으로 중요한 영향을 끼친 것을 상고해 보면 다음과 같다.

A. 에스겔서의 양식의 특성

에스겔서의 다양성(多兩性)은 하나님의 입에서 나오는 말씀이 다양하였기 때문이라 할 수 있다(겔 3:10. 14:4. 20:1, 27. 24:18). 에스겔은 여호와의 말씀을 광범위(廣範圍)하게 유포시킴으로 여호와의 메시지를 다양하게 만들었다. 이러한 의미에서 그의 양식적(樣式的)인 면과 심미적(審美的)인 측면을 검토할 필요가 있다.

1. 환 상

에스겔서에서 우리의 주의를 끄는 것은 그의 환상이다. 그의 예언의 초반부터 환상이 언급된다. 폭풍, 구름, 보좌와 마차, 네 생물 등이 그 한 예이다. 에스겔 10장 이하에서도 성문, 동쪽 등의 환상과 마지막 9개장에서도 환상으로 나타나다. 에스겔의 환상은 스가랴의 환상과 같이 실제적(實際的)인 의미보다 묵시적(默示的)인 양식을 갖추고 있다. 그러므로 그의 환상은 경험하지 못한 자들에게 부정적(否定的)인 영향을 주어 그를 정신착란자(精神錯亂者)로 오해하게 하는 일까지 발생하였다.

그러나 성서의 구성은 그것이 어떤 말씀이든지 환상이든지 사건이든지 신비적(神秘的)임에 재언할 필요가 없다. 그 체험이 주관적(主觀的)이던 객관적(客觀的)인 환상이던 환상은 환상이다. 누가 신앙의 체험이

획일적(劃一的)이라 단언할 수 있겠는가? 그러므로 타인의 체험을 자신의 입장과 합리화(合理化)하기 위하여 어떤 강요를 한다는 것은 극히 위험한 일이라 할 수 있다. 우리는 일률적(一律的)으로 많은 예언자(豫言者)들이 환상을 말하고 있음을 볼 수 있다. 이사야서의 말씀 전부가 이상이다. 그렇다면 왜 이사야의 환상에 대하여는 함구하고 있는가? 예언자(豫言者)들의 계시에 따라서 어떤 예언자(豫言者)는 그 환상을 말씀으로 전하였고 어떤 자는 그 이상을 환상 그대로 증거하였다.

신앙의 체험은 누구도 입증할 수 없는 하나님의 분야이다. 에스겔서가 정신적 착란(精神的 錯亂)에 의하여 예언되지 않았다는 것은 그 예언에 역사성(歷史性)이 있다는 것이다. 그것이 하등에 역사적(歷史的) 의의를 갖지 못하였다면 그것은 상당히 긍정하는데 어려움이 있을 것이다. 그러나 말씀으로 전하는 선지자들(先知者)의 예언이 역사성(歷史性)이 있는 것처럼 환상을 통하여 증거한 에스겔의 환상에도 역사성(歷史性)이 있으므로 우리가 왈가왈부(曰可曰否)하는 것은 성경의 원저자(原著者)인 성령에 대한 모독이라 할 수 있다. 그러므로 에스겔의 환상은 실질적(實質的)인 그의 경험으로 돌리고 우리는 그 환상의 의미를 찾는데 최선을 다할 것이다.

2. 상징 및 비유적 배경

에스겔의 예언의 표현의 특징 중에 하나는 상당 부분(相當部分)이 상징과 비유로 표현된 점이다. 에스겔은 박석(흙으로 만들어 굽지 않는 벽돌)에 예루살렘을 그리기도 하였고(겔 4:1~), 이스라엘이 지은 날數 대로 390일을 좌편으로 눕고, 우편으로 40일을 누어 보내는 일(겔 4:4), 390일 동안 예언자(豫言者)는 하루에 20세겔의 무게가 나가는 음식을 인분(人糞)에다 불태운 일(겔 4:9) 등의 비유는 실로 이성을 초월한 天的인 지혜에서 온 것이었다.

수염을 깎는 것이나(겔 5:1), 어둠 속에 둔 행장의 문제(겔12:. 왕하 25:7), 두 비문의 문제(겔 37:15) 등의 상징적 사건(象徵的 事件)은 그의 다양한 예언 문학을 창출하는데 중요한 맥을 이루고 있다. 그의 상징과 비유에서 에스겔의 종교적(宗敎的)이고 윤리적(倫理的)인 특성이 충분히 나타나고 있다.

3. 에스겔의 애가

에스겔 19장에 의하면 한 마리의 암사자가 연달아 두 마리의 젊은 사자를 기른 사건에서 여호아하스와 여호야긴의 운명을 본다. 그리고 또 다른 애가는 거만한 두로를 배(船)로 비유하여 말하고(겔 27:1. 28:11~19), 애굽의 왕의 애가는 바다 속의 악어로 상징하여 언급하였다(겔 32:1). 이와 같은 에스겔의 심미적(審美的) 측면을 누가 인식하였는가? 에스겔에 대하여 많은 사람들이 이런 표현을 보면서 시인(詩人)이니 산문작가(散文作家)이니 총명한 사람이니 하고 그를 극찬하기에 이른 것이다.

독일의 작가이며 시인(詩人)인 쉴러가 에스겔서를 자주 읽은 이유는 그의 장엄한 표현 때문이라 전한다. 헤르더(Herder)는 여러 민족의 시를 읽던 중 에스겔서를 읽고『그는 히브리 민족의 셰익스피어』라고 하였다.

B. 에스겔서의 레위기적 체계

에스겔은 제사장(祭司長) 출신의 예언자(豫言者)였으므로 그의 예언에서 제사적 영향(祭祀的 影響)을 받은 구절이 많은 것이 확실하다(겔 40~48:). 그의 예언 중에 민족을 비난하는 대목에서 마음과 몸에 할례를 받지 아니한 이방인들의 성소에 끌려가 여호와께 드린 제사를 저들에게 하게 하여 성전을 더럽혔다고 비난한 것이다(겔 44:4~8).

이스라엘의 백성의 죄를 사함 받게 하기 위하여 제사장(祭司長)의 족속으로 택함을 받는 레위족속들에 대한 죄악의 형벌이 그들의 제사장(祭司長)의 직분을 박탈당하게 만든 것이라 하였다(겔 44:9~). 그는 사독(Zadok)의 자손들이 제사장(祭司長)으로서 그 사명을 감당하기 위하여 성소에서 제사를 드렸으므로 제사장(祭司長)의 직분을 수행할 수 있을 것이라 하였다(겔 44:15~). 그러나 레위인의 제사장들은 열등한 제사를 드림으로 이스라엘을 타락케 했다는 책망을 받게 된 것이다.

에스겔의 제사제도(祭祀制度)의 언급은 당시 바벨론에는 42,360명의 유배인들 중에 4,289명의 제사장(祭司長)들이 있었다고 주장한다(B. C. 538년, 스 2:36~39). 그러나 고국으로 돌아온 제사장(祭司長)들은 74명으로 언급하였다(스 2:40). 이와 같은 결과는 다수의 제사장(祭司長)들이 산당에 예배하는 일에 참여한 이유로 에스겔의 새로운 제사장(祭司長)의 창안에 동의하지 않고 불만을 가지고 있었음을 짐작케 한다.

에스겔서는 특별히 레위의 제사장(祭司長)에 대한 언급이 자주 언급되지만 이스라엘 백성들 중에는 사독의 자손이 제사장(祭司長)이나(겔 2:35), 레위의 자손 엘르아살(Eleazar, 삼상 2:27~28, 35. 대상 24:3)의 후손으로 돌아간 제사장(祭司長)이나 별다른 구별이 없이 백성들은 제사장(祭司長)으로 구별하지 않고 불렀던 것으로 여겨진다. 그러나 다른 성경에는 분명하게 구별하여 언급한 곳도 있다(렘 20:1. 29:25~. 52:24. 왕하 25:18). 솔로몬 시대에 이르러 제사장 지파(祭司長支派)를 두 계층으로 구분하게 된 것 같다. 즉 열등제사(劣等祭祀 : 山堂)를 드린 레위 사람 제사장(祭司長)(신 12:12, 18. 14:27~29. 16:11, 14. 겔 44:6~9)과 고등제사(高等祭祀)를 드린 사독(Zadok)의 자손 제사장(祭司長)(겔 40:45~46. 43:16. 삿 17:.. 삼상 6:15. 삼하 15:24. 왕상 8:3)이다.

제사장(祭司長)들은 계약의 책에 명기된 대로(출21:~23:. 34:) 십일조를 받았고(겔 40:~48:), 때로는 십일조 뿐만 아니라 첫 새끼(初生畜, 레 27:26. 민 18:5), 화목제물(和睦祭物, 레 7:31), 희생제물(犧牲祭物, 신 14:22. 15:190~23. 18:3)과 3대 절기인 칠칠절(七七節), 유월절(踰越節), 장막절(帳幕節)의 제물을 받기도 하였다(레 23:15~. 겔 45:18, 21). 에스겔은 유대인 전통적(傳統的) 제례의식(祭禮儀式)을 통하여 객관적(客觀的)으로 하나님의 요구와 연결하여 미래에 대한 올바른 제사제도(祭祀制度)의 필요성(必要性)을 강조함을 볼 수 있다.

C. 에스겔과 메시아 사상

에스겔의 메시아 사상은 에스겔 40장에서 48장까지에서 미래적 사건(未來的 事件)을 다루고 있으므로 충분한 신학적 요소(神學的 要素)를 입증하고 있다. 그러나 현대 신학자들은 에스겔 40장에서 48장은 이것이 메시아 사상이라는데 동의하지 않는다. 왜냐하면 소위 메시아 사상에 관한 예언이 유배 이전의 예언들에 속하기 때문이라고 보고 있기 때문이다. 그러한 의미에서 에스겔서의 메시아(Messiah) 사상을 모두 삭제하여 버리고 만다(암 9:8. 호 1:10~11. 3:5. 미 2:12~. 사 4:2~6. 7:14. 9:1~7. 11:1~10 등도 포함).

마르티(Marti)와 폴즈(Volz) 같은 이들은 이사야에게서 발견된 메시아(Messiah) 사상까지 모두 거절한다. 왜냐하면 에스겔이나 다른 선지자(先知者)들의 예언의 앞뒤가 맞지 않는다는 것이다. 그들은 메시아(Messiah)를 하나님의 정치적 인물(政治的 人物)로 인식하기 때문이다. 그럼에도 불구하고 에스겔의 예언이나 이사야의 예언에 나타난 메시아(Messiah)적 성격을 모든 보수주의적(保守主義的) 입장에선 학자들은 쉽게 인정하고 있다(겔 17:22~24. 21:25. 34:23. 37:22, 24~25). 메시아(Messiah)의 사상을 윤리적(倫理的), 정치적(政治的), 보편주의적(保守主義的)이고 민족주의적(民族主義的)인 특성을 가지고 어떤 특별한 인물로만 해석하는 것은 주석상 올바르지 못하다.

하나님 나라의 민족적(民族的), 외형적 측면(外形的 側面)을 무시하면서 예언을 추상적(抽象的), 종교적(宗敎的)인 것으로 여기는 것도 경계해야 할 것이다. 메시아 사상은 에스겔 이전부터 예언되어 온 사상으로 에스겔에게서도 내용과 양식, 상황과 예언의 구조상 에스겔의 메시아 개념은 너무나 타당한 것으로 본다.

자유주의(自由主義) 신학자들 가운데는 일부는 지금도 메시아 사상에 대한 여러 가지 억측을 주장하고 있다. 비평가(批評家)들은 이스라엘의 메시아 사상에 대한 회의를 품으면서 그들의 메시아 개념은 이방인(異

邦人)들의 통속적 신앙(通俗的 信仰)에서 도입해 온 것으로 생각하다. 그러나 이와 같은 태도나 주장은 극히 위험한 불신앙적(不信仰的)인 것이라 할 수 있다. 성서에서 발견한 메시아 사상은 초창기(草創期)의 말씀이나 에스겔 시대에 선언된 메시아 사상의 개념에 아무런 변화를 인식할 수 없고 오히려 통일된 주장을 성서는 보여주고 있다. 그러므로 메시아 사상의 언급은 누구에게도 색다른 주장은 아니다.

에스겔의 메시아 사상이 이사야와 같은 선지자(先知者)에 비해 탁월한 사상으로 나타나 있지 않으나 여전히 다른 예언자(豫言者)들의 주장과 조화를 이룬다. 우리는 예언서에서 주장한 메시아 사상이 어떤 개인한 사람에 의하여 완전히 계시되지 않고 부분적 혹은 서로 보완적(補完的)인 성격으로 나타나고 있다. 누구에게서나 볼 수 있는 주장이지만 메시아는 작은 집안 그리고 천한 신분을 소유한 자의 후손으로 나타난다(겔 1:22~24. 21:32. 사 10:33~34. 11:1. 미 5:1). 그러나 사무엘서의 예언을 상고해 보면 왕국의 왕손으로 나타날 것을 언급하였다(삼상 7:. 암 9:11. 호 2:2. 3:5. 사 8:23~9:1. 11:13. 미 5:2. 렘 3:18. 23:5. 왕상 11:39).

에스겔서에 나타난 메시아 개념의 색다른 점은 메시아가 왕으로 나타나는 것은 통속적(通俗的)이지만 여기에서는 대제사장적(大祭司長) 메시아로 나타난 것이다. 이와 같은 사상은 당시의 예레미야의 예언에서도 발견된다(슥 3:. 6:9. 겔 21:26. 출 28:4. 29:6). 우리는 이스라엘 역사에서 때로는 왕이 유월절 때 소를 잡아서 속죄제와 정결례(淨潔禮)를 드림을 볼 수 있다. 이와 같은 것은 왕이 제사장(祭司長)의 직분을 겸하고 있음을 보여준다(겔 45:22. 레 16:17-24, 33). 이와 같은 메시아 사상의 특징은 후일에 우주적(宇宙的) 메시아觀으로 진전되었다.

D. 에스겔과 유대의 묵시문학

우리는 종종 에스겔을 이스라엘의 묵시문학(默示文學)의 창설자(創設者)라는 말을 접하게 된다. 묵시문학(默示文學)은 모든 사람들에게 주의를 끌고 있는데 그 이유는 그 내용 가운데 메시아 사상이 함축되어 있기 때문이다. 그리고 묵시문학(默示文學)에서는 그 내용이 과거, 현재, 미래의 사건이 소상하게 나타나 있기 때문이다. 묵시문학(默示文學)의 특징은 여호와의 적들이 철저하게 정복당한 것과 많은 나라의 왕들이 이스라엘의 산 위에 엎드려질 것(겔 35:4)과 원수들의 무기를 태우는데 7개월이 걸리며(겔 39:9), 죽은 자들을 태우는데도 7개월이 걸린다는 것은 원수들의 철저한 멸망을 예고한 것이다(겔 39:12).

에스겔서의 이와 같은 표현들은 새롭게 언급된 것은 결코 아니다. 과거에도 종종 이와 같은 사상이 메시아의 출현과 연결되어 언급되었다(미 2:12. 4:11. 5:4. 7:20. 욜 3:2. 사 11:4. 26:6. 호 2:2). 그러므로 에스겔이 사용한 용어들은 하나님께서 다른 예언자들에게도 보여준 계시적 성격(啓示的 性格)을 가진다(겔 38:17. 39:8). 그러나 자유주의 신학자(自由主義 神學者)들은 지엽적(枝葉的)인 것만 보고서 에스겔이 다른 예언자(豫言者)들의 예언의 말씀을 인용하였다고 주장한다.

우리는 에스겔이나 다니엘이나 이사야나 예레미야 선지의 예언의 통일성을 보면서 하나님의 계시의 다양성(多樣性)을 보게 된다. 에스겔에게서도 다른 예언자(豫言者)들이 표현할 수 없는 묵시적 방법(默示的 方法)으로 메시아 사상을 표현한 것은 놀라운 일이다(겔 38:). 에스겔의 예언 가운데는 항상 종말론적(終末論的) 언급이 있음을 보게 된다. 그리고 이 예언은 항상 이스라엘 역사와 관련된 종교적(宗敎的)이며 윤리적 사상(倫理的 思想)의 범위를 벗어나지 않고 있다. 그러므로 에스겔의 묵시문학(默示文學)은 에스겔의 독창적(獨創的)인 개념에서 벗어나 구약성서의 발달과정(發達過程)의 입장에서 연구되어야 할 것이다.

X. 신약성서와 에스겔서

유대교에서나 기독교에서 에스겔서의 내용을 보면 이스라엘 공동체(共同體)의 율법적(律法的) 개념 설립(概念設立)에 큰 도움을 주었다고 생각한다. 그는 배타주의적(排他主義的) 토대를 쌓는 사람으로 율법주의(律法主義)로 향하는 한 과정을 제한한 자였다. 예루살렘의 파멸은 이교들의 능력에 있었던 것이 아니라 유대인들이 율법의 정신에 철저하지 못했기 때문에 사회질서(社會秩序)가 부패하여지고 외부에서 여러 가지 이교적(異敎的) 성질들이 침범해 들어와 멸망하기에 이른 것이다.

율법은 성민을 보호하는 울타리도 되지만 잘못했을 때는 멸망의 도구도 된다는 것이다. 그러나 에스겔 시대에는 율법이 이스라엘을 보호하는 장벽의 차원보다 멸망케 하는 징계의 원인의 차원이 되었다. 율법은 유대교와 이스라엘의 흥망성쇠(興亡盛衰)를 가져 온 씨앗이었다.

A. 신약성서에 인용된 에스겔서

신약성서에서 에스겔서의 인용 구절과 참조문(參照文)을 허다하게 발견할 수 있다. 『들을 자는 들을 것이요 듣기 싫은 자는 듣지 아니하리니』(겔 3:27)는 마태복음 11:15. 마가복음 7:16. 누가복음 14:35. 계시록 13:9 등에서 발견되며, 심판이 하나님의 집에서부터 엄숙하게 실시된다는 경고에 대한 말씀은 에스겔서 9:6에서 기인된 것으로 보인다. 그리고 에스겔서 37:27의 개념이 고린도후서 6:16. 레위기 26:11~12와 결합됨을 볼 수 있으며, 고린도후서 6:18은 에스겔 36:28에 의존한다.

B. 예수와 에스겔서

예수께서 말씀하실 때 에스겔서를 인용하였던 사실을 볼 수 있다. 그와 같은 사실은 예수께서 에스겔서를 잘 알고 계셨음을 입증하고 있다. 그 대표적(代表的)인 말씀으로『人子』란 용어를 들 수 있다. 에스겔이『인자』라는 말을 애용하였음과 같이 예수께서 자신을 人子로 자주 언급하였다. 물론 에스겔이 사용한『人子』의 개념과 예수께서 사용한『人子』의 사상이 다르지만 외형적(外形的)으로 볼 때 서로 공통적 언어(共通的言語)를 사용하였다.

人子란 용어는 히브리어『벤 아담』으로 에스겔서에서 93회나 언급하였다. 에스겔이 사용한『人子』란 말씀의 뜻은『연약한 인간』이란 것을 나타낸 말로써 사용하였으나(사 2:22. 시 146:3. 시 90:20), 예수께서『人子』란 말을 사용한 뜻은 아직 승귀(昇貴)되지 않은 인간이면서 하나님을 뜻한다.

그리고 예수께서『선한 목자』란 말씀을 사용하였는데(요 10:1~39) 이 말씀 역시 에스겔의 예언에서도 볼 수 있다(겔 34:). 에스겔은 통치자(通治者)로서의 메시아 사상의 표현이라 하였고 하나님은 한 목자를 세우시겠다고 약속하였다. 그가 바로 다윗이며, 이스라엘의 양떼를 먹이시고 위하여 희생하신 하나님 자신임을 증거하였다. 우리는 이와 같은 목자를 예수 그리스도에서 발견한다. 예수는 삯꾼의 목자가 아닌 선한 목자로서 에스겔이 말한 예언의 성취적 입장(成就的 入場)에서 사상을 각색한 것이라 할 수 있다.

현대 신학자(現代 神學者)들은 예수께서 사용한 목자의 개념을 에스겔의 예언의 인용으로 보는데 반해 우리는 그 예언의 성취로 보는 것이 타당하다. 요한복음 15장에서 보이신 포도나무의 비유와 에스겔 15장에 나타난 포도나무에 대한 견해도 상당부분(相當部分)은 공통된 내용을 함축하고 있음을 볼 수 있다.

C. 요한의 계시록과 에스겔의 계시록의 관계

에스겔서에 나타난 하나님의 영광을 보여준 환상(겔 1:22~28)은 신약의 사도 요한의 계시록(啓示錄)에서 재현되고 있음을 볼 수 있다. 계시록(啓示錄)에 언급된 그리스도의 음성은 『많은 물소리와 같다』(계 1:15. 19:16)는 표현과 『그의 발은 풀무에 단련한 빛나는 주석 같다』(계 1:5)고 하였고, 『그의 보좌는 벽옥과 홍보석 같았으며 보좌 주변에는 무지개가 있었다』(계 4:3)는 것 등의 표현은 너무나 에스겔서의 표현과 일치된 것을 볼 수 있다. 『앞뒤에 눈이 가득함』 같은 표현은 많은 학자들을 놀라게 한다. 자유주의 신학자(自由主義 神學者)들은 요한의 이와 같은 표현은 에스겔의 묵시문학(默示文學)을 표절한 것이라 주장한다. 그러나 이와 같은 표현은 하나님께서 시대적 상황에 따라 계시된 예언의 방법임을 인식해야 한다. 바벨론의 배경과 환경은 박해 중에 있었던 요한의 시대적 환경(時代的 環境)이 흡사하였기 때문에 그와 같은 묵시적 방법(默示的 方法)을 통하여 하나님께서는 예언의 말씀을 주신 것이다.

두 묵시록(默示錄)에서 하나님의 영광의 묵시뿐만 아니고 거룩한 도성에 있어서도 공통점(共通點)이 대단히 많다. 새 예루살렘의 모습은 요한과 에스겔과 이사야의 묵시가 상당 부분 일치함을 보게 된다. 새 도성에 하나님의 임재의 모습은 현존한 하나님으로 나타나 있어 더 이상 가시적(可視的)인 성전이 불필요함을 나타내고 있다. 그리고 에스겔서와 요한 계시록(啓示錄)에서 성전을 측량하는 것은 모두가 도성이 하나님으로부터 왔다는 것을 언급하고 있음을 암시하는 것이다(계 21:15~17).

요한 계시록(啓示錄)에서 보여준 성소 밑에서 생수가 흘러나와 땅을 소성케 하며 생수의 강을 만들며 강둑을 따라서 사시사철 열매가 맺는 것 등은 에스겔서에서 예언적 입장(豫言的 入場)에서 계시되었고, 계시록에서는 계시의 완성의 입장에서 계시되었음을 볼 수 있다. 그러므로 요한의 모방설(模倣設)이나 유대 민족의 묵시문학(默示文學)의 기록방법이라 속단하는 것은 잘못된 판단이라 할 수 있다.

곡(Gog)과 마곡(Magog)은 에스겔 38:~39:에서 최초로 인용하였다. 그런데 이러한 것이 아마겟돈(Armageddon)이라는 뜻밖에 일어나는 관념으로 나타나고 있다. 에스겔에 의하면 곡(Gog)은 인명이고 마곡(Magog)은 지명으로 되어 있다. 그러나 요한 계시록(啓示錄)에서는 두 가지 명칭이 모두 인명으로 되어 있다. 이들은 전적으로 하나님을 반항하는 악의 세력으로 묘사한 것이다. 그러나 그 세력은 결국 참패하고 말 것이다. 요한과 에스겔은 상당 부분 공통성(共通性)이 있음을 보면서 하나님의 감동을 받은 자의 일치점(一致點)도 발견하게 된다.

D. 에스겔서의 묵시 문학적 형태

유대인의 국가가 멸망되고 그들의 성전이 더 이상 존재할 수 없게 되면서 우리에 보여준 계시의 내용은 장차 하나님의 위대한 목적이 성취될 목적지가 어디인가를 보여주고 있다. 그것은 가시적(可視的)인 지상이나 현세가 아니라 역사를 초월한 영원한 세계인 것을 암시함으로 에스겔의 묵시적(默示的) 표현 방법(表現方法)의 의의는 대단히 크다고 할 수 있다. 하나님께서는 이스라엘을 택하여 하나님의 백성으로 통치하셨고 팔레스타인을 성지로 다스렸으나 그들이 멸망한 후 성민이나 성지의 의미는 거의 상실되게 되었다. 하나님께서는 시적인 이스라엘과 성지의 개념을 영적인 영역으로 초월시켜 계시하시기 위하여 에스겔에게 묵시적 방법(默示的 方法)으로 계시한 것이다. 그러므로 에스겔의 비밀스러운 용어와 상징적(象徵的)인 언어는 영광스러운 미래를 조명하여 준 훌륭한 표현 방법이라 하겠다. 에스겔의 묵시적 표현(默示的 表現)이 이방의 종교적(宗敎的) 묵시문학(默示文學)을 모방하거나 그와 같은 양식을 이용하여 재편집(再編輯)한 것이 아니고 에스겔의 묵시는 가히 창작적 성격(創作的 性格)을 가진 계시이다. 그러나 현대 신학적 비평학자(批評學者)들은 에스겔 9장 같은 것을 고전적(古典的) 묵시문학형태(默示文學形態)를 그대로 모방한 것이라 주장한다. 에스겔의 묵시사상(默示思想)에서 표현된 모든 것은 일률적(一律的)인 하나님의 계시의 한 기록일 뿐이다.

XI. 에스겔서 연구

A. 에스겔서에 대한 고대 연구

히브리 정경으로 에스겔서가 형성되자 몇몇의 유대인 학자들이 에스겔서를 반문서로 구분하면서 이 책에 관한 연구에 제동을 걸기 시작하였다. 그 이유는 에스겔서가 모세 오경의 사상과 상치된다는 것이다. 17세기의 스피노자 같은 자는 에스겔서의 본문의 일부가 분실되었고 남아 있는 부분도 파괴되어 알 수 없다고 주장하였다. 18세기에 이르러 외더(G. L. Oeder)는 에스겔은 두 개의 책이라 주장하면서 그 첫째 책은 1장~37장이고 두 번째 책은 40장~48장이라 한다. 외더는 첫 번째 것만 에스겔에 의하여 기록되었고 두 번째의 책은 그의 저작이 아니라 주장하였다.

19세기의 레오폴로 같은 자는 에스겔 전부가 400년경에 씌어진 위서(僞書)라 하였고, 20세기의 위고 빌클러(Hugo Winckler)는 에스겔서는 초기 바벨론의 혼합작품이라 하였다.

그러나 19세기 말 데이비드슨(A. B. Davidson)은 『에스겔서가 배열에 있어서 어떤 위대한 예언보다 더욱 단순하고 보다 명료한 책이다. 예언의 기록은 에스겔이 말년에 기록된 것으로 그의 단편적(短篇的) 책으로 온전한 형태로 남았다』고 하였다. 이상과 같이 현대의 비평적 입장(批評的立場)에서는 에스겔서의 고전적 입장(古典的 立場)을 부정하고 있으나 보수주의적(保守主義的) 입장에서는 하등의 이의를 제기하지 않았다.

B. 현대신학의 비평 연구

　20세기에 이르러 자유주의(自由主義) 문학적 비평가(文學的 批評家)들은 에스겔서를 편집사적(編輯史的)인 입장에서 봄으로서 에스겔서의 자료를 여러 가지로 구분하였다. 1924년 구스타프 휄서는 에스겔서의 1,273절의 말씀 가운데 170절만이 에스겔의 작품이라 주장하였다. 그 외의 모든 기록은 5세기의 묵시문학(啓示文學)의 편집자(編輯者)들에 의하여 생겨난 것이라 주장하였다. 그들은 말하기를 에스겔은 하나님의 신탁을 철저하게 변질시켜 순수한 백성의 예언자보다는 율법교사(律法敎師)로 만들어 버린 법령자(法令者)라 하였다. 그리고 예언 속에 등장한 에스겔은 결코 실재적 인물(實在的 人物)이 아닌 에스겔이라 하였다.

　1932년 헤른트리히는 에스겔은 어떤 편집자(編輯者)에 의하여 바벨론적 배경을 첨가하여 기록한 것이라 주장하였다. 이처럼 과거나 현재에 있어서 현대신학적(現代神學的) 문학비평가(文學批評家)들은 에스겔서는 물론 모든 성서를 양식비평학적(樣式批評學的)으로 해석함으로 그 존재의 의미를 불신케 만들고 있다. 우리는『성령이 하신 말씀을 들을 귀가 있는 자는 들을지어다』하신 말씀에 동의하면서 성령의 조명과 내재적 감동(內在的 感動)을 통하여 성경을 성경으로 믿어지기를 바란다.

XII. 신 학

에스겔의 신학사상은 이스라엘 예언자(豫言者)들 중에서도 뛰어난 사상을 가지고 있다. 그의 신학사상에 대하여 전술한 각 목록에서 많이 언급하였으나 그 내용을 정리하여 다시 살펴보면 다음과 같다.

A. 에스겔의 하나님 개념

에스겔 신학을 이해하는데 있어서 가장 중요한 것은 그의 하나님 개념이다. 에스겔은 신 중심적 신관(神中心的 神觀)을 가지고 있었는데 그는 하나님은 초월적(超越的)이며 거룩하시고, 영광의 하나님, 영적인 하나님으로 일하심을 강조하고 있다. 그가 하나님으로부터 소명을 받을 때 그에게 계시된 하나님은 높은 보좌에 앉아 계시며 우주를 통치하시는 분으로 나타났다(겔 1:28). 그는 절대적 통치자(絶對的 統治者)로 거대한 구름과 불로서 나타나고 있다.

에스겔은 초월(超越), 전능(全能), 편재(偏在), 전지 하신 하나님의 계시를 통하여 세계 역사 속에 나타난 항구적(恒究的)이고 다양한 하나님의 권능을 나타내는 데는 어떤 사람도 불허한다. 그의 주권적 신관(主權的 神觀)에 그의 신학사상(神學思想)이 집중되고 있다. 유배 중에 있는 이스라엘 백성들이 영광스러운 하나님을 볼 때 그들의 과거 죄악이 어떤 것임을 자각하게 되었을 것이다. 그들이 범죄 함으로 하나님의 주권을 무시하고 하나님의 영광을 가리우게 되었다는 사실을 보여주시기 위하여 하나님은 에스겔에게 영광의 하나님으로 나타났다(겔 9:3. 10:4).

에스겔은 죄악의 땅에서 영광의 하나님을 본 것과 대조적(對照的)으로 새로운 신앙 회복의 성소에 앉으신 하나님의 영광도 발견하게 되었다(겔 43:2~7. 44:4). 이와 같이 에스겔은 땅에서 하늘에까지 충일해 있는 하나님의 영광을 목격한 후 자신의 한계성(限界性)을 자각케 되었고 (겔 2:1), 자신의 부도덕(不道德)과 죽을 수밖에 없는 존재로 발견된 것이다. 이와 같은 영광의 하나님을 발견한 에스겔은 전적으로 하나님 중심적인 생활을 하기에 이르렀다.

에스겔은 『나 여호와』(겔 6:7)란 음성을 들었을 때 세상에서 가장 거룩한 이름은 오직 여호와밖에 없다는 생각 아래 그는 자주 『나의 이름』을 거론하였다. 이스라엘이 이 거룩하신 이름을 우상과 바꾸어 섬긴 것은 여호와의 이름을 더럽힌 죄로 그들의 나라가 망하고 성전이 파멸된 것이라 주장하였다. 그러나 그는 열국 앞에 하나님의 이름을 더럽히지 않은 『남은 자』가 있음도 잊지 않았다(겔 20:9, 14, 22. 36:22).

에스겔에게 영광의 하나님의 이름이 거룩하다는 반복된 표현 중에서 본질적(本質的)으로 신성한 하나님의 임재를 본다(겔 20:41. 28:22, 25. 36:23. 38:16, 23. 39:27). 거룩의 구약적 개념(舊約的 槪念)은 『분리』를 의미하는 것으로 인간과 자연 만물과 분리되신 분이심을 깨달아 알았다. 창조물(創造物)과 분리, 죄인과 분리, 세상과 분리되신 신성한 분이심을 말하였다. 『하나님의 신성』은 에스겔에게서 발견된 중요한 신관의 표현이다. 하나님은 거룩하신 하나님으로 백성들은 물론 성전도 신성할 것을 주장하였고 땅도 신성할 것을 요구하였다(겔 39:7).

거룩하신 하나님께서는 거룩한 곳에 임재하신 분이심을 말하였다. 그의 팔과 그의 영은 거룩한 도성, 성전, 백성, 땅(장소)이 성별 되이 봉헌될 때 하나님은 그 중에 계셔서 함께 안식하시고 거룩함을 공유하게 하신다. 그러므로 이스라엘은 어떤 경우에도 더럽힘을 받아서는 안된다(겔 7:22, 24. 20:16). 이스라엘이 거룩하여질 때 비로소 거룩하신 하나님을 알게 될 것이다(겔 38:23. 28:22. 36:23. 38:16). 이 땅에서 가장 지혜로운 자와 복된 자는 하나님의 거룩하심을 발견한 자이다(겔 36:23. 36:16). 이 초월적(超越的)이고 거룩하신 하나님만이 인간을 새롭게 조성할 수 있다.

B. 에스겔의 선민 개념

하나님께서 이스라엘을 선민으로 삼으신 것은 자신을 열방에 계시하기 위해서이다(출 19:14). 『내가 그들의 거하는 이방인의 목전에서 그들에게 나타나서 그들을 애굽 땅에서 인도하여 세웠나니 이는 내 이름을 위함이라』(겔 20:9, 14, 22). 이와 같은 설명은 이스라엘의 운명을 언급할 때 항상 언급된 말씀이다. 이것은 에스겔의 역사철학적 표현(歷史哲學的 表現)이다. 역사는 하나님의 목적하심을 따라 이스라엘을 통하여 자신의 이름을 위하여 행동하고 있음을 볼 수 있다. 그러므로 이스라엘은 세계역사(世界歷史)의 중심이다.

자신의 신관을 표현하기 위하여 이스라엘을 택하신 하나님은 이스라엘의 장래가 곧 세계의 장래이며 현재이다. 이스라엘의 심판을 보면서 세계의 심판을 볼 수 있고 이스라엘의 회복을 보면서 세계역사(世界歷史)의 회복을 보게 된다. 하나님은 역사 앞에서 이스라엘을 어떻게 다스리시는가를 보여주시면서 당신의 세계적 비밀(世界的 秘密)을 계시하신다. 그런 의미에서 이스라엘은 영원토록 지상에서 완전히 없애 버릴 존재는 아니다(겔 20:9, 14, 22. 사 9:28). 이렇게 에스겔은 이스라엘의 운명과 세계의 운명을 연관하였다(겔 36:20).

누구든지 여호와의 이름을 더럽히는 자는 이스라엘처럼 하나님의 무서운 심판을 면할 수 없다는 계시가 에스겔서에 잘 나타나 있다. 이스라엘이 세상에서 제거될 때는 역사의 목적이 완전히 성취될 때 일 것이다(겔 39:23). 하나님께서 그 날이 임하기까지 늘 오셔서 이스라엘의 남은 자를 일으키고 찾으신다. 하나님은 이와 같이 완전 도덕적 원칙(道德的 原則) 하에서 인격적(人格的)으로 역사하신다(겔 39:23). 세계 역사(世界 歷史)는 완전하신 하나님의 은혜의 계획으로 된 것이기 때문에 하나님의 뜻을 따라 회개하기만 하면 새로운 영을 부어 주시고 새로운 질서 속에서 살게 하실 것이다(겔 6:9. 11:19. 20:42. 32:14).

C. 에스겔의 자유개념

에스겔 신학에 있어서 자유개념은 하나님 앞에 있는 개인의 영혼에 대한 책임문제이다(렘 31:29~30). 이스라엘 사람들은 죄악의 전가는 물론 죄책의 전가도 믿었으므로 그들은 항상 자신들을 조상과 공동체적(共同體的)인 입장에서 모든 것을 생각하였다. 이와 같은 생각은 그들의 선민적 주체성(選民的 主體思想)에서 잘 표현됐음을 볼 수 있다. 그러나 에스겔의 신학은 단호하였다. 『범죄한 그 영혼은 죽으리라』 주장하면서 아비의 죄가 아들에게 돌아가지 않을 것을 주장한다(겔 18:20. 14:14).

개인적 책임(個人的 責任)의 성격은 에스겔 예언의 특징으로까지 이해될 수 있다. 이와 같은 성격은 에스겔이 예언자(豫言者)로 소명을 받을 때부터 규정된 사상이다. 개인적 책임(個人的責任)에 관한 신학사상(神學思想)을 주장한 에스겔의 주장은 하나님과 인간을 언제나 인격적(人格的)으로 보았기 때문이다. 믿음이란 개개인(箇箇人)이 하나님 앞에 참되게 있어질 때 하나님과 인격적(人格的)인 교제가 성립될 수 있다는 사상은 에스겔 선지의 예언사상(豫言思想)의 일부이기도 하였다. 그리고 개인의 삶 속에서 하나님 앞에 회개를 통하여 하나님의 은총에 참여케 되고 영적으로 발전될 수 있다고 주장하는 것이 에스겔의 신학의 중심적(中心的) 개인사상(個人思想)이다. 하나님께서는 새 마음과 새 영을 부어주실 때 언제나 개인적(個人的)이란 주장이 에스겔의 신적 창조개념(神的 創造概念)이다(겔 11:19. 18:31. 36:26).

D. 에스겔서의 신국개념

에스겔은 그의 예언을 통하여 메시아 예언을 신국과 관련하여 종교적(宗敎的) 정치적 제도(政治的 制度)로 묘사하고 있다. 그는 하나님 앞에 구속받은 무리의 개념을 천국과 관계하여 예언하였다(겔 40~48). 에스겔은 구속과 관련하여 39개의 장에서 여러 가지 모양으로 신국에 대한 표현을 하였다(겔 39:29). 그 현상이 때로는 영광으로 가득한 성소에 나타난 하나님의 영광으로 표현하기도 하였고, 이스라엘이 하나님 앞으로 인도되어 의로운 백성으로 구원될 것을 암시하기도 하였다. 이와 같은 일들은 자연적(自然的)인 방법에 의하여 이룩된 것이 아니라 초자연적

(超自然的)인 하나님의 능력에 의하여 성취될 것이라 하였다.

그는 육적 실재의 사건을 통하여 영적 실존에 관한 것을 상징으로 표현하면서 하나님에 의하여 최종적(最終的)으로 왕국이 도래될 것을 기대하였다. 그 표현을 하나님의 장막이 인간과 함께 하리라는 말씀으로 계시하였다. 에스겔은 그 성읍의 이름을『여호와 거기 계시다』(겔 48:35)란 말씀으로 여호와 삼마가 될 것이라 하였다. 이와 같은 사상은 에스겔이 예언한 이상적 성전(理想的 聖殿)은 물론 신국과 관계된 말씀이다.

여호와께서 그 백성을 구원한 최종적 역사(最終的 歷史)의 최후적(最後的) 열매는『여호와 삼마』이다. 이것은 소위 사람들이 말한 유토피아(Utopia)이다. 인간적(人間的)인 의미가 아니고 신적인 것을 말함이다. 그곳은 여호와께서 영원토록 계심을 의미한다(시 90:1). 인간은 여호와를 따라갈 때『여호와 삼마』의 세계에 들어갈 수 있다(출 29:45. 레 26:12. 사 19:19, 21. 60:20. 렘 26:12. 31:1. 33:18. 겔 37:27. 호 1:10. 계 21:3).

다 니 엘 서

I. 서 론

『하나님을 아는 백성은 강하여 용맹을 발하리라』(단 11:32) 하였는데 이 말씀은 다니엘 자신의 생애를 한 마디로 축소하여 언급한 말씀이다. 강국의 침입을 받아 약관인 귀인의 몸으로 부모와 결별하고 이국의 궁중에서 성장케 되었다. 이는 역우곤액(逆遇困厄. 역경과 재난)의 생애라 할 수 있다. 여러 가지 박해는 그에게 신앙의 생명은 물론 목숨까지도 위험하게 하였다. 참 신앙의 소유자가 아니고서는 이와 같은 박해에서 견디어 낼 수 없을 것이다.

다니엘서 12장에 나타난 말씀은 다니엘의 생애를 통하여 체험한 전기로서의 가치는 물론 묵시적 사건은 역사적(歷史的) 신학적(神學的) 진리이며, 신앙생활에 있어서 불멸의 교과서(敎科書)이다.

A. 인간 다니엘

전통적(傳統的)으로 다니엘서의 저자로 알려진 다니엘은 포로기(捕虜期)의 선지자이다. 일반적으로 이 사람이 선지자(先知者)로 알려진 까닭은 무엇일까? 전문적(專門的)으로 볼 때 그 대답은 불확실(不確實)할 수 밖에 없다. 우리는 그의 생애를 통하여 하나님의 계시에 대한 여러 가지 경험이 있다 하여 선지자(先知者)로 명명(命名)되어질 수 있을까? 그는 계시를 신정적(神政的) 공동체(共同體)에게 전달하는 중개자(仲介者)이다. 그는 이방의 궁정에 살면서 경험했던 한 정치가로서의 그 면모가 더욱 뚜렷하다. 그러나 그의 일반적 행위는 히브리인의 예언자적 정신(豫言者的 精神)과 전통이 완전히 일치함으로 그를 예언자로 부르게 된 것이다.

다니엘(Daniel)이란 이름의 뜻은 『하나님이 판단하신다』이다. 그는 義

의 사람이었다. 에스겔은 다니엘을 노아와 욥과 같은 의로운 인물로 비유하였다(겔 14:14). 그러나 다른 곳에서는 『다니엘보다 더 지혜로운 자』(겔 28:3)란 말씀을 참고하여 보면 그는 지혜롭고(현인; 하캄. hakam) 성품이 정직한 인물임에 틀림이 없다. 그의 모든 정직성(正直性)과 지혜로움은 그의 생활을 통하여 입증된다.

다니엘서가 인물 중심의 책임에 틀림이 없으나, 그는 바벨론 시대에 많은 사람들에게 유포될 만큼 그의 명성은 훌륭하였다고 볼 수 있다. 성서 비평학자(批評學者)들은 다니엘을 新바벨론 시대의 전설이나 신화에 속한 인물이라 하였다. 이러한 사람은 당시의 묵시문학(默示文學)에서 많이 찾을 수 있다고 주장한다. 다니엘은 그의 조상의 신앙에 충성된 자로 영감이 풍부하고 현명한 히브리 청년이었다. 본서에서는 의(義)와 지혜(知慧)와 묵시(默示)의 사람으로 소개함으로 그의 영웅적 신앙(英雄的 信仰)은 환난시대에 사는 자들에게 큰 용기를 더하게 하였다

다니엘은 B. C. 621년 요시야 왕의 종교개혁(宗敎改革)보다 조금 앞서 미명의 유대 귀족의 가정에서 출생하였다. 다니엘의 삶과 경력에 대하여 성서 외에서 찾을 수 없는 것이 아쉬운 일이다. 성서만으로도 그의 전 생애를 살필 수 있어 다행하게 여긴다. 그는 B. C. 605년 느부갓네살에 의하여 잡혀간 포로들 중에 맨 처음에 속한 자였다. 1966년 와이즈먼에 의해 발견된 현재 대영박물관(大英博物館) 문서국(文書局)에 있는 바벨론의 연대기는 네 개의 부가적(附加的) 토속판(土俗版)에 있다. 그 곳에는 바벨론이 B. C. 605년에 갈그머스 전투에서 애굽을 물리쳤고, 바벨론 유다의 인질들을 바벨론에 대한 복종의 표로서 붙잡아 갔다고 기록하였다(단 1:1, 3).

다니엘은 바벨론에서 3년 동안 어전의 일을 보기 위하여 갈대아인의 모든 지식 교육을 받았다. 그 때 그의 이름을 『벨사살』이란 바벨론식 이름을 받았다. 성서에서 전해지고 있는 그의 히브리식으로 표기된 바벨론의 이름은 발라츄-우즈르(balaattsu-usur)이다. 즉 『그 목숨을 보호해 주다』는 뜻이다. 바벨론의 표면적(表面的)인 동조에도 불구하고, 그는 유대인의 전통적 신앙(傳統的 信仰)에 최선을 다했다(단 1:8). 하나님은 그

의 신앙을 보시고 은혜를 베푸사 그에게 지혜와 총명과 재능을 선물로 주었다. 3년 후에 그는 모든 사람들로부터 공식적(公式的)인 『현자』의 자격을 갖춘 인물로 등장한다(단 1:20. 2:13). 다니엘은 왕의 꿈을 환상을 통하여 계시 받고 해석함으로 그 능력이 나타났다(단 2:5, 8, 11, 19. 4:28 ~32. 7:1~14. 8:25). 다니엘서는 부활과 하나님의 최후심판에 관한 계시로 예언이 끝났다(단 10:10~12:4, 13).

II. 다니엘서의 역사적 배경

다니엘서의 역사적 부분(歷史的 部分)과 환상의 부분들이 크게 작용
하던 시대는 히브리인들의 바벨론 포로의 전체 기간에 해당된다. 다니
엘은 B. C. 605년 느부갓네살에게 포로로 붙잡혀 간 후 궁중에 거하면서
현자(賢者: 하캄, hakam)로 명성을 받았다. 하나님의 도움으로 다른 사람
들이 알지 못하는 환상을 맞추고 해석함으로 왕의 신임과 총애를 받았
다. 이 틈을 타서 다니엘은 메시아(Messiah) 왕국의 미래적 승리(未來的
勝利)를 예언하였고, 그는 벨사살(Belshazzar) 왕과 메데의 다리오
(Darius) 왕의 시대까지 활동하였다. 그가 고레스(Cyrus) 3년까지 살면서
예언한 사실은 에스겔서의 확실성(確實性)과 같이 다니엘에서도 실재적
(實在的) 인물로 그 역사적 배경(歷史的 背景)을 정확하게 반영해 준다.
　다니엘서의 역사성(歷史性)을 좀 더 자세하게 언급하자면 예루살렘이
포위된 여호야긴(Jehaiachin) 3년(단 1:1), 큰 신상에 관한 꿈을 꾼 느부갓
네살 왕의 2년(단 2:1), 네 짐승의 환상을 본 것은 벨사살(Belshazzar) 원
년(단 7:1), 수양과 숫염소의 환상을 본 것은 벨사살(Belshazzar) 3년(단
8:1), 북방 왕에 관한 환상을 본 것은 고레스(Cyrus) 3년이다. 이처럼 다
니엘은 느부갓네살을 위시하여 여러 왕을 섬기면서 예언을 하였다.
　현대 신학자들은 이 사실성(事實性)에 회의를 갖는다. 그러나 다니엘
서의 중요한 문제는 벨사살(Belshazzar)의 왕권과 메데의 다리오(Darius)
왕의 신원문제와 바벨론 제국의 계승 문제인데 벨사살(Belshazzar)의 역
사서(歷史性)문제에 대하여 더 이상 의심할 필요가 없다. 그 이유로는
바벨론의 역사가 이것을 뒷받침해 주고 있기 때문이다. 벨사살
(Belshazzar)은 신바벨론 제국의 마지막 군주 나보니투스(Nabonnidus)의
아들이었다. 바벨론의 왕위 계승의 연대를 역사적 자료(歷史的 資料)를
가지고 보면 나보폴라살(B. C. 626~605), 느부갓네살(B. C. 605~562),
아윌 말둑(B. C. 556), 나보나이드(B. C. 556~539) 순으로 이어졌다.

III. 다니엘서의 통일성

　다니엘서의 구조를 보면 두 가지로 분류된다. 다니엘의 등장과 관계된 역사적 배경(歷史的 背景)인 다니엘서 1장에서 6장, 다니엘이 본 환상들을 수록한 다니엘 7:~12로 구분된다. 이와 같은 배열에도 불구하고 다니엘의 통일성 문제(統一性問題)는 별로 이상할 것이 없다. 이와 같은 구분은 다니엘서 뿐만 아니라 다른 구약성서들도 두 개로 분리해 놓은 경우가 허다하기 때문이다. 생각건대 두 개의 부분이 각각 개별적(個別的)으로 유통된 것은 작자의 예언과 활동과 조망에 대한 충분한 이해를 제공하기 위하여서 두 권의 형식이 필요했기 때문에 그렇게 기록하였다.

　다니엘서의 통일성(統一性)에 대하여 반론을 제기한 자들도 만만치 않게 많다. 그들의 주장을 보면 다니엘서가 두 언어로 되어 있다는 것이 반론의 첫 째 이유다. 아람어로 기록된 다니엘서 2:4~7:28이 첫 째 부분이고, 히브리서로 기록된 서문과 종결 부분인 다니엘서 1:1~2:4. 8:1~12:13이 둘 째 부분이다. 그러나 고고학적 발굴(考古學的 發掘)에서 보여준 바와 같이 고대 메소포타미아 저술가(著述家)들의 유행을 보면 드물지 않게 전반적(全般的)인 효과를 높이기 위하여 하나의 통일된 문헌의 내용의 중심부(中心部)를 언어와 대조적(對照的)인 성격의 언어의 형태로 기록한 것이 허다(許多)하다. 이러한 경우의 예를 보면 함무라비 법전(Hammurabi Code. 바벨론 제1 왕조의 6대왕, 창 14:1에 아모리 사람. 1690) 같은 유명한 저작물(著作物)에서도 그와 같은 형식을 찾아 볼 수 있다. 다니엘서에서도 처음엔 산문(散文)으로 시작하여 중심부(中心部)에서는 시적 자료(詩的 資料)로 기록하고, 다시 결론 부분은 산문 형식으로 기록됐다. 이와 같은 형식을 욥기와 같은 형식에서도 볼 수 있다.

　다니엘서에서 어떤 때는 3인칭을 사용하였고, 어떤 때는 1인칭으로 쓰여진 것이 발견되는데 이것이 다니엘서의 통일성(統一性)을 저해한다는 것이다. 그와 같은 이유로 다니엘서의 저자를 17세기의 스피노자(Spinoza), 18세기의 뉴톤(Newton), 그리고 19세기의 베틀트는 다니엘서 1장~6장과 7장~12장을 3명으로부터 9명의 저작설(著作說)을 내세워 주장하였고, 많은 가필자(加筆者)에 의하여 기록되었다고 주장하였다. 그러나 로울리는 이와 같은 주장을 단호하게 배격하면서 그들이 어떤 기준으로 그렇게 분류하는지 그 이유를 묻는다. 그는 3인칭의 사용의 경우와 1인칭의 경우에 대하여 언급하기를 히브리어와 아람어를 구분하여 사용한 것이다. 이 책은 하나의 문학적(文學的) 통일성(統一性)에 대하여 하등의 모순이 없다는 것이다.

로울리와 프로스트는 주장하기를 다니엘서는 마카비 시대에 어떤 사람이 옛 자료들을 개작하여 히브리어와 아람어로 6개의 미드라쉬(Midrash)의 이야기들로 기록하였다고 전한다. 또는 몽고메리와 델꼬르와 긴버그 같은 자는 B. C. 2세기경에 히브리어와 아람어로 된 다니엘의 이야기를 유대 정경을 확정지을 때까지 바리새인들이 정경으로 사용함으로써, 이 두 부분으로 된 책이 정경으로 인정받기에 이르렀다고 주장한다. 폰 오퀼러(Kohler)는 주장하기를 2세기경의 안티어커스 에파피네스(Antiochus Epiphanes)의 헬라화 정책을 실현할 목적으로 박해했던 마카비(Maccabees)시대의 사건과 일치됨으로 그 시대에 기록된 작품이라고 주장한다. 그러나 예언의 성질은 앞으로 나타날 사건을 예언하기도 하며, 현재 사건을 기록하는 경우도 있고, 지나간 사건을 예를 들어 교훈함도 있음을 알 필요가 있다.

IV. 다니엘서의 저자

　탈무드경(Talmud)의 바바 바드라(Baba Bathra)에 기록되기를 대회장의
사람들이 다니엘서를 기록하였다고 한다. 그러나 이 뜻은 다니엘이 기록
한 것을 그들이 편집했다는 의미로 해석한다. 그리고 탈무드경(Talmud)이
절대적(絶對的)인 것이 못된다는 사실도 알아야 한다. 본서를 다니엘이
기록했다는 것은 유대인의 전통과 기독교 전통이 함께 증거한다. 특히 예
수께서 본서를 다니엘의 작으로 아시고 이 책을 인용한 사실은 중대한 근
거가 된다(마 24:15. 단 9:27. 12:11).

　현대비평가(現代批評家)들의 주장에 의하면 다니엘서는 B. C. 6세기의
것이 아니라 마카비(Maccabees)시대에 익명의 저자에 의하여 안디오케스
4세 에파피네스(Antiochus Epiphanes4)의 헬라화 정책에 항거하는 자들을
격려하기 위하여 기록하였다고 한다. 그러므로 다니엘서는 B. C. 156년
경에 기록되었다는 것이다. 그렇다면 왜 이와 같은 엉뚱한 주장이 나올
수 있는가? 전통적(傳統的)인 학자들은 다니엘이 생전에 경험한 사실과
환상을 기록하였다고 주장하거나 그 후대의 사람이 최종적(最終的)인 형
태로 형성시켰다고 한다. 그러므로 다니엘서는 다니엘의 경험을 회상하
는 회상록(回想錄)인 것이라 한다.

　저작 연대의 비평적 태도(批評的 態度)를 굽히지 않는 자들은 기독교의
주도적(主導的)인 교리를 반대하는 신플라톤주의자들이다. A.D. 3세기의
사람인 포트피리우스에게서부터 시작하여 지금에 이르기까지 다니엘서
의 저작에 반대설(反對說)을 제기하고 있다. 다니엘서가 예언서로써 적합
하지 않는 것은 다니엘 시대부터 등장된 왕들의 역사적 기록(歷史的 記
錄)에 불과하므로 예언적 성격을 찾기에는 부적합(不適合)하다는 것이다.
다만 다니엘은 마키비(Maccabees)시대에 박해 하에 있던 이스라엘 민족을
격려하고, 희망을 주기 위하여 거짓되게 꾸민 설화(說話)에 불과하다는
합리론적 이론(合理論的 理論)을 주장하였다.

　다니엘서를 기록한 무명의 인물은 특별한 오류(誤謬)를 범한 자로서 인
정하지만 만일 다니엘서가 그렇게 무명의 작자에 의하여 기록되었다면

어떻게 유대교의 정경으로 인정을 받을 수 있겠느냐는 반론이 제기된다. 유대교의 정경 선택방법(選擇方法)을 보면 저들은 역사성(歷史性)에 대한 일반적인 인정이 없을 때에는 도저히 정경(正經)으로 받아들이지 아니하였다. 그러나 비평가(批評家)들은 계속하여 다니엘 1:1의 언급이 시대 착오이며, 다니엘 1:1에 예루살렘이 여호야김(Jehoiakim) 제3년(B. C.605)에 에워싸였다고 하였는데 이 사실은 예레미야 25:1, 9. 46:2의 말씀과 상치되기 때문이라 주장한다. 이들의 주장은 그 성경의 연대를 계산하면 1년의 오차가 생기기 때문이라 한다.

바벨론 서기관들과 애굽의 서기관들의 계산법(計算法)이 차이가 있는데 바벨론 서기관들의 계산법은 왕이 등극한 해를 '즉위년'으로 계산하고, 그 이듬해부터 통치 제1년, 제2년, 제3년 등으로 계산하는 방법을 의존하였으며, 팔레스타인에 살던 서기관들은 이집트의 계산법(計算法)인 즉위년적 방법을 사용하였기 때문에 바벨론의 계산법(計算法)을 사용했다. 다니엘서와 애굽의 계산법(計算法)을 사용하였던 예레미야서의 연대의 계산에서 1년의 오차가 발생하였다고 본다. 결과적으로 예레미야 25:1의 제4년은 실제로 다니엘서의 1:1의 제3년과 일치한다. 그러므로 다니엘서의 연대기에는 B. C. 605년에 예루살렘이 함락된 후 것으로 본다.

저자의 또 다른 문제는 다니엘서에서『갈대아 사람』이란 표현을 종족적(宗族的) 의미에서 사용하였고, 그리고『현자』란 표현은 제한적(制限的)인 문맥으로 사용하였는데 그와 같은 사실은 다른 구약성서에서는 발견할 수 없다는 것이다. 우리는 이와 같은 사실은 역사적으로 고레스(Cyrus) 시대나 앗수르의 연감에도『갈대아 사람』이란 표현은 매우 존경받은 자들로 사용하였음을 볼 수 있다. 기타 많은 역사적 인물들에 관한 연대를 거론하면서 비평가(批評家)들은 다니엘서는 후대 무명의 사람에 의하여 기록됐다고 주장하나 거의 다니엘 시대와 연관이 있는 에스겔서, 학개서, 에스라서, 역대기서의 언어형식(言語形式)이 다니엘서와 유사하다는 학자들의 주장은 모든 비평의 논란을 잠재우고 있다.

V. 다니엘서의 저작 연대

저작자와 연대기(年代期)는 밀접한 관계를 가지고 있다. 우리는 전항에서 고고학적(考古學的), 언어학적(言語學的) 증거는 다니엘서가 다니엘 시대에 기록됐다는 사실을 확증해 주고 있다고 하였다. 역사적(歷史的) 인물(人物)로 소개된 사람들에 대하여 확증되지 않는 부분들이 있으나 오히려 이와 같은 일들은 다니엘서가 그 고증을 하는데 근거의 책으로 가치를 인정받는다

다니엘서의 언어적 문제(言語的 問題)에 관해 최근 다니엘서 연구의 흐름은 다니엘서가 B. C. 6세기부터 전부터 관리들이 사용했던 전통적 언어(傳統的 言語)를 사용함으로써 다니엘의 저작설(著作說)에 한층 믿음을 더해 주고 있다. 그리고 다른 소선지서 언어와의 일치점(一致點)들도 그 증거의 하나이다. 그러므로 다니엘은 마카비(Maccabees) 시대에 있었던 인물이 아니고, B. C. 6세에 나타난 인물이 확실하다. 어떤 사람들은 외경의 경우를 들어 다니엘의 이름이 언급되지 않는 것은 다니엘의 사실성(事實性)을 의심하게 한다고 주장하나 우리는 외경을 인정하지 않으며, 굳이 밝힌다면 외경에는 다니엘뿐만 아니라 성경에 유명한 인물들의 이름이 모두 삭제되어 있음을 기억할 것이다.

자유주의자(自由主義者)들의 주장을 보면 저들은 주로 쿰란 사본(Qumran Codex)의 기록을 보고 많은 이의를 제기하지만 쿰란 사본은 2세기에 기록된 사본이며, 원본과는 상당히 다를 수 있다는 것을 알아야 한다. 유대교의 정경은 하루 아침에 기록된 문서가 아니고, 여러 세기를 두고 유통된 역사적 사실(歷史的 事實)들을 골라서 기록하였다는 것을 볼 때 다니엘서의 정경에 대한 권위는 인정받을 만하다. 그러므로 다니엘서의 연대의 설정은 B. C. 2세기 마카비(Maccabees)시대의 산물이 아닌 B. C. 6세기 설이 가장 유력하다. 당시의 연대를 자세하게 연구하면

다음과 같다.

  625~605. 메데가 앗수르 제국을 멸한 후 나보폴라살이 바벨론 통치함.

    605. 느부갓네살이 갈그미스에서 애굽군에 승리함(렘 42:2).

  605~562. 느부갓네살이 바벨론 왕이 됨.

    602. 여호야김이 느부갓네살을 반역

    597. 느부갓네살의 예루살렘 공격과 여호야긴 바벨론 포로됨.

    587. 예루살렘 함락과 시드기야 왕 포로됨(왕하 25:).

  562~560. 아웰 말둑(므르닥)이 부친 느부갓네살을 계승함(왕하 25:27)

  560~556. 아웰 말둑이 매부 네르길사레셀을 통치함.

    559. 고레스가 안솬의 왕이 됨.

    556. 네르갈사레셀의 아들 라바쉬 말둑이 9개월 통치함.

  556~539. 나부바랄수익비의 아들 나브나이드가 바벨론 왕이 됨.

    550. 안솬의 고레스가 메데 제국을 파멸함.

    539. 고레스가 바벨론을 점령하고 나브라이드를 포로함.

  539~530. 고레스가 바벨론 왕이 됨.

  530~522. 고레스의 아들 캄비세스가 다스림.

  521~486. 다리오 1히스타스피스가 다스림.

  486~465. 석세스(아하수에로)가 다스림.

  465~423. 아닥사세스 1세가 통치함.

    458. 에스라의 영도로 귀국함.

  423~404. 다리오 2세 노트스가 다스림.

  404~359. 아닥사세스2세가 무네몬의 통치.

  359~338. 악사세스 3세가 오쿠스 통합.

  336~331. 다리오 3세가 코도마스를 통치함.

    333. 알렉산더 대제가 바사 왕국 멸함.

    332. 알렉산더 대제가 팔레스타인 점령함.

    323. 알렉산더가 사망함과 나라가 분리됨.

    (셀류시드)   (톨레미)

312~281. 셀류커스1 니카톨
　　　　265~246. 톨리미 1세 소텔
　301. 톨레미 1세와 안티어커스가 팔레스타인를 두고 쟁탈전.
281~261. 안티어커스 1세 소텔.
　　　　265~246. 톨레미 2세 유엘게테스.
261~246. 안티어커스 2세 데오스.
　246. 톨레미 2세 달 베레니게와 안티어커스 2세 결혼.
246~227. 셀류커스 2세칼니쿠스.
　　　　246~222. 톨레미 3세 유엘케테스.
227~223. 셀류커스 3세 케라우누스.
223~187. 안티어커스 3세
　　　　222~203. 톨레미 4세 피로파톨.
　217. 안티어커스가 라피아에서 패배. 팔레스타인에서 소득 상실.
　　　　203~181. 톨레미 5세 에피파네스.
　202. 안티어커스가 팔레스타인 점령.
　194. 파네아스 전투로 팔레스타인의 애굽 소망 상실함.
194(193). 안티어커스 달 클레오트라가 톨레미에피파네스와 결혼함.
　190. 안티어커스가 로마루키우스에게 패망.
　187. 안티어커스가 루리스탄 엘리마스에서 살해됨.
187~175. 셀루커스 4세 필로돌파.
　　　　185~146. 톨레미6세 필메틀.
　176. 헬리오돌로스가 예루살렘 보화 약탈함
175~164. 안티어커스 4세 에피파네스.
　175. 안티어커스 4세가 대제사장 오니아스3세를 폐하고 야손을
　　　명.
　171. 야손이 물러나고 메네라우스가 집권. 오니아스 3세 살해함.
　170. 안티어스가 애굽점령, 톨레미 6세 포로로 함.
　　　　170~164. 톨리미 6. 7.축출. 안티어커스 점령.
169~168. 안티어커스 두 번째 애굽 로마군 개입으로 퇴각.

168. 안티어커스 예루살렘 종교 탄압.
167. 마카비 폭동 시작.
166~165. 유다스의 영도하에 마카비 전쟁 승리.
155. 예루살렘 탄환과 성전 정결케 하고 재 봉헌함.
164. 바사의 타바에서 안티어커스 에피파네스 죽음.

VI. 다니엘서의 저작 장소

B. C. 6세기를 근거로 할 때 다니엘서의 저작 장소는 당연히 바벨론임이 분명하다. 다니엘서의 많은 배경은 그 같은 사실을 증명하고 남는다. 다니엘서에는 팔레스틴의 지명적 배경(地名的 背景)을 찾을 수 없으며, 신바벨론의 공기를 어느 곳에서도 마실 수 있다. 그러므로 저작 장소는 바벨론성 그 자체이다.

VII. 다니엘서의 저작 동기

다니엘서의 내용은 바벨론 궁전에 거주했던 선지자(先知者) 다니엘의 경험을 회상하며 기록한 것이며, 다니엘이 포로 기간 중에 발생하였던 여러 사건을 통하여 유일하신 하나님의 전지성(全知性)에 대한 산 증거를 이방의 왕들에게 증거하기 위한 하나님의 섭리적(攝理的) 기록이다. 다니엘은 하나님의 종으로서 일어났던 일들을 상세하고 솔직히 기록함으로 이스라엘의 하나님이 미신(迷信)이나 우상에 비하여 위대하다는 사실을 입증한다.

다니엘은 환상 부분에서 미래에 도래할 사건들의 계시를 열거함으로서 그 사건의 이면에서 역사하시는 하나님의 주권을 기록하고 있다. 미래적 사건(未來的 事件)의 신임은 현재적 사건(現在的 事件)의 해결을 통하여 입증시킴과 동시에 확신을 갖게 하고 있다. 유배지(流配地)에서 유대인들에게 나타난 하나님의 활동은 유대인들이 평범한 민족이 아닌 특별한 섭리적 백성(攝理的 百姓)임을 깨닫게 했으며, 이와 같은 사실은 에스더서에 나타난 부림절 같은 사건에서도 잘 설명되어 진다.

VIII. 다니엘서 집필 대상

다니엘서의 시대적 배경(時代的 背景)을 안티오커스 4세인 에피파네스(Antiochus Epiphanes 4)의 시대로 본 자유주의(自由主義) 신학자(神學者)들의 주장은 안티어커스 에파피네스 4세(Antiochus Epiphanes 4)의 헬라화 정책의 실현 과정에서 일어난 유대교의 종교적 탄압(宗敎的 彈壓), 즉 할례금지, 안식일(安息日)금지, 성소에 돼지 제물을 드리는 것 등의 박해를 받으며 믿음으로 대항하는 마카비(Maccabees)와 같은 팔레스타인들을 격려하고 용기를 더하기 위하여 기록된 것이라 주장한 자들이 있다.

그러나 다니엘서가 B. C. 6세기의 것임에 틀림이 없는 사실로 믿는 우리는 그의 타당성(妥當性)을 배제하며, 다니엘서는 바벨론 유배로 고통받는 유대인들에게 하나님께서 어떻게 활동하셨는가를 회상하며 기록한 것이다. 유일하신 하나님은 팔레스타인에만 계시는 하나님만이 아니다. 이방의 나라 바벨론에 계시며, 기도는 예루살렘 성전에서 드려질 때 응답되는 것이 아니라, 진정한 마음으로 어디서나 누구든지 하나님께 간구할 때 응답되어 진다는 사실을 입증한 것이다. 이와 같은 다니엘서의 사건을 통하여 하나님은 편협적(偏狹的)인 하나님이 아니라 거국적(擧國的)이며, 우주적(宇宙的)인 하나님이심을 보이신 것이다.

우리가 다니엘과 그 세 친구들의 기도에서 배울 수 있는 진리는 『하나님께서 구원하여 주실 것을 믿으나 설령 우리를 구원하여 주시지 않더라도 하나님만을 믿으며, 신상에 절할 수 없다』는 선언이다. 오늘날 공리주의적(功利主義的) 기독교에 사로잡힌 우리 신앙에 큰 깨달음을 준다. 신앙은 공리주의적(功利主義的)이거나 미신적(迷信的)인 것이어서는 안된다.

IX. 다니엘서 저작 목적

다니엘서의 전체적 목적(全體的 目的)은 바벨론의 이교적 우상(異敎的 偶像)들에 대한 이스라엘의 하나님에 대한 우월성(優越性)을 보여주는 것이다. 유대인들이 하나님의 징계를 받아 유배생활(流配生活)을 하고 있으나, 그 징계가 끝나면 다시 하나님의 선민으로서 사명을 다할 수 있을 것이란 증거를 보여주신 것이다. 다시 말하면 하나님께서는 영원히 이스라엘을 떠나지 않고 계시다는 것을 보이신다. 유대인들이 팔레스타인에서 여호와의 위대하심을 영적 눈이 어두워 볼 수 없었으나, 이방 나라에 끌려와서 이방인(異邦人)들이 섬기는 우상과 전지전능(全知全能)하신 역사적(歷史的) 하나님에 대한 비교를 해 볼 수 있는 절호의 기회가 된 것이다.

다니엘서 후반부에서 환상을 통하여 저들에게 현재적 환난에서 구원의 소망을 제시한다. 역사적 종말(歷史的 終末)에 관한 예언적 묵시(豫言的 默示)를 통하여 이스라엘 백성들에게 새로운 메시아에 대한 계시와 각성을 새롭게 했다는 것에 관심이 모아진다. 특별히 느부갓네살의 꿈을 통하여 어느 예언자(豫言者)도 제시할 수 없는 역사적 종말에 대한 계시는 절대권(絶對權)을 갖고 계신 여호와 하나님의 섭리에 감복하지 않을 수 없다. 거대한 신상에 한 돌이 날아와 그것을 부수고, 우상을 친 돌은 태산을 이루었다는 기사는 여호와의 날에 대한 소망을 더한층 강화한 메시아 사상의 계시라 할 수 있다.

이스라엘 백성들은 하나님 앞에 흠없는 백성으로서 선택된 사명을 다하며 다니엘과 같은 신앙으로 어떤 곤경도 극복할 때 하나님은 함께 하실 것이라 권하고 있다. 이와 같은 사실은 이스라엘의 운명과 장차 메시아 출현의 사건과 어떤 관계가 있는가를 보여주고 있다.

다니엘서 기록의 목적은 그 시대의 유대인에만 해당된 것은 아니다.

원래 예언은 시대를 초월한 하나님의 경륜을 계시한 것으로 다니엘의 사건은 안티어커스 4 에파피네스(Antiochus Epiphanes 4)의 시대에 살았던 유대인들에게도 박해를 이기는데 큰 도움과 고무가 되었을 것이다. 바벨론의 환관장의 음식을 거절하고 믿음의 정절을 고수하던 다니엘이 하나님의 도우심으로 승리한 사실을 보여 주시므로 후대 유대인들이 율법에 어긋난 돼지고기를 제물로 드리라는 명령과 제우스(zeus) 신의 제단에 예배하라는 강요에도 다니엘처럼 더러운 음식을 거절하고, 우상숭배를 거절함으로 사자굴이나 불 속에 던짐을 당한다 하여도 최종적 승리(最終的 勝利)는 유대인들에게 온다는 확신을 갖게 한 것이다.

역사상(歷史上)에 느부갓네살 같은 사람이 어디 한 사람 뿐이랴 안티어커스(Antiochus), 벨사살(Bslshazzar), 다리오(Darius), 네로(Nero), 히틀러(Hitler)가 유대인은 물론 하나님을 대적하는 느부갓네살이 아니던가? 우리는 다니엘뿐만 아니라 역사상 많은 새로운 다니엘을 목격하게 된다. 아벨, 베드로, 폴리갑 같은 새로운 다니엘을 우리는 얼마든지 발견하게 된다. 다니엘서는 실로 역사를 초월하여 모든 신자들에게 주는 최대 최고의 메시지임에 틀림이 없다. 하나님의 메시지는 언제나 결정론적(決定論的)이다. 일정 기간 득세하던 악의 세력이 하나님에 의하여 무너지고 열성적(熱誠的)이던 신앙인들이 최종적 승리(最終的 勝利)를 가져온다는 사실은 성서의 진리이며 그것을 세계 역사는 증명한다.

다니엘서가 후반부에서 이와 같은 사실을 묵시로 표현하면서 최후의 승리자에 대한 보상을 주장한 것은 구약적인 히브리 사상을 배제할 수 없다(단 12:2~4, 13). 구약의 축복관(祝福觀)을 살펴볼 때 현세적 축복(現世的 祝福)은 당연한 것으로 되어 있다. 우리는 다니엘서를 읽으면서 어떤 상황에서도 최종적 도전(最終的 挑戰)과 최종적 충성(最終的 忠誠)을 한 자에게 결정적 순간(決定的 瞬間)에 하나님은 보상한다는 개념이 신약의 진보된 영적 정신에로 발전시켰다고 볼 수 있다. 다니엘서는 우리에게 무엇을 말하고자 하는가를 장대하게 설명하여 준 귀중한 역사적 사료(歷史的 史料)이다.

바울은 이렇게 언급했다. 『만일 그리스도 안에서 우리의 바라는 것이 이생뿐이라면 모든 사람 가운데 우리가 더욱 불쌍한 자라』(고전 15:19). 우리는 다니엘서의 모든 문제를 감수하고서라도 본서에 흐르고 있는 성서적 계산(聖書的 計算)과 종말론적 계산(終末論的 計算)의 모든 작업을 진지하게 다루어야 할 것이다. 오늘날 많은 사람들이 종말론적 계산(終末論的 計算)을 잘못함으로 교회에 중대한 오류를 범하고 있음을 볼 수 있다. 우리는 예수님의 경고를 항상 마음에 새기고 종말론적 계산(終末論的 計算)에 임해야 한다.『그 날과 그 때는 아무도 모르나니 하늘에 있는 천사도 들도, 아들도 모르고 아버지만 아시느니라』(막 13:32).

X. 다니엘서의 정경성

다니엘서에는 처음부터 히브리 정경의 제3부인『성문서』에 기록되어 있다. 다니엘서가 예언서에 편입되지 못하고 성문서(Kethuvim)에 들어 있는 것은 많은 사람들이 다니엘이 예언자(豫言者)로 하나님의 계시를 전하여 백성의 중재자(仲裁者)로 일하지 아니하였다고 생각하기 때문이라 한다. 이와 같은 확신은 탈무드(Talmud) 경에 깊이 깔려 있는 것이다. 그러나 70인 역에는 다니엘서는 에스겔 다음으로 기록하였고 소선지서 위에 그 위치를 인정하여 편집하였다.

구약의 정경은 A. D. 90년 얌니아(Jamnia) 종교회의에서 확정되었는데 그 때 다니엘서는 세 째 부분인 성문서(Kethuvim)에 기재되었고 둘째 부분인 예언서에 포함되지 않았다. 그 이유는 둘 째 부분의 예언은 B. C. 200년경에 예언이 종료되었다고 보았기 때문이다. 그러나 B. C. 2세기에도 다니엘서는 예언서(豫言書)로써 인정을 받고 모든 성도들로부터 성경으로 사랑을 받았다.

A. 예 언

다니엘서의 예언들에 근거하여 본서의 진정성(眞正性)을 공격하는 사람들은 두 부류로 나눌 수 있다. 그 첫 째가 다니엘서의 예언들이 묵시적 성격(默示的 性格)을 가지고 있기 때문에 그 예언적 진정성(豫言的 眞正性)의 결핍이 충분히 입증된다고 주장한다. 이와 같은 주장은 A. D. 3세기 헬라의 비기독교 철학자인 신플라톤 철학자 포르피리(Porhry)의 주장이다. 그는 기독교는 물론 유대교의 유일신(唯一神) 자체를 부인하는 자로 당연한 주장이라 할 것이다. 그러나 또 다른 부분의 사람들은 기독교와 예언을 믿는 사람들로 유신론(有神論)은 물론 특별계시(特別

啓示)를 믿는 자들로 구약의 예언과 다니엘서의 예언은 구별되어야 한다는 주장을 하고 있다.

그들은 다니엘서에서 발견된 예언을 묵시문학(默示文學)이라 하는데 그것은 에녹서(Ethiopic Enpoch)와 시빌의 신탁(Sibylline Oracles)의 일부가 쓰여진 B. C. 2세기에 함께 쓰여졌다는 것이다. 그 때 다니엘을 기록하면서 그 사실들이 먼 시대에 기록된 것처럼 꾸며 과거적 사건(過去的 事件)을 미래적 사건(未來的 事件)으로 합리화하여 저자의 진술을 신용하게 하였다고 본다.

하나님이 아들에 의해서 그리고 예언자(豫言者)들을 통하여 인간들에게 말씀하셨다는 사실을 믿은 사람들은 하나님께서 그들을 통하여 당신의 섭리를 적절하게 말씀 내지는 묵시를 통하여 계시했다는 사실에 어떤 한계도 두지 않는다. 어떤 계시든 환상이든 말씀이든 하나님은 자유자재(自由自在)로 말씀하시기 때문이다. 말씀이어야만 예언이 되고 묵시는 예언이 될 수 없다는 것을 우리는 수용할 수 없다. 하나님께서는 계시의 형태와 방법과 시간과 특성에 대하여 한계를 두지 않으며 언제나 자유자재(自由自在)로 역사하심으로 다니엘서의 형태의 진정성(眞正性)에 대한 이와 같은 공격은 잘못된 것이다.

B. 기 적

다니엘서에 기록된 기적의 숫자(數字)나 특징에 근거한 반론이 있다. 그들의 주장인즉 너무나 허황된 설화로 가득 차 있다는 것이다. 이 반론은 처음부터 끝까지 기적적(奇蹟的)인 것으로 가득 차 있는 전 기독교 체제에 영향을 미칠 것이라 한다. 그러나 만일 성서의 기적적인 사건 때문에 문제가 제기된다면 어떻게 유대교는 물론 기독교가 존재할 수 있겠는가? 성서는 처음부터 기적의 사건을 언급하고 있으니 기독교는 계율(戒律)의 종교나 윤리종교(倫理宗敎)가 아닌 기적의 종교이다. 예수의 탄생부터 부활과 승천에 관한 기록의 전부가 기적이다. 기독교의 진의는 기적을 떠나서는 이해될 수 없다.

C. 본 문

　다니엘서 자체의 문제로써 아람어 부분이 너무나 철저하게 함부로 고쳐져 있어서 본래의 다니엘의 모습을 찾을 수 없다는 것이다. 그러나 다니엘서의 원어가 히브리어로 기록되었다가 아람어로 번역되는 과정에서 그것에 오류가 발생하였다고 해서 원문에 있는 사건의 기록을 믿지 못할 이유가 없다. 그렇지만 다니엘서의 기록을 보면 B. C. 9~7세기의 북방 셈족의 비문의 아람어의 철자법(綴字法), 어원(語原), 구문법(句文法) 외의 상세한 점까지 B. C. 5세기의 파피러스(Papyrus)에 기록된 철자법(綴字法), 어원(語原)과 구문법(句文法)이 비슷한 히브리어, 바벨론어, 바사어의 혼합어란 것이다. 한편 다니엘서에 사용된 아람어는 바사, 히브리, 바벨론어는 볼 수 없고, 아라비아어로 차 있는 나바테야인들(Nabateans)의 아람어와도 구분된다.

　언어적 문제(言語的 問題) 때문에 예레미야서와 같은 경우도 문제가 제기되나 이러한 것 때문에 본서의 진정성(眞正性)에 대하여 불신의 경우에까지 이르지 않는다. 이와 같은 것들은 고고학(考古學)에서 흔히 볼 수 있는 것으로 히브리어에서 개정한 사마리아의 탈르굼(Targum), 요세푸스(Eusebius)와 같은 자가 기록한 문학 작품에서도 발견되는 것이다.

D. 언 어

　다니엘서에 나타난 헬라어 악기의 이름이 3개가 나오고 많은 바사어가 나온다는 사실에 근거해서 다니엘서의 진정성(眞正性)에 대하여 반론이 제기됐다. 그러나 근래에 와서 그와 같은 반론은 힘을 잃어 가고 있다. B. C. 6세기 초 삼텍(Psamtek) 2세 시대에 세워진 이집트 지방의 아부-심발(Abu Simbal)에 있는 헬라어 비(碑)들과 그레데(Crete)에 있는 미노아(Minoan)에 있는 비문(碑文)에서 B. C. 1000년경에 베니게인들이 광범위하게 교역을 했다는 사실이 드러난 점, B. C. 700년경에 발견된 알렉산더 폴리히스토르(Alexander Polyhistor)와 이비데누스(Abydenus)가 언급한 언급한 앗수르 왕 산헤립Senacherib)이 헬라 선원들을 정벌하기 위하여 길리기아(Cilicia)에 출정한 사실을 기념하기 위한 비문에는 B. C. 6세기 바벨론에서 헬라 악기를 사용했을 가능성(可能性)을 보여주고 있다. 당시의 정벌차 나갔던 자들이 승리하여 돌아올 때 악기는 물론 그 지방의 특산품(特産品)을 전리품(戰利品)으로 가져왔을 것을 생각할 때 바벨론에서 헬라 악기를 사용했다는 것에 대하여 문제가 되지 않는다.

다니엘서에 바사어가 있다는 점들을 들어 있다는 주장이 있으나 사실은 그 언어가 바벨론어란 점이 알려졌다. 그와 같은 많은 나라의 언어가 바벨론의 침입으로 바벨론에 들어와 여러 혼용어로 사용되었을 경우도 충분히 검토되어야 할 것이다. 느부갓네살에 의하여 잡혀 온 다니엘은 반드시 히브리어만 사용했으리라 생각되지 않으며 그는 바벨론 궁정에서 수많은 나라를 다스리는 일에도 참여했을 것으로 보아 그는 상당히 많은 나라의 언어, 학문, 문화에 조예를 갖고 있었을 것이다.

XI. 다니엘서의 내용

　　본서는 두 부분으로 나뉜다. 그 첫 째 부분은 다니엘서 1장~6장에 여섯 이야기가 기록되어 있는데 이 중에 다섯은 다니엘에 관한 것이고, 한 이야기는 그의 세 친구들 사드락, 메삭, 아벳느고에 관한 것이다. 이 이야기에서 다니엘은 3인칭(人稱)으로 소개되어 있다. 그 내용을 더 자세히 살펴보면 음식 문제에 직면하여 그들의 신앙에 변함이 없었던 다니엘과 그 친구들의 이야기와 다음으로 우상에 관한 왕의 꿈을 다니엘이 해석한 것이 기록되어 있다. 다니엘의 세 친구들의 우상숭배(偶像崇拜)의 거절 사건과 풀무불에 던짐을 받는 기록과 느부갓네살이 짐승처럼 들에서 생활할 것이라 다니엘이 예언하였다(단 4:23~27).

　　벨사살(Belshazzar))이 연회장(宴會場)에서 벽에 쓰여진 글자를 다니엘이 해석함으로 그의 신임은 더하였으나 다리오 왕의 신상에 절할 것을 거절함으로 그는 사자 굴에 던지움을 받았다(단 6:16~18).

　　둘 째 부분에서 다니엘은 네 가지 환상을 본다. 이 환상에서 다니엘은 3인칭으로 소개되었고(단 7:1), 그의 경험을 1인칭(人稱)으로 말하였다(단 7:2~28). 그리고 다음 세 환상에서는 다니엘이 1인칭(人稱)으로 기록되었다(단 8:~12). 그러나 세 번째 환상이 시작될 때는 다니엘이 3인칭(人稱)으로 간단히 언급했다(단 10:1). 이와 같이 1인칭(人稱)에서 3인칭(人稱)으로 바뀌는 것이 현대 비평가(批評家)들의 불만이기도 하지만 다른 면에서 볼 때 저자의 절묘한 기술적 지혜를 극찬 할 만하다.

　　둘 째 부분의 첫 환상은 네 짐승에 대한 것으로 네 짐승은 네 제국의 환상이다. 강대한 뿔을 가진 제왕은 하나님에 의해 멸망되고 하나님께서 영원한 의의 정치를 할 것이다. 두 번째 환상은 수양과 염소에 관한 환상이다. 숫염소의 세력은 대단하여 2천 3백일의 아침과 저녁의 시기(1.150일) 동안 성전 예배를 방해하나 이 군주는 『사람의 손을 말미암지 않고』깨여질 것을 예고한다. 세 번째 환상은 70 이레년(70주년)에 대한 환상이다(단 9:20~27). 다니엘은 다음과 같은 비밀을 알게 되었다. 즉 예레미야가 유배기간으로 예언된 70년이 실지로 70이레년(즉 490년)을 의미한 것과 이스라엘 역사가 예루살렘의 재건 이후부터 일곱 이레년의 첫 기간과 그후 62이레년의 기간과 그후의 마지막 한 이레년 표현으로 계획되었는데 마지막 이 한 이레년은『한 기름 부음을 받는 자』의 죽음에 의해서 시작된다는 것을 알게 된 것이다. 이 마지막 이레 동안에『장차 올 한 왕』은 정한 종말이 엄습할 때까지 이레년의 절반(즉 삼년 반) 동안 제사와 예물을 금지시킬 것이다.

마지막 환상은 천사(天使)의 계시(啓示)에 관한 것이다. 다니엘은 천사(天使)에게서 페르시아 제국의 시기로부터 알렉산더(Alexander)와 그의 후계자(後繼者)들에 의한 희랍제국의 출현까지 일어날 이스라엘의 역사와『남방 왕』과『북방 왕』의 경쟁에 대한 비밀을 받았다. 이 제국은 애굽과 수리아를 말한다. 북방 왕을 안티어커스 에피파네스 4세(Antiochus Epiphanes 4)로 상징할 수 있다. 다니엘서의 내용의 개요를 보면 다음과 같다.

I. 다니엘과 그 친구들이 바벨론에서 명성을 얻음　　　　1:1~21
II. 우상의 환상이 재생되고 해석됨　　　　2:1~49
III. 두라 평지의 신상 예배와 그 결과　　　　3:1~30
IV. 느부갓네살의 임박한 재앙의 환상　　　　4:1~37
V. 글자에 대한 해설과 바벨론 멸망　　　　5:1~31
VI. 사자 굴에서의 다니엘　　　　6:1~28
VII. 네 마리의 거대한 짐승의 환상　　　　7:1~28
VIII. 미래 왕국에 대한 환상　　　　8:1~27
IX. 메시아 도래에 관한 환상　　　　9:1~27
X. 11장과 12장에 예언들을 성취할 하나님　　　10:1~21
XI.시리아 애굽의 전쟁 예언　　　　11:1~12:13

XII. 신약성서와 다니엘서

  다니엘서의 희랍어 형태는 두 가지가 있다. 즉 희랍의 70인역본과 데오도숀(Theodotion) 다니엘서라 불리는 것이다. 70인역본은 단지 기독교 사본과 파피러스(papyrus) 967과 시로헥사풀라(the Syrohexaplar) 문서들 속에 현존하는데 이 다니엘서가 B. C. 100년 알렉산드리아(Alexndria)의 70인의 학자들에 의해 번역된 70인역이다. 이 사본은 데오도숀(Theodotion) 다니엘서로 대치하였다. 데오도숀(Theodotion) 역본의 장소와 연대는 확실하게 알 수 없다. 이레네우스(Irenaeus)는 이 데오도숀(Theodotion)이란 사람을 에베소인이라 언급하였다. 이 데오도숀(Theodotion)의 수정판을 사용한 사람은 A. D. 180년 경의 코모두스(Comomodus)라고 전한다.

  몽고메리 데오도숀을 A. D. 2세기 초기로 계산하며 그 역본은 신약성서 특히 히브리서에서 많이 사용됐다. 이 다니엘서는 기독교 이전 유대인들이 애용해 온 것으로 여러 외경들과 함께 애독되어 왔다. 그 후 교부 클레멘트(Clement)와 헤르마스(Hermas)에게 알려줬다.

XIII. 다니엘서의 해석 문제

기독교인들 중에서 다니엘서에 대한 깊은 관심을 가지고 일찍부터 많은 주석을 시도하여 왔다. 특히 교부(教父)들의 주석(註釋) 가운데 가장 이른 것은 히포리투스(Hippolytus)의 주석이다. 그는 전적으로 다니엘이 본 환상에 관하여 연구하였고, 그는 로마를 다니엘서에 나타난 네 번째 제국으로 간주하여 주목을 끌었다. 그리고 고대 주석가 중에 한 사람인 제롬(Jerome)인데 그는 주로 기독교를 반박하기 위하여 주장된 풀피리(Porphyry)의 견해를 반박하였다. 풀피리는 기독교와 회교를 공격하기 위하여 예언의 말씀만 취급하였다.

다니엘서에 나타난 예언의 종류에 대한 전반적 문제에 대하여 이미 많은 논의가 있었다. 그러나 메시아(Messiah) 왕국 이전에 나타난 세계 왕국들에 대한 해석에 대하여 최근에 와서 바벨론이 점령하였던 메데 왕국을 제외함으로 네 왕국은 바벨론(Babylonia), 바사(Persia), 헬라(Hella), 로마(Rome)라는 견해가 생겼다. 이 견해를 따르면 메데인 다리오(Darius)는 바사왕 고레스(Cyrus)의 하위왕에 불과했기 때문에 메데를 제한다.

다른 해석자(解釋自)들에 의하면 앗수르(Asssyria), 바벨론(Babylonia), 메데(Media), 바사(Persia), 메데 바사(Medo-Parsia), 알렉산더(Alexander), 셀루우코스 왕조(the Seleucuids), 로마(the Romans), 이슬람교(the Mohammedans) 중에서 각각 네 나라를 선택하고 있다. 그러나 이와 같은 주장들은 모든 사람들로부터 지지를 받지 못한다.

대체적(大體的)으로 바벨론(Babylonia), 바사(Persia). 헬라(Hella), 로마(Rome)로 느부갓네살(Nebuchadnezzar), 고레스(Cyrus). 알렉산더(Alexander), 씨저(카이사, Caesar)이다. 우리는 바벨론에 의하여 독재 군주정치(君主政治), 페르사에 의하여 과두정치(寡頭政治), 그리고 그리스에 의하여 귀족정치(貴族政治), 로마에 의하여 평민정치(平民政治)가 세상에 생겼음을 잘 알고 있다.

종교개혁(宗教改革) 시대로부터 많은 다니엘서의 주석이 간행됐다. 그 중에도 가장 중요한 것은 칼빈(Calvin) 주석이라 하겠다. 그러나 그의 주석은 너무나 권면적(勸勉的)이여서 많은 사람들로부터 환영을 받지 못했다. 개신교(改新教)들의 계속된 해석에서는 주로 천주교회를 공박하는 자료로 많이 이용하였다. 그러나 코넬리우스 라피데(Cornelius Lapide) 같은 사람은 장래에 성취될 예언에 관심을 두었고, 20세기에 와서 다니엘서는 다시 비판적(批判的)인 공격을 받기에 이르렀다. 벨도트(Bertoldt), 아이호론(Eichhorn), 드베데(De Wette), 블렉(Bleek)은 다니엘서가 에피파네스(Epiphanes)시대에 기록된 것이라 주장하였다. 그러나 니느웨에서 라야드(Layard)와 보타(Botta)가 발견된 후부터 이들의 공격은 잠들기 시작하였다.

보수주의 입장(保守主義 立場)을 지지한 자들 즉 로스와 풀러(Rose and Fuller), 카라일(Keil), 클리포트(Kliefoth), 크리니펠드(Kranichfeld) 같은 자들은 마카비(Maccabees) 이전의 것으로 해석하였다. 그러나 우리는 어디까지나 신앙과학적(信仰科學的) 입장에서 다니엘서를 그의 작임을 믿는다.

해석상(解釋上))의 문제는 아니지만 다니엘이란 이름하에 발견된 외경을 보면 『아쟈리아의 기도』, 『세 아이의 노래』, 『수산나』, 『벨과 뱀』 등이 있다. 외경(外經)들은 개신교(改新教)에서 정경(正經)에 편입(編入)하지 않으므로 우리는 영국 국교회(英國 國教會)에서 주장한 『생활의 모범과 예절에 대한 교훈을 위해서 읽는다』는 입장 이외에 어떤 권위도 인정할 수 없다.

XIV. 다니엘서의 번역본

다니엘서의 번역본(Versions of Daniel)은 네 가지가 있다. 그 모두가 히브리 성경의 맛소라(Masora. A. D.500 제작) 본문이 결정되기 전의 것으로 주로 70인역(Septuagint), 데오도숀(Theodotion) 페쉬타(Peshitta), 제롬(Jerme)이 편집한 벨게잇(Vulgate)이다. 필드(Field)에 보관되어 있는 헬라어로 번역된 단편(短篇)들도 있고 라틴 교부(敎父)들 중에 특별히 터툴리안(Tertullian)이 보관한 구약 라틴어편도 있다. 그리고 라틴 교부(敎父)들 중에는 70인역을 번역하여 사용한 역본(譯本)들도 있다.

A. 70인역

다니엘서 70인역의 역사는 대단히 특이하다. 그 이유는 히브리 성경이 70인에 의하여 헬라어로 번역될 때 제외되었기 때문이다. 그후 다니엘서는 오리겐(Origen)의 영향력에 의해 데오도숀(Rheodotoin) 역에 의하여 이루어졌다. 오리겐(Origen)은 다니엘서 70인역이 히브리어로 된 팔레스타인 수정판(修養館)과 너무나 차이가 많은 것을 깨닫고 그의 번역서에서 70인역의 영예로운 자리에 데오도숀(Theodotion)을 갖다 놓았다. 그리고 그것을 헥사폴라(Hexapla, 6개국어로 된 역서)와 테트라폴라(Tetrapla, 4개국 역서)에 포함시켰다. 그러나 종교개혁(宗敎改革)때까지 그것은 보존되지 못하였다. 단지 희랍이나 라틴 교부(敎父)들이 그것을 사용하였다는 기록만 있을 뿐이다.

그 중에 가장 믿을 만한 것은 순교자(殉敎者) 저스틴(Justin)의 『트리포오와의 대화』(Dialogue wiht Trypho)이다. 그러나 다니엘의 번역물(飜譯物)이 로마의 치기 궁전(Chigi Palace)의 도서관(圖書館)에서 발견될 때까지는 확실한 것은 하나도 없었다. 사서였던 마기스트리스(Magistris)가 그것을 발견하여 1772년에 출판하였다. 8년 후에 이와 같은 수리아역이 밀란에 있는 암부로시안 도서관(圖書館)도에서 사서였던 부가티(Bugati)에 의하여 발견되었다. 수리아역은 7세기초 메소포다미아에서 텔라의 재커바이트파의 감독인 파울루스 델렌시스(Pauius Tellensis)에 의하여 만들어진 것이다. 이것은 대단히 귀한 것으로 저스틴(Justin)이 인용한 것과 일치한다. 이것은 맛소라(Masora) 사본을 보충하기 위하여 만들어졌기 때문이다.

70인역이 맛소라(Masoea) 본문과 상당히 다른 원본(原本)을 사용한 사실을 밝혀 내기 어려우나 그 유사한 결론을 내리기는 쉽지 않다는 것이 학들의 견해이다. 70인 역본은 B. C. 132년에 애굽의 희랍권 주민들이 사용한 사실이 확실하게 밝혀졌다.

B. 데오도손 역본

데오도손(Theodotion) 역본(譯本)의 저자는 소아시아의 에베소 사람이라는 것이 거의 정설로 되어 있다. 그가 이 번역서(飜譯書)를 만든 것은 완전히 새로운 책을 만들려는 것이 아니라 기존역(旣存譯)을 수정해서 그 내용이 당시 사용하고 있던 히브리 본문과 일치하게 만들기 위함이었다. 그 연대를 그원(Gwynn)씨는 말하기를 A. D. 180년경이라 한다. 그러나 그보다 오래된 것이라 주장하는 자들도 있다. 순교자(殉敎者) 저스틴(Justin)이 70인역과 다른 점은 모두 데오도손(Theodotion)과 일치하기 때문이다. 오리겐은 이 데오도손(Theodotion)의 위치를 70인 역본(譯本)과 동일선(同一線)에 두었다. 이와 같은 사실은 에레네우스(Irenaeus)와 로마의 클레멘트(Clement)의에 의하여 인용됨으로 그 진가가 밝혀졌다. 데오도손(Theodotion)은 이레네우스(Irenaeus)와 동일한 소아시아의 사람으로 데오도손(theodotin)은 70인역보다 맛소라(Masora)에 훨씬 가깝다.

C. 페쉬타 역본

페쉬타(Peshitta) 역본의 기록 연대는 미지수이다. 그러나 대부분(大部分)의 학자들은 이 역서를 2세기의 것으로 생각한다. 이 사본은 히브리어 성경에서 직접 번역(直接飜譯)된 것이라 주장한다. 이 사본은 현재 사용중(使用中)인 히브리어 성경과 상당 부분이 다르며 데오도숀(Theodotion)보다는 맛소라(Masora) 사본에 가깝다. 이와 같은 사실은 맛소라(Masora)의 활동이 이미 바벨론에서 시작되었음을 말한다.

D. 벨게잇 역본

벨게잇(Vulgate) 역본은 제롬(Jerome)에 의하여 개역된 라틴역본이다. 제롬(Jerome)이 유대 랍비들의 지도하에 그의 역본을 만들었기 때문에 그 역본(譯本)이 5세기 유대인들이 채택한 히브리 본문에 지극히 충실하게 번역했을 것이라 생각된다. 그러나 그 것은 현재 발견된 맛소라(Masora)와 내용이 상당 부분(相當部分)이 다르다. 그와 같은 사실은 제롬(Jerome) 시대까지 맛소라(Masoea) 사본이 수정되지 않았다는 것을 뒷받침해 주고 있다.

이상과 같은 많은 번역(飜譯)들 중에 어떤 사본을 택하여 다니엘서를 연구하느냐에 따라서 그 내용이 상당부분 차이점(差異店)이 발생할 수 있다는 것을 인식해야 한다. 우리는 70인역의 중요성과 5세기경의 맛소라(Masora)가 서로의 장단점(長短點)이 있음을 감지(感知)하고 신중한 채택을 해야 한다.

XV. 다니엘의 신학

다니엘서에서 보여준 신학은 에스겔서의 입장과 같이 하나님은 본질상(本質上)으로 이방인(異邦人)이 섬기는 우상보다 우월한 절대 초능력자(超能力者)로 주장한다. 하나님은 전능하시기 때문에 모든 사건들은 하나님의 예정된 목적에 따라서 처리되며, 모든 역사는 하나님의 조정에 따라 변경될 수도 있고 조정될 수 있다는 것이다. 이와 같은 사상은 모든 예언자(豫言者)들의 신학 사상과 일치한다.

A. 메시아 사상

다니엘은 메시아(Messiah) 왕국을 시대의 마지막 나라로 생각하였으며, 그 나라는 인간의 열망이나 결정에 의하여 건설된 것이 아니라 하나님의 절대주권(絶對主權) 아래서 결정되는 문제라 생각하였다. 그가 대망한 왕국이 물질적(物質的) 나라로 표현되었으나 이와 같은 사상은 구약적 신학의 중심이었기 때문에 하등의 모순이 될 수 없다.

B. 부활 사상

12장에 나타난 부활(復活)의 문제에 있어서 포로기 예언자(豫言者)들의 예언보다 훨씬 진보적(進步的)이다. 부활의 교리는 구약의 일반적(一般的)인 가르침보다 새롭고 분명한 특성을 첨가했다. 그러나 그것이 다니엘 12:2에 언급되었기 때문에 이 교리(敎理)가 더 이상 강조되지 못한 점을 아쉽게 생각한다. 다니엘의 교리(敎理)를 위하여 구약의 자료들을 참고해 보면 다음과 같이 많다. 이사야 26:14, 19, 21. 66:24. 에스겔 37:1~14. 욥기 14:12. 19:25. 호세야 6:2. 열왕기상 17:. 열왕기하 4:. 8:1~5.

시 76:6. 13:3. 127:2. 신명기 2:31:16. 사무엘하 7:12. 열왕기상 1:21. 욥기 7:21. 예레미야 20:11. 23:40 등에 언급한 "잠에서 깨어난다"는 말과 "영원한 생명이나 영원한 수치"라는 말에서 부활의 개념을 찾을 것이다.

다니엘의 부활의 개념을 이사야 선지나 예레미야 선지자 같은 표현으로는 언급하지 않았다 하더라도 부활에 관하여는 아베스타경(the Avesta 경)과 유사성(類似性)이 많다. 어떤 자들은 다니엘의 부활 사상을 수 천 년 전부터 전승(傳承)되어 내려 온 애굽인들의 부활 사상과 유사성(類似性)이 있다고 주장하는 자도 있다. 또한 유대의 정경 기자들이 바벨론으로부터 전승(傳承)된 교리를 새롭게 편집했다고 주장하나 어디에서도 다니엘이 사용한 어법과 같은 맥락에서 사용한 바벨론 문헌이나 애굽의 설화는 발견되지 않는다.

C. 천사론

다니엘서의 천사론(天使論)은 구약의 어느 곳에 나타나 있는 것보다 분명하다. 천사에 대하여 다니엘은 다른 사람들이 말하지 않는 천사의 이름과 등급과 지능을 말한다. 다니엘이 말한 영(靈)에 대한 개념은 우리로 하여금 영적(靈的)인 존재는 인간의 영역 밖에 있으므로 인간의 어떤 장해도 받지 않고 활동함을 보여주고 있다. 그리고 그의 계시는 시간의 일반 법칙과 인간의 영향에 의해 제한 받을 수 없음을 기억케 하고 있다. 다니엘서에서 보여준 환상의 일반적 성격(一般的性格)은 동양적 묵시(東洋的黙示)와 상당히 조심스럽게 구별되며, 조로아스터교(Zoroaster)의 이원론(二元論)과도 구별된다. 다니엘은 개인이나 민족에 대한 영적 존재자(靈的 存在者)의 활동이 윤리적인 개념에서 취급치 않고 하나님의 절대적 심판(絶對的 審判)에 의하여 모든 것들이 결정되어진 사실을 반영하고 있다.

D. 기타의 문제

우리는 다니엘서에서 언급한 네 왕(바벨론, 메데-바사, 헬라, 로마)과
네 번째 짐승에서 『나온 작은 뿔』을 하나님의 나라가 세워지기 전에 나
타난 적그리스도인 자유주의자(自由主義者)들이 말한 그리스도는 아니
다(단 7:21). 우리는 다니엘서에서 언급한 신상(神像. 단 2:31~49), 네 짐
승(단 7:2~27), 70 이레(단 9:24~27), 돌(단 2:34, 35), 열 개의 뿔(단
7:24), 작은 뿔(단 7:8), 한 때와 두 때와 반 때(단 7:25)가 무엇을 가르치
고 있는지 확실하게 규명할 필요가 있다.

E. 종말론

다니엘의 종말론(終末論)에 대하여 잘못된 해석 때문에 많은 오류(誤
謬)가 발생하게 되는데 『이는 작정한 기한이 있음이라』(단 11:35)는 말
씀에 귀를 기울이고 그리스도의 재림과 천년왕국(千年王國)에 대한 오
해가 없어야 하겠다. 특별히 성전이 정화되어지는 짧은 기한을 지나서
(단 12:11) 천년왕국이 완성될 것이라는 사실을 명심할 것이다(단 12:11).

소선지서

I. 서 론

A. 소선지에 대한 예비적 고찰

1. 소선지서

우리가 사용하고 있는 성경의 예언서(豫言書) 중에 다나엘서 다음에 나오는 호세야서부터 말라기서까지 12권을 소선지(小先知)라 한다. 이 『12 권의 책』은 히브리어 성서에 한 책으로 묶어 구약성서 정경(正經) 둘 째 부분의 끝을 이루고 있다. 히브리인들은 이 책들을 소예언서(小豫言書)라 하지 않았으며 『소예언서』란 말은 라틴교회에서 유래한 말이다.

소예언서(小豫言書)란 말은 예언의 중요성(重要性)을 표시하는 의미가 아니며, 단지 내용이 분량이 대선지(大先知)에 비하여 적다는 이유 때문에 그렇게 부르게 된 것이다. 사실 소선지(小先知書) 전부를 합하여도 이사야서 66장 보다 분량이 많지 않다. 유대인들이 이 12권의 책을 한 권의 두루말이로 만들어 사용하는 까닭은 간수하기에 편리하고 분실할 우려가 있었기 때문으로 생각된다. 한 책과 같이 한 문집(文集)으로 되어 있으나 옛날부터 12선지가 구약 정경(正經)에 들어 있었다.

소선지서(小先知書)의 신학적 사상(神學的 思想)을 보면 대선지서(大先知書)와 동일하지만 그 내용을 열거해 보면 다음과 같다. 이스라엘이 범죄(犯罪) 할 때 하나님께서 열국(列國)을 들어 이스라엘을 징계(懲戒)한다는 것과 이스라엘 민족이 각국에 분산(分散)되고 포로로 붙잡혀 가서 하나님의 징치(懲治)를 받는다는 것이다. 그러나 열국(列國)은 하나님의 섭리를 따라서 기간(期間)이 되면 망하게 되고, 이스라엘인들 중에

『남은 자』, 『종』은 귀환(歸還)하여 하나님의 백성으로서 사명을 다 할 것이라 위로한다. 특별히 선지자(先知者)들은 한결 같이 메시아(Messiah)에 대한 도래(到來)를 예언하였고 그는 이스라엘을 구원하여 여호와에게로 돌아오게 한다는 것을 예언(豫言)하였다.

2. 12선지서의 기록된 순서

신학자 델리취(Delitzsch)의 주장에 의하면 선지자(先知者)들의 활동 시기를 다음과 같이 배열(配列)하였다. 오바댜서(B. C. 889--884), 요엘서(B. C. 875-849), 요나서(B. C. 824-783), 아모스서(B. C. 810-783), 호세야서(B. C. 790-725), 미가서(758-710), 나훔서(B. C. 710-699), 하박국서(B. C. 650-638), 스바냐서(B. C. 628-623), 학개서(B. C. 519-?), 스가랴서(B. C. 519-?), 말라기서(B. C. 433-424) 등이다.

호세야서

II. 호세야서

A. 서 론

호세야(Hosea, Οσηε)는 B. C. 8세기 이스라엘의 예언자(豫言者)의 하나로 그의 예언 활동(豫言活動)에 대한 다소의 기록과 예언집(豫言集)이 전승(傳承)되어 오고 있다. 호세야 개인과 가정에서 발생된 많은 사건들 때문에 신약 성도들에게 신앙생활(信仰生活)의 많은 도움을 주고 있다.

그의 아버지는 『브에리』였으나 역대상 5:6의 말씀을 보면 루우벤 자손의 두목(頭目)과 같은 자로 생각된다. 그가 어디에서 태어났는지에 대하여 아는 바 없다. 그의 아내『고멜』은 「다블라임』의 딸인데『음란한 여자』였다(1:2). 그들 사이에 3남매를 두었는데『이스르엘』(Yisrael. : 여호와가 흩으시다),『로루하마』(Lo-Ruhamah : 불쌍히 여기지 않는다),『로암미』(Lo-Ammi. : 내 백성이 아니다) 등이다(호 1:4, 6, 9).

1. 예언자 호세야

호세야는 유일한 북왕국(北王國) 이스라엘의 출신의 문서 예언자(文書 豫言者)로서 구약 예언자(豫言者)들 중에 독특한 위치를 차지하고 있다. 한 세기 전에 엘리야(Elijah)와 미가(Micaiah)와 같은 선지자(先知者)가 있어 훌륭한 예언을 하였으나 호세야 시대에 이르러서는 북왕국(北王國)에 대한 예언의 전승(傳承)이 끊어져 가고 있었다. 다른 예언자(豫言者)들이 존재하였으나 모두 직업적(職業的)인 예언자(豫言者)로 타락하여 있었다. 아모스가 북왕국(北王國) 벧엘(Bethel)에서 예언 활동(豫言活動)을 하기 위하여 갔을 때 백성들은 그를 격멸(擊滅)하였다(암 7;14).

호세야는 당시 예언자(豫言者)들과 제사장(祭司長)들이 하나님의 말씀을 증거하고 제사 드리는 일에 무책임(無責任)하고 무관심(無關心)하며, 하나님의 본성(本性)을 아는 일에 대하여 방관(傍觀)하며 백성들에게 올바른 신앙으로 인도하기보다는 이교적 행위(異教的 行爲)로 인도하는 것을 보고 견딜 수 없어 비난(非難)하였다(호 4:4-6).

호세야와 아모스는 대조적(對照的)인 예언적 성격(豫言的 性格)을 가진 자들로서 선배(先輩)인 아모스의 몇 년 뒤를 이어 직업적 선지자(職業的 先知者)와 제사장(祭司長)들에 대하여 강렬하게 비난하고 예언한 호세야는 그 제자들을 통하여 전기적 자료(傳記的 資料)를 많이 남겨 주었으며 영적 각성 운동(靈的 覺醒運動)에 많은 기여(寄與)를 하였다.

a) 호세야의 이름

호세에(헬. Οσηε)는『구원』이란 뜻으로 사용되며,『호세야(히 .hosea)는『야후여 구원하소서』란 뜻이다(민 13:8. 16). 우리는 구약성서(舊約聖書)에서 이와 같은 어휘(語彙)의 이름을 소유한 사람을 흔하게 발견한다. 즉 요쉬아(yosia). 여호쉬아(yhosia) 또는 호세야후(hoseyahu) 등 축약형(縮略形)이 많다. 호세야란 이름은 구약에서 많이 나타난 명칭으로 북왕국(北王國)의 마지막 통치자(統治者)가 그 대표적(代表的)인 이름이다(왕하 15:30).

히브리 어근 ys(돕다, 구하다)로부터 파생된 어휘로 3인칭 남성, 단수, 완료형(完了形)이다(렘 42:1. 43:2. 느 12:32). 호세야는 아모스와 동시대(同時代)의 사람이지만 그는 북왕국(北王國)이 고향일 가능성(可能性)이 많다. 이러한 사실은 그가 이스라엘의 지명에 대하여 친숙(親熟)하게 알고 있기 때문이다. 길르앗(Gilead. 호 6:8. 12:11), 다볼(Tabol. 호 5:10, 세겜(Shechem. 호 6:9), 길갈(Gilgal. 호 4:15. 9:15. 12:11), 벧엘(Bethel. 호 4:15. 5:8. 10:5) 등의 언급은 이것을 뒷받침해 주고 있다.

b) 호세야의 결혼

호세야는 가정(家庭)을 가지고 있었다. 그 가정(家庭)은 그가 예언활동(豫言活動)을 하는데 상당한 영향을 주었다. 호세야는 혼인전(婚姻前) 소명(召命)된 것으로 생각된다(호 1:2). 그는 이스라엘 백성들이 여호와에 대하여 불충(不忠)한 것을 비난(非難)하였는데 그 비난의 내용을 자기의 가정과 비유하여 말씀하였다. 우리는 호세야의 가정의 비극을 어떻게 해석할 것인가 먼저 생각해 봐야 하겠다.

첫째 비유적(比喩的)으로 보는 견해가 있다. 1장은 야웨(YHWH)의 아내의 정절(貞節)을 제시하고, 3장은 그의 화해(和解)이다. 『고멜』(Gomer. 완성, 종말)이란 이름은 호세야 시대에는 알려진 창기의 이름이었으나 후대에 이르러서는 잊혀진 이름이 됐다고 주장한 자도 있다(후넥커). 혹자는 말하기를 호세야가 고멜과 결혼을 했다는 것은 예레미야 13:1-11의 말씀과 같은 비유와 동일하다고 하였다(그레스만).

호세야가 비유적(比喩的) 예언의 소재를 가정에서 취하지 않아도 에브라임(Ephraim)의 불충(不忠)을 비난하고 회개하지 않으면 하나님의 진노(震怒)가 임할 것을 강조하였을 것이다.

둘째로 문자적 해석(文字的 解釋)이다. 어떤 주석가(註釋家)들은 호세야가 고멜을 취하기 전에 사생아(私生兒)가 있었다고 주장한다. 결혼 후 첫 아이만이 호세야가 고멜을 통하여 낳았다고 한다. 3장의 사건은 호세야가 결혼 전에 있었던 일이요, 1장은 호세야의 결혼 후의 일이라 한다. 호세야가 아내의 부정(不貞)함을 교정(敎程)하려고 노력한 것은 고멜에 대한 사실이 아니고 결혼 전의 일이라 주장한다. 1장과 3장의 사건으로 보아 고멜은 부끄러운 여인이었다. 그는 이방신당(異邦神堂)의 창기로서 일시 은둔생활(隱遁生活)을 하였으리라 주장한다. 그러므로 고멜의 부정(不貞)에 대하여 알 수 없다고 로빈슨은 말한다.

그러나 이와 같은 해석은 호세야와 고멜, 하나님과 이스라엘의 평행관계(平行關係)를 무시해 버리는 경우가 된다. 음부(淫婦)란 말은 해석으로 보아 호세야의 결혼 전의 문제를 언급함이 아니요, 고멜과 결혼한 후 고멜이 부정(不貞)한 행위를 나타내는 말로 볼 수밖에 없다. 고멜의 부정(不貞)에 대하여 호세야는 일시적(一時的)인 과오(過誤)에서 온 것이 아니라 본성적 부패(本性的 腐敗)로 오는 결과로 보았다(호 1:2).

슈미트는 말하기를 호세야는 둘 째 자녀부터 이름을 붙일 때『긍휼』
과『내 백성』이란 의미를 부정적인 의미(否定的 意味)에서 주어진 이름
으로 보았다. 첫 아이는 고멜이 정숙(貞淑)한 결혼 생활을 하면서 얻었
으나 둘째아이를 얻은 후부터 고멜이 바람이 났고 그 후의 아이들은 바
람을 피워 낳은 아이들이라 한다.

그러나 우리는 호세야서의 말씀을 보면서 하나님께서 역사적 가정사
건(歷史的 家庭事件)을 등용(登用)하여 이스라엘을 교훈하고 있음을 간
과(看過)하여서는 안된다. 이스라엘이 애굽을 나와서 광야(曠野)에서
여호와의 사랑을 풍성히 받았으나 얼마 가지 않아서 타락(墮落)하여 바
알 숭배를 한 것과 대조된다. 호세야가 고멜을 불쌍히 여겨서 속량한 것
처럼 여호와께서 그 백성을 옛 언약(言約)의 상태로 회복(回復)하기 위
하여 은혜와 사랑을 베풀었음을 보이신다.

B. 호세야서의 주제

호세야 선지는 그의 가정생활(家庭生活)을 통하여 이스라엘의 운명
(殞命)의 비극(悲劇)을 예언하였다. 만일 그가 살아서 이스라엘 나라의
비극적(悲劇的)인 멸망의 날을 목격하지 못하였다면 그는 이 사실을 예
언적 이상(豫言的 異常)으로 그것을 보았을 것이다. 여로보암 2세(2
Jeroboam)의 통치하(統治下)에 이스라엘은 번영(繁榮)하고 평안하였다.
다윗과 솔로몬왕 이후에 그러한 번영(繁榮)은 없었다. 이스라엘의 국토
의 회복(回復)과 국경의 회복은 평정시대(平定時代)의 한 면을 말해 준
다(왕 14:25-28).

육신이 평안하면 언제나 우상숭배(偶像崇拜), 불경건(不敬虔), 사치
(奢侈), 낭비(浪費), 불법(不法), 음행(淫行) 같은 죄가 범람(汎濫)하기 마
련이다. 호세야 시대도 예외는 아니었다. 여로보암이 죽었을 때 방임적
(放任的)인 백성의 소요(騷擾)와 무법성(無法性)을 통치할 자는 없었다.
한 마디로 혼란(混難)과 무정부상태(無政府 狀態)에 있었던 이스라엘은

다가올 재난(災難)을 예견(豫見)하게 하였다. 여로보암(Jeroboam)의 아들 스가랴(Zechariah)가 왕으로 앉았으나 6개월을 넘기지 못한 것은 그 당시의 혼란상태(混難狀態)를 말해 준다.

앗수르의 통치하(統治下)에 있는 이스라엘은 많은 금은(金銀)을 조공(朝貢)으로 바치며 국가의 운명을 연명하였으나 B. C. 722년에 앗수르 왕 살만에셀(Shslmanaser)의 주도하에 이스라엘의 마지막 왕 호세야가 사로잡혀 가고 이스라엘은 종막(終幕)은 고하게 됐다. 이와 같은 이스라엘의 비극적 최후(悲劇的 最後)의 참상을 가져오게 된 이유를 호세야 선지는 "이 백성이 지식이 없어서 망한다"는 명언(明言)을 남겼다. 정치(政治), 종교 지도자(宗敎 指導者)들의 계속된 악행은 여호와 앞에 상달되었고 백성들의 도덕적 타락(道德的 墮落)은 곧 종교적 타락(宗敎的 墮落)으로써 그들의 신앙생활(信仰生活)은 형식과 불신으로 하나님을 모독(冒瀆)하는 행위였다(호 4:8. 5:1. 6:9. 7:3-5. 8:5, 9, 10).

이스라엘의 일시적 성공(一時的 成功)이나 번영(繁榮)은 나라의 운명(殞命)과 상관이 없다. 하나님의 백성들이 신앙을 상실하였을 때 재물(財物)과 군사(軍士)와 함께 망한다. 그리고 외국을 의지하여 일시적(一時的) 화(禍)를 면한다고 하여 그것이 곧 영원한 안정이나 종교개혁(宗敎改革)을 가져 온 것은 아니다. 백성들이 영적(靈的)으로 각성하여 하나님 앞에 회개하고 신앙생활(信仰生活)의 정화를 힘쓰지 않으면 소망은 없다.

여호와 하나님 앞을 떠나서 그를 멀리한 것은 하나님의 진노를 부르는 일이 된다고 호세야 선지는 경고하고 책망한다. 호세야 선지는 이스라엘의 방종(放縱)과 사치(奢侈)와 우상숭배(偶像崇拜)는 하나님의 심판을 불러들이는 행위로서 행복을 파괴하는 원인이 된다는 것이다.

본서는 상징적 행동(象徵的 行動)으로부터 시작하여 이스라엘의 사랑에 대한 배신(背信)은 물론 불신과 하나님의 놀라운 인내를 표현한다. 이와 같은 사실을 증명하기 위하여 고멜의 불신과 부정(不貞)을 언급하였다. 아내의 부정(不貞)을 알면서도 데려오라 한 것은 죄를 알면서도 용납하신 주님의 마음을 표현한다. 주께서 결과적(結果的)으로 죄인들과 평강과 의로 새로운 언약(言約)을 체결함을 보이다(호 1:1-2:). 호세야서의 첫 부분은 중요한 부분이고(호 1:1-3:), 후반부는 그 설명이다(호 4:1-14:).

고멜을 통하여 불신(不信)과 퇴보(退步)와 비극(悲劇)과 회개와 궁극적 사죄(窮極的 赦罪)의 확신이 나타났다. 이스라엘 자손의 보편적(普便的)인 부도덕(不道德)과 제사장(祭司長)들에 의하여 촉진된 우상숭배(偶像崇拜)는 형벌을 피할 수 없게 만들었으나(호 5:) 하나님 앞에 회개는 광범위(廣範圍)한 하나님의 축복의 약속으로 인도된다(호 11:1-11). 하나님은 인애를 원하시고 제사를 원치 않기 때문이다(마 9:13. 12:7). 호세야는 고멜의 사실을 통하여 하나님의 부르심을 청취하였다(호 11:1). 하나님은 어떤 경우에도 당신에게로 귀환한 자들에게 관대하시고 소망적(所望的)이심을 보이신다(고전 15:4. 호 6:2).

C. 호세야서의 기록 연대와 저자

1. 저 자

호세야 선지의 개인적 문제(個人的 問題)에 대하여는 전무(全無)한 상태이다. 다만 그는 북부 출신(北部出身)의 훌륭한 예언자(豫言者)인 것을 말할 뿐이다. 그가 이스라엘 어느 지방에서 출생하였으며 직업이 무엇이었는지 정확히 알 수 없다. 고멜의 출생지(出生地)가 디볼라임(Diblaim)으로 언급된 것을 보면 대략 짐작하게 된다. 디볼라임(Diblaim)은 당시 길르앗(Gilead)의 한 지방이었으므로 불충분(不充分)하지만 호세야도 그 지방의 사람이었으리라 추측하게 한다. 그 직업에 대하여도 혹 자는 그가 빵굽는 자라 하였다(호 7:4). 그리고 어떤 자는 그가 농부였다는 사실을 제기한다. 그러나 그의 격조(格調) 높은 예언으로 보아서 농부일 가능성(可能性)은 희박하다.

본서의 저작 문제에 대하여 근대 학자들은 호세야의 저작설(著作說)

을 부인하고 있다. 그 이유는 호세야서 1장에 나타난 호세야를 3인칭으로 언급하고 있다는 것이다. 그러나 본서에서 호세야 자신에 관하여 확실하게 드러내 주고 있으므로 의심의 여지가 없다. 그는 열정적(熱情的)인 애국자(愛國者)였고 박애주의자(博愛主義者)였음을 그의 예언에서 찾을 수 있다. 그의 민족에 대한 사랑은 그가 전하는 예언서(豫言書)에서 구절마다 뚜렷이 나타나고 있다. 그리고 그의 예언의 특성은 아모스와는 달리 이방인(異邦人)에 대한 언급이 이스라엘과 관련된 경우를 제외하고는 전무하다. 몇몇 학자를 제외하고는 호세아 자신의 글이라 주장하며 어떤 부분은 후대에 편집자(編輯者)들이 삽입(挿入)한 것도 있다고 주장한다(바텐. Batten).

2. 연 대

호세야서의 저술(著述)은 북왕국 역사(北王國歷史) 가운데 마지막 세대를 이루고 있다. 표제에 의하면 연대는 남왕국 모두에 관련되어 여로보암 2세(2 Jeroboam, B. C. 782-783), 웃시야(Uzzish, B. C. 767-740), 요담(Jotham, B. C. 740-739), 아하스(Ahaz, B. C. 732-731), 히스기야(Hezekiah, 716-715)의 통치 기간(統治期間)이 포함된다. 이와 같은 기록은 호세야가 이스라엘의 혈통을 다윗의 가계만을 인정하였기 때문에 호세야의 착상인 유대식으로 본서의 서두(書頭)를 기록하고 있다(호 1:1, 4).

통속적(通俗的)으로 호세야의 활동을 B. C. 753-723년이었으리라 생각되는데 그 기간 동안 호세야의 활동의 자세한 행적은 알 수 없다. 혹자는 호세야가 말년에 유다에 거하였을 것으로 추측하고 있다. 호세야서는 그가 생존하였던 기간에 기록되고 편집(編輯)되었다고 본다.

D. 본문과 문체

본서의 본문은 빈번하게 혼돈과 와전의 상태를 보이고 있다. 그러한 이유 때문에 해석자(解釋者)들은 수 없이 난점(難点)들에 봉착(逢着)하게 된다. 그런 까닭에 해석자(解釋者)들은 본문 구성에 대하여 다양하게 재구성 (再構成)함으로 해석자(解釋者)에 따라서 많은 내용의 차이가 있다. 그러나 70인역에서는 용어뿐만 아니라 전체적(全體的)인 문장들을 본래의 상태로 복구시키는데 큰 공헌을 하고 있다.

호세야서의 문체(文體)는 같은 시대의 예언자(豫言者)인 아모스와 대단히 다르다. 그의 예언의 중심은 간결(簡潔)하고 핵심적(核心的)이며, 아모스의 설교에 비하여 점층법(漸層法)을 사용하지 않았다. 그의 예언은 예민(銳敏)하고 정열적(情熱的)인 성격을 가지고 있어 그의 어투에서 많이 발견된다. 아모스는 예언을 하는 방법으로 격렬하게 탄핵(彈劾)하는 방법을 사용하였으나 호세야는 간결하게 호소하고 있다. 아모스의 예언의 표현은 무자비(無慈悲)하게 심판을 선고하는 방법을 사용하였으나 호세야는 심판을 예언할 때 자신의 마음을 찢고 피를 말리면서 애절(哀絶)하게 호소하였다. 이러한 점에서 예레미야와 흡사(恰似)하다.

그의 예언들은 고통 당하는 자의 단말마적(斷末魔的 = 숨이 끊어질 때 외침의 모습)인 외침이었으며 말 한 마디 한 마디가 너무나 열정적이었다. 그러므로 그의 예언은 때때로 이사야의 예언을 듣는 듯한 느낌을 준다. 호세야의 예언은 듣는 자들로 하여금 설득력(說得力)있게 들리며, 그가 주는 반복적 강조점(反復的 强調點)은 많은 효과를 갖는다. 호세야의 민감(敏感)한 말은 이스라엘 백성들의 마음을 두드리기에 부족함이 없다.

F. 전례와 제사

이스라엘의 종교(宗敎)는 크게 둘로 나눌 수 있다 그 첫 째가 제사적(祭司的)이며 다음에 신명기적(呻命記)이다. 이 두 주장은 상호 보완적(補完的)이여서 제사종교(祭司宗敎)가 타락할 때 하나님께서는 선지자들을 세워서 저들을 향하여 외치게 하였다. 그러므로 예언자(豫言者)들의 예언은 때때로 제의(祭儀)에 대한 비판적(批判的)이었다. 그러나 호세야서만큼은 이와 같은 사실이 전혀 발견되지 않는다. 그러나 후일에 성경 해석학자(解釋者)들은 호세야도 제단 의식(祭壇儀式)에 대하여 단호(斷乎)하였다고 주장한다(호 2:5-13. 3:1. 4:4-19. 5:1-7, 15-17. 6:1-6. 8:11-14. 9:1-5. 10:1-2. 13:1-3).

호세야는 제례 의식(祭禮儀式)을 규탄한 것이 아니라 제사가 정의를 추구하지 않고 상한 마음과 뜻과 힘과 정성이 결여된 것은 무의미(無意味)하다는 것이다. 그 대표적(代表的)인 제사가 바알에게 드린 제사와 같다는 것이다. 그러므로 모세 오경(五經)의 제사제도(祭祀制度)의 형식에 도덕적(道德的)인 정신을 겸한 제사(祭祀)를 요구한 것이다. 제사(祭祀)는 사회적 관습(社會的 慣習)도 아니고 전통도 아니며 또한 보편적(普便的)인 형태의 종교 행사(宗敎行事)도 아니다. 호세야에 따르면 제사는 순종을 참 지식을 통하여 하나님께 제사하는 일에 방해되는 모든 것을 제거하고 하나님의 뜻에 합당하게 드려야 한다. 왕이나 제사장(祭司長)들의 주장이 제사하는 일에 장애물(障碍物)이 된다면 그것은 제사제도(祭祀制度)를 파괴하는 것으로 하나님의 무서운 심판을 받을 것이다.

호세야의 제사제도(祭祀制度)의 견해는 하나님의 심판의 대상도 되지만 도덕적(道德的), 정치적(政治的), 사회적 축복(社會的 祝福)의 계약(契約)도 될 수 있다는 것이다. 그러므로 제사(祭祀)는 형벌인 동시에 미래 공동체(未來共同體)들에게 새로운 계약(契約)도 된다는 것이다. 그는 예배에 대한 새로운 신탁을 역설하였는데『우리가 우리의 입술의 황소들을 드려야 하리라』(호 14:2)하였다(맛소라 사본).

G. 신탁의 역사적 배경

호세야가 예언하던 시대는 유다의 초기 왕조(初期王朝)와 같이 황금만능시대(黃金萬能時代)를 이루었다. 그들은 물질적(物質的)으로 풍요하였다. 그러나 그 풍요로움은 정치적(政治的)인 것이었지 종교적(宗敎的)인 것은 아니었다. 이스라엘에게 중대한 군사적 위협(軍事的 威脅)을 주었던 벤하닷 3세(Benhadad Ⅲ, B. C. 796-770) 치하의 수리아가 쇠퇴한 결과였다.

자키르(Zakir) 석비(石碑)에 의하면 이전의 이스라엘 여호아스(Jehoash. B. C. 790-781)에게 상당한 압력을 가하여 하랏 자키르(Zakir of Hamath)를 공격하기 위하여 군사 동맹(軍士同盟)을 맺었다(슥 9:1). 그러나 이 동맹은 결과적(結果的)으로 다메섹의 아람 왕조(Aramen dynasty of Damascus)의 수리아에 대한 지배를 종식(終熄)시켰으며, 다메섹이 여로보암 2세(2 Jeroboam)의 지배하(支配下)에 들어가게 되었다(왕하 14:28). 북왕국(北王國)의 영토는 상당히 확장되었다. 이스라엘은 국가를 유지하기 위하여 상비군(常備軍)을 둘 필요가 없어졌으므로 국가의 경제는 상당히 윤택하게 된 것이다. 이스라엘은 상업(商業), 문화(文化), 경제 분야(經濟分野)에 괄목한 발전을 가져왔다. 이와 같은 번영은 결과적(結果的)으로 백성들이나 정치가(政治家)나 종교가(宗敎家)들에게 유익보다는 나쁜 영향력(影響力)을 주게 되었다. 즉 하나님 보다 다른 것을 신뢰하게 되고 물량 중심적 신앙(物量中心的 信仰)으로 흐르게 되었다.

호세아서에는 그의 예언의 표제(表題)가 될 만한 주요 구절들이 많이 있다(호 1:1. 5:18-15. 7:3-7). 이스라엘이 생존을 위하여 국가의 장래를 앗수르(Assyria)와 에브라임(Ephraim)같은 나라와 동맹을 맺고 행동하며 그들에게 신탁한 것은 잘못된 외교정책(外交政策)이라 하였다.(왕하 15:37. 16:5-9. 사 7:1-9. 호 5:8-10). 이와 같은 잘못된 신탁(信託) 때문에 이스라엘은 하나님으로부터 징계를 받는다.

그 이유는 국가적 안전(國家的 安全)을 위하여 신앙에 굳게 서지 않고 타국인(他國人)을 의지하였기 때문이다. 국가의 생존을 위하여 의지하는 국가들이 이스라엘에 대하여 종교적(宗敎的), 도덕적(道德的), 사회적(社會的)으로 나쁜 영향을 끼쳐서 마지막에는 신앙을 상실하게 되어 결국에는 사회 전반(社會全般)에 걸쳐 붕괴를 당하게 된다는 것이다. 이 붕괴는 곧 하나님의 심판이다.

역사적(歷史的)으로 이와 같은 사실은 현실로 나타났다. 그들은 왕위 계승(王位繼承)의 혼란이 생기게 되었고(호 7:3-7. 왕하 15:8-10, 30), 이스라엘의 잘못된 신탁은 제례적(祭禮的), 사회적(社會的), 도덕적(道德

的), 정치적(政治的), 민족적(民族的)으로 붕괴를 가져올 뿐이었다.

H. 본서의 일반적 특징

제롬(Jerome))은 『호세야서는 간결하고 초연한 문장으로 말한다』 선지자(先知者) 자신을 침착하게 서술하기에는 나라의 미래가 너무나 간결한 상태에 있었다는 것도 사실이다. 그는 내적으로 분노와 슬픔으로 가득하였으나 논리적(論理的)으로 그와 같은 것을 토로하지 않았다. 그는 분노의 문법적 영역(文法的 領域)을 넘어서 하나님과 호흡을 같이 하면서 그는 들에서 산에서 그리고 숲에서 신음하는 사자같이 하나님의 음성과 회개를 원하시는 하나님의 마음을 증거하였다(호 11:10. 13:7-8. 5:2).

호세야는 때로는 땅을 적시는 봄비와 같이 축복도 선언하였다(호 6:4), 인자함을 아침 구름 같이 표현하였다. 그리고 그의 마음은 백합같이 순수하고 백향목(白香木)같이 단단하며 감람나무같이 아름답고 레바논의 포도같이 향기롭고 달콤하였다(호 14:5-7). 그는 종종 예언을 재담을 섞어서 증가하는 여유까지 소유한 자였다(호 8:7).

호세야는 어떤 위험과 비난 중에도 이스라엘에 대한 뜨거운 사랑을 버리지 않았다. 그는 자신이 은혜의 메시지(messge)를 전달하는 것을 큰 기쁨으로 여겼었기 때문에 성급하고 중요한 내용의 말씀을 조용하고 온유한 모습으로 전파할 수 있었다. 그러므로 그의 언급한 말씀의 문체(文體)도 급격히 변하는 예(例)도 찾을 수 없다. 다만 그의 메시지는 비통과 비탄으로 넘치는 한숨 그것이었다.

이러한 감정이 선지자(先知者)의 모든 언어를 착색(着色)케 하고 그의 정신적 시야(精神的 視野)를 어둡게 하는 것처럼 보인다. 그가 사랑으로 앞을 내다 볼 때 아득하고 서글프며 자기 민족에 대하여 연민(憐愍)으로 가득 차게 되었다. 이스라엘을 향한 영적 긍휼(靈的 矜恤)은 하나님의 긍휼 그것이었다. 그러므로 그의 소망과 확신은 퇴색될 줄 몰랐다. 그는 자기 민족을 사랑과 확신으로 인도하고 요동치 않았다. 하나님고, 그의 파란만장(波瀾萬丈)한 생활은 그의 예언을 더욱 풍부하고 중량 감(重量感)있게 하였고 여호와의 부성애(父性愛)와 우애를 풍성하게 하였다.

그는 이스라엘의 문학에도 많은 영향을 끼친 것으로 생각된다. 그 대표적(代表的)인 말씀을 보면『야곱의 역사』(호 12:3-4, 12),『광야에서 방황』(호 13:5),『출애급』(호 12:9, 13),『소돔과 다른 성읍들의 멸망』(호 11:8),『아골』(Achor, 호 2:15),『기브아』(Gibeah, 호 10:9),『바알브올』(Baal Peor, 호 9:10) 등과 기타 과거 유대역사의 내용들을 정확하게 이용하였다.

유대인들은 그 율법을 248개는 긍정적(肯定的)인 것으로 365개는 부정적(否定的)인 것으로 인정하였다. 호세야는 이 율법의 긍정적(肯定的)인 것과(호 1:0. 출 4:22. 5:6. 10:9.:17. 23:13. 6:2. 창 17:18. 12:5. 출 3:15. 신 26:14. 12:9. 레 23:43. 8:13. 신 28:68. 9:10. 32:10), 부정적(否定的)인 것을 병행하여 사용하였다(호 1:2. 레 20:5. 창 22:17. 32:12. 4:10. 레 26. 4:8. 6:17. 11:1).

호세야를 통하여 나타난 사상은 아가서에서 보여준 하나님의 친숙한 사랑이다(아 2:2. 4:11). 신랑과 신부의 모습에서(아 8:2) 하나님의 보복의 말씀이 아닌 사랑의 마음을 상징적(象徵的)으로 열거하고 있다.

I. 호세야서의 해석

호세야서 1:-3:은 하나의 단일한 단위로 구성되어 있다. 호세야 1장에서 3장까지에는 전기적(傳記的)이고 자서전적(自敍傳的)인 자료들이 많다. 2장에서는 이스라엘에 대한 설교가 함축되어 있는데 이 세 가지 모두가 결혼 관계를 하나님과의 관계로 대비(對比)시켰다. 아내의 불륜(不倫)의 관계를 하나님과 이스라엘의 태도로 대비시켰다. 그러나 호세야로 하여금 부도덕(不道德)한 아내와 결합을 명령함으로 하나님의 심중을 축자적(縮字的)으로 표현하였다.

마이모니데스(Maimonides)와 아벤 에즈라(Aben Ezra)와 킴버(Kimchi)

같은 중세의 유명한 성경 해석자(解釋者)는 호세야가 실제로 결혼을 하지 않았다고 주장한다. 이 사람은 호세야에 대한 하나님의 명령인 결혼(結婚), 출산(出産), 결혼 생활의 파괴, 재결합(再結合) 등은 과거 에스겔이 본 환상과 같은 것이라 한다(겔 8:3).

다른 해석자(解釋者)들도 이 사건에 대하여 실제적(實際的)인 결혼의 성격을 찾을 수 없다고 주장하며 그의 자녀들에 대한 출생도 이사야의 자녀들을 상징적(象徵的)으로 타락한 묘사(描寫)와 같은 것으로 이스라엘에게 주는 상징적(象徵的)이고 우화적(寓話的)인 것이라 주장한다. 1737년 겝하르트(Gebhaed)라는 사람은 고멜의 창녀 기질(氣質)은 결혼 후에야 비로소 명백하게 드러났다고 주장하면서 『음란한 아내를 불러오라』(호 1:2)는 말씀은 일종(一種)의 가설(加設)에 불과하다고 하였다.

루터(Luther)와 오시안데르(Osiander) 같은 자는 호세야의 결혼생활(結婚生活)과 출산은 단순한 비유적(比喩的)인 목적을 가진 것이라 말하였다. 이같이 호세야 1:3절까지의 양식을 많은 학자들로부터 우화적(寓話的) 비유적(比喩的) 말씀으로 주장하면서 하나님의 말씀인 것을 완전히 부정한다. 토마스 아퀴나스(Thomas Aquinas)와 시미트(Schmidt) 같은 자는 고멜이 호세야의 정실이 아니고 그의 첩이었다고 주장하였다. 그리고 고멜의 음행의 사건 같은 것을 육체적 음행(肉體的 淫行)으로 취급하지 않고 정신적인 음행(精神的 淫行)으로 주장하였다.

우리는 이 호세야의 말씀을 축자적(縮字的)으로 받아들이며 사실주의적(寫實主義)인 말씀으로 해석한다. 하나님께서 호세야에게 명령한 결혼의 생활이나 재결합(再結合)의 사건이나 자녀를 생산하라는 말씀은 호세야의 결심이나 의지를 나타내는 것이 아니고 하나님의 명령이란 점에서 그는 어쩔 수 없이 순종하였을 뿐이다. 하나님께서는 호세야를 선지자로 세워 불행한 가정 생활을 통하여 하나님께서 이스라엘에게 향하신 마음을 계시(啓示)하신 것이다.

J. 정경성

호세야서의 정경성(正經性)은 하등의 의심할 바 없다 12선지서의 히브리 정경 가운데 첫 번째에 위치하여 있기 때문이다. 70인역의 어떤 사본(寫本)들에서는 12 소선지서(小先知書)의 앞에 여러 가지 다른 배열이 있으나 호세야서는 언제나 소선지서(小先知書)의 첫 번째에 있었다. 이와 같은 이유는 호세야서의 길이가 가장 길기 때문으로 추측된다.

탈무드에서 랍비 요하난(Johanan)은 호세아서를 연대적(年代的)으로 아모스서 앞에 둔 사람으로 언급되었다. 헬라어 성경이나 라틴어 성경에서도 호세야서의 정경성 문제(正經性 問題)를 논할만한 이유를 발할 수 없다.

K. 통일성과 보존문제

호세야서의 통일성(統一性)은 호세야의 결혼이 언급되는 자료의 성격과 밀접한 관계가 있다. 호세야의 결혼에 대한 문제는 어떤 자료에는 그의 결혼을 말할 때 3인칭으로 되어 있으나 어떤 사본에는 1인칭으로 되어 있다(한글 개역성서에는 『나』로 되어 있음(호 1:1-5). 그리고 어떤 자료에는 호세야가 세 자녀를 낳는 고멜과 결혼하였으나 어떤 사본에는 이 간부(姦婦)를 사서 훈련하도록 되어 있다.

그러나 이 두 자료에는 다 같이 2:1-23에 와서 이스라엘에 대한 설교로 연결되어 있는데 그 필법(筆法)은 자서전적(自敍傳的)인 단일 단위로 기록되어 있다. 이 기사(記事)의 이러한 유기적 통일성(有機的 統一性)은 첫 세 장에서 하나님과 이스라엘과의 유대적 관계(紐帶的 關係)를 언급한 것이다. 고멜과 호세야, 그리고 이스라엘과 하나님과의 관계는 비유적(比喩的)이 됐든지 사실적(事實的)이 됐든지 어떠한 무리도 없다. 시간적(時間的)으로도 1장과 3장의 문제는 발견할 수 없으며, 첫 1장으로부터 3장까지를 논리적(論理的)으로 통합시키는데도 전혀 무리가 없다.

어떤 학자는 호세야의 음행의 문제를 결혼 이전의 문제로 언급하고 있으나 호세야는 고멜의 몸 값을 지불하고 집으로 데려 옴을 볼 수 있다. 그러므로 호세야 1장과 3장의 순서를 뒤바꾸어 생각할 필요가 없다. 전술한 바이지만 어떤 학자들은 호세야 선지와 결혼하기 전에 이방 성전(異邦聖殿)의 창녀였다고 주장한다(호 3:2). 그러므로 호세야서 3장에는 고멜이 매춘부(賣春婦)처럼 묘사되어 있다. 그러나 성경은 그러한 추측적 기사(推測的 記事)를 볼 수 없다. 다만 이스라엘이 남편으로 삼은 하나님을 배신하고 거역한 후에 바알을 찾는 것은 고멜과 같다는 것을 언급할 뿐이다. 그러므로 호세야 1장에서 3장가지의 내용에서 두 여자를 언급하는 것은 타당성(妥當性)이 없는 것이다.

고멜이 결혼전(結婚前)에 매춘부(賣春婦)였다는 주장은 추측에 불과한 것이며 그가 매춘부(賣春婦)였다는 성서적 증거(聖書的 證據)는 전무(全無)하다. 그리고 그가 바알 신전(Baal 神殿)의 사제(司祭)였다는 것도 믿을 수 없다. 그러나 그가 결혼 후에 간통(姦通)한 것은 성서에서 언급한 사실이다. 그러므로 결혼전(結婚前) 운운하는 것은 공연한 망상으로 일 없는 자들의 말 장난에 불과하다. 호세야서의 기록의 목적과 호세야를 선지자(先知者)로 선택한 의의를 바르게 인식한면 그와 같은 망언이나 망상을 할 필요가 없을 것이다. 음란한 아내란 표현은 결혼한 아내에게 붙여진 이름이지 예시적(例示的)이나 종이나 매춘부(賣春婦)에게 주는 말은 아니다.

봉쯔(Volz)와 말르티(Marti)는 호세야의 소망적 축복(所望的 祝福)의 말씀들이 호세야의 말이 아니라 한다(호 11:8-11. 14:2-9). 그러므로 그것을 호세야서에 삽입(挿入)한 것은 잘못된 것이라 주장한다. 그러나 호세야서의 어느 부분의 말씀도 호세야의 말씀에 속하지 않는 부분이 없다. 호세야는 이스라엘을 찬탈(簒奪)당한 나라로 보았기 때문에 (호 8:4. 3:5) 유다에 대한 그의 언급은 상당히 논리적(論理的)이다. 전술한 바이지만 호세야는 전통적(傳統的)인 유대인으로 그의 사상 기준(思想基準)은 다각적(多角的)이었다는 것이다. 그러므로 그의 모든 제도 기준(制度基準)은 남왕국적(南王國的)이라 할 수 있다.

L. 내용 개요

I. 호세야의 가정 경험과 그 결과   1:1-3-5

  A. 호세야의 아내와 자녀들 1:1-9
   1. 표제 1:1
   2. 호세야의 혼인 1:2-3
     (a) 음부 고멜 1:2-9
     (b) 장남 이스르엘 1:4-5
     (c) 딸 로루하마 1:6-7
     (d) 차남 로암미 1:8-9
  B. 회복과 갱신 1:10-2:1
  C. 회개와 재혼 2:2-23
   1. 무지로 인한 부정 2:2-8
   2. 죄에 알맞는 형벌 2:9-13
   3. 회복과 재혼 2:14-23
     (a) 초청과 반응 2:14-15
     (b) 깨끗함과 재혼 2:16-20
     (c) 은혜와 축복 2:21-23
   4. 윤락된 아내의 구속 3:1-5

II. 이스라엘의 여호와께 대한 불충성 4:1-13:16
   A. 정신적 불충실 4:1-7:7
    1. 에브라임의 우상숭배 4:1-19
     (a) 주와 그 백성의 불화 4:1-3
     (b) 부패한 제사들과 백성들 4:4-15
     (c) 이스라엘의 거역 4:16

     3. 나는 신이요 사람이 아님　11:9-9
     4. 이스라엘 집의 모으심　11:10-11
  D. 에브라임의 악함과 멸망　11:12-13:16
     1. 에브라임의 거짓됨　11:12-12:1
     2. 야곱에게 대한 심판　12:2-6
     3. 교활한 상인과 에브라임　12:7-14
     4. 에브라임의 운명　13:1-11
     5. 에브라임의 갱생의 가능성　13:12-14
     6. 에브라임의 파멸　13:15-16

III. 회개와 사유　14:1-9
 A. 말씀을 가지라　14:1-3
 B. 여호와의 응답　14:4-8
 C. 후기　14:9

M. 호세야 신학

본서의 전체의 초점은 하나님과 이스라엘의 관계이다. 그러한 점에서 아모스서와 다르다. 아모스서의 사상은 우주적 통치(宇宙的 統治)에 있다. 그러나 호세야서의 신학사상(神學思想)은 하나님의 통치나 국제적(國際的)인 문제에 대하여 관심이 없다. 다만 하나님과 이스라엘이 어떤 관계를 가지고 있는가에 대하여 언급할 뿐이다.

이스라엘의 죄악의 문제를 접근하는 방법도 아모스서와 상당히 다르다. 아모스는 이스라엘 백성들이 유린 당하고 기만 당하며 타락해저 간다는 점에서 정의(正義)를 중심으로 하여 강력한 관심을 가지고 과격한 책망을 서슴치 않았으나, 호세야는 제사장들의 타락상이나 통치자(統治者)들의 무책임(無責任)과 타락을 보았으나 그 문제를 처리하기 위하여 깊은 사상적 차원(思想的 次元)에서 문제를 접근하고 있다.

이스라엘의 전반적(全般的)인 타락의 원인을 하나님의 계약관(契約觀)과 계명의 불이행(不履行)에서 찾으려고 하지 않고 하나님에 대한 사랑의 배신으로 보았다. 이스라엘의 남편인 하나님을 떠나서 바알과 국가와 군사적 동맹과 의존함에 따라서 창녀와 같이 되었다는 것이다. 그러므로 호세야는 죄를 법정적 방법(法定的 方法)으로 규정하여 처리하려고 하지 않고 본질적(本質的)인 마음의 문제를 통하여 사랑을 회복함으로 근원적(根源的)인 해결을 주장하였다. 이와 같은 사상은 이사야的이고 에레미야的이며 복음적(福音的)이고 신약적(新約的)이다.

호세야의 신학적 용어(神學的 用語) 중에 가장 두드러진 표현은 히브리어 헤세드(hesd) 즉 신실한 사랑과 다아트 엘로힘(daat elohim) 즉 하나님에 대한 지식이다. 헤세드(hesed)는 애정 관계(愛情關係)에 있어서 없어서는 안될 것으로 그것이 결여될 때 충성과 헌신은 위선적(偽善的)인 행동이 될 수 밖에 없다. 그러므로 이스라엘 백성들의 자세를 규정하는 것은 곧 이 헤세드(hesed)이다. 뿐만 아니라 이스라엘 백성들의 응답적 생활(應答的 生活)도 이 헤세드(hesed)에서 결정된다. 그러므로 이 헤세드(hesed)는 3차원의 의미를 갖는다.

호세야의 윤리적 근거(倫理的 根據)는 바로 이 사랑에서부터 시작된다고 보았다. 이스라엘 백성들이 사랑에 충실하였을 때 하나님과의 윤리적 관계(倫理的 關係)가 건실하지만 하나님의 본성인 헤세드(hesed)에 대한 결여는 하나님과 관계가 견고할 수 없다.

헤세드(hesed)는 이스라엘 백성들이 하나님에게 대한 반영으로써 하나님을 아는 지식과 동일시 되었다(호 6:6). 이와 같은 사상은 하나님과 이스라엘 백성들과의 계약 관계(契約關係)에 있어서 두 가지 표현의 방법이다. 하나님을 사랑할 때 이지적(理智的)인 이해를 초월하여 하나님을 알 수 있다. 하나님을 아는 방법은 이지적(理智的)인 방법과 체험적(體驗的)인 사랑의 방법이 있다. 하나님을 바르게 안다는 것은 지식과 사랑의 결과이다. 이와 같은 앎만이 참된 앎이며 인격적인 관계(人格的 關係)를 형성할 수 있는 유일의 방법이다.

하나님과 인간과의 관계는 신실한 사랑 안에서만 진실될 수 있다. 이와 같은 앎을 통하여 하나님과 이웃에 대한 옳바른 관계로 사랑하고 봉사할 수 있다. 이와 같은 표현이 호세야가 말한 소위 사랑의 개념이라 할 수 있다.

호세야의 신학사상중(神學思想中)에 또 다른 중요한 관점은 이스라엘의 선택을 역사적 관점(歷史的 觀點)에서 보았다. 이스라엘 백성과 하나님의 관계는 일시적 감정(一時的 感情)이나 이해 관계(利害關係)에 의하여 발생된 사건이 아니며 역사적(歷史的)으로 맺어진 사건이다(창 12:1-. 계 14-6). 그러므로 선민사상(選民思想)은 이스라엘 전역사(全歷史)와 함께 지속되어 왔다. 호세야는 이스라엘과 하나님의 관계를 결혼적 관계(結婚的 關係)로 이해하여 출애굽에 관한 사실을 회고하면서 목가적(牧歌的)인 신혼여행(新婚旅行)과 같은 것으로 회고했다(호 2:15. 11:1).

하나님은 이스라엘의 왕이며 남편으로써 그 백성을 40년 동안 광야를 인도하였다(호 12:13). 그러나 이스라엘 백성은 가나안에 정착하면서부터 왕이신 하나님을 버리고 남편이신 하나님과의 계약을 일방적(一方的)으로 파기하였다. 그리고 열국의 왕들과 바알 신(Baal 神)에게로 갔다. 이스라엘 백성에게는 계약(契約)은 하나님과 결속한 유일의 『띠』이지만 그들은 사랑의 『띠』를 버리고 남편 하나님을 떠났다. 그러나 하나님은 계약(사랑의 띠) 때문에 쉽게 아내인 이스라엘을 포기하거나 버릴 수 없었다. 하나님께서는 심판을 통하여 강압적(强壓的)으로 이스라엘 백성을 자기에게로 귀환케 하신 것이 아니라 본질적(本質的)인 사랑의 감동을 통하여 사랑의 줄로 그들을 이끄신다는 것이 그의 신학적 중심사상(神學的 中心思想)이다.

1. 신 관

호세야는 하나님에 대하여 엘로힘(elohim) 보다는 야웨(YHWH)를 많이 사용하였다. 그 야웨(YHWH)는 애굽 땅에서부터 이스라엘의 신(神)으로(호 12:9. 13:4), 이스라엘을 은혜의 줄과 사랑의 끈으로 인도하였던 하나님이시다(호 11:4). 그리고 호세야는 이스라엘의 구주는 오직 하나님 밖에 없음을 주장한다(호 13:4). 그는 하나님의 인격적(人格的) 이름인 야웨(YHWH) 외에 하나님에 대한 일반적인 명칭(一般的 名稱)을 쓰지 않았다.

호세야는 이스라엘 백성이 하나님과 올바른 관계를 맺는 것을 가장 귀하게 생각하였으므로 단순하게 야곱의 하나님을 찬양하였다(호 12:3-4). 이스라엘 백성들에게『엘』(el)이란 개념은 다른 신(神)들과 비교할 수 없는 것으로 생각하였다. 즉 그는『사람이 아니요 하나님이라』(호 11:9) 강조하였고,『사신 하나님과 같은 의미로 사용하였다(호 1:100). 그러므로 호세야는 하나님을 일반적 종교(一般的 宗敎)에서 말하는 신(神)과는 비교가 안된 분으로 여겼다.

호세야는 하나님에 대한 명칭을 대담한 표현으로 사용하였다. 그는 야웨(YHWH)를 『주』라고 부르므로 당시 사람들에게 의외(意外)의 인상을 주었을 것이다. 또한『유다 족속에게는 썩이는 것』(호 5:12),『움켜 쥐고 탈취해 가는 사자』 등으로 사용하였다. 또는 새기를 잃은 암콤으로 표현하기도 하였고(호 13:7-8),『타오르는 불』(호 5:10. 13:11)로 말하였다. 이와 같은 표현은 호세야 이전의 누구에게서도 발견할 수 없는 표현이었다. 그는 건전하고 전통적(傳統的) 사고방식(思考方式)이나 심미적 감각(審美的 感覺) 등을 파괴시키며 하나님의 행동에 대한 과감한 표현을 하였다.

2. 하나님의 지식

호세야는 이스라엘의 종교적(宗敎的) 정치적(政治的) 위정자(爲政者)들에게 하나님에 대한 지식이 없음을 탄식하였다(호 4:6, 9). 이스라엘 백성들이 하나님에 대한 지식이 없으므로 해를 받는다고 주장하였다. 이 개념은 하나님의 역사(歷史)에 대한 지식을 뜻하는 것이기도 하다. 나 야웨는 애굽 땅에서부터 네 신(神)이다. 너는 나를 의하지 않고서는 神에 대한 지식을 가지지 못한다(호 13:4).

호세야가 사용한 지식(知識)이란 말은 (호 4:1) 어떤 지식도 능가할 수 없는 것으로 하나님으로부터 온 지식(知識)은 모든 복의 근원이다. 하나님의 이 탁월한 지식은 모든 학문적(學文的)인 지식에 비교될 수 없다. 바울은 이 지식(知識)에 대하여 언급하기를 그리스도라 하였고 능력으로이라 하였다(고전 1:18-23). 그는 이 지식 때문에 모든 것을 배설물(排泄

物)로 여겨 버렸다고 하였다. 이 지식을 예수 그리스도는 영생을 얻을 수 있는 유일(唯一)의 길이라 하였다.

3. 역사적 심판

호세야에게 있어서 정치(政治)와 종교(宗教)를 분리할 수 없었다. 그는 어떤 예언자(豫言者) 보다 종교적 사유(宗敎的 思惟)에서 살았다. 우리는 선지자(先知者)들 중에 정치적(政治的)으로 예민한 반응을 보았다. 엘리야나 엘리사 같은 자는 궁중혁명가(宮中革命家)였다. 호세야 역시 이스라엘 민족을 통치하는 왕은 아니었으나 하나님은 만왕을 통치하는 신(神)으로 믿었다. 그러므로 정치적(政治的)으로 왕이 과실을 범하였을 때만 왕의 왕되신 하나님은 그를 심판하고 징계한다는 것이 호세야의 핵심적(核心的) 메시지(message)다(호 13:11).

호세야의 메시지에는 철저한 역사관(歷史觀)이 있다. 왕들이 흥하고 살해당하는 것은 모두 하나님의 섭리적(攝理的)인 것이라 생각하였다 (호 7:7. 8:4. 1:4. 13:10). 이스라엘 왕과 제사장들은 백성과 이웃 나라를 속일 수 있으나 하나님은 속일 수 없다는 것이다(호 12:3-4, 6, 12). 그러므로 호세야는 과거에 하나님께서 역사(役事)하신 역사관(歷史觀)을 그대로 전승받았다. 그러므로 과거에 역사적(歷史的)인 활동을 하신 하나님은 지금도 활동하신다(호 9:10, 15. 10:11). 그러나 신학적(神學的)으로 볼 때 현재의 반역은 하나님의 구속과 사랑에 대한 반역으로써 과거에 행한대로 현재에도 동일하게 나타내신다.

호세야는 과거 하나님의 행동하신 역사(歷史)를 회고하면서 창녀가 된 이스라엘을 고발한 것이다(호 2:2-15). 이같이 호세야는 현재에 대한 관심도 많았지만 과거 역사(歷史)에 관하여서도 집요하게 기억하고 있었다(호 13:12). 인간은 죄악된 일을 부끄러움 없이 시작하지만 하나님을 기만할 수 없고 반드시 보응을 받는다. 그러나 과거에 선민을 지키시고 구원하심과 같이 현재에도 회개하고 돌이키는 자들에게 구원을 배푸신다는 것이 호세야의 구속사관(救贖觀)이다. 이와 같은 사실을 함축적(含蓄的)으로 이혼한 고멜과 자신의 가정생활(家庭生活)을 예(例)로 들어 설명하였다.

호세야는 왕과 제사장에 대하여 하나님의 자(尺)로 측정하여 하나님의 공의(公義)로 행동하신다. 이 자(尺)로 측정한 것 곧 하나님에 대한 지식을 측정한다는 것이다. 그러므로 호세야는 하나님에 대한 지식을 개발할 것을 주장하였다(호 5:1, 11. 7:3-16. 8:1-4. 10:13-15. 13:10-16). 정치가(政治家)들이 열정적(熱情的)으로 혁명을 일으키고 쉴새없이 정책을 개발할지라도 하나님의 뜻을 이해하지 못한다면 그것은 하나님에 대한 반역이된다. 이와 같은 것을 남편으로 비유하였고(호 2:2-20), 아버지로 비유하였으며(호 11:11), 의사로 비유하였다(호 14:4. 7:1).

호세야는 그 백성의 변절과 반역으로 인하여 고통당한 하나님에 대하여 언급하였다. 그러므로 고통은 이스라엘과 하나님께서 함께 당하신 불행이다. 하나님과 이스라엘은 불의와 죄악을 향하여 싸워야 한다(호 2:2-5. 6:4. 11:8). 호세야는 이스라엘에게 내리신 재앙은 싸우라는 권고의 역할을 하는 것으로 역설하였다.

4. 구원관

a 하나님의 용서

B. C. 733년 이후 호세야의 활동 후반기(後半期)에 야웨의 심판이 이스라엘을 돌이킬 수 없다는 것이 분명해지자 야웨의 무조건적(無條件的 反應)인 용서가 이스라엘의 배신을 돌이키고 그들에게 새로운 생명을 주신다는 것을 예언하였다(호 11:8).『저가 그 연애하는 자를 따라 갈지라도 미치지 못하며 저희를 찾을찌라도 만나지 못할 것이라 그제야 저가 이르기를 내가 본 남편에게로 돌아 가리니 그 내 형편이 지금보다 나았음이라 하리라』(호 2:7).

하나님께서는 이스라엘이 돌아오기를 기다렸으나 돌아오지 않았고 결국 심판을 선포할 수 밖에 없다(호 11:7). 그런데 이상한 것은 이 때 오히려 하나님께서는 태도를 바꾸어 이스라엘에게로 돌이키신 것을 볼 수 있다. 그러나 하나님께서 진노에 대하여 반대하셨다 할지라도 다른 하나님이 되신 것은 아니다. 하나님께서는 태도를 바꾸어 구속을 시작하여 사랑으로 승리케 하신다.『내가 ....즐거이 저희를 사랑하리라』는 말씀은 호세야가 하나님의 구원의 의중을 보고 한 말이다(호 11:8).

호세야는 하나님의 심판과 구원을 병행하여 이해하면서 하나님의 선민(選民)에 대한 교육사상(敎育思想)을 이야기하고 있다. 하나님께서 이스라엘에게 행동하신 모든 일은 교육학적(敎育學的)인 동기이고 모든 일을 제재하면서 통제를 통하여 길을 바로잡는다.

b 새 출발

야웨(YHWH)는 바알(Baal)로 향하는 길을 막은 후에 그 백성을 다시 광야로 인도하신다(호 2:16). 광야는 과거에 선민(選民)들에게 역사하신 장소이며 당신과 관계를 맺는 곳이다. 이른바 역사적 출발 지점(歷史的 出發地點)이며 하나님의 임재를 체험하는 장소이다. 그들은 여호와 한 분만 의지하며 하나님은 홀로 그 백성을 소유하실 것이다. 호세야는 전형적(典型的)인 구원의 과거 사건(過去事件)을 현실의 새로운 구원의 사건으로 만든 것이다. 아골이 희망의 문이 되고(호 2:17). 하나님께서 이스라엘과 새로이 결혼하신다.

c 사 랑

하나님은 그의 아내 뿐만 아니라 그 아들도 사랑하신다. 호(2:-3:. 11:1-9). 호세야는 신명기적 정신(呻命記的 精神)을 소유한 자이지만 그의 메시지는 부정한 아내와 반역적(反逆的)인 아들을 사랑하신다. 신명기 21:18의 말씀을 보면 완악(頑惡)한 아들을 돌로 처 죽이라 규정하고 있다. 그리고 수치되는 일을 행하는 아내는 이혼증서(離婚證書)를 주어 쫓으라 하였다(신 24:1). 그러나 호세야는 하나님을 통하여 새로운 하나님의 의중을 깨닫기에 이른다(롬 8:3. 후 5:19-21).

호세야서를 보면서 하나님께서는 사람에게 아낌이 없으시다는 사실을 깨닫게 한다. 사람이 천문경(天文境)의 렌즈를 크게 하는 대로 천체도 계속 광막해지는 것은 하나님의 광대한 계획을 보이는 것이다. 우리는 우주만물(宇宙萬物)을 통하여서도 하나님을 발견할 수 있으나 그의 사랑과 풍성한 은사를 체험하여 볼 때 그의 위대하심과 지고하신 분이심을 알 수 있다(사 55:7. 시 86:15. 103:10. 욘 3:1. 엡 3:20). 하나님께서는 그 아들을 아끼지 않으시고(롬 8:32) 그의 최선을 우리에게 주신다. 그는 우리를 윤리의 눈으로 보시지 않으시고 사랑의 눈으로 판단하신다. 의무(義務)를 사랑으로 대치하시고 사랑하는 자도 사랑하시지만 원수도 사랑하신다. 그리고 저주한 자를 축복하시는 하나님을 호세야는 계시(啓示)해 보이신다.

호세야서의 중심 교훈(中心敎訓)은 『하나님은 사랑이시다』(요일 4:8)는 사상을 가르쳐 주고 있다. 아카페(agape)의 사랑은 사랑할 가치가 없는 사람도 사랑하시는 사랑이다. 이 진리에 사로잡힌 선지자 호세야는 윤락된 아내를 집으로 불러들인다. 고멜과 이스라엘은 결코 사랑의 대상은 될 수 없다. 그러나 사랑하신다. 하나님의 전능(全能), 속성(屬性), 편재(偏在)의 위대함 보다 더욱 위대한 것은 이 사랑이다. 하나님의 사랑하신 이유이다. 사람의 사랑의 이유는 다르다. 호세야는 그것을 발견하였고 예수 그리스도는 그것을 계시하였다. 우리에게 아카페(agape)의 사랑을 새롭게 주입해 주시는 사랑의 계시록이 호세야서이다.

인간의 머리로는 하나님과 그리스도의 사랑을 이해할 수 없다. 그런고로 십자가도 이해하지 못한다(고전 1:23). 우리에게 거리끼고 어리석게 보인 것이 하나님의 아카페(agape) 사랑이다. 아카페(agape)의 사랑엔 제한이 없다. 『가서 …..그대……. 음부를 데려오라』 하였으나 사람의 사랑을 가지고는 불가능(不可能)하다. 그러나 십자가의 사랑은 가능하다. 하나님은 십자가의 사랑으로 우리를 영접하신다(눅 6:27).

하나님의 사랑은 구속(救贖), 창조(創造), 소망적(所望的)이다. 그 사랑이 이 땅에 임할 때 『평화』가 있을 것이다. 가정과 교회와 사회에 그 사랑이 임하면 그곳은 천국이다(요일 4:16, 롬 6:35). 호세야의 사랑은 무조건적(無條件的)인 사랑임과 동시에 구속의 사랑이다. 고멜은 어떤 자의 『종』이 되었다. 제 몸을 제가 판 것이다. 그러나 호세야는 그를 값을 지불하고 샀다. 우리는 누구든지 제가 제 몸을 사단에게 판자이다. 그러나 예수 그리스도는 우리를 자신의 몸으로 값을 지불하고 우리를 샀다. 지

불할 가치가 없는 자를 위하여 자신을 지불한 것이 아카페(agape)의 사랑이다.

이스라엘은 여호와를 버리고 바알에게로 갔다. 영생하시는 하나님께 바칠 사랑과 충성을 이방 신(神)에게 바쳤다. 그리하여 저들은 사랑하는 자처럼 가증한 자들이 되었다. 누구든지 충성의 대상을 보면 그 사람을 바르게 이해할 수 있다. 종교적 충성(宗敎的 忠誠)은 그 어떤 충성보다 강력하다. 그러므로 종교가 나빠지면 세속적 종교(世俗的 宗敎)가 된다. 인류의 가장 잔악한 죄는 종교의 미명하에 이루어진 죄이다. 호세야는 하나님께 충성하였으므로 하나님을 닮은 자가 되었으나 이스라엘은 우상을 사랑하였으므로 우상처럼 망했다. 호세야는 하나님을 사랑했으므로 사랑의 선지자가 되었다.

하나님께서 인간을 인도하는 것은 사랑의 줄이다(호 11:4).『나를 따르라』(마 1:21). 예수는 사랑의 줄로 모든 사람을 이끌었다. 사랑의 줄은 강압적(强壓的)이 아니다. 그러나 그 줄처럼 질긴 줄은 없다. 누구도 그 사랑의 줄에 메이기만 하면 끌려가지 않을 자없다. 이것이 역사적(歷史的) 산 증거가 되는 것을 볼 수 있는 자는 복되리라.

d 도덕관

구약에는 종교(宗敎)란 말이 없다. 다만 여호와를 경외한다는 말씀이 있을 뿐이다. 우리는 이 경외한다는 의미를 종교라 말한다. 그런데 호세야는 이보다 좀 더 가까운 말을 사용하였는데『하나님을 아는 지식』(호 4:1-7)이다. 그러므로 호세야는 종교란 곧 지식이란 말이다. 이와 같은 호세야의 종교관(宗敎觀)은 누구에게도 추종할 수 없는 정서적(情緒的)이요, 신비적(神秘的)인 성격의 사상을 소유하였음을 말해 준다. 히브리인들에게 마음은 지식을 아는 기관으로 생각하였다. 그리고 안다는 것은 애정적(愛情的)이요 정서적(情緒的)인 내용을 표현한 말이다(암 3:2).

우리는『앎』이란 것은 이지적(理智的)인 것이나 관념적(觀念的)인 것을 의미한 것이 아니고 체험적(體驗的)인 개념임을 알아야 한다. 남녀가 결혼함으로 이성을 서로『안 것』처럼 호세야가 지식이라 하였을 때 체

험을 통하여 얻는 지식(사랑)을 말한다. 그러므로 사랑이란 받아 놓고
쌓아 두는 것이 아니라 마음속으로 깊이 깨닫고 마음 속 깊이 인식되어
진 것이다(호 4:6. 5:4. 11:3) 2:20).

인간이 하나님의 사랑을 인식하지 못한 것은 죄를 범하여 심령이 어
두워졌기 때문이다. 이스라엘도 예외는 아니다. 호세야는 가정의 비극
을 통하여 누구도 깨닫지 못한 지식(사랑)을 알게 되었다. 고멜은 호세
야를 이해하지 못하였으나 호세야는 하나님의 사랑을 지식적(知識的)으
로 알았을 뿐만 아니라 체험적(體驗的)으로 알게 된 것이다.『그가 알지
못했다』는 말은 고멜에게 한 말이며 이스라엘과 온 세계인(世界人)에게
한 말이다. 이스라엘 사람은 아브라함과 이삭과 야곱과 모세를 통하여
하나님을 알았다. 그러나 죄로 인하여『앎』을 상실하였다(호 4:11. 7:11.
9:10). 이와 같은 상실은 이스라엘이 하나님 앞에 타락한 원인이 되었다.

호세야는 이스라엘의 민족사(民族史)를 통하여 저들이 하나님의 사랑
을 어떻게 저버렸는가를 지적하고 있다. 그들은 나라의 운명을 하나님
에게 맡기지 않고 무기, 군대를 가진 강대국과 동맹을 맺고 지나치게 그
들을 의존하였기 때문이다(호 7:11. 사 7:9. 3:1-3). 호세야가 다음으로 책
망한 것은 호세야는 왕국제도(王國制度)를 반대한 것처럼 보인다. 구약
성서를 보면 왕국의 제도(王國制度)는 하나님께서 원하여 세운 것이 아
니고 이스라엘 백성들이 하나님께 간청하여 왕국제도(王國制度)를 도입
하였다(삼상 8:1-9:). 그러한 까닭에 호세야는 이 제도를 좋아하지 않은
것 같다. 그 이유는 왕국은 신정정치(新正政治)에 손해를 끼친다고 생각
하였기 때문이다.

왕은 하나님께서 기름부어 자기의 백성을 신탁 받은 자이다. 그를 통
하여 하나님의 목적하신 바를 실현하는 소위『왕은 하나님께서 세우셨
다』는 제도신수주의(制度 神綏主義)의 사상을 좋아 했다. 그러나 왕들은
정치를 잘못하여 백성을 오도(誤導)하기 때문에 왕들의 실정을 선지자
들은 솔직하게 비난하였다(호 1:4. 3:3-5. 9:15. 10:3, 9. 13:9-11). 하나님과
인간 사이를 가로막고 방해하는 제도는 결코 수용할 수 없다는 것이다.
이스라엘 사람들이 왕을 위시하여 온 백성이 우상을 섬기는 것을 호세

야는 음행이라 질책한다(호 5:4. 4:17. 8:5-6).

유목생활(遊牧生活)을 하던 이스라엘 백성들이 농경생활(農耕生活)로 바꿔지는 과정에 이스라엘의 고유한 특색을 상실해 버리고 문화생활(文化生活)을 하면서부터 사막의 여호와가 아닌 바알神으로 그들은 신앙의 대상을 바꾼 것이다. 그는 농업하는 것을 반대하지 않았으나 풍성한 농산물(農産物)을 주신 여호와 하나님을 잊고 거역한 것을 반대한 것이다 (호 2:8. 13:4-6). 영적, 윤리적으로 훈련 받은 이스라엘이 다시 세속주의 (世屬主義)로 타락한 것은 저들이 하나님을 아는 지식을 상실하게 된 원인으로 보았다(호 13:2).

하나님께서는 이스라엘 백성을 향하여 자애로우시고 사랑이 많으신 분이다. 이와 같은 표현은 하나님의 신성을 표현한 말이다. 하나님은 남편과 같이 신실하게 이스라엘을 보호하고 인격적(人格的)인 행동으로 그들을 대하신다. 그러나 이스라엘는 고멜과 같이 은혜와 사랑을 잊어 버리고 배반하였다. 하나님에 대한 신실한 교제를 할 수 없는 이스라엘의 제사는 하나님의 가증히 여긴바 되었다(호 6:6). 하나님 앞에 회개가 없는 한 모든 제물은 하나님 앞에 관계없고 무용한 제물이 될 것이다(호 2:17, 19, 20).

호세야서를 통하여 그는 자신의 경험을 통하여 사람과 하나님을 설명하고 있다. 어떤 경우도 하나님을 잊어버리는 것은 무지의 상태로 돌아가는 것을 역설한다(호 13:6. 8:14. 9:10). 호세야는 이스라엘을 향하여 갱신을 통하여 도덕을 회복하기를 갈망하였다(호 11:3, 4, 8-9).

요 엘 서

III. 요 엘 서

A. 서 론

1. 요 엘

요엘(Yoel)이란 말은 『야후는 하나님이시다』이다. 이 이름은 여러 종족 사이에 널리 분포된 말인데 그 어원을 고려하면 신학적(神學的)으로 중요한 의미를 갖는다. 요엘서는 히브리 정경(正經) 가운데 있는 12소선지서 중에 두 번째에 있는 책이다. 요엘은 성서 여러 곳에 언급된 평범한 이름으로 브두엘(Pethuel)의 아들이다. 70인 역에서도 요엘을 브두엘의 아들이라 언급하였다. 그의 고향이 어디인지 출생 연대가 언제인지 그리고 그의 생애는 어떠하였는지 알 수 없다.

구약성서 어느 곳에서도 찾을 수 없는 인물로서 그에 관한 것은 요엘서와 신약성서에서 인용된 말씀을 참고할 뿐이다. 신약성서에서 요엘에 대하여 언급함을 보아서 그의 실존 문제(實存問題)에 대하여는 의심의 여지가 없다.

B. 요엘서의 주제

요엘의 예언은 그의 나라에 내려진 자연에 대한 재앙과 상당한 관계가 있다. 요엘 선지는 장차 그 땅에 임할 『여호와의 심판』을 성령을 통하여 계시 받아서 백성들에게 회개를 촉구하는 것을 볼 수 있다. 하나님 앞에 회개할 때 현재와 미래에 안전과 번영의 축복을 받으며 장차 성령의 충함을 받을 것을 약속 받은 것을 예언하였다. 심판은 결코 부정적(否定的)인 것만은 아니다. 그리고 이방인(異邦人)들에게만 국한된 것도 아니다. 심판을 통하여 사회는 물론 영적 생활(靈的生活)을 정화하여 거룩함과 평화의 시대를 기대할 수 있다. 그러므로 하나님께서는 역사적(歷史的)으로 개인과 민족과 나라와 온 세상에 서슴 없이 심판을 행하신다.

요엘서의 내용을 보면 크게 두 부분으로 나눌 수 있다(욜 1:1-2:17. 2:18-3:21). 그러나 이 두 부분이 밀접하게 연결되었다. 요엘서의 중요한 주제는 『여호와 날』의 개념이다(욜 1:15). 그 날을 대비하고 징계를 피하기 위하여 용기 있는 회개를 촉구하고 축복과 성령을 받아 외국의 재앙을 물리치고 최종적(最終的)으로 하나님의 나라를 건설할 것을 촉구한다.

하나님의 재앙은 인재(人災)도 있으나 특별히 요엘이 말한 재앙은 자연적(自然的)인 것으로 하나님 앞에 드릴 제물까지 어려움을 받을 것을 예고 한다. 선지자의 예고의 호소력(呼訴力)을 받아서 제사장으로부터 백성들이 금식하며 회개하였을 때 하나님의 마음은 뜨거워진다(욜 2:18). 여호와는 전능하셔서 재앙이 임하게도 하시고 물러나게도 하신다. 그러므로 인간은 가히 하나님을 찬송할 뿐이다(욜 2:21-27).

C. 요엘서의 저자와 연대

1. 요엘서의 기록 연대

요엘서는 단일인(單一人)의 작품으로 알려져 있으나 그 저작 연대에 대하여 많은 논란이 있다. 대부분(大部分)의 학설을 보면 그 추정 년대는 500년 이상의 차이가 있어 그 정확한 연대를 규정하는 일은 심히 어려운 문제이다. 다만 우리는 요엘서의 내적 증거(內的證據)를 통하여 고찰할 수 밖에 없다. 본서의 내적 상황(內的狀況)으로 보아서 당시의 이스라엘의 정치적(政治的), 사회적(社會的), 종교적 상항(宗敎的 狀況)들

과 더불어 합리적(合理的)으로 저자의 독특한 사고와 기타의 문학 작품
(文學作品)에 관계된 용어 문체(用語文體) 등을 비교하여 추리할 수 밖
에 없다.

a 포로 후기설

이 설은 바헬과 파트케가 1935년에 주장한 학설인데 대부분(大部分)
의 현대신학자(現代神學者)들이 이 설을 추종한다. 당시의 사정을 말하
자면 본문 속에 바벨론이나 앗수르에 관하여 언급된 것이 없다는 것이
다. 그러므로 저작 연대를 B. C. 539년 이후의 것으로 추정한다. 그것은
앗수르 사람이나 갈대아 시대에 예언한 사람들은 일반적(一般的)으로
그 때 당시의 세계 강국에 대하여 많은 언급을 하였기 때문이다.

요엘서 3:6의 말씀을 보면 강대국(强大國)의 하나로서 그리스를 언급
한 것을 보면 이 예언이 알렉산더 대제의 정복(B. C. 336-323)이 시작되
기 전에 나타난 것으로 보고 있다. 그리고 바사(Persia)에 대한 언급이 나
오지 않은 것으로 보아 B. c. 345년 수리아 혁명이 일어나기 전 바사국
이 선정(善政)을 하고 있을 때 기록으로 본다는 것이다. 시돈(Zidon)이
심판을 받아야 할 것은 역시 B. C. 345년 이전임을 상상케 한다. 이해 아
닥세스 3(Ⅲ Artaxerxes)세가 시돈을 파괴하고 그 주민들을 모두 종으로
팔아버린 일이 있었다.

요엘서 3:1에서 유다와 예루살렘이 사로잡혀간 사실을 보아서 당시
많은 백성들은 사방으로 흩어진 것 같다. 그러므로 이러한 사실은 B. C.
587년 예루살렘을 바벨론이 멸망시킨 후로 생각된다. 암시적(暗示的)인
것이지만 어떤 이들은 예루살렘에 돌아와서 예루살렘을 재건한 사실도
발견할 수 있다고 주장한다(욜 1:2, 14. 2:17).

에스라, 느헤미야 시대와 같이 이스라엘의 지도자(指導者)들은 제사
장들과 장로들이었다(욜 1:13, 14. 2:17). 그리고 북방 이스라엘이 멸망하
고 없으므로 유다의 이름과 이스라엘의 이름을 동일어로 사용한 것이다
(욜 3:1-2). 요엘서에 나타난 예루살렘에 관한 이야기는 B. C. 444년 예루
살렘이 재건된 후 시대임을 말한다. 그리고 유대교의 신앙이 성전 중심

(聖殿中心)이었기 때문에 자주 지방에서 우상을 숭배하는 일에 대한 논란이 없다.

특별히 포로 후기에 나타난 용어가 요엘서에서 많이 발견된다는 것이다.『수종드는 자』(욜 1:9, 13. 2:27과 대하 29:11. 스 8:17. 사 61:6. 렘 33:21-22. 겔 45:4과 비교),『병기들』(욜 2:8과 대하 23:10. 느 4:17. 욥 33:18. 36:12과 비교),『후군』(욜 2:20과 대하 20:16. 전 3:11. 7:2. 12:13괴 비교). 그리고 사상적(思想的)인 면에 있어서도『희생』이 아주 중요한 위치에 있고(욜 1:9. 13. 2:14), 포로 전의 예언자들 같이 특수한 사회적 죄(社會的罪)를 논란함이 없이 회개를 하도록 일반적(一般的)인 권고를 하였다(욜 1:13-14). 2:12-17).

요엘은 이방 민족(異邦民族)에 대한 처벌의 대상으로 만 생각하고 하나님의 모든 축복이 이스라엘 백성에게 만 내리는 것으로 생각하는 특수주의(特秀主義) 경향을 볼 수 있다. 이와같은 사상은 에스라의 사상과 상당 부분 동일하다. 요엘서에 나타난 종말론(終末論) 역시 포로 후기의 특색이 그대로 나타났다고 주장한다. 그러므로 요엘서를 B. C. 400년 것이라 할 수 있다.

본서의 정치(政治), 사회적 언급(社會的 言及)들을 보면 특별한 난제를 안고 있는데 이는 이 말씀 안에 시돈(Zidon), 두로(Tyre), 블레셋(Philist), 희랍(Greek) 등과 같은 나라들의 이름이 언급된 것이다. 그러나 이와같은 국가들의 이름이 열거 됐기 때문에 연대를 추정하기란 더욱 더 어렵다.

b 포로 이전의 저작설

이스라엘 국호와 유다의 국호가 동일한 의미로 사용된 것으로 보아서 (욜 2:27. 3:2), 이미 유다와 이스라엘이 독립국가(獨立國家)가 아니였을 가능성(可能性)이 있다. 어떤 학자들은 요엘서에 언급된 어휘들이 B. C. 8세기의 오니아와 아시아의 문학 작품(文學作品)에 많이 사용한 것들이므로 8세기의 것으로 인정해야 된다고 주장한다. 우리는 문학적 연속성(文學的 蓮續性)에 대하여 긍정적인 개념(肯定的 槪念)을 무시할 수 없으나 그와 같은 것을 가지고 연대를 추정하여 규정하거나 언급한 것은 합당한 태도가 아니다. 여하튼 학자들은 본서의 저작 연대를 합리적(合理的)인 추론으로 하여 대제사장이었던 여호야다(Jehoiada)가 유다왕를 섭정하였던 B. C. 830년경 즉 요아스왕이 미성년이었을 때 쓰여진 것이라 본 자들이 많다.

로더스틴은 요엘 1:1-2:27의 말씀이 포로 전에 속한 것이라 주장하였고 칼펠루드는 본서의 어휘가 예레미야서의 것과 같은 것이 많으므로 본서를 포로 이전의 작이라 하였다.

2. 요엘서의 저자

본서의 서문에 언급된 『부두엘의 아들 요엘』이란 말씀으로 보아서 요엘의 저서라 할 수 있다. 70인 역에도 그 이름을 브두엘(Pethuel)이라는 이름이 부두엘(Bethuel)이라 표시 되었는데 이 명칭을 이해하기 위하여는 이스라엘의 족장시대(族長時代)까지 거슬려 올라가서 연구해야 한다. 이 명칭은 아브라함의 조카 나홀(Nahor)의 막내 이름이다(창 22:22). 요엘이란 이름은 이스라엘인들의 흔하게 사용하였으므로 성경 안에 적어도 12명의 동일인(同一人)이 있다(대상 4:35 시므온 지파의 족장. 대상 4, 8, 르우벤 지파 중의 일인. 대상 5:12 갓지파의 일인. 대상 6:36, 34-35. 삼상 1:1. 고핫지파의 레위인. 삼상 8:2. 사무엘의 장남. 대상 7:3 잇사갈 지파의 일인. 대상 11:38 다윗의 용사 중 일인. 대상 15:7. 11 레위 지파 게르솜 자손. 대상 27:20 므낫세 지파 관장. 대하 29:12 고핫 자손 중 일인. 스 10:43 포로후 유대인 중 일인. 느 11:9. 벤야민 지파의 일인) 등이다.

이와같이 많은 요엘의 이름이 성서에 언급됐으므로 객관적 입장(客觀的立場)에서 한 사람을 지적한다는 것은 어려운 문제이다. 그러나 요엘이 언급함 같이 자신은 『성전 예언자』이라 할 수 있다(욜 1:13. 2:17).

북방에서 메뚜기 떼의 래습의 묵시적 기록(黙示的 記錄)이나(욜 1:1-2:27)이나, 성령의 은사 강림(욜 2:28)과 『여호와의 날 』의 개념(욜 1:15. 2:1, 31. 3:14) 같은 종말론적인 개념(終末論的 槪念)을 살펴 볼 때 요엘이 여러번에 걸쳐서 하나님으로부터 받은 계시를 기록한 것으로 본다.

D. 요엘서의 일반적 성격

모든 비평가(批評家)들은 요엘을 히브리 선지자들 중 높은 계열에 두는 사실에 일치하며, 사상을 표현하는 방법이 고상하여 이사야나 하박국 선지자 보다 조금 못한 선지자로 불리어 진다. 서술적 묘사(敍述的描寫)의 생생함이나 용어의 선택과 배열을 보면 그 총명함과 고상한 인품을 발견하게 된다. 메뚜기의 3재앙으로 황패, 만국을 소성케하는 성령의 문제는 생동감(生動感)을 더하게 한다.

요엘서를 읽을 때 문장의 구성 방법(構成方法)을 보면 전형적(典型的)인 유대 묵시문학(默示文學)의 틀을 따라서 반복적(反復的)으로 기록하였다.『너희 자녀에게 고하고 …… 자기 자녀에게 고하고 …… 그 자녀는 후시대에 전하고 …… 팟종이가 남긴것을 메뚜기가 먹고 …… 늣이 먹고 …… 황충이 먹었도다』(욜 1:3-4). 이와같은 표현 능력(表現能力)을 가진 요엘 선지는 이 예언을 읽는 자들에게 긴박감(緊迫感)과 하나님의 재앙의 중대성(重大性)을 강조하고 있다.

요엘의 이와 같은 수사학(修辭學)은 그가 훌륭한 시인(詩人)이거나 에레미야와 같은 예민한 마음을 소유한 선지자인 것을 깨닫게 한다. 요엘서의 문체는 순수하고 분명하며 그 취지가 단순하고 뚜렷하다. 아주 작은 말을 통하여 간결하게 표현하고 모호한 것이 없다(욜 1:10). 그는 정력을 기우려 핵심적 진리(核心的眞理)를 표현하기 위하여 최선을 다한 것을 발견하기에 이른다.

그는 징벌을 말하고 회개를 촉구하였으며 용서를 말하고 화해를 언급하였다. 그리고 예비된 화려한 장래를 예언하였다. 그의 언사는 순수하고 규범적(規範的)인 것이다. 어느 시대 선지자에게서 발견할 수 없는 훌륭한 문체와 표현 능력은 후세의 모든 성도들에게 모델이 되기에 부족함이 없다. 하나님께서는 과거 많은 선지자들에게 주셨던 말씀의 은사를 요엘 선지에게도 아낌 없이 허락하였다(슥 14:8. 겔 47:1. 39:29. 행

10:45. 롬 5:5. ㄱ :9:2-3. 렘 51:33. 사 63:1).

요엘이 후대의 사람들에게 남겨놓은 감화력(感化力)은 모세에게 비할 수 있다(신 28:23-24, 38, 42, 49, 64. 3:2-3). 요엘은 하나님의 영역 속에서 움직여지는 진리를 표출하여 발표함으로 그 말씀을 듣는 모든 자들의 간담이 서늘하게 한다. 이와같은 사실은 요엘 선지가 얼마나 하나님의 편에 가까이 섰는가를 설명하기에 부족함이 없다.

E. 저작목적

본 예언의 신탁의 동기는 메뚜기 떼로 인한 극심한 재난이었으며 이러한 자연의 재난은 요엘에 의하여 종말론적(終末論的)인 성격을 지닌 중요한 사건으로 발전하였다. 주의 날의 본질과 영역을 예시해 주는 수단으로 사용되었다. 그리고 저자가 본서를 기록한 목적은 하나님의 징벌이고 그리고 하나님의 축복의 靈이 이스라엘에게 임함을 전하는 것이다.

구약의 전형적(典型的)인 예언의 방법은 전반부(前半部)에 회개를 촉구하고 후반부(後半部)에 이르러 하나님의 구원을 약속한 것이다. 그와같은 예를 보면 이사야 선지 같은 자는 그의 예언서 66장 중에 39장까지는 회개를 촉구하였고 40장으로부터 66장까지는 구원과 소망의 예언을 주심을 볼 수 있다. 에스겔도 이와같은 방법으로 예언서를 꾸미고 있음을 볼 수 있다,

F. 시대적 상황

요엘서의 배경을 이루고 있는 시대적인 상황(時代的 狀況)을 체계적으로 고찰하여 보면 요엘의 예언의 중요성(重要性)을 가일층(加一層) 더 명확하게 이해할 수 있다. 예언자 요엘의 상황과 시대적 상황(時代的 狀況)은 분명히 평화의 시대(平和時代)와는 거리가 있었다. 그 시대가 이스라엘이 유배 (流配) 이전 이든지 그 시대 이후이든지 이스라엘과 유대

나라에는 시련의 시기였다.

어떤 자들은 B., C. 722년 시리아의 함락 이전의 사건으로 생각한다. 그 시대에는 많은 예언자들이 일어나 예언하던 시대였다. 예레미야와 에스겔까지 모두 북왕국에 대하여 예언하고 있었다. 그러나 그들의 예언서에 요엘의 이름이 언급되지 않았다. 그러나 요엘서에는 유다(욜 2:1, 32. 3:6, 16, 20)와 이스라엘(욜 2:27. 3:2, 16)에 대한 예언이 많이 있다. 왕에 대하여는 직접적(直接的)으로 언급되고 있지 않으나 당시의 최고 종교 계급인 장로들과 제사장들에 대하여는 탁월한 계급으로 존중을 받았으나 저들은 위선자(僞善者)들이었다(욜 1:9, 13, 14, 16. 2:14-15).

또한 유배기전(流配期前)에 널리 퍼진 일로 제단에서 타락한 제사를 드린 일과 자신들의 몸을 더럽힌 특별한 죄는 언급이 없다. 그러나 금식과 베옷을 입는 것과 통회하는 것을 종교적 미덕(宗敎的 美德)으로 여긴 시대였다. 이와같은 주장들은 이 예언의 상황을 유배기(流配期) 후의 것으로 몰고 가려는 것이다. 사실 이스라엘은 망하였고 유대의 왕은 없었다. 그러므로 모든 것이 어떻게 보면 과도기적(過渡期的) 현상임을 볼 수 있다.

1. 정치적 상황

이상의 연대를 찬성하는 측의 대답은 유배기(流配期) 이전에 그와같은 현상이 사회적 모습(社會的 模襲)이라 한다. 그때는 요아스왕이 아직 어린 시절이었던 그의 통치 시대 초기(通治時代初期)라 한다. 왜냐하면 B. C. 836년 아달랴(Athaliah)가 죽은후 제사장 여호야다가 실제로 섭정을 하였다(왕하 11:1-17). 이것이 요엘서에 왕이 언급되지 않는 이유라 한다. 그러한 때는 제사장직이 탁월한 지위를 차지하게 되었다. 성전은 왕궁의 위0치를 미미하게 만들었다.

북왕국에 대하여 언급이 없었던 것은 남북의 왕국이 친밀하여 서로 조약을 맺고 통혼(通婚)하까지 하였기 때문이다(왕하 3:6. 8:28). 그러나 요엘서에 이 왕국의 언급이 없는 것은 요엘은 왕국의 왕들의 문제보다 그의 예언의 중요성(重要性)을 인식하였기 때문이다. 하나님의 사람은 정치하에 살지만 결코 정치인(政治人)은 아니다.

유다와 이스라엘이 함게 언급된 것은 요엘서 뿐만 아니고 이사야 5장에서도 동일한 경우를 볼 수 있다. 그러나 이사야 역시 정치에 개입하지 않았음을 알아야 한다.

2. 종교적 상황

유배기 이전 선지자들이 그렇게 많이 지적한 국가적 죄(國家的罪)와 제단에 대하여 언급이 요엘서에는 없다. 그러므로 요엘서의 연대를 늦게 잡는 자들에게 유리한 주장이 된다. 데이빗슨(A. B. Davidson) 박사는 말하기를『유배에서 귀환 이전의 어떤 시기에 이런 일들이 있었는지 의심스럽다』고 하였다.

요엘서에 나타난 종교적 상황(宗敎的 狀況)을 추론해 보면 예언자들은 죄로 인하여 비가 오지 않는다든지 포도와 기름의 생산이 여의치 못한 것은 모두 범죄적 결과(犯罪的 結果)로 여겼다(학 1:11). 그런데 요엘도 그렇게 생각하였다. 자고로 성읍에 신실함이 없어지고 과부와 고아를 멸시하였던 시대는 성전이나 제사장들의 타락의 시대로 그 결과는 자연적인 재해(自然的 災害)를 몰고 왔다(사 1:21-26). 요엘도 그의 예언에서 동일한 것을 암시하고 있다.

3. 제의적 상황

당시 제의적 상황(祭儀的 狀況)이 많기 때문에 어떤 자들은 유배기 이후(流配期 以後)의 예언으로 인식하고 있다. 예언서에『노인』이나『장로』란 말이 언급되어 있는데 이 말의 표현을 가지고 이 시대적(時代的) 종교상황(宗敎狀況)을 설명하려고 한 자들이 있다. 그러나 요엘서에는 노인이란 말은 그 이상의 의미를 내재하지 않는 다는 것이 정론이다. 왕정 시대(王政時代)에는 분명하게『장로』란 이름이 공식적인 칭호(公式的稱號)였다(사 3:2, 14). 그러므로 인명을 가지고 당시의 상황을 이해하기에는 어려움이 많다.

성전의 신성함에 대하여 여호야다(Jehoiada) 시대에는 예루살렘 성전이 어느 성전보다 신성한 것으로 여겼다(왕하 11:). 그러나 제례(祭禮)에 대하여 언급한 예언서는 그렇게 많지 않다. 다만 기도한 것을 금식한 것으로 제의(祭儀) 말을 대신하고 있을 뿐이다(삿 20:26. 삼상 7:6. 삼하 :12. 욘 3:5). 요엘서에는 율법서(律法書)에서 발견할 수 없는 밀씀이 있다.『제사장이 굵은 베옷을 입고 밤이 맞도록 누리라』(욜 1:13)와『소아 장로, 신랑과 신부를 성전으로 강제로 모으라』(욜 2:16) 등은 율법과 상당한 거리가 있다. 더욱이『옷을 찢지 말고 마음을 찢고 너희 하나님께 돌아오라』(욜 2:13)와 같은 언급은 율법의 가르침과 상당한 거리가 있다.

요엘서에 유일하게 제례(祭禮)가 있는데『소제』와『전제』뿐이다)(욜 1:9, 13. 2:14). 이와같은 제례(祭禮)를 가지고 요엘서의 문제를 해결할 소재는 못된다. 소제와 전제는 하나님 앞에 드리는 원초적(原初的) 제사 형식(祭祀形式)이기 때문이다. 그리고 농민들이 있는 곳에는 어느 시대나 어느 곳에서도 있을 가능성(可能性)이 있기 때문이다. 이와같은 제례(祭禮)은 시대의 상황과 관련이 없이 행하여진 것이다(암 5:22-25. 사 1:13)호 9:4. 왕하 16:13, 15). 어떤 자는 요엘서에 제례(祭禮)가 언급되지 않은 이유를 시대적 상황(時代的狀況)으로 보고 있다. 그러나 제례 문제(祭禮問題)가 유배기 전(流配期前)이나 후냐 하는 문제의 해결은 아니다.

G. 문학적 형식

이 책은 연설형식(演說形式)을 취하였는데 그 연설의 내용은 본서의 내용 전체(全體內容)를 연결하여 연구해야 한다. 본서는 2:18절을 제외하고는 설화형식(說話形式)은 없다. 본서의 처음 부분은 앞에 있는 청중들을 향하여 직접 연설하는 것처럼 되었으나 후반부(後半部)의 타국에 대하여는 이와 같은 형식을 적용하기에 곤란한 점이 많다(욜 3:11). 그러나 대체적(大體的)으로 본서의 특징은 연설문(演說文)으로 구성되었다는 것이 정설이다(요 2:21. 3:4, 9, 13).

요엘서는 문체가 밝고 유창하며 그의 상상력(想像力)과 언어 구사(言

語驅使)는 훌륭하다. 이것이 요엘서의 문학적 특색(文學的特色)이다. 요엘서의 구성도 나무랄 수 없을 정도로 훌륭하게 짜여 있다. 현제의 고난과 환상적(幻像的)인 미래에 대하여 생생하고 명쾌하게 구사하였다. 그런 의미에서 본서는 히브리 고전 문학(古典文學)의 하나로 존경을 받는다. 요엘서를 호세야서와 아모스서 같이 해석을 요할 때는 석의를 할 필요가 없이 전체적(全體的)인 대의적 형식(大義的 形式)이 필요하다.

H. 언어와 문체

요엘서의 저작 연도에 대하여 유배전(流配前)이냐 유배후(流配後)냐에 대하여 많은 언급을 한바 있으나 본서는 히브리 문헌 중에 고전적(古典的)인 것에 속함으로 그 언어는 순수하고 문체적 특성(文體的 特性)을 가지고 있다. 요엘서는 고전적(古典的)인 히브리어로 기록되었고 어디를 보아도 퇴패적(頹敗的)인 표현을 발견할 수 없다. 아모스와 호세야가 동시대(同時代)의 사람들이지만 저들과 서로 다른 문체와 형식을 사용하고 있다. 그러므로 문체를 보아서 그 사람의 품성이나 사람됨을 인식할 수 있다.

그러나 요엘서의 문체는 원형(原形)이 없고 같은 시대의 저서인 아모스서의 원형도 없다. 요엘서의 후기의 저작설(著作說)을 주장하는 자들의 견해를 보면 요엘서의 문체가 너무나 훌륭하고 완벽하여 원형같은 것을 알 필요가 없다고 한다. 이와같은 주장 속에는 요엘의 훌륭한 문체의 원형은 그 보다 먼저 기록한 선지자들의 예언서를 참작하였으리라 추측한다.

I. 정경성

본서가 70인역에 기록되어 있으므로 누구도 그 정경성(正經性)에 대하여 반론할 사람이 없다. 이 예언은 B. C. 8세기의 것으로 아모스와 호세야서의 중간 작품으로 여겨왔다. 70인 역에는 본서가 히브리 성경의

3부분의 제 2부분의 마지막에 기록되어 있다. 연대 문제(年代問題)를 놓고 정경성(正經性)의 여부를 논하는 학자들도 있으나 많은 예언서들이 연대에 관계없이 정경으로 인정함으로 요엘서도 예외(例外)는 아니다. 요엘서의 기록 연대가 늦든지 빠르든지 상관 없이 본서가 정경에 삽입되거나 복사되었다는 추측은 위험한 생각이다.

아모스서와 저작 연대(著作年代)의 동일성(同一性)을 주장하는 로이스(Reuse)는 아모스서의 처음에 기록된 열방들에 말했던 아름다운 예언들이 실현될 것이고 여호와는 또 그 말씀을 돌이키지 않는다는 사상을 하게 된다. 그 사상을 요엘서 마지막 부분에서 찾을 수 있다. 아모스의 말을 보면 요엘이 마지막으로 예언하였던 『여호와 시온에서부터 부르짖으며 예루살렘에서부터 음성을 발하시리니』(욜 4:16. 암 1:2)의 말씀을 맨 처음에 기록하고 예언의 시작으로 삼았다. 그리고 아모스서의 끝 부분의 가나안 행위 문제 역시 비슷하다(암 9:13. 욜 3:18).

아모스는 요엘서에서 예언한 하나님의 징계에 대하여 언급하시기를 하나님께서는 유다와 이스라엘에게 양식 고갈, 우로 금지, 풍재, 깜부기 재앙, 팟종이를 통하여 곡식을 먹는 유래 없는 재앙 같은 것을 내려도 그 백성들이 개선하지 않으므로 그것을 강하게 비난하고 있다. 그러나 우리는 이와같은 주장들에 대하여 주장할 수 있는 것은 요엘서가 아모스와 관계가 있다면 그 사상면(思想面)에서 다른 예언서와도 상당 부분(相當部分)이 상통함으로 그것을 반드시 요엘서에 국한하는 것은 잘못이라 할 수 있다.

J. 요엘서의 내용

요엘서는 본문 3 장으로 기록된 비교적(比較的) 짧은 말씀이다. 그러나 원래의 히브리 성서에는 4장으로 구성되어 있다. 이 책의 내용은 처음에는 암울한 장면으로 시작되었으나(욜 1:1-2:18), 나중 부분에는 밝고 희망적(希望的)으로 끝을 맺었다. 심판으로 시작하여 축복으로 절망으로 시작하여 희망으로 끝나는 것이 성서의 역사관(聖書歷史觀)이다. 하

나님께서는 세상을 창조하실 때 『아침이 되고 저녁이 되니』라 하지 않
고 언제나 『저녁이 되고 아침이 된다』고 하였다 이것이 창조주(創造主)
의 역사관(歷史觀)이라 할 수 있다. 요엘서의 내용을 개요하면 다음과
같다.

　　　　I.메뚜기 재안 및 가뭄해제 1:1-2:27
　　　　　A. 제목 1:1-1
　　　　　B. 메뚜기 재앙과 가뭄에 대한 우주적 탄식 1:2-20
　　　　　C. 메뚜기의 공격은 여호와 날을 경고함 2:1-11
　　　　　D. 국민의 회개를 촉구함 2:12-17
　　　　　E. 메뚜기 제거와 풍년을 약속함 2:18-27

　　　　II. 이스라엘의 미래의 축복과 열방의 심판 2:28-3:32
　　　　　A. 영을 부어주심 2:28-29
　　　　　B. 여호와 날 징조와 신실한 자의 구원 2:30-32
　　　　　C. 이스라엘 압박자를 심판하시는 목적 3:1-3
　　　　　D. 두로, 시돈, 불레셋의 형벌 3:4-8
　　　　　E. 최후 전쟁을 위하여 민족들을 부르심 3:9-11
　　　　　F. 최후 심판 3:12-16
　　　　　G. 유다의 축복 3:16-21

K. 요엘서의 해석

1. 문자적 해석

요엘서의 언어를 문자적 의미(文字的意味)로 볼 때 매우 명료하고 전
체가 연계성(連繫性)이 있다고 전술하였다. 유래 없는 메뚜기의 재앙에
계속적(繼續的)인 가뭄이 겹처 예언자 요엘로 하여금 그 백성을 불러 하
나님의 심판을 인식케 하고, 백성을 당시의 파멸에서 구원하여 줄 것을

권고한다. 재난을 철회하는 것은 하나님의 은총을 회복하는 것을 뜻하며, 하나님께서 자기 백성에 대한 선한 목적에 기초한 번영을 보증하는 것이다.

하나님은 자연신(自然神)의 위대함 보다 훨씬 위대하셔서 당신의 축복을 순종하는 자들에게 소나기처럼 쏟아 부어 주심을 암시한다. 이와 같은 행위는 성민인 이스라엘을 높은 영적 수준(靈的水準)으로 향상시키기 위함이다. 요엘은 그의 예언의 후미(後尾)에서 이와같은 사실을 선언하였다. 특별히 구별되고 현저히 보호된다는 개념이다. 하나님께서 선민과 예루살렘에 대하여 깊은 관심을 갖는 것이 세상과도 관계되어 있기 때문이다. 하나님께서는 이스라엘과 세상의 열방들을 언제나 연관하여 역사하신다.

『여호와의 날』은 과거 이스라엘에 대하여 압제를 가했던 열방에 대한 심판이고, 또한 이스라엘이 하나님 앞에 범죄하였을 때는 열방을 통하여 그들에게 각성을 촉구하신다. 하나님이 선민과 이방인(異邦人)들을 통하여 영광을 받으시기를 기뻐하신다. 이러한 예언이 요엘서에 적나라하게 기록되어 있다. 그러므로 어떤 특별한 기술이 없이도 문자적(文字的)인 말씀을 통하여 해석을 충분히 가능케 한다.

2. 우화적 해석

요엘서의 해석을 메뚜기의 재앙이나 끝 부분의 사건들을 우화적(寓話的)으로 해석한 자들이 있다. 그리고 요엘서 전체를 미래적 역사(未來的歷史)를 지배해 주시는 하나님의 주권을 우화적(寓話的)으로 설명한 것이라 한다. 그래서 제롬(Jerome) 같은 사람은 본서 1:4에 나오는 메뚜기를 네 나라로 해석하였다. 첫 째는 앗시리아와 바벨론, 둘 째는 메데와 파사, 세 째는 마케도니아와 헬라의 에피파네스와 안티오커스(Antiochos Epiphanes), 네 째는 로마를 지적한 것이라 하였다.

예언을 통하여 시대적 상황이나 하나님의 섭리를 이해하려는 생각을 떠나서 성서에 나타난 특수한 것들을 시적(詩的)으로 혹은 상징적(象徵的)으로만 취하려는 것은 사실적(事實的)인 하나님의 말씀에 대하여 모독이라 할 수 있다. 물론 어떤 때에는 예표론적(豫標論的)으로 해석할 수 있다. 그러나 전반적인 의미(全般的 意味)를 그렇게 해석하려는 것은 큰 우(愚)를 범하기 쉽다.

L. 신약성서와 관계

요엘서의 마지막 부분이 신약성경과 관계된 것으로 여긴다. 예언은 일방적(一方的)인 발상에서 나오는 말씀이 아니고 역사를 주관하신 하나님께서 장래에 대한 경륜을 전하여 주신 것으로 신구약을 구별하지 않고 말씀하신다. 그 말씀을 증거한 예언자가 말씀의 의의를 인식하느냐 하지 못하느냐 하는 문제는 차제의 문제이고 하나님 편에서 볼 때는 신구약의 시간적 개념(時間的 概念)은 그렇게 중요하지 않다. 그러므로 신약에 나오는 말씀이 구약에서 언급되고 구약에서 언급된 말씀이 신약에서 말씀되었다 하여도 하등의 모순이 될 수 없다.

신약성서에서 사도 베드로가 군중들 위에 성령이 부어진 사실에 대하여 요엘의 말씀을 인용하였기 때문이다. 요엘 선지 뿐만 아니라 예레미야와 에스겔 같은 예언자도 성령강림(聖靈降臨)에 대하여 예언한 바 있다(렘 31:31. 겔 47:1-12). 그러므로 오순절 날에 요엘과 다른 선지자들의 말씀이 성취된 것은 그렇게 중요한 사실은 아니다. 우리는 창세기(創世記)에서 세상의 종말을 보고 계시록 끝 장에서 영원을 볼 수 있는 안목이 필요할 뿐이다.

구약의 예언자들이 『여호와의 날』에 대하여 언급한바 많다. 이와 같은 사상은 점점 확장되어 신약 시대에 생존하였던 바울이나 베드로 같은 분들을 통하여 구화되고 뚜렷하게 가르쳐 졌다(벧후 3:10. 살전 5:2). 하나님의 시간은 언제나 미래적(未來的)이면서 현재적(現在的)이며 현재적(現在的)이면서 미래적(未來的)이다. 이 시간 개념은 인간들이 이해하기 힘든 개념이다.

바울도 요엘처럼 만물의 고통을 들었고 종말을 보았다. 하나님의 말씀은 격동의 세월과 함께 더욱 명확하게 드러나는 것을 볼 수 있다. 그

시대마다 말씀의 색깔은 다르지만 원천적(源泉的)인 하나님의 진리는
일점일획(一點一劃)도 변함이 없다(벧전 1:24-25). 때로는 그 날이 희미
하게 보이기도 하지만 어떤 때는 임박한 날처럼 보일 때도 있다. 그러나
그 날이 사실과 얼마나 거리가 있는지는 오직 하나님께서만 아신다. 본
질적(本質的)인 것과 하나님의 취지는 조금도 틀리지 않고 구체적(具體
的)으로 역사 안에서 성취됨을 인식하여야 할 것이다.『여호와께서 통치
하시니 땅은 즐거워 하라』(시 97:1)는 말씀은 구약의 예언자들이 희망에
가득찬 소망적(所望的)인 반복된 말씀이었다. 왜냐하면『의와 공의가 주
의 보좌의 기초』(시 89:14)이기 때문이다.

M. 요엘서의 가치

요엘서는 매혹적(魅惑的)인 짧은 말씀으로 읽는 자들에게 흥미와 경
성을 준다. 본서는 신학적(神學的) 특징이나 유익만 있는 것이 아니다.
자연주의자(自然主義者)들은 메뚜기의 재앙을 보면서 그 참상에 놀라고
정확한 묘사에 감탄하다. 그리고 문학가(文學家)들은 이 책에 나타난 풍
성한 상상력과 문체의 시적 표현(詩的 表現)에 놀란다.

다른 구약의 말씀에서 표현되지 않은 심오한 말씀들은 요엘서를 한층
더 대가(大家)의 글이라 인식케 한다. 이와같은 사상은 후대 많은 예언
자들에게 큰 영향력(影響力)을 끼쳤을 것이다(오바댜 1:17-. 스가랴).

메뚜기의 역사적 현상(歷史的 現狀)은 예술적(藝術的)인 솜씨가 아니
면 그렇게 배열할 수 없다. 그러므로 묵시문학(默示文學)과 사상에 요엘
도 큰몫을 하였다. 역사적 비극(歷史的 悲劇)과 환희는 하나님의 각본이
아니고 인간의 죄악에 따라서 하나님께서 어떻게 대처하는가를 보이신
다. 그러므로 인간과 하나님과의 가장 비극적인 인간(悲劇的 人間)의 공
동체적 행위(共同體的 行爲)와 관계된다는 것이다.

하나님 앞에 선민이 경건하게 생활 할 때 하나님은 계약에 충실하셔
서 공동체적(共同體的)으로 물질은 물론 종교적 생활(宗敎的 生活)에서
도 하나님의 특별한 관심과 축복의 대상이 된다는 것이다. 이와같은 사

상은 묵시문학(默示文學)을 중시하는 이스라엘인들의 특별한 개념이다. 이스라엘의 묵시문학(默示文學)의 특징은 역사를 따라 가면서 하나님의 계획과 성취가 드러나게 된 것을 주장하고 있다. 그것이 어떤 때에는 무서운 재앙과 심판으로 나타나기도 하며 어떤 때에는 하나님의 계약이 실현되는 황금시대(黃金時代)를 이루게 될 때도 있다.

N. 요엘서의 신학

1. 자연관

요엘서 기자는 자연 묘사에 있어서 정확하고 생생하게 묘사하여 기록하였을 뿐만 아니라 자연의 과정을 하나님의 도덕적(道德的)인 목적을 행사(行事)하는 과정으로 해석하고 있다. 메뚜기 재앙과 가뭄을 저자는 하나님의 심판으로 본 것이다. 그리고 이와는 반대로 재앙은 없고 풍년을 약속한 것을 하나님의 은총의 표현으로 본다.

요엘의 성서적(聖書的)인 히브리인의 세계관(世界觀)에서 헬라의 논리적(論理的)인 명확성(明確性)이 흐리게 된 것을 볼 수 있다. 즉『자연적』이란 것은『초자연적인 것』의 나타남이며, 생명적(生命的)이며 비생명적(非生命的)인 자연은 인간의 심판과 그의 축복의 도구요, 또한 분여(分與)로 보고 있다.

재난의 의미를 어떻게 해석하느냐 하는 문제는 그 기준을 정하기 심히 곤난하다. 그러나 인재가 천재를 불러 온다는 것은 누구도 부정할 수 없는 사실이다. 오늘날 세계 도처(世界到處)에서 일어난 한해(旱害), 홍수(洪水), 기타 자연식물(自然植物)과 생물의 멸종의 위기는 모두가 인간에게 책임을 묻는다 해도 좋을 것이다. 그러므로 재난은 언제나 자연현상(自然現象) 이상의 뜻이 내재하여 있음을 알아야 한다. 생명의 근원인 비(雨)의 유무와 초원의 황폐 같은 것은 하나님의 특별한 언어의 표현이다.

2. 역사관

우리가 요엘이 제시한 말씀을 올바르게 인식한다면 역사 가운데서 하나님이 어떻게 자기 목적을 실현하는가를 이해할 수 있다. 요엘서는 구약성서에서 이와같은 사상을 가장 명확하게 보여준 책이다. 여호와 날에 이방에서 모든 민족들이 여호와를 만나고 심판 받기 위하여 이방민족(異邦民族)이 소환될 것이다(욜 3:1-3). 그곳은 판결의 골짜기가 되어 온 세상을 하나님은 심판하신다. 그 때 하늘과 땅이 떨고 시온에서 부르짖음이 있을 것이다.

요엘서에서 특기할만한 것은 『여호와의 날』 개념이다. 우리는 이 말씀이 선민에게는 개약의 성취의 날이며 이방인(異邦人)들에게는 무서운 심판의 날이 된다는 사실이다. 이와같은 사상은 많은 선지자들이 자주 언급한 예언의 말씀이다.(암 5:18. 사 2:12. 13:6, 9. 34:8. 렘 46:10. 애 2:22. 겔 30:3. 옵 1:15. 습 1:8, 18. 2:2-3. 슥 14:1. 말 4:5). 요엘은 이 말씀을 메뚜기와 관련하여 말씀하였고(욜 1:15, 2:1), 한 번은 성령 부어주심과 관계하여 언급하였다(욜 2:31).

『여호와의 날』의 개념은 물질적인 재앙(物質的 災殃)의 날도 되지만 오순절 날과 같은 경이로운 축복의 날도 된다. 여호와의 날은 물질적(物質的)인 문제도 관계되지만 영적인 문제와도 밀접하게 관련된 날이다. 이 날은 이스라엘 역사 뿐만 아니라 세계적(世界的)으로 종말에 나타날 날도 되기 때문이다. 하나님께서는 시공간(時空間)을 초월하셔서 이 날을 예비하신다.

3. 성령관

성령 부어 주심은(욜 2:28-29) 시구약시대의 마지막 부분에 나타난다. 이 날에는 남여(男女) 노유(老幼) 계급과 인종의 차이 없이 부어주신다. 성령을 받는 자는 하나님의 뜻을 깨달을 수 있다. 그리고 그 말씀을 전달할 수 있다. 이와같은 약속은 모세도 예언 한바 있다(민 11:29). 그리고 다른 예언자들도 말하였다(사 32:15. 44:3. 겔 39:29. 렘 31:31-34). 요엘의 예언이 오순절 날에 성취된 것을 베드로는 증거하였다.

요엘은 이 성령의 개념을 『비』로 말씀하였다(욜 2:23). 『이른 비』와 『늦은 비』의 개념은 곧 성령의 강림을 말씀한다. 이와같은 표현은 유명한 시적 표현(詩的表現)이기도 하지만 사실적(事實的)인 말씀이다. 예수께서도 『누구든지 목마르면 내게 와서 마시라.......생수(성령)가 강 같이 흐르리라』(요 7:37-39). 시온의 자녀들은 약속의 날이 이르면 하나님의 백성으로서 영광스러운 체험을 할 것이다(시 125:1. 12:22). 그 때 우리는 모두 하나님으로 인하여 기뻐하게 될 것이다.

하나님께서 비(雨)를 주시되 이른 비와 늦은 비를 적당하게 주실 것이다. 우리는 이른 비가 오순절 날 모세를 통하여 시내산에서 흘러내렸음을 알고 있다. 그리고 늦은 비가 예수께서 돌아가신 후 약속하신 대로 오순절 날에 불같이 뜨겁게 임하셨다(행 2:1~4). 여기에서 『적당하게』와 『이른』란 두 말의 의의를 인식해야 한다. 『이른 비와 적당하게』란 말은 히브리 원어에 『함모레 리스다카』이다. 여기에 『함』는 『그』를 의미하는 관사이고, 『모레』는 『이른비』 혹은 『스승』을 말한다. 『리스다카』는 『적당하게』 혹은 『의를 위한』을 의미한다. 그러므로 『함모레 리스다카』란 합성어(合成語)로 『이른 비를 적당하게』란 말로 해석할 수 있고 또는 『의를 위한 스승』 곧 『의를 가르치는 스승』을 의미한다. 하나님께서 범죄하기 전 이스라엘에게 모세를 통하여 저들의 몽학 선생이 될 이른 비 율법을 주셨다. 그리고 늦은 성령을 통하여 『의에 대하여 진리에 대하여』.........가르치기 위하여 성령(스승)이 오실 것이라 예수께서 말씀하셨다(요 18:37).

요엘은 비로서 『비』를 『내신』이라 하였다(욜 2:30-32). 『그 후』는 말세이다(벧행 2:17). 구약에서서는 『말세』란 말을 대게 『아카리드 하야밈』이라 하였다(창 49:1. 사 2:2. 렘 30:24. 겔 38:16. 호 3:5. 미 4:1. 단 10:14). 그러나 요엘은 이 전통적(傳統的)인 말을 사용하지 않고 『아카레 인』이란 말을 사용하였다. 이 단어가 동일 언어인 것은 사실이지만 굳이 구별한다면 『아카리트 하야밈』은 『말세』 혹은 『말일』은 『날들의 최후를 말함이요, 요엘이 사용한 말은 베드로가 사용한 그 『말세』이다.

『그 후』란 개념은 직후란 의미가 아니며 요원한 장래 곧 예수 그리스도의 초림으로부터 시작된 신약의 시대를 말한다. 메시아의 시대가 개막될 그 때『내신』즉 영(Ruak)『호흡, 생기. 바람』이 만인에게 생명을 불어넣어 줄 것이다(창 2:7. 욥 27:3. 33:4. 34:14-15. 요 3:8. 20:22. 고전 15:45).

우리는 요엘을 통하여 구약의 성령론(聖靈論)을 볼 수 있는데 구약의 성령론(聖靈論)도 본질적(本質的)으로 신약의 성령론(聖靈論)과 동일하다는 것이다.『새 영』을 주시고(창 1:2, 3, 6, 9, 11, 14, 20, 24), 통치하신다(시 139:7). 모든 사람은 이 성령을 얻어서만 하나님의 사역에 가능하다(삿 3:10. 6:34. 11:29. 13:25. 14:6, 19. 15:14. 삼상 11:6. 대상 12:18. 출 31:3. 사 11:2. 42:1. 61:1. 슥 4:6). 성령은 인격을 변화시키며 개조하기 때문이다(삼상 10:6. 시 51:10. 겔 11:19. 36:26. 37:14).

4. 종말관

요엘은 여호와께서 세계만민(世界萬民)을 부르신다고 하였다(욜 3:2). 이 말씀은 요엘의 종말관(終末觀)을 극적으로 기록한 말이다. 하나님께서 땅 위의 만민을 부르신 것은 하나님께서 도덕정치(道德政治)를 하였음을 말함이다. 우리는 예수께서 종말에 대한 말씀을 언급하실 때 각 민족이 행한대로 심판을 받을 것이라 하였다(마 24:32-46). 이와같은 현상은 하나님께서 악에 대한 승리를 말함이다(욜 3:2-6, 15-16. 19). 우리는 신약성서에의 또 다른 곳에서 하나님의 최후 심판을 본다(계14:14-20. 20:11-15).

요엘이 말한 심판은 우주적 종말(宇宙的 終末)을 말씀하였다(욜 3:14-18). 요엘은 이러한 예언을 통하여 하나님께서는 연속적(蓮續的)으로 어떤 목표를 향하고 있음을 보여 주심으로 위기 의식(危機意識)을 갖도록 하신다. 신약성서에서『주의 날』은 항상 임하고 있다(고후 1:14). 그리고 항상 임박해 오고 있다(히 10:250. 그러므로 요엘의 종말관(終末觀)을 신약과 연결하여 연구할 것이다.

5. 요엘의 축복관

열방의 저주와 파멸을 대조하여 보여준 것은 주의 날에 이스라엘이 받을 축복이다. 이스라엘에게 배푼 축복은 구원과 번영이다(욜 2:23. 3:16). 거룩한 성도 예루살렘은 이방의 침입을 다시 받지 않도록 하나님께서 영구히 지킬 것이다. 하나님의 축복은 어떤 것이 됐던지 초자연적(超自然的)이다(요 6:1-13). 그것이 물질적(物質的)인 것이 되었던지 영적(靈的)인 것이 되었던지 하나님께서는 시온의 백성들을 먹이신다. 요엘은 이와같은 사실을 가장 정확하게 언급하였다(욜 3:18. 겔 47:1-12. 계 22:1-2). 하나님이 거하시는 곳은 어디든지 새 예루살렘이며 각 나라에 구속 받은 자들이 충성되이 생존할 곳이다.

6. 예언과 계시

예언과 계시(啓示)란 두 언어에 대하여 혼돈하여서는 안된다. 우리는 예언과 계시의 본의(本意)를 알고 두 말의 차이점을 구분하여야 하겠다. 그리고 성서에서 이 말씀이 모두 종말론(終末論)과 관계있음을 알아야 한다. 우리는 구약의 계시문학(啓示文學)의 특징으로써 종말론(終末論)에 관한 말씀이 많이 언급되고 있다. 아모스가 언급한『여호와의 날』(암 5:18)이 종말론(終末論)과 일치되는 것은 아니지만 궁극적(窮極的)으로는『여호와의 날』이 종말이라 할 수 있다. 그러므로 히브리인들에게는 이 종말론(終末論)의 사상과『여호와의 날』에 대한 개념이 일치되어 있음이 상식화(常識化) 되었음을 볼 수 있다.

아모스는 유대인들이 생각한 것과 정반대로『여호와 날』, 또는『마지막 날』은 인격완성(人格完成)과 하나님의 뜻이 완전히 실현되는『때』로 생각하였다. 이스라엘 사람들에게 어떻게 이 종말론적 사상(終末論的思想)이 싹트게 되었는 지는 확실하지 아니하다. 만물의 시작이 있으니 끝이 있다는 역사철학적(歷史哲學的)인 의미에서 유출(流出)되었다고 보기 보다는 아마도 선민사상(選民思想)에서 유래 된 것으로 생각된다. 여호와의 날은 암흑의 날이요 한 편으로 이 날은 광명의 날이다(암

5:18). 여호와의 날 개념이 확실하게 주장된 것은 이사야 선지를 통하여 『유잔자』, 『종』의 사상이다(사 6:13).

계시문학(啓示文學)의 종말론(終末論)은 복잡한 것 같으나 실상은 간단하다. 그것은 하나님의 집에서 당신의 기대를 찾는 것이다(벧전 4:17). 농부가 씨를 뿌린 후 열매를 거두는 것은 당연지사(當沿之事)이다. 하나님께서 그리스도를 보내셔서 구원하신 무리를 찾는 것이 종말이다.

예언과 계시는 큰 차이가 있다. 그러나 또한 이 두 가지 사이에 유사점(類似點)도 많이 있다. 후기의 히브리 역사를 보면 계시가 곧 예언으로 자리를 잡게 된 것을 볼 수 있다. 학개와 스가랴와 다른 후계자(後繼者)들에게서는 예언자적 성격(豫言者的 性格)이 차차 감소되고 그들의 외침은 평범한 소리였다(시 74:9)..

계시의 진정한 근원은 예언 중에서 시작된다. 그러나 계시문학(啓示文學) 작자들과 서기관(書記官)들의 가르침에는 상당부분 다른 점도 있으나 그들에게서 공통적(共通的)으로 찾을 수 있는 것은 그들이 성경을 열심히 연구하고 가르친 사람들이었다. 그들을 통하여 성경이 우리의 보고(寶庫)임을 알게 하였다. 예언과 계시는 모두 하나님께서 인간들에게서 성취하고자 한 목적의 법칙과 성질을 알려준다. 그러므로 예언자들이 사용한 재료와 법칙도 같다. 그들은 모두 환상을 보았고 같은 종말론(終末論)을 말씀하였다.

그러나 우리는 이 두 가지가 다른 성격을 가진 것도 알아야 한다. 계시의 성격은 서로 대조적(對照的)인 개념이 있다. 하나는 초자연적(超自然的)인 것이고 하나는 현재의 생활로써 서로 다른 가치관(價値觀)을 갖고 있다. 그러므로 계시와 예언의 유사점(類似點)을 너무 강조하여 이와 같은 것을 상실하지 않아야 한다. 물론 예언은 장래 성취될 사실을 예언자들을 통하여 전한 것이어서 이것은 인간과 관계가 있다. 그리고 계시는 예언자와 하나님과 관계를 말한 것이다 그러므로 계시 없는 예언자가 있을 수 없고 예언 없는 계시 또한 있을 수 없다(암 3:7). 예언자들은 도덕적 교훈(道德的 敎訓)과 영적 능력을 생활의 근원으로 하여 하나님과 계시로 교통하고 사람앞에 예언자로 사역한다.

이 계시가 과거 예언자들에게는 묵시적인 성격(默示的 性格)을 갖고 있었으나 오늘날에는 문서(성경)로 씌여진 것이다. 그러므로 계시에 대한 철저한 연구와 성령의 감동을 통하여 인식되어야 할 것이다. 왜냐하면 모든 계시가 모든 예언자들 통하여 우리에게 전하여 졌기 때문이다. 예언은 하나님의 자기를 제한하지 아니하고 하나님께서 정상적(正常的)인 세계와 자연세계(自然世界)에 나타나신다. 그 것을 요엘은 한해, 흉년, 전염병과 외적의 친입으로 묘사하고 있다.

하나님의 계시와 예언이 어떤 방법으로 나타나든지 그것은 하나님의 인격과 도덕적 목적(道德的 目的)을 위하여 나타나신다. 하나님은 의로우시고 의를 사랑하신다. 그러므로 비인간적(非人間的)인 것을 싫어하시고 인격적(人格的)인 것을 즐겨하신다. 예언자를 통하여 하나님께서는 당신을 만족케하심으로 인간에게 축복하시기를 원하신다.

예언자가 하나님의 계시를 받지 못하였을 때 그것은 예언이 아니다. 그러므로 예언의 필수조건은 계시의 유무에 있다. 오늘날 많은 사람들이 계시 없이 얼마나 많은 예언을 하는가를 생각하면서 경계를 요한다.

아 모 스

IV. 아모스서

A. 서 론

아모스가 살던 환경은 그의 사상에 많은 영향을 끼쳤다. 아모스는 사막(沙漠)에서 탄생해서 사막에서 성장하였다. 그의 환경은 그로 하여금 영적 환상(靈的幻像)을 보고 여호와의 음성을 듣기에 적합한 장소이다. 그의 예언 중에 나타난 여러가지 예화를 보면 그는 자연 질서(自然秩序)의 움직임에서 어떤 원인과 결과를 보았다. 그는 아리스토텔레스(Aristoteles. B. C. 384-322)보다 훨신 전에 생존하였으므로 철학에 대하여 아무것도 들어보지 못하였다. 그러나 그는 인과(因果)의 법칙을 알고 있었다. 이 원칙은 영육(靈肉)이 모두 동일하다는 것이다. 자연의 법칙은 보이지 않는 영계의 법칙을 계시하여 준다.

그는 사막에서 성장하면서 깊은 통찰력(洞察力)을 가지게 되었다. 그는 신학교(神學校)를 다니지 않았다. 그리고 세습적(世襲的)인 예언자도 아니였다. 그러나 그의 설교에는 생명이 흐르고 있었다. 당시의 부유하면서 죄악(罪惡)된 생활을 하는 여인들을 가르켜『바산의 살찐 암소』(암 4:1)라 였고『독사의 자식들이었다』(마 3:7)하였다. 아모스는 하나의 원인은 또 다른 결과를 낳는데 그것이 죄을 뿌리고 악을 거두는 것과 같다는 것이었다.

1. 아모스

히브리 정경 12예언서 중에 세 번째에 있는 책에서 나타난 이름으로 아모스(Amos, 헬 $A\mu\omega\sigma$)란 뜻은『짐을 진 』혹은『짐을 진자』란 뜻이다. 이 이름은 구약성경에서 흔하지 않는 이름이다. 예언자 이사야의 아버지의 이름이 아모스(amoz)라 하였으나 실질적(實質的)으로는 선지자 아모스란 이름과 그 이름의 표기법(表記法)이 다르다. 신약성경의 예수의 족보에 아모스라는 이름이 있다(눅 3:35). 그리고 아모스란 이름의 표기가 히브리어로 어떻게 기록되었는지 그것도 미지(未知)이다. 그의 예언을 통하여 성격을 상고하여 보면 찾아보기 힘든 예민함과 타고난 지혜를 가진 자로 나타났다.

아모스의 고향인 드고아(Tekoa)는 베들레헴으로부터 남쪽으로 8Km. 예루살렘으로부터 북쪽으로 약 16Km 지점에 위치한다. 그곳은 해발 810m의 언덕 위에 있었으며, 유다 광야가 내려다 보이는 곳이다. 르호보암(Rehoboam)은 그곳을 『견고한 성읍』으로 만들었다(대하 11:6). 사실상 그 지방의 이름은 외따로 떨어져서 적(敵)에게 노출되기 쉬운 지형이란데서 유래된 것이라 전한다.

드고아(Tekoa)의 원형의 뜻은 『나팔로 위급함을 알리라』는 뜻으로 보아 그 장소가 높은 지형에 속한 것으로 인식된다(렘 6:1). 제롬(Jerome)은 아모스 당시 드고아를 지나서는 마을이 없었다고 전한다. 드고아(Tekoa)란 명칭은 오늘날까지 남아 있어 이스라엘의 양과 소를 기르는 장소이다. 이 마을은 팔레스인(Palestina)에서 현대식(現代式)으로 건설 된 도시이지만 황량한 지방 중의 하나이다. 그곳은 쓸쓸한 광야인데 그 표현은 예언자들의 예언 속에서 자주 언급된다. 역사적(歷史的)으로 이 지방의 사람들의 성격은 직선적(直線的)이다. 역사적(歷史的)으로 다윗의 아들 압살롬(Absalom)이 거짓으로 이야기를 꾸미다 추방된 곳이기도 하다(삼하 14:).

아모스에 주목할만한 독특한 삶의 모습이 나타나지 않았다. 다만 암시적(暗示的)으로 나와 있을 뿐이다. 그는 자신의 증언대로 『예언자도 아니며 예언자의 아들도 아니었다』(암 7:14). 그러므로 그는 예언자 학교나 직업적(職業的)인 예언자는 아니었다는 것이다. 다만 드고아 목장에서 짐승을 기르는 목자였을 뿐이다(암 1:1. 왕하 3:4). 70인역에서도 자신의 말과 같이 기록하였다. 그는 『돌 무화가』(한국의 뽕나무)를 재배하였다. 그러므로 아모스는 농부 이외 아무런 경력 같은 것은 없는 자이다

2. 하나님에 대한 지식

아모스는 순수한 농부였으나 그 자신이 하나님의 이름에 대한 믿음과 하나님의 특성에 대하여 조금도 의심하지 않았다. 아모스가 신뢰한 하나님은 무한한 능력과 세력을 소유한 분으로 인식하였다(암 9:2. 8;9). 그는 자연의 세력을 지배할 뿐만 아니라 자연의 운명을 지배한 분이시었다(암 4:. 5:8. 6:1, 14. 9:7).

아모스의 신관(神觀) 중에 특기할만한 것은 하나님은 공의로우신 분으로 인식하였다. 하나님께서는 이스라엘을 그 공의의 원칙에 의하여 다스리신다(암 1:3. 2:1). 이와 같은 엄격한 도덕적 원칙(道德的 原則)을 가지고 이스라엘 백성들에게 호감을 가지고 접근하였던 것은 이스라엘 백성에게 하나님의 엄격성(嚴格性)을 나타내며 죄의 값은 하나님이 보응하신다는 것을 전하기 위함이다.

아모스가 어떻게 하나님의 특성에 관한 지식을 많이 얻었는지 잘 알 수 없다. 그러나 한 가지 분명한 사실은 그가 탐구와 가르침을 받아서 하나님을 인식한 것이 아니고 하나님의 계시에 의한것이었다. 하나님께서 당신의 뜻을 이루시기 위하여 부르시는 선택된 자들에게 첫 번째로 들려오는 현상이 계시이다. 이와 같은 것은 아모스에게 특별한 것은 아니다. 역사적(歷史的)으로 많은 예언자를 부르시고 그들에게 하나님의 비밀을 계시한 것은 흔한 것이다(암 3:7). 아모스는 하나님에 의하여 세워진 의로운 감정이 풍부한 선지자였다.

아모스가 그의 민족의 역사와 전통을 잘 알고 있었을 뿐만 아니라 민족의 장래를 깊이 생각하며, 그것의 중요성(重要性)을 깊이 깨달았음을 보여주고 있다. 아모스가 하나님으로부터 소명을 받고 나아가 백성들에게 말씀을 증거하라 하였을찌라도 그 민족에 대한 종교성(宗敎性)과 종교적(宗敎的), 도덕적 현실(道德的 現實)을 직시하지 못했다면 바른 권고를 하지 못하였을 것이다. 아모스는 하나님으로부터 소명과함께 새로운 자각(自覺)을 얻었으므로 그는 하나님의 뜻에 합당한 예언을 하였다.

3. 여 행

하나님의 섭리는 깊고 오묘(奧妙)한 것이어서 그 깊이를 이해하는데 어려움이 많다. 어떻게 목자가 도시(都市)에 가서 그것도 다른 나라에 가서 하나님의 말씀을 전할 수 있었을까 하는 것이다. 그러나 이와 같은 일은 유대 역사 가운데 종종 있었다. 남쪽에서 선지자를 택하여 북쪽에 보낸 것은 아무래도 그곳 사람들에게 깊은 감명을 주도록 하기 위함이었을 것이다.

예언서를 보면 예언을 할 때 그 상황과 방법이 다양하다. 이사야는 맨발로 다니며 말씀을 선포하였고, 예레미야는 눈물로 예언을 하였으며, 호세야는 가정을 통하여 하나님의 말씀을 전하였다. 아모스 선지가 자기의 백성에게 말씀을 증거하지 않고 북방 이스라엘에 가서 예언을 한 것은 이같이 주위를 끌기 위함도 사실이다. 그리고 누구나 어느 시대 사람이나 자기의 행위를 자신이 인식을 하기는 힘드는 일이므로 타인을 통하여 객관적(客觀的)인 입장에서 말씀을 전하시기 위함일 것이다.

아모스는 요사이 언어로 선교사(先史)였다. 유다의 최남단(最南端)에서 태어나 농촌 생활(農村生活)을 하던 아모스를 불러 훈련시킨 다음 북방 이스라엘 선교사(宣敎師)로 보냈다. 농촌에서 보고 듣고 생활하던 아모스가 북방의 수도격(首都格)인 벧엘에 가서 그들의 생활을 보았을 때 당황하지 않을 수 없다. 그들의 치부(致富)와 사치(奢侈)와 화려함, 세속적(世俗的) 종교생활(宗敎生活)을 목격하고서 어찌 잠잠할 수 있었겠는가? 아모스는 자신이 가장 필요로 하는 곳에서 무절제(無節制)와 전쟁의 승리로 나태하여져 있던 이스라엘 백성들에게 하나님의 불을 쏟아 부었다.

4. 가정적 배경

아모스가 예언자로서 준비하는 단계에서 간과(看過)해서는 안될 것은 그의 가정 생활(家庭生活)이다. 그의 고향은 자연적(自然的)으로 그곳에 사는 사람들에게 엄숙함을 잠재적(潛在的)으로 갖게 하였다. 광범위(廣

範圍)한 사해와 황량한 사막, 멀리 보이는 모압(Moab)의 절벽은 그에게 다양한 빛과 어두움을 갖게 하였을 것이다. 그러한 환경에서 그는 언제나 자기 양떼를 인도하고 이리들로부터 보호하는 일을 게을리할 수 없었다. 이와 같은 생활 습관(生活習慣)이 북 이스라엘 백성을 경고하고 하나님의 말씀으로 그들을 인도하며 보호하고 싶은 충동을 더욱 뜨겁게 했을 것이다.

고요한 사막의 생활을 하면서 하나님을 깊이 명상했을 것이며, 하나님의 주권이 아니면 살아남을 수 없다는 깨달음도 가졌을 것이다. 우리는 이러한 하나님의 주권을 그의 예언에서 많이 찾을 수 있다(암 1:2. 3:4. 4:13. 5:8. 9:5). 그의 꾸밈 없는 언어와 모습은 선택된 자처럼 하나님과 얼마나 깊은 그리고 가까이 하고 있었었는가를 드러내고 있다(암 3:12).

아모스의 말을 보면 조잡하거나 거친 것은 없고 마음에서 정돈된 균형잡힌 자연적(自然的)이고 감동적(感動的)이며 열정적(熱情的)인 면을 발견할 수 있다. 아모스는 자연환경(自然環境) 속에 살아서 역사하시는 하나님의 음성에 응답이나 하듯 흐리고 답답한 사회에 새로운 활력소(活力素)를 주입시키는 살아있는 예언자였다.

B. 아모스서

아모스의 연설(演說)의 개요는 명백하다. 그의 말씀은 분명하고 단순하다. 그리고 그의 예언도 지금까지 잘 보존되어 있다. 그러므로 구약성서에서 그의 예언의 위치는 대단한 중요성(重要性)을 지닌다. 이 말씀은 독립된 글로서 이스라엘에 하나님께서 주신 최고의 신탁(信託)이다. 이스라엘에는 아모스 이전에도 그리고 이후에도 여러 예언자들이 있었다. 그러나 그들의 예언과 활동들은 민족의 개괄적(概括的)인 역사 속에 포함되어 있으며, 우리는 그 단편적(短篇的)인 예언만 알 수 있다.

모세와 엘리야 같은 인물은 이스라엘 백성들의 마음에 깊은 흔적을 남겼다. 그리고 후기의 예언자들로 높은 정신적 능력(精神的能力)을 갖은 나단(Nathan)과 미가야(Micaiah) 같은 선지자는 희미하게 기억될 뿐이다. 그리고 그들의 예언서도 남아있지 않다. 그러나 아모스서는 그 말씀이 너무나 강한 감화력(感化力)이 있으므로 백성들에게 사실 그대로 보존되어 있다. 그는 국가로부터 생활비(生活費)를 받는 직업적(職業的) 선지자도 아니었으므로 종종 그는 직업적(職業的)인 예언자들에게 집단적(集團的)으로 모욕적(侮辱的)인 책망을 하였었다(암 7:14). 그와 같은 말은 그의 소속이 어디이며 누구의 말을 대언하고 있음인지를 잘 설명해 주고 있다.

중동지방(中部地方)에는 잡다(雜多)한 종교들이 많았으므로 점을 치는 자들이 많았다. 그러므로 예언자들도 종종 백성들로부터 점쟁이와 같이 취급을 받을 때가 있었다. 백성들은 중요한 하나님의 말씀이지만 그 중요성(重要性)을 일괄적(一括的)으로 무시 했다. 그러나 아모스서를 보면 그는 그러한 사이비(似而非)한 예언자는 아니었음을 넉넉히 짐작할 수 있다. 사람을 황홀경(恍惚境)에 빠뜨리고 그들로부터 자신의 존재를 과대평가(過大評價) 받으려던 신비주의(神秘主義)나 하나님의 신탁을 홀로 받았다고 떠들어대는 권위주의(權威主義) 같은 자는 아니었다.

당시의 많은 예언자는 무식한 예언자들은 아니었다. 그러나 그렇게 대접받게 된 것은 그들이 영적으로 부패하였다는 증거도 된다. 그러나 아모스는 진정한 예언자의 전통 속에 살면서 예언자는 물론 백성들의 타락과 잘못된 신적 제도(神的制度)를 비난하였다(암 2:11). 많은 예언자들이 자신들의 사명을 바르게 인식하고 바른 예언들을 할 수 없었기 때문에 아모스는 새로운 전통의 창시자(創始者)처럼 저들 앞에 나타났다.

학자들은 『나는 예언자가 아니며』(암 7:14)의 말씀을 들어 아모스는 예언자의 자각(自覺)이 없는 예언자였다고 주장한다. 그러나 이와 같은 말은 예언자의 현실성(現實性)을 부정한 것이 아니라 국가로부터 생활비(生活費)를 받아가며 왕과 위정자(爲政者)들의 비위나 맞추는 직업적(職業的)인 예언자는 아니란 뜻이다. 통속적(通俗的)인 예언자들은 희망의 신탁을 예언한 것이 보통이다. 그러나 아모스는 하나님의 계시를 받아 의(義)와 심판에 관하여 그의 시야를 넓혔다. 당시의 타락하고 돈만

알며 태평하기만 바라던 직업적(職業的) 예언자들과는 달리 아모스는 구체적(具體的)인 하나님의 말씀을 철저하고 충실하게 전함으로 불멸의 예언자의 반열에 섰다.

C. 아모스서의 주제

아모스가 예언할 당시 유다와 이스라엘 양국은 굉장한 번영과 부(富)를 누리고 있었다. 호전적(好戰的)인 로호보암 2세(Ⅱ Rehoboam)는 수리아를 이기고 하맛(Hamath) 어귀에서부터 사해에 이르기까지 이스라엘 지경을 회복하였다(왕하 14:25-28). 유다의 웃시아 왕은 악독한 에돔과 암몬과 불레셋을 복속시키고 농업과 군사 기술(軍士技術) 개발을 크게 장려하여 예루살렘을 굳건한 요새화(要塞化)에 힘썼다(대하 26:). 외적(外敵)으로부터 안전하고 내적(內的)으로 부강한 이스라엘은 가히 멸망의 생각은 꿈에도 없었다.

이스라엘은 일반적(一般的)인 나라인 사마리아와 시돈(Sidon) 같이 부강하고 안전하니까 교만(驕慢), 사치(奢侈), 압제(壓制), 부정(不貞) 같은 죄가 만연하였고 우상숭배(偶像崇拜)를 생산하였다. 급기야는 벧엘(Bethel)이 우상의 중심지(中心地)가 되었고 사기꾼들의 피난처와 온상이 되었다. 아모스는 이러한 죄악의 도굴로 보내심을 받았다.

그의 사명은 죄악을 의(義)의 입장에서 책망하고 무모한 죄인들에 하나님의 심판과 징계가 임박함을 선포한 것이 본서의 주제이다. 비록 그 결과는 전혀 다르게 나타났으나 여로보암 1세(Ⅰ Jeroboam)는 하나님의 말씀으로 인하여 크게 감명을 받았다(왕상 13:).

아모스서의 두 번째 주제는 이스라엘 뿐만 아니라 유다와 언약의 백성을 둘러싸고 있는 적대국(敵對國)인 이웃 나라들에게까지 확대하여 예언하였다. 아모스서는 서론과 연설과 환상과 메시아 예언이 있다. 첫째 부분은 본서1:1-2에서 이스라엘과 이방 나라(다메섹, 두로, 시돈, 엠돔, 암몬, 모압)의 교만과 멸망을 예고 하였고, 두 번째 부분은 본서 3:-6장에서는 연설을 통하여 하나님의 긍휼에 대한 배은 망덕(背恩忘德)과 우상숭배(偶像崇拜)를 인한 망국의 장래를 선포하였다.

　여호와 언약에는 아무런 관심이 없고 다만 안전만을 추구하는 것이 얼마나 어리석은 일인가를 보여 준다(암 6:1). 환상의 부분(암 7:1-9:)은 하나님의 징벌의 단계를 보여준다. 하나님의 심판의 다람줄은 다시 용서 받을 수 없는 하나님의 심판을 상징한다. 실과의 광주리와 체질 같은 것은 이스라엘의 장래를 보이신 것이다.

　예언서에 나타난 말씀은 한 가지 책망이 나오면 두 가지 약속이 나타남을 볼 수 있다. 회개한 자들에게 기업으로 확장되고 하나님의 영광이 나타날 것을 약속한다(행 15:16). 아모스는 아무 곳에서도 직접적(職業的)인 메시아(Messiah)에 대한 예언은 없으나 간접적(間接的)으로 다윗의 장막을 예언함으로 그리스도를 암시하고 있음을 볼 수 있다(암 9:11).

D. 아모스서의 배경

　예수 그리스도처럼 아모스도 그의 예언자적 선교생활(宣敎生活)을 위하여 전문적(專門的) 종교훈련(宗敎訓練)이 없었던 평민이었다. 그는 농부와 목자로 실과를 따며 사색의 생활을 한 자였다(암 1:1. 7:14). 우리는 이와 같은 배경이 아모스의 신탁에서 잘 반영되고 있다. 그러나 우리는 여기에 지식적(知識的)으로 생각해야 할 것은 어느 시대라 하여 모든 농부와 어부들이 무식한 자들만은 아니었을 것이란 것이다. 오늘에도 박식한 농부와 어부들이 시대를 잘못 만나거나 뜻이 있어 그와 같은 생활을 자취함을 볼 수 있다.

　그러나 당시의 도시의 배경은 행운에 도취되어 있었고, 제단에는 외식으로 가득차 있었고, 사회에는 부정과 부패로 썩어가고 있었다. 이러한 모습을 목격하고『하나님의 의』를 외치고 정의롭고 진실하게 살라는 예언은 아모스의 깊은 통찰력(洞察力)에서 기인한 것이었다.

　남쪽의 사람이 사명을 받고 남쪽의 종교 도시(宗敎都市) 예루살렘으로 향하지 않고 북쪽의 수도 벧엘로 향한다는 것은 그가 북쪽에 고향을 둔 사람이 아닌가 하는 의혹도 준다. 그러나 그러한 흔적은 찾을 수 없다. 또 어떤 자는 북쪽에도 드고아란 곳이 있었을 것이라 주장한다. 그러나 무화과 같은 것은 따뜻한 곳에서만 성장하기 때문에 이러한 주장에 대하여 논리적(論理的)인 뒷바침이 되지 못한다. 아모스가 북쪽으로 가서 예언을 한 것은 역사적(歷史的)인 것이지만 당시의 남과 북이 있었으나 나라의 주도권(主導權)은 북쪽에 있었다는 것을 인식할 필요가 있다.

일개 유다의 목자였던 그가 민족의 종교적(宗敎的), 사회적(社會的), 정치적 전통(政治的 傳統)에 대한 깊은 이해를 가지고 신념에 가득찬 언어로 능력있게 말씀을 증거했다는데 있어서 중요한 뜻이 있다. 하나님 앞에 직업이 무슨 소용이 있으며 인격이 무슨 소용이 있으며 지식이 무슨 소용이 있겠는가 ? 가난한 자를 부르시어 부요한 자를 부끄럽게 하시고 천한 자를 부르시어 높은 자를 낮아지게 하시는 하나님의 손에 붙들림을 받기만 하면 아모스도 되고 이사야도 되며 예레미야도 된다.

평민 아모스로 하여금 예언자가 되게 하신 것은 사람이 아니라 여호와 하나님이었다는 사실이 중요하다. 하나님 앞에는 어떤 환경과 배경도 전혀 문제가 되지 않는다. 하나님께서는 부르심을 받는 자들이 성실하고 뜨겁고 진실하게 말씀을 전하기를 원하신다. 아모스는 이 사실에 있어 만족할만 한 선지자였다(암 7:14-15). 그의 이름이 어떤 의미에서 주어 졌는지 알 수 없으나 그의 예언과 어느 정도 연관성(聯關性)이 있음을 볼 수 있다. 누구도 말하기를 두려워하고 눈을 감고 살아가는 종교인(宗敎人)들에게 눈을 번쩍 뜨게해 주는 아모스의 의로운 외침은 이스라엘로 하나님의 의도를 깨닫게 하기에 충분하다.

1. 사회적 상황

아모스서는 당시 사회적 상황(社會的 狀況)과 종교적 상황(宗敎的 狀況)을 구체적(具體的)으로 표현하고 있다는 점에서 가치가 있다. 예언자가 비난하고 있는 충격적 사실(衝擊的 事實)들은 당시의 사회상을 생생하게 묘사하고 있다. 그의 예언과 사회적 비난(社會的 非難)을 보면 그 당시의 사회를 정확히 추정할 수 있다. 이스라엘은 여로보암 2세 시대에 종교적(宗敎的)으로 위기에 있었다. 그러나 당시의 사회상은 솔로몬 통치 이후 나라의 세력이 크게 확장되었다(왕하 14:25).

이와 같은 현실은 백성들로 하여금 일등국가(一等國家) 일등국민(一等國民)이라는 교만을 낳게 하였고(암 6:1, 13), 전쟁의 성공은 이것을 뒷바침해 주었다. 아모스는 이러한 오만을 책망하며 고취시켰다. 그들은 전쟁에서 승리하였을 때 다른 패전국(敗戰國)으로부터 모든 것을 약탈하여 온다. 이와 같은 사실은 앗시리아의 전승 기념비(戰爭記念碑)에서 발견되었다. 이스라엘도 예외는 아니였다. 전승은 직접적(直接的)으로 연결되었다. 이스라엘 주민들에게 전승은 또 다른 죄를 가하였다. 즉 사치의 죄이다. 사치는 쾌락으로 발전하며 쾌락은 음란한 생활을 유치한다(암 4:1). 그리고 음란은 사회적 타락(社會的 墮落)으로 멸망을 가져올 뿐이다.

사람들이 역경에서도 어리석음을 범할 수 있으나 부(富)한 자들에게는 더욱 어리석음을 범할 가능성(可能性)이 많다. 가난한 자들은 생계를 위하여 열심과 지혜를 다하지만 부한 자들은 흔히 어리석게되고 미련하게 된다. 부(富)를 가난한 자들을 돕는 기회로 만들고 전승을 하나님께 영광을 돌리는데 사용할 수 있는 지혜가 있다면 그것은 곧 하나님의 축복이다.

2. 종교적 상황

기본 도덕(基本道德)을 해치는 것은 사회적 분위기(社會的 雰圍氣)이다. 사치스럽고 교만에 빠져 있는 사회에서 종교의 생명을 말살 당하기 일 쑤 이다. 이스라엘이 그러했고 한국의 현실과 미국의 현실이 그렇다. 아모스는 당시 타락은 음난과 교만에서 온 것이라고 솔직하게 지적한다. 아모스의 연설을 집약해 볼 때 그들의 예배 형식(禮拜形式)의 외식화(外蝕化), 사제들의 도덕적 부패(道德的腐敗)는 특별한 민족성(民族性)을 개발시키고 번창케하는 일에 보탬 보다는 타락의 원인을 제공할 때가 더욱 많다.

벧엘(Bethel), 단(Dan), 길갈(Gilgal), 브엘세바(Beersheba) 등에 산재한

성소는 참배자(參拜者)들의 주머니나 터는 약탈의 장소요, 제사장들의 구멍 가개였지 성소는 아니였다. 관례적(慣例的)이고 형식적(形式的)인 종교생활(宗敎生活)은 국민건강(國民健康)에 아무런 생명적 역활(生命的役割)을 할 수 없다(암 4:4-5). 이와 같은 것은 행사(行事)이지 종교적 참배(宗敎的 參拜)는 될 수 없다(암 2:8). 정의와 자비가 사라지는 종교생활(宗敎生活)은 민족의 번영과 하나님의 섭리의 성취에 도움이 되지 못한다. 그리고 낙관주의적(樂觀主義的)인 제사들의 언변(言辯)은 결코 중생의 기회를 얻게할 수 없다.

아모스는 당시의 타락한 사제들과 지식인(知識人)들이 볼 수 없는 미래를 하나님을 통하하여 보았다. 가뭄, 기근, 염병, 그리고 지진과 자연적(自然的)인 재앙은 죽은 양심을 일깨우는 하나님의 표어(標語)이다. 불길한 종말이 멀게 만 느껴지는 당시의 종교인(宗敎人)들에게 살아계신 여호와는 당신의 종들을 세워 『여호와의 날』을 예언하신다. 들을 귀 있는 자는 들을 찌어다(마 11:15, 13:9, 계 13:9).

3. 역사에 대한 증언

아모스서는 다른 예언서의 역사적 진술(歷史的 陳述)을 확인할 수 있다는 점에서 가치가 있다. 특히 그것은 오경(五經)에 내포된 초기 역사(初期歷史)의 사건을 언급함이다. 우리는 역사적 사건(歷史的 事件)이라 하여 모두 기록으로 남겨진 것은 아니란 것을 간과(看過)해서는 안된다. 당시의 국민들은 역사적 사실(歷史的 事實)을 정설을 통하여서와 비록(非錄)을 통하여 많이 알고 있었다. 그런데 아모스 같은 훌륭한 예언자들을 통하여 역사적 사실(歷史的 事實)을 알 수 있다면 그것은 금상치마이다.

당시의 사람들이 역사적 사실(歷史的 事實)을 얼마나 신뢰할 수 있었는지 알 수 없으나 아모스가 말한 소돔과 고모라(암 4:11) 같은 사건을 열거한다는 것은 비록 비극적 사건(悲劇的事件)이지만 일반적(一般的)인 상식에 더욱 확실성(確實性)을 준다. 아모스의 이와 같은 표현은 당시의 이스라엘 백성들이 그와 같은 역사적 기록(歷史的 記錄)을 잘 알고 있음을 말한다(암 7:16. 이삭), (암 3:13. 야곱, 암 5:6, 요셉). 이와 같은 주장은 예언자가 청중들에게 암시적(暗示的)이거나 직접적(直接的)이거나 창세기(創世記)의 족장의 역사적 연속성(歷史的 連續性)을 증거하고 있다.

아모스의 출애굽의 사건의 언급이나(암 3:1), 40년 광야의 생활(암 2:10) 같은 표현은 역사적 사실(歷史的 事實)을 민족사적 입장(民族史的 立場)에서 중요한 참고가 된다. 이스라엘 국민의 의식 속에 살아있는 기억을 더욱 생생히 살리는 역할을 한 것이다.

E. 아모스서의 저자와 연대

1. 아모스서 저자

유대 주석가(註釋家)들은 아모스가 말을 더듬었거나 느렸기 때문에 그 이름이 『짐 나르는 자』란 표현을 하였다고 추측한다. 아모스는 탁월한 예언자들이 있었던 시대에 살면서 예언하였으며 본서를 남겼다. 그러나 학자들 간에는 아모스가 본서를 기록하였는지 다른 사람에게 신탁하여 기록케 하여 문서화(文書化) 하였는지 학설이 분분하다. 스칸디나바아 학파들은 전승사적(傳承史的) 이론을 앞 세워 아모스의 예언이 구전으로 어느시까지 전승되어 내려 오다가 히브리어가 완전할 정도의 시기에 기록되었다고 주장한다. 그러나 그가 어느 때까지 예언하였는지 기록이 없으모로 추측할 뿐이다. 제롬(Jerome)에 의면 아모스는 말년에 귀향하여 고향에서 일생을 끝냈고 그의 무덤이 드고아에 있다고 전한다.

아모스서 안에 있는 생생한 말씀들이 그 예언을 장식하고 있는 점으로 보아서 아모스 자신이 직접 저작했다는 것이 정설로되어 있다. 그러나 그 예언의 환상(암 7:1-9. 8:1-3. 9:1-4)에 대한 내용에 대하여는 아모스가 사명을 받기 이전의 시대에 기록되었다고 주장한다. 아모스의 예언의 성격상 연설과 환상이 서로 분리되었기 때문이라 할 수 밖에 없다.

본서를 깊이 읽어보면 묵시문학(默示文學) 뿐만 아니라 사상면(思想面)에서도 통일성(統一性)을 볼 수 있는 것으로 보아서 아모스서를 편집한 자가 자료를 다른데서 취하였다는 것을 수용할 수 없다.

아모스서의 구성이나 수사학적(修辭學的)인 조화로 보아서 그와 같은 주장은 기우에 지나지 않는다. 아모스서는 처음부터 일관된 패턴을 가지고 있다는 사실을 간과해서는 안될 것이다. 이 예언에서 회개를 전제로한 축복의 약속과 『남은 자』의 희망의 전망 같은 것은 아모스가 집필하였다는 것을 더욱 강하개 믿게 할 뿐이다.

2. 아모스서 연대

본서의 표제(表題)에 언급한 말씀을 연구하여 보면 웃시야(Uzziah)의 통치 기간(B. C. 767-7440)과 이스라엘 왕 여로보암2세의 통치 기간(B. C. 782-753)에 살았다는 사실이 밝혀졌다. 웃시아(B. C. 791)부터 유다왕 아마샤(Amaziah)와 공동으로 통치하였으며 반면 로호보암 2세는 B. C. 793-년부터 이스라엘 요아스와 함께 공동통치(共同統治)를 하였다. 그러므로 아모스의 예언 활동 시기(活動時期)에 대한 이론(異論)이 있을 수 없다.

대체적(大體的)으로 아모스의 활동기간(活動期間)을 웃시아와 여로보암 2세의 통치 중간인 B. C. 760년 경으로 본다. 그러나 그의 예언 기간이 얼마나 오래동안 계속되었는 지 알 수 없다. 수개월이었는지 아니면 죽을 때까지 계속되었는지 본서에 언급이 없으므로 추정하기란 어렵다 (암 7:10-17).

F. 아모스서의 일반적 특징

제롬(Jerome) 시대의 비평가(批評家)들은 아모스가 그의 직업과 관련된 일 곧 양떼를 치며 전원 생활(田園生活)을 하는 것을 그의 예언에서 자주 언급하였다는 이유로 그를 『농촌의 설교자』라 한다(암 2:13. 3:4, 5, 8, 12. 4:6-9. 5:11, 17. 6:12. 8:8. 9:5). 그의 설교 문체(說敎文體)는 고상하지도 않고 높은 시성(詩性)도 없으나 힘있는 문체로 리듬의 배열이나 대귀법(對句法)의 사용에서 상당한 문학적 재능(文學的 才能)을 겸한 자로 평가한다.

　이책의 일반적(一般的)인 성질은 자연에 관한 성격을 빼놓고는 지루함을 면할 수 없다(암 4:13). 비평가(批評家)들은 아모스가 배움이 많지 않았으므로 사투리(방언)를 많이 사용하였다고 주장한다. 이것은 단순한 생활과 성격을 묘사한 것으로 그의 예언과 일치한다. 이 선지자의 평범하고 단순한 말들 가운데서 힘이 더욱 솟아나며 하나님의 직언을 들을 수 있다(암 4:12).

　교육은 받지 않는 선지자였으나 전통적(傳統的)인 이스라엘의 역사를 관철하고 있다는 점에서 아모스는 무식한 백성은 아니었다. 우리는 다음의 성경을 비교하여 보면 더욱 그러한 것을 인식케 되리라.

암 4:9 『내가 풍재와 깜부기 재앙으로 너희를 쳤으며……』
신 28:22 『페병과 열병과 상한과 학질과 한재와 풍재와……』

암 6:12 『너희는 공법을 쓸개로 변하며 정의의 열매를 인진으로』
신 29:18 『독초와 쑥 뿌리가 너희 중에 생기며……』

암 4:6, 8, 9, 10, 11 『너희가 내게로 돌아오지 아니하였느니라』
신 4:29-30 『네가 네 하나님 여호와께로 돌아 와서……』

암 2:8 『모든 단 옆에서 전당 잡은 옷 위에 누우며……』
출 22:26 『이웃의 옷을 전당잡거든 해가지기 전에 그에게 돌리고』

암 2:7, 12 『가난한 자의 머리 위에 있는 티끌을 탐내며……』
출 23:6. 『너는 가난한 자의 송사라고 공평치 않케 하지말며』
신 16:19 『너는 굽게 판단하지 말며………』

암 2:7 『젊은 여인에게 다녀서 나의 거룩한 이름을 더럽히며』
레 18:21 『................하나님이름을 욕되게 하지 말라』

암 4:6-7 『..........내가 너희에게 비를 멈추어......... 』
신 28:23, 48, 57 『네 머리 위에 하늘은 놋이 되고 네 아래 땅은』
레 26:19-20 『하늘로 철 같게 하며 너희 땅으로 놋 같게 하리니』

암 4:11 『하나님 내가 소돔과 고모라를 무너뜨림 같게 하며』
신 29:23 『그 땅이 유황이 되며 .....훼멸하신 소돔과 고모라』
암 2:5 『내가 유다와 예루살렘에 불을 보내리니』
호 8:14 『내가 그 고을들에 불을 내리며.............』

암 7:17 『이스라엘은 정녕 사로잡혀 그 본토에서 떠나리니』
호 9:3 『너희가 여호와의 땅에 거하지 못하며...............』

암 1:4 『내가 집에 불을 보내리니...............』
렘 49:27 『내가 다메섹의 성벽에 불을 놓으리니............』

암 1:15 『저희 왕은 방백들과 함께 사로잡혀 가리니.......』
렘 49:3 『그 제사장들과 그 방백들이 다 사로잡혀 가리로다』

등을 비교하여 보면 아모스의 단순하고 담백한 어투와 문장구조상(文章構造上) 균형된 조화를 가졌다는 것을 인식하게 될 것이다.

G. 아모스서의 문체

아모스의 예언의 문체를 연구한 자들은 이구동성(異口同聲)으로 시적형(詩形式)대로 되어 있어 그 내용과 잘 조화가 된다는 것이다. 아모스는 다양한 운율을 사용하는데 능란하였고, 그리고 가장 효과적(效果的)인 것을 표현하기 위하여 불길한 예감 같은 것 즉 장송곡(葬送曲)과 같은 운율도 사용하였다는 것이다. 그러한 시적 표현(詩的 表現)이 잔인한 파멸을 예고하는 멧세지가 되었었는데 이러한 표현은 다른 선지자들도 아모스를 능가하지 못한다.

그의 예언은 민족의 양심을 울린 것은 그의 예언이 어느 곳을 보아도 인위적(人爲的)인 것을 발견할 수 없었기 때문이다. 그의 문체는 자신에게 신탁한 진리의 말씀을 열렬하게 이야기하는 그 자신을 천박하게 나타내고 있다. 아모스는 굳어지고 닫혀진 청중들의 마음을 쪼개어 열고 들어가서 그들의 기억에 영원히 남을 수 있는 진리를 남겼다.

아모스는 하나님께서 하신 말씀을 구조화(構造化)하는데 뛰어난 재주를 가진 자로써 그의 반복된 말씀은 그의 예언을 더욱 효과적(效果的)으로 들리게 한다. 내용은 바뀌어도 구조 자체(構造自體)는 변함이 없다. 예언 가운데서 심판에 대한 예고가 이웃에게 말한 것처럼 들리지만 점차적(漸次的)으로 그 예언이 자신에게 하는 것이란 사실을 자각케한다. 청중들은 아모스의 예언을 들으면서 자신들은 하나님의 무서운 멸망이 자신들에게 임박하고 있다는 사실을 알면서도 그곳에서 헤어나지 못한 최면술(催眠術)에 끌려들은 자 같이 느껴졌다(암 4:6. 8-11).

아모스의 환상도 동일한 내용을 여러가지 환상으로 표현함으로 전통적(傳統的)인 히브리 민족의 묵시문학(默示文學)의 구조를 따르고 있다. 실로 아모스는 세련된 예술가요 하나님의 소중한 예언자였다.

H. 아모스서의 정경성

이 성경은 정경화(正經化)된 히브리어 성경의 12소선지 중에 배열되어 있다. 소선지의 세 번째에 기록된 예언이지만 그의 예언은『문서 예언자들』중에 최초의 예언자 중에 한 사람이다. 그리고 이스라엘의 예언자 성장에 새로운 시대를 연 사람이다. 히브리어 성경에 기록된 원문 상태(原文狀態)도 양호한 편이다.

70인역과 다른 고대 역본들은 맛소라 사본을 참고로 하여 번역된 것으로 보인다. 쿰란(Qumran) 문서에 나타난 단편들 중에 아모스서를 보면 본문과 아무런 차이점(差異點)이 발견되지 않기 때문이다.

I. 아모스서의 내용

아모스가 선포된 말씀을 연대기적(年代期的)으로 예언하였더라면 추방되지 않았을 지 모른다. 하나님은 자신들과 약속에 성실하며 하나님의 정의(正義)가 궁극적(窮極的)으로 승리를 거둔다는 확신과 뿌리 깊은 신념은 우리로 하여금 엄격한 초기의 예언자 모습을 보게 한다. 善의 궁극적(窮極的)인 승리는 하나님이 공의로신 분이기 때문이란 사상이 본서에 풍성하게 흐르고 있다. 본서를 자세 구분하여 보면 다음과 같다.

Ⅰ. 열방에 대한 신탁 1:1-2:16

  A. 표제 1:1-2

  B. 이웃 나라에 대한 신탁 1:3-2:3

   1. 다메섹 1:3-5

   2. 불레셋 1:6-8

   3. 두로 1:9-10

   4. 에돔 1:11-12

1. 숙청과 심판 9:8-10
2. 다윗 왕국의 회복 9;11-12
3. 자연의 풍부 9:13
4. 포로들의 귀국 9;14-15

J. 아모스서의 가치

오늘까지 아모스서의 가치는 변함없이 인정되어 왔다. 그 이유는 초기 예언자의 한 사람으로써 그의 예언의 순수성(純粹性) 때문이다. 같은 시대에 예언한 호세야처럼 이스라엘 백성들에게 중대한 시기에 관계된 예언이기 때문이다. 아모스는 백성들의 생활과 종교적인 형편(宗敎的形便)을 생생하게 묘사하여 당시의 시대상을 전하여 주기 때문이다. 그리고 아모스서는 몇몇의 다른 예언서의 연대를 밝혀 주는데 큰몫을 하기 때문이다. 아모스서는 이스라엘의 역사를 추적하는데 없어서는 안될 말씀이다.

K. 아모스서의 신학

아모스는 창조적(創造的)인 신학 개념(神學槪念)을 가졌던 예언자로 절대미문(絶對美文)의 혁신적(革新的) 예언자로 그의 신학의 근거가 철저한 신중심주의적(神中心主義的)이었다. 이러한 점으로 보아 민족 앞에 역동적(力動的)인 신앙공동체(信仰共同體)를 표방한 대표자(代表者)라 할 수 있다. 그의 독창적 신학(獨創的 神學)은 전승적 양식(傳承的 樣式)들에 새로운 의미를 갖게 한다.

1. 신 관

예언자에 대한 연구를 한 사람들은 반드시 중시하여야 할 것이 있다.

예언자들은 어떤 교리를 제정하거나 체계있는 신학서(神學書)를 쓰려고
하지 않았다. 아모스가 살던 시대의 사회적 상황(社會的 狀況)과 경제적
상황(經濟的 狀況)과 종교적 상황(宗敎的 狀況)은 그의 예언 중에 잘 나
타나 있다. 아모스는 아람(Aram) 풍속과 전통 속에서 성장하였다 그러
므로 그에게 정치와 경제 문제(經濟問題)는 관심밖의 문제였다. 그는 유
목민적 생활(遊牧民族的 生活)을 하였으므로 무엇보다도 인간의 가치를
귀중히 여기고 생명과 자유와 행복을 추구하는 생각과 모든 사람은 평
등하게 창조되었다는 민주적 생각(民主的生覺)을 가졌다.

　농업 문명(農業文明)과 왕국을 통치하고 건설하며 사는 자들의 생각
은 전혀 다르다. 왕국을 다스리는 사람들은 때로는 명예와 재산과 군사
력(軍事力)이 무엇보다 귀중한 것으로 생각하여 착취하고 인간을 하나
님의 도구와 같은 존재로 여겨 사고 팔지만 예언자 아모스와 기타의 하
나님의 사람들의 주관은 그것과 상이(相異)하였다. 그러한 이유로 도시
에 익숙한 사람들과 선지자들은 자주 충돌을 하였다. 아모스는 레갑당(
Rechabites;敬虔主義, 대상 2:55. 민 1:27. 렘 35:1-11)과 나사렛당(愛國主
義)과 같은 성격을 가진 아모스에게는 도시의 생활을 쉽게 수용할 수 없
었다.

　아모스는 문명의 발전에 대하여 저주하거나 그것을 반대하지 않았다.
다만 그는 이스라엘의 전통적 신앙(傳統的 信仰)에 흐르고 있는 영적요
소(靈的要素) 때문에 하나님을 떠난 문명 생활(文明生活)을 염려한 것이
다. 사회인(社會人)들이 너무나 물질에 치우치다 보면 영적인 것에서 멀
어지고 등한히 하기 때문에 이것을 경계한 것이다. 그러므로 아모스는
언제나 본질적(本質的)인 것에 착안하여 모든 사회상을 판단한 것이다.
그러므로 모든 문명은 반드시 윤리와 영적인 토대 위에 세워져야 한다
는 것이다(시 127:1).

　우리는 선지자들에 대한 특별한 특징적 예언(特徵的 豫言)의 성격을
잘 알고 있다. 가령 호세야를 하나님의 사랑을 표출해 낸 선지자로 사랑
의 선지자라 하며 이사야를 정치적 성격(政治的 性格)을 띤 예언자자로
소망의 선지자(先知者)라 한다. 그렇다면 아모스는 어떤 선지자인가 그

신관의 특성을 규정하는데 중요한 의미를 갖는다. 한 마디로 아모스는 하나님의 진노를 예언한 자로 공의로운 하나님이란 신관이 그 예언의 중심에 나타나 있다. 끊임없는 죄의 지적과 회개의 축구는 의로우신 하나님의 편에 있었기 때문이다.

아모스는 다른 선지자들과 같이 하나님의 계약에 대한 문제를 강조하지 않았다. 그는 이스라엘과 하나님 관계에서 하나님의 의(義)만이 모든 삶의 근거가 된다고 보았기 때문이다. 하나님은 의로운 하나님으로서 어느 민족이나 국가를 막론하고 심판한다는 것이 그의 일반적(一般的)인 신관(神觀)이다. 이스라엘 백성들에게 특별하게 주장한 것은 하나님의 정의에 대한 확실한 실천이었다. 그것은 그들이 곧 의로우신 하나님의 선민이었기 때문이다.

아모스는 하나님을 『이스라엘의 하나님』이라 부르지 않고 『만군의 하나님』으로 호칭함으로 하나님은 창조주인 것을 강조하고 있다. 모든 피조물(被造物)은 창조자(創造者)의 손에 운명이 달려있음을 강조하면서 그 앞에 선언된 진노는 피할 수 없는 것으로 언급하였다(암 9:2-6).

2. 하나님의 의

아모스의 예언을 청취하는 백성들은 불신앙의 사람들은 아니었다. 오히려 지나칠 정도의 예배의식(禮拜儀式)에 철저한 자들이다. 그들의 열심은 아모스의 눈에 참을 수 없는 것들이었다(암 4:4-5). 남녀들이 어울려 다니며 행하는 종교행사(宗敎行事)는 부도덕(不道德)하고 불결한 것으로 하나님의 명령과 뜻에 전혀 무관한 것이었다. 예배는 깨끗한 마음의 동기에서 나와야 한다. 그러나 순수하지 못한 마음에서 나오는 종교행사(宗敎行事)는 형식화(形式化)되기 일쑤이고 비윤리적 행동(非倫理的 行動)으로 끝나기 쉽다

아모스는 의로운 사람이었다. 그의는 종교적(宗敎的)인 의가 아니고 윤리적(倫理的)이고 도덕적(道德的)인 의였다. 그는 하나님을 지식의 근본으로 삼고 그곳에서 나오는 참 의를 추구한 자였다. 아모스는 하나님편(계명)에서 보고, 생각하며 말하였고, 행동하였다. 그와 같은 시각에서

이스라엘의 종교를 바라 볼 때 하나님의 계명의 중에서 완전히 이탈되고 변질된 것이었다. 그들의 신앙은 중화되어 버렸고, 종교는 일종의 사업적 행위(事業的行爲)로 변하였다. 그들은 자신들이 하나님의 뜻을 따르는 신앙이 아니고 하나님을 끌어 내려 마음대로 이용하는 자들이었다. 하나님의 생명은 종교가 무의미한 의식과 형식으로 변절되어 질 때 생명은 고갈되고 만다.

아모스나 이사야나 예레미야와 같은 선지자들은 의식과 희생을 완전히 무시하고 영적이고 도덕적인 종교(道德的 宗教)를 제창한 자들로 생각하기 쉽다. 그러나 그들은 결코 그러한 자들은 아니었다. 어떤 의식도 하나님과의 관계가 단절되게 한다면 그것은 영적 종교의 중심을 상실한 것이며 그들의 주장은 하나님과의 새로운 관계를 주장한 것이다. 아모스는 원래 유대교가 시작할 때 두었던 중점(진리)에 중점을 두는 유대교가 될 것을 강조한 것이다. 이러한 의미에서 아모스는 의(義)의 개혁자(改革者)였다.

아모는 하나님의 본질적 성격(本質的 性格)을 의(義)에 두고 의로운 하나님은 의로운 눈으로 사람의 행동과 마음을 보시고 계신다는 것이다. 하나님의 욕망은 자기 백성이 자기와 같이 되기를 갈망하신다. 그러므로 인간은 마음에 이기심을 끊어버리고 하나님의 의로운 요구에 응답하여 살라는 것이다. 그 의는 제한된 것이 아니고 세계적(世界的)이고 보편적(普便的)인 의이다(암 5:21-25).

아모는 이러한 신관(神觀)을 가졌으므로 처음부터 죄에 대하여 책망을 쏟아 놓았다(암 1:3-2:15). 일곱 차례의 책망은 모두가 비인도적(非人道的)인 것과 불신앙적(不信仰的)인 것이다. 정직한 양심을 버린 것은 경건의 자연법(自然法)을 거스렸기 때문이다. 양심의 법은 이스라엘의 기본법(基本法)인 모세의 법보다 오래된 법이다. 그러므로 인간의 삶의 바탕을 이 법에 두라는 것이다. 아모스는 양심의 법을 외면한 이스라엘 백성들의 현상을 보았다.『종으로 팔리고』(암 1:6),『여인의 배를 가르고』(암 1:13),『사람의 뼈를 불사르고』(암 2:1) 등 잔인한 행동들이었다. 이와 같은 것은 모두가 하나님의 의를 항거하는 반동으로 본 것이다.

3. 남은 자의 사상

하나님께서 이스라엘 민족을 섭리하는 것 중에 가장 고귀한 사상은 『남은 자』의 사상이다. 일명 『종』의 사상이라 할 수 있다. 이 『종』의 사상은 에스겔이나 예레미야는 물론 이사야 선지에 이르러 절정에 이른다. 그런데 이 귀한 사상이 아모스에게서도 발견된다는 것은 그의 예언의 성질을 짐작할 수 있다.

여호와는 『요셉의 남은 자』를 불쌍이 여기신다는 것이다(암 5:4. 15). 비록 남은 자의 사상은 아모스에게서 충분히 발전을 보았다고 할 수 없으나 그 핵심적(核心的)인 사상은 후일에 다른 예언자들에게 많은 영향을 주었음은 틀림없는 일이다. 남은 자는 민족의 희망이요 하나님의 작정이다. 민족이 모두 몰살 당하여도 1/10은 남겨 둔다는 사상은 파멸에서도 유일한 소망이 아닐 수 없다. 하나님의 은혜는 당신의 섭리를 성취하기 위하여 이처럼 숭고한 계획을 갖고 계신다.

4. 도덕관

아모스는 신명기적(呻命記的)인 사상을 갖고 있는 예언자로 율법의 필수적 요소(必需的 要素)이자 예언의 중심을 윤리로 보았다. 신명기의 부분이 윤리적 요구(倫理的 要求)를 강하게 강조하며 순천자는 흥하고 역천자는 망한다는 사상을 주장하고 있는데 반하여 아모스도 문체상으로 예언의 주제가 윤리적 요구(倫理的 要求)와 일치한다. 아모스는 온유한 호세야와 달리 엄격한 사람으로 인식되며 그의 신명기적 요구(呻命記的 要求)는 율법을 경시하는 자들에게 격렬하게 비난하였다.

특히 율법을 격멸한 자(암 2:4 신 17:19). 학대한 자 (암 4:1. 신 28:33). 재앙(암 4:9. 신 28:22). 쑥의 뿌리(암 6:12. 신 29:18) 등은 아모스가 도덕의 중시함을 볼 수 있다. 모든 재앙이 윤리적 규정(倫理的 規定)에 의하여 임한다는 사상은 쉽게 찾을 수 있는 진리이다.

오바댜서

V. 오바댜서

A. 오바댜

오바댜(Obadiah)는 여호와의 종』이란 뜻을 갖고 있다. 그리고 『여호와께 예배하는 자』란 뜻으로도 풀이 할 수 있다. 이 이름은 셈족 중에 매우 흔한 이름으로 구약성서에 많은 사람이 있다(왕상 18:3-16. 대상 3:7, 21. 7:3. 8:38. 9:16, 44. 스 8:9. 느 10:5. 11:17. 12:25. 대상 12:9, 25. 대상 12:9. 27:19. 대하 34:12. 대상 9:16. 대하 17:7-9). 어떤 사람은 그는 아합 왕 때 살았던 인물로서 100명의 예언자들을 돌봐 주었고 50명의 예언자를 굴 속에 숨겨준 사람일 것이라 한다(왕상 18:3-13).

오바댜서는 구약에서 가장 짧은 책으로 겨우 22절의 말씀 뿐이다. 이 책에서는 에돔에 대한 멸망을 언급하고 있다. 에돔이 몰락하면 반대로 유다의 땅이 확장되고 여호와의 왕권이 확고하여 진다는 것이 오바댜의 예언이다.

B. 예언의 주제

오바댜서의 주제는 하나이다. 그것은 커다란 국가적 재앙(國家的 災殃)의 때에 유다에 대하여 잔혹하고 형제답지 못한 행위를 한 에돔에 대한 하나님의 심판을 예고 함이다. 그리고 부수적(附收的)으로 이스라엘의 회복에 대한 예언이다. 오바댜의 예언은 배타적(排他的)이어서 에돔에 대한 멸망을 선언한 것이지만 오바댜서에는 하나님을 적대시(敵對視)하는 모든 시대 모든 나라에 대한 하나님의 본보기의 예언이다. 그러므로 에돔은 하나님을 거역한 전세계(全世界)의 모형이다.

에돔은 난공불락(難攻不落)의 바위틈에 자라잡고 있는 성이어서 적을 두려워하지 않았다. 그러나 하나님께서 에돔을 침략으로 끝내는 정도가 아니라 완전히 황폐케 한다는 것이다. 에돔은 그 때 자기들이 동맹한 나라들의 배신을 맛 볼 것이다. 에돔이 이와 같은 비운을 당하는 것은 언약의 백성이요, 형제의 백성인 유다에 대한 행한 대로의 보응이다.

오바댜는 무서운 날에 시온의 난을 피할 자와 야곱의 집에 구원이 있을 것이다. 그리고 이스라엘은 하나님을 대행하는 백성이 될 것이다. 에돔과 유다의 관계는 우정이 없는 것이 특징이었다. 그와 같은 사실은 역사적 사건(歷史的 事件)에서 발견된다(삼상 14:47. 삼하 8:13. 왕상 11:15. 대하 20:22). 에돔은 인접한 나라들과 동맹하여 기회가 있을 때마다 유다를 괴롭혔다(대하 21:8, 17. 욜 3:19. 암 1:11. 왕하 14:7. 대하 25:11). 느부갓네살이 유다를 공격할 때 그들과 합세하였다(겔 35:. 36:5). 이와 같은 죄는 이스라엘을 괴롭히는 다른 민족과 함께 정죄될 것이다(렘 25:9. 27:3-6. 옵 1:3-4).

C. 오바댜서의 배경

에돔인들은 에서의 후손이다. B. C. 5세기까지 그들은 사해 남쪽 160 Km의 지역에 살고 있었다. 그곳은 대상(隊商)들의 통로로 이용되기도 하였다. 건물들은 자주빛 벽돌들로 단단한 바위를 잘라 그 곳에 건축하였다. 요한 히르카누스는 그들에게 할례와 율법 준수를 강요하였다. 이들은 후일에 신약에서 이두메인(Idumaea)들이 되었다. 그 백성 중에서 역사적으로 악명 높은 헤롯이 나왔다.

히브리인과 에돔족의 반목은 출애굽시대부터 시작되었다. 이스라엘이 자기네 영토를 통과하지 못하도록 금하였다. 그리고 가난안 정복에 방해하기도 하였다. 그러나 다윗과 솔로몬왕 때에 이르러 그들은 진압되었다. 여호람(Jehoram)의 통치 때에 저들은 독립을 얻었으나 아마시아(Amaziah)시대에 그들은 타락하였다. 그들은 아하스(Ahaz)시대에 유다를 반역하다가 낭패를 당하기도 하였다. 이처럼 이스라엘과 에돔은 천

천지 원수였다. 탈무드((Talmud)에는 에돔을 로마로 상징 하였다.

D. 오바댜서의 저자와 연대

1. 저 자

이 예언서는 저자에 대하여 아는바 없다. 그리고 그의 아버지의 이름
마저 기록되지 않았으므로 그를 이해하는데 많은 어려움이 있다. 다만
표제『오바댜의 묵시』라는 기록 밖에 어떤 기록도 없다. 그 이름은 성서
에 나타난 이름에서도 그의 예언을 찾을 수 없다. 그의 내용으로 보아서
유다왕국 백성으로 하나님의 부르심을 받은 것으로 생각된다. 에브렘이
란 사람은 오바댜가 세겜 사람이라 하였다. 그의 무덤은 체롬(Jerome)
당시에 사마리아에서 발견되었다고 기록하였다. 다만 성서에 오바댜라
기록하였으므로 그렇게 믿을 뿐이다.

그러나 뷰어(Bewer) 같은 사람은『우리가 몇절의 성경 구절을 남겨
놓았다 하여 그를 오바댜라고 인정할 수 없다』고 하여 오바댜서의 저자
가 오바댜임을 부인하였다. 그럼에도 불구하고 오바댜는 그의 예언 중
에 나타난 생생한 사물의 묘사와 분명한 기호, 성급한 감탄, 분노와 슬
픔 등을 볼 때 강력하고 정열적(熱情的)인 성격의 소유자(所有者)였다
고 하였다.

2. 연 대

벨하우겐은 오바댜서를 B. C. 5세기의 것으로 생각하였고 대다수(大
多數)의 학자들도 이 주장에 동의했다. 그러나 진정한 연대에 대하여서
는 이론이 많다. 에레미야 49:14-16과 오바댜 1:1-4 비교. 오바댜 1:5-6과
예레미야 49:9-10비교. 오바댜 1:8과 예레미야 49:7 비교. 오바댜 1:9과
예레미야 49:22를 비교하여 주장하는 설과 요엘서 2:32과 3:5의 말씀을
오바댜 1:17과 비교하여 B. C. 830년의 것으로 보는 설과 오바댜 1:10-14

의 말씀을 인용하여 예루살렘 몰락을 표현한 말을 인용하여 B. C. 587년 갈대아인들의 예루살렘 파괴의 시기로 보는 설이 있다.

그리고 다른 사람들은 후대의 것으로 보면서 오바댜 1:11-14의 말씀을 인용하여 히치크는 B. C. 312년으로 보았다. 그러나 정직한 대답은 그의 연대를 확실하게 알수 없다는 대답이다.

E. 정경의 위치

오바댜서가 정경 가운데서 차지하고 있는 위치는 이 예언을 이해하는 데 큰 도움을 주지 못한다. 오바댜서는 히브리 경전에 12선지서로 아모스서 다음에 기록되었다. 오바댜서가 어떻게 하여 이런 순서에 들어갔는지는 알 수 없다. 편집자(編輯者)가 이런 순서를 채택한 것은 에돔을 통박(痛駁)하기 위하여서인지 아니면 야웨(YHWH)의 날에 대한 것을 강조하기 위함인지 불분명(不分明)하다.

어떤 학자의 견해는 아모스서 9:12에 에돔이란 말씀이 언급되었는데 그 이유 때문에 그런 배열을 하였는지 알 수 없다고 주장한다. 70인 역에는 오바댜서가 요엘 다음에 편집되어 있는데 이와 같은 이유는 두 책들 가운데서 나오는 여러 귀절들이 서로 밀접한 관계를 가진 것으로 보았기 때문이다.

히브리어 성서와 헬라어 성서에서는 오바댜서 뒤에 요나서가 편집되어 있다. 그 이유도 분명치 않다. 이 두 책들 가운데 가장 근사한 구절은 『저자가 열국 중에 보내심을 받고』(옵 1:1)와 요나서가 열방 중의 한 나라에 사자(使者)가 되어 요나가 선교사(宣敎師)로 파송되었던 것과 관계가 있기 때문이라 생각 된다.

F. 통일성

로빈슨과 셀린이란 학자는 오바댜서가 두 개의 독립된 부분으로 되었다고 주장하였다(옵 1:1-10과 옵 1:11-15). 그러나 루돌픈은 약간의 차이

는 있으나 그 책의 본질적(本質的)인 면에서는 아무런 이의가 없고 통일
된 책이라고 주장하였다. 본서의 사건이 앞에 있는 것이 뒤에 있어야 하
고 뒤에 있는 것이 앞에 있어야 한다는 주장을 펼친 자들도 있다. 그러
나 그러한 것은 문학적(文學的)인 문제로 큰 문제가 될 수 없다.

본서에 나타난 역사적인 사건(歷史的 事件)을 B. C. 587년이라 하지만
이것이 예언의 전체를 대표한 것인지 그것도 분명하지 않다(옵 1:11-14).
오바댜서에 대한 구성 때문에 상당한 이론이 있으나『날』에 관한 말씀
이 처음부터 끝까지 계속되었으며 비유적(比喩的)인 표현도 나타나고
있으므로 본서의 통일성(統一性)에 별다른 문제가 없다(옵 1:8, 11-15).
그리고 처음부터 끝까지『에돔의 산』이 주요 관심사(關心事)가 되어 본
서의 맥을 형성하고 있다는 점도 그것을 뒷바침해 준다(옵 1:8, 9).

본서는 역사적 주제(歷史的 主題)로부터 시작하여 종말론적(終末論
的)인 주제로의 변천은 결코 불가능(不可能)한 것이 아니며 언어상의 문
제도 두 가지의 언어로 보기에는 어려운 점이 있다.

G. 오바댜서의 문체

초기 비평가(初期 批評家)들은 본서의 문체를 격찬하였다. 그러나 근
대 신학자(近代神學者)들 간에는 21개의 구절 중에 현저하게 다른 문체
가 나타난다고 주장한다. 셀비(Selbie)는 이 책의 전반부(全般部)와 후반
부(後半部)가 서로 상이하다고 주장하였다. 전반부(全般部)는 표현이 간
결하고 생명력이 있으며 현저한 특성들로 가득하지만 후반부(後半部)
는 산만(散漫)하고 사고(思考)가 빈약하며 진부(陳腐)한 표현들이 가득
하다는 것이다. 이와 같은 견해에 대하여 생각할 것은 전부는 본원적(本
源的)인 것이어서 생동력(生動力)이 있다고 볼 수 있다.

본서의 문체는 히브리의 고전적 문체(古典的 文體)에 속한 것으로 아
람어나 단어들이 혼합되거나 사용하지 않는 점으로 보아 본서는 히브리
언어와 문학의 전성기(全盛期)에 기록된 것으로 보인다. 지리적(地理的),
역사적(歷史的)인 시사들이 알 수 없는 것은 없고 모두 이해할 수 있는

것이어서 오바댜서의 기록을 더욱 신뢰케 한다(사르곤 B. C. 722-705) 1:20).

H. 일반적인 특징

오바서의 문체가 매우 독창적(獨創的)이고 문형도 특별한 것이다. 그 언어는 단순하지만 매우 암시적(暗示的)이다. 순수한 고전적(古典的) 냄새가 풍기는 오바댜의 예언이 다른 예언과 구별된 이유 중 하나이다. 생동감(生動感)과 간결하고 신속성(迅速性)은 독자의 시선을 집중케 한다. 오바댜는 흔히 질의법(質疑法)을 사용하였다. 그리고 단조롭지 않은 내용으로 종종 시적인 표현도 있다. 외국인(外國人)에 의하여 예루살렘이 파괴될 때 모습의 묘사는 힘이 있고 감정적 표현(感情的 表現)이 많다 (옵 1:11).

오바댜서 1:1-10은 예언자 오바댜를 저자로 우리에게 발췌해 놓은 말씀이다. 그리고 뒷 부분은 포로기 때에 관련된 것으로 힘이 없고 산만하다. 우리는 본서에 대한 내용이나 여러 구성 면에서 멋대로 분석한 것은 금물이다. 성경은 언제나 애호론적(愛護論的)으로 해석하고 연구해야 한다. 그렇지 않고 비판적(批判的)이거나 고고학적인 문헌(考古學的 文獻)으로 취급함은 잘못된 것으로 신앙에 큰 도움을 주지 못한다. 우리는 언제나 성서를 연구할 때 특징을 찾아서 다른 말씀과 조화시켜 결론을 내린 것이 중요한 태도이다.

I. 오바댜서의 내용

오바댜서는 에돔이 겪어야 할 그리고 지금 겪고 있는 형벌에 대한 예고와 유다가 고통을 당하고 있던 때 에돔이 유다에게 행한 적개심(敵愾心)에 대한 설명이다. 모든 열방도 에돔이 유다에 행한 일을 거울로 삼아야 할 것은 여호와의 날이 임하면 그들도 에돔과 같은 신세가 될 것이기 때문이다. 그러므로 본서의 예언은 복수 선언(復讐宣言)의 성격을 가졌다. 본서에는 어디를 보아도 유다의 민족주의적(民族主義的)인 사상이 잠재하고 있다.

    Ⅰ. 에돔의 심판과 그 이유 1:1-14
     A. 제목 1:1
     B. 에돔의 멸망 예고 1:1-4
     C. 에돔의 파멸의 참상 1:5-0
     D. 에돔에 심판에 대한 이유 1:10-14

    Ⅱ. 주의 날 1:15-21
     A. 우주의 심판 1:15-16
     B. 이스라엘의 회복 1:17-21

J. 오바댜서와 예레미야서와 관계

문헌상 오바댜 1:1-9과 예레미야 49:7-16과 상당부분 깊은 관계가 있는 것으로 생각된다. 그 연관성(聯關性)을 설명하기 위해서 세 가지 이론(理論)이 있어 왔다. 첫 째는 예레미야가 오바댜로부터 표절한 것이라는 설이다. 이것은 오바댜서와 예레미야서의 연대를 동일한 시대로 가정하여 한 말이다. 둘 째는 오바댜가 에레미야로부터 빌어 온 것이라 한다. 이것은 역사적(歷史的)인 이유로 지금까지 주장되어 왔다. 오바댜의 생존 시기를 B. C. 586년으로 보고 그는 예레미야보다 후대의 사람이란 데서 이와 같은 학설이 나왔다. 뷰어 같은 학자는 오바댜 1:1-4이 에레야서를 해석하여 기록하였다고 주장한다. 세 째는 두개의 예언서가 더 오래된 예언서를 사용하였다는 설이다. 그리고 오바댜가 에레미야서의 글을 그대로 옮긴 것 뿐이라 한다. 이와 같은 주장과 사상은 오래전에 있었던 것처럼 오늘에도 현존한다는 사실을 입증하기 위하여 두 예언자가 협력하여 인용하였다는 것이다.

오바댜서의 말씀과 예레미야서의 말씀을 구체적(具體的)으로 기록하여 보면 다음과 같다.

옵 1:1『우리가 여호와께로 말미암아 소식을 들었나니 곧 사자가 열국 중에 보냄을 받고 이르기를 너희는 일어날찌어다. 우리가 일어나 그들로 더불어 싸우리라』

렘 49:14.『내가 여호와께서부터 오는 소식을 들었노라 사자를 열방 중에 보내어 이르기를 너희는 모아서 그들을 치며 일어나 싸우라』

옵 1:2『여호와께서 가라사대 내가 너희를 열국 중에 미약하게 하였으므로 네가 크게 멸시를 받느니라』

렘 49:15『여호와께서 가라사대 내가 너를 열방 중에 작게 하였고 사람들 중에 멸시를 받게 하였느니라』

옵 1:3『바위틈에 거하며 높은 곳에 사는 자여 내가 중심에 이르기를 누가 능히 나를 땅에 끌어 내리겠느냐』

렘 49:16상『바위 틈에 거하며 산꼭대기를 점령한 자여』

옵 1:4『네가 독수리처럼 높이 오르며 별사이에 깃드릴찌라도 내가 거기서 너를 끌어 내리리라』

렘 49:16하『네가 독수리처럼 보금자리를 높이 지을찌라도 내가 거기서 너를 끌어 내리리라』

옵 1:5『도둑이 너에게 이르렀으며 강도가 밤중에 너에게 이르렀을찌라도 그 마음에 만족하게 취하면』

렘 49:9『밤에 도둑이 오면 그 욕심이 차기까지 멸하느니라』

옵 1:6『에서가 어찌 그리 수탐되었으며 그 감춘 보물이 어찌 그리 수탐되었는고』

렘 49:10 『에서로 적신이 되게 하여 그 비밀한 곳에 드러나게 하였나
　　　　니 그가 몸을 숨길 수 없게 하리라』

옵 1:8 『그날에 내가 에돔에서 지혜있는 자를 멸하며 에서의 산에서
　　　　지각있는 자를 멸하지 않겠느냐』
렘 49:7 『에돔에 대한 말씀이라 만군의 여호와께서 이같이 말씀하시
　　　　되 대만에는 다시 지혜가 없게 되었느냐 명철한 자에게 모략
　　　　이 끊어졌느냐』

옵 1:9 『드만아 네 용사들이 놀랄 것이라 이로 인하여 에서의 산의 거
　　　　민이 살륙을 당하여 다 멸하리라』
렘 49:22하 『그날에 에돔 용사들의 마음이 구로하는 여인 같으리라』
옵 1:16 『내가 내 성산에서 마신 것 같이 만국민이 항상 마시리니 곧
　　　　마시고 삼켜서 본래 없었던 같이 되리라』
렘 49:12 『이 잔을 마시지 않을 자도 마시지 않지 못하겠거늘 네가 형
　　　　벌을 온전히 면하겠느냐 면하지 못하고 마시리라』

등으로 비교 된다. 그러나 우리는 하나님께서 예레미야에게 주신 말
씀을 오바댜에 강조할 수 없다는 주장은 설득력(說得力)이 없다는 것이
다. 그러므로 예레미야는 에레미야 대로 그 시대의 배 경을 가지고 있고
오바댜는 그 나름대로 특색을 가지고 예언하였다.

다음으로 오바댜서와 요엘의 몇몇 구절이 근사함을 볼 수 있다.

옵 1:10 『네가 네 형제 야곱에게 행한 포악을 인하여 수욕을 입고』
욜 3:19 『그들이 유다 자손에게 강포를 행하여 무죄한 자의 피를 땅
　　　　에 흘렸음이니라』

옵 1:11 『예루살렘을 얻기 위하여 제비를 뽑던 날에 너도 그 중의 한

사람 같았느니라』
욜 3:3 『또 제비 뽑아 내 백성을 취하고 동남으로 기생을 바꾸며 동녀
　　　로 술을 바꾸어 마셨도다』

옵 1:15 『여호와 만국에 벌할 날이 가까왔으니 너의 행한대로 너도 받
　　　을 것이라』
욜 3:7 『너의 행한 것을 너의 머리에 돌려서 너희 자녀를 유다에 팔리
　　　라』

옵 1:15 『여호와의 만국을 벌할 날이 가까왔나니』
욜 1:15 『오호라 그 날이여 여호와의 날이 가까왔으니 여호와의 날이
　　　로다』
2:1 『이는 여호와의 날이 이르게 됨이라』
3:14 『여호와의 날이 가까움이로다』

옵 1:17 『시온에서 피할 자가 있으리니 그 산이 거룩할 것이요』
욜 2:32 『시온 산과 예루살렘에서 피할자가 있을 것이요』

옵 1:17 『그 산이 거룩할 것이요』
욜 3:17 『예루살렘이 거룩하리니』

옵 1:18 『이는 여호와께서 말씀하셨음이라』
욜 3:8 『나 여호와가 말하였느니라』

이와 같은 병행구절을 학자들은 오바댜에게 영향을 준 것이라 한다.

K. 오바댜서의 신학

오바댜서가 작은 책이기는 하나 현저한 사상은 하나님께서 역사를 통

하여 민족들에게 윤리적 심판(倫理的)을 가르치려고 한 것이다. 여기에서 심판의 중요한 대상이 되어 있는 것은 에돔이다. 그리고 그 징벌의 윤리적 이유(倫理的 理由)는 에돔이 이스라엘을 잔인하게 취급하였다는 것이다. 이스라엘도 역시 정복 당하고 추방당함으로써 하나님의 심판을 받았다. 그러나 그들 중의 예정된 남은 자들에게 승리가 약속되어 있는 것이다. 궁극적(窮極的)으로 에돔뿐만 아니라 모든 국민이 마지막 윤리적 결산(倫理的決算)을 하는 주의 날에 심판을 받게 되리라는 사상은 오바댜서의 중요한 사상이다.

오바댜는 때때로 협량한 민족주의자(民族主義者)라는 비난을 받기도 하였다. 그 이유는 유다를 제외한 에돔이나 열방을 저주하고 자기 민족의 영광의 날만 주장하였기 때문이다. 그러나 그는 이사야와 같은 국민적 회심(國民的 悔心)과 같은 사상은 결여되어 있다(사 42:1, 4, 6).

민족 또는 종교적(宗敎的)으로 특수한 은총을 받고 있다는 생각은 포로생활에서 수복한 유대인들에게 자연스러운 감정이다. 하나님은 국가와 신앙을 보존하기 위하여 역사적(歷史的) 큰 일을 한다는 개념은 지금까지 불변하다. 오바댜의 확고부동(確固不動)한 또 하나의 사상은 하나님의 나라가 도래한다는 확신이다(옵 1:21). 그가 하나님의 나라를 이스라엘이나 팔레스타인의 왕국으로 묘사한 것은 그의 시대상이나 환경으로보아 자연스러운 일이다. 오바댜서의 이 왕국 소망 중에 두 요소가 묵시록(默示錄)에서 우주화(宇宙化)되고 또 묵시 사상화(默示 思想化)되었다. 오바댜에 의하면 시온산은 거룩할 것이며 (옵 1:7), 심판할 때 그 재앙에서 벗어난 사람들이 보존을 받을 곳이다.

묵시록의 새 예루살렘은 윤리적(倫理的)으로 거룩한 도시이며 이곳은 생명록(生命錄)에 기록된 승리한 자들을 위한 곳이다(계 21:7, 27). 오바댜서의 마지막 만인 왕국(萬人王國)은 주의 것이 되리라는 말은 전성서는 물론 묵시록의 승리의 노래 속에 더욱 높은 의미를 획득하고 있다. 곧 세상 나라가 우리 주와 그리스도의 나라가 되어 그가 세세토록 왕노릇 하시리로다』(계 11:15)와 같은 사상을 산출하였다.

1. 무신론 에돔

에서의 성격은 신약에서 언급하기를 『음행하는 자와 ....망령된 자』 라 하였다(히 12:16). 『망령되다』는 말은 라틴어 푸로(Pro. 앞(前))와 파눔 (fanum. 성전)이란 말의 복합어(複合語)이다. 이 말의 뜻을 종합하여 보면 성전 앞에서 제물을 사고 팔며 돈을 바꾸는 것을 말한다. 그와 같이 에서도 가축을 기르며 사고 파는 일을 하였다. 그의 후손들은 상업문명 (商業文明)을 건설한 자의 조상이다. 상업은 원래 영민하고 눈이 밝아야 한다. 구약성서에서는 불레셋, 모압, 앗수르, 바벨론 등 모든 나라의 이름과 함께 그 나라의 신(神)에 대하여 언급하고 있으나 구약성서 어디를 보아도 에돔의 신(神)에 관한 이야기를 볼 수 없다. 에돔은 실리(實利) 에는 눈이 밝은 민족이지만 종교생활(宗敎生活)에 있어서는 무신론자 (無神論者)들이다. 고고학자(考古學者)들은 에돔에도 신(神)이 없는 것은 아니었으나 실제적(實際的) 생활에 응용되지 않았다고 전한다 에돔은 신(神) 없는 백성이다. 그들이 아무리 훌륭한 지혜로 상업을 잘 해도 그 지혜는 세상적 지혜(世上的 智慧)이다. 자고로 천적 지식(天的 知識) 이 없는 백성은 망한다.

에서의 성질은 착취자(搾取者)였다. 즉 그들의 취미와 소망은 물질에 있었다. 그리고 그들의 마음은 언제나 교만하고 거만하였다. 지나친 자신감을 가질 때 그 사람은 머지않아 교만하게 된다. 이스라엘의 중심은 성전이었으므로 그들은 어디를 가든지 성전 중심의 생활을 하였다. 그러나 에돔의 후손은 물질이 생의 중심이었으므로 물질을 따라 살았다. 그러므로 그들은 호전적 (好戰的)이었다. 영적으로 볼 때 에돔과 이스라엘은 양극이다. 그들 사이에는 항상 적개심(敵愾心)이 뿌리 깊게 박혀 있었다. 역사의 흐름은 이 두 나라를 점점 다른 방향으로 발전하게 하였다. 이스라엘은 하나님을 영화롭게 하려는 마음이 심중에 가득하였다. 그러나 에돔은 점점 악의 상징적(象徵的) 나라가 됐다(옵 1:21). 이 두 나라의 충돌은 세상과 교회, 사탄과 그리스도, 빛과 어둠의 충돌과 동일하다. 그러므로 히브리인들에게는 에돔의 종말이 있어야 한다고 주장했다. 그 때가 곧 구원의 날이 된다(옵 1:2).

요 나 서

VI. 요나서

A. 서 론

요나(Jonah)의 히브리어 뜻은 『비둘기』이다(시 74:19). 요나는 B. C. 8세기 예언자이다. 요나는 12소선지 중의 한 사람으로써 히브리 원문에는 그의 예언이 다섯 번째로 나온 소예언서에 속한다. 그의 예언은 4장의 짧은 말씀이지만 그 역사성(歷史性)에 관하여 해석상 많은 논쟁의 초점이 되고 있다. 그 논쟁의 원인은 이 책에 언급된 초자연적 요소(超自然的 要素)들에 관한 것이다.

우리는 이 선지자(先知者)가 여로보암 2세(Ⅱ Jeroboam)의 궁중 예언자였는지에 관하여 아는 바 없으나 만일 그가 요나 벤 아밋대(Jona ben Amittai)라면 그가 어떻게 중임을 맡도록 선임되었는지 궁금하다. 왜나하면 그는 너무나 졸장부적(拙丈夫的) 기질을 가진 자이기 때문이다. 그러나 우리는 요나에 관하여 신명기적 입장(呻命記的 立場)에서 말씀을 기록한 기자의 언급밖에 알 수 없다(왕하 14:25).

어떤 학자들은 요나란 인물이 실제 인물(實際人物)이 아니고 상징적인 인물(象徵的人物)로 생각한다. 이스라엘을 상징적(象徵的)으로 요나(비둘기)라 하였기 때문이다.

호세야 선지는 이스라엘을 비둘기로 비유한 선지자인데 그는 경멸적(輕蔑的)인 의미와 긍정적(肯定的)인 의미를 포함하여 사용하였다(호 7:11. 11:11). 그러나 요나서에 나타난 인물은 고집스러운 사람으로 어떤 집단적 특징(集團的 特徵)을 드러내기 위하여 요나란 이름을 실제 인물(實際人物)인 것처럼 묘사 하였다는 것이다.

우리는 요나서를 비유적(比喩的)인 말씀으로 보지 않는 것은 그를 통하여 하나님께서 구원의 뜻을 성취하였다는 의미에서 요나를 역사적 인물(歷史的 人物)로 믿는다. 하나님은 당신의 구원의 섭리를 성취하기 위하여 요나를 동참시키므로 하나님의 본질적 특성(本質的 特性)을 그에게 알리기 위함이다. 지극히 국수주의(國粹主義)인 협량주의(狹量主義)인 이스라엘을 향하여 하나님의 보편적(普便的)이고 우주적(宇宙的)인 분이심을 계시하시기 위함이다.

B. 요나서의 주제

요나서는 예언이라기 보다 니느웨의 임박한 멸망을 선포하는 선지자에 관한 기록으로 그 예언의 특수성(特殊性)을 띠고 있다. 다시 말하면 역사적 성질(歷史的 性質)을 가진 예언이란 뜻이다. 우리는 요나서를 보면서 요나의 인간적 감정(人間的 感情)의 발로를 깊이 보게 된다. 이스라엘은 언제나 우상을 신(神)으로 섬기는 이방인(異邦人)들에 대하여 민족적 증오감(民族的 憎惡感)을 가지고 있었다. 우상국(偶像國)인 앗수르를 향하여 하나님께서는 인내하시고 마침내는 그들을 구원하시리라는 생각에 요나는 두려움마저 갖고 있었다.

요나는 강대국(强大國)인 수도 니느웨에 가서 그들의 멸망을 고하였을 때 요나는 고난과 죽음에 대한 공포를 소유하였는지 알 수 없다. 다만 우리는 그가 니느웨로 가라 하였음에도 욥바로 도망하여 다시스로 갔다는 점에서 그와같은 추측을 할 뿐이다. 그는 고난을 통하여 육지에 내뱉어 졌을 때 하나님의 주권에 굴하지 않을 수 없었다.

그의 복음 전파(福音傳播)에 왕은 물론 온 백성이 회개하고 금식하여 무서운 재앙을 피하여 구원을 얻었을 때 요나는 자기 민족의 특수성(特殊性)에 집착하여 이방국가(異邦國家)에 내리신 하나님의 자비에 대하여 불쾌감을 뚜렷하게 나타내었다. 하나님의 무서운 심판을 받아 마땅한 니느웨가 도덕적 타락(道德的 墮落)에 대하여 경책한 것은 요나 뿐만 아니라 다른 선지자들도 있다(나 3:1. 습 2:15).

우리는 본서에서 요나가 하나님의 부르심을 받았을때 많은 회피를 하였으나 결국에는 하나님의 구원을 성취하였다는 점과 요나가 하나님께 불평함으로 하나님께서 요나에게 실물 교훈(實物敎訓)을 통하여 하나님의 어떠하심을 분명하게 보여 주신 것이다. 그리고 이와 같은 진리를 증거하기 위하여 많은 상징적 방법(象徵的 方法)을 하나님께서 요나에게 사용하였다는 것은 요나서의 귀중한 진리이다. 이스라엘이나 니느웨나 할 것 없이 회개하는 자는 구원을 얻는 다는 사실은 하나님의 구원의 대원칙(救援大原則)이다.

요나는 구원 받을 수 없는 철저한 원수들이 멸망되지 않고 구원을 얻을수 있고, 이방인(異邦人)도 아브라함의 자손이 될 수 있다는 진리를 계시한 것이다. 요나는 이와 같은 진리를 실질적(實質的)으로 체험함으로 자신의 임무에 대하여 새로운 각도에서 생각하게 되었다(눅 15:11-32).『각 나라 중 하나님을 경외하며 의를 행하는 자를 하나님이 받으시는줄 깨달았도다』(행 10:35). 요나서를 통하여 회개의 유익성(有益性)과 니느웨의 사례는『너희도 회개치 아니하면 다 이와 같으리라』(눅 13:3) 말씀하신 주님의 음성을 생각하게 된다(사 65:1-2).

C. 요나서의 일반적 특성

어떤 학자들은 요나서가 역사적(歷史的) 선자자(先知者)가 아니라고 주장한다. 그러나 예수 그리스도께서는 분명하게『인자도 밤낮 사흘을 땅 속에 있으리라』(마 12:40) 하였으므로 이만 하면 역사성(歷史性)에 대한 변증(辨證)은 더할 필요가 없다. 그리고 분명히 열왕기하 14:25에 요나의 교훈을 말씀하고 있기 때문이다. 우리는 본서를 읽으면서 하나님에 대한 칭호가 있느냐 없느냐 하는 문제가 중요한 것이 아니라 그 속에 어떤 진리가 함축되어 있는가가 더욱 중요하다.

요나서에 일반적인 특성(般的特性)을 밝히라면 본서에서 멸망과 회개 같은 말씀을 하면서도 구체적(具體的)으로 윤리적(倫理的)인 사실들을 언급하고 있지 않다는 것이다. 그리고 본서는 단지 어떤 사건이 단순하게 전개됨으로 요나의 행동에 대하여 다양하게 표현하고 있다. 우리는 요나서를 읽으면서 그 사건의 흐름이 마치 자신이 그와 같은 행동을 한 것처럼 생생한 생동감(生動感)을 주고 있다. 그리고 불필요(不必要)한 설명이나 부수적 첨가물(附收的 添加物)이나 다양한 권위적(權威的)인 것들이 눈에 띄이지 않는다.

요나서는 주로 초자연적(超自然的)인 것을 다루고 있으나 그것은 놀라울 정도로 단순하다. 물고기, 박넝쿨 등의 사건은 사실성을 자연스럽게 묘사함으로 언어상의 고상함이나 수사학적 기교(修辭學的 技巧)에서 비롯된 것이 아니란 것을 보여 주고 있다. 많은 비평가(批評家)들은 요나의 기적 때문에 요나서의 역사성(歷史性)을 부인하지만 우리는 오히려 기적 때문에 요나서가 요나서 답게 여겨진다. 본서를 상징이나 비유로 보는 입장에 대하여 하등의 변명을 할 필요를 느끼지 않는 것은 성서를 대부분(大部分) 어떤 신화로 규정하고 고대문헌(古代文獻)의 하나로 본 자들에게 무슨 말을 하여도 설득력(說得力)이 없기 때문이다.

본서가 우화나 비유가 될 수 없는 것은 본서의 내용의 자연스러움 때문이며 본서의 기적은 반드시 필수적(必需的)으로 있어야 할 것을 기록한 것이다. 하나님께서 만물을 주관하시고 계시다는 것을 믿을 때 요나서의 기적 같은 것은 시작에 불과한 것이다. 우리는 역사 가운데 초자연적(超自然的)인 역사도 함께 존재한다는 사실을 알 때 기적과 역사는 한 수레의 두 바퀴와 같은 것을 알 수 있다.

D. 요나서의 저자와 연대

본서는 B. C. 8세기에 요나가 기록한 것이라 보는 것이 정설이다. 앗수르단 3세 통치시대(B. C. 771-754)에 커다란 전염병(傳染病)과 같은 사건들이 앗수르 역사 속에 나타났던 사실들은 집단적(集團的)인 회개를 설명하는데 상당부분 도움을 준다. 아셔(Archer)는 이 책의 연대를 B. C. 760년으로 잡자고 제의 하였다.

비평가(批評家)들은 이와 같은 주장에 수용의 태도를 취하지 않고 그보다 훨씬 후대의 것으로 주장한다(B. C. 500-200). 그들은 여러가지 이유를 제시한다. 그들은 말하기를 니느웨 한 곳이 역사상(歷史上)에 존재하지 않았다(욘 3:3. 눅 24:13)는 것과 8세기에 니느웨 왕이란 표현은 자연스럽지 못하다고 주장한다. 그러나 왕 제도는 그보다 훨신 전부터 존재하였다(왕상 21:1. 20:43. 왕하 3:9. 대하 24:23). 그리고 요나서의 전반적(全般的)인 이념들이 다른 예언자들의 것과 동일함으로 그는 다른 예언자들의 것을 빌려 왔다는 것이다(욘 3:10. 렘 18:7. 비교). (욘 3:5. 욜 1:13. 비교). (욘 3:9. 욜 2:14. 비교). (욘 4:2. 욜 2:13. 비교).

　요나서에 나타난 요나의 사고(思考)들이 후대의 선지자 학개, 스가랴, 말라기, 에스라, 느헤미야와 같은 배타주의적 사상(排他主義的 思想)을 가졌다는 것이다(사 40:-66:). 그리고 요나서에 나타난 아람어가 포로 후기의 것이라 주장한다. 그러나 이와 같은 학설은 어디까지나 가설(加說)에 불과한 것이며 요나서는 B. C. 8세기경에 요나에 의하여 기록된 경전이다.

E. 요나서의 배경

　니느웨와 요나의 언급은 그 내용이 요나서 밖에 없으므로 그 배경에 대하여 언급한다는 것은 어려운 일이다. 다만 요나가 언급한 니느웨는 B. C. 612년에 멸망하였다. 그러므로 우리는 니느웨 성이 요나의 복음을 듣고 회개하여 일단 구원을 얻었으나 그후 다시 범죄하고 타락하였다고 볼 수 있다. 그와같은 주장을 할 수 있는 것은 열왕기하 14:25의 말씀이 8세기의 연대기와 맞아 떨어지기 때문이다. 이 년대가 사실이라면 역사적 상황(歷史的 狀況)은 다음과 같다.

　앗수르 제국이 고대의 근동의 전역을 점령하고 북왕국 이스라엘의 세력이 부활하던 시대로 여로보암 2세(Ⅱ Jeroboam)의 치하에서 나타났던 사건으로 볼 수 있다. 이 책의 배경은 편협한 민족주의(民族主義)에 대한 책망과 하나님의 사랑의 보편성(普遍性)을 보여주고 있다. 이와 같은 주제들은 요나서의 내용과 맞아 떨어진다. 그러므로 요나서를 바르게 해석하려면 8세기의 모든 배경들을 참고로 하여야 할 것이다.

F. 요나서의 목적

비평학자(批評學者)들이 요나서의 목적에 대하여 구구하게 예측하고 설명한다. 이 책은 변호적(辯護的)인 책으로 멸망이 예언의 조건부적(條件附的)이란 사실을 입증해 주고 있다(렘 18:7). 그러므로 리임(Riehm)은 이 책을 『교훈서』라 하였다. 우리는 이 책에서 하나님의 개인적인 용서(個人的 容恕)는 여호와 앞에 경외와 회개로만 가능하다는 사실을 입증하고 있다. 하나님의 자비는 이스라엘에게만 제한된 것이 아니다. 요나서는 이와 같은 진리를 보여준다.

이 책의 목적은 세계만민(世界萬民) 중에서 하나님의 선교의 사명을 완수해야 할 이스라엘이 그 사명을 다하는데 민족적(民族的)으로 실패하였다는 것을 보여주기 위함이다. 요나는 자신이 그 대표적인 인물(代表的人物)로써 히브리인들의 배타주의(排他主義)와 특수주의(特秀主義)를 무너뜨리기 위하여 계획된 체험을 한 것으로 보인다(욘 3:10. 4:11).

요나의 이와 같은 정신 사상은 B. C. 7세기에 하나님께서 니느웨 성을 멸망시키도록 기대하였던 나훔 선지의 정신과 사상이 일치한다. 『40일 후면 니느웨가 멸망한다』(욘 3:4)는 히브리어 다섯 마디는 하나님의 사랑과 은총을 백성들에게 배풀어 달라는 호소의 기도가 아니라 냉혹하고 두려운 경고의 선언이었다. 요나는 하나님의 보편주의적(普遍主義的)인 목적을 부정하고 오히려 이 책에서 언급한대로 역사적 멸망(歷史的 滅亡)을 예고하였다. 하나님의 보편주의(普遍主義)를 박탈하려는 것을 볼 수 있다.

G. 요나서의 양식과 구조

1. 문학적인 양식의 측면

　　요나서를 연구한 사람들은 요나서는 여러가지 문학적 구성(文學的 構成)을 보고 전통적(傳統的)으로 이 책은 역사서(歷史書)로 열거하였다(2장은 제외). 그러나 19세기에 와서 본서를 우화적(우화的), 혹 비유적(比喩的)으로 단정짓고 순수한 전설로 보는 자들이 있었다. 요나서의 신탁들을 수집하여 보면 요나서는 단지 열왕기서의 어떤 이야기와 비슷하다는 것이다. 요나의 개인적(個人的)인 이야기는 호세야서와 이사야서와 에레미야서와 부분적(部分的)으로 평행을 이루고 있다고 보았다. 그들의 이야기가 예언의 내용 속에 들어와 있다는 것이다.

　　본서를 우화로 보는 것은 불순종(不順從)은 이스라엘이며 바다는 이방 세계(異邦世界)라는 것이다. 그리고 「물고기」는 바벨론이라 한다(렘 51:34, 44). 「3일 동안」은 포로기간(捕虜期間)을 뜻한다고 말하고 「박넝쿨」은 스룹바벨이라 한다. 그리고 체인(Cheyne)은 이 책을 전설이나 신화(神話)로 보았다. 요나서는 신화에서 초자연적(超自然的)인 요소를 첨가하여 역사적(歷史的)으로 해석하였다고 말한다.

　　요나서를 비유로 보는 자들은 사무엘하 12:1-4. 이사야 5:. 누가 1-7, 10:25-37과 같이 구절과 유사하다는 것이다. 그러므로 본서는 비유적 문학(比喩文學)이라 말한다. 요나서는 이 비유적 사실(比喩的事實)을 통하여 하나님께서 역사속에 어떻게 행동하신것을 설명하려고 한다는 것이다(마 24:32). 그리고 혹 자는 요나는 예고적 역사(豫告的 歷史)를 취하고 있다고 말하였다.

　　요나는 역사적 사실(歷史的 事實)을 기록하려는 것이 아니고 민간전승(民間)을 주제로 하여 기록한 것이라 하였다. 사무엘의 사건(삼상 7:2-8, 22. 10:17-27. 12:), 엘리야와 엘리사 사건(왕상 17:-19: 왕하 4:-6:), 아히야(왕상 11:29-39. 14:1-18), 그리고 하나님의 사람들(왕상 12:33-13:32)의 이야기 가운데 소위 예언적 민담을 종합하여 편찬한 것이라 한다.

　　어떤 학자는 요나서가 설교의 일부분(一部分)이라 하였다. 이 설교 중에 영적인 진리가 함축되어 있다는 것이다. 요나는 이 영적 진리를 말하기 위하여 허위적 사실(虛僞的 事實)을 수사적 표현(修辭 的表現)으로 진술하고 있다고 보았다. 이와 같은 주장은 현대인(現代人)들에게 목사가 실제적(實際的)이거나 허구적(虛構的) 특수한 사건을 만들어 말함과 같다는 것이다. 설교의 핵심을 강조하기 위하여 실제적(實際的)이거나 상징적(象徵的)인 사건들을 일화로 사용하였다고 보았다. 그러므로 요나서를 미드라쉬적(Midrash. 과거 랍비들이 성서를 알기 쉽게 교훈적(敎訓的)으로 해석하는 방법) 경향으로 해석해야 한다고 하였다(출 34:6. 민 14:18. 시 86:15. 103:8. 145:8. 나 1:3. 욜 2:13. 느 9:17).

그러나 대부분의 보수주의 신학자(保守主義 神學者)들은 본서가 역사서(歷史書)라는데 동의 하면서 요나서는 요나의 실생활(實生活)에서 일어난 사건들과 관련된 입장을 기록한 책이라 한다. 요나서의 특징은 요나적이어서 그 핵심은 요나서 4:10이라 한다.

2. 요나서의 구조

요나는 요나 4:8에 이르기까지 실제 아주 상세한 부분까지 대구(對句)를 형성하면서 그 이야기를 크게 두 부분으로 구성하였다. 그는 처음에는 자신에게 초점을 맞추고 다음에는 선원들에게 초점을 맞추었다. 그리고 마지막으로 니느웨 백성들에게 예언을 함을 볼 수 있다. 니느웨 백성들이 요나의 말을 듣고 하나님 앞에 참회하였고 그에 대한 하나님의 반응을 보고 요나는 다시 초점을 자기에게 맞춘다. 그는 하나님께 분노(忿怒), 불평(不平), 멸망(滅亡)을 탄원하면서 하나님의 반응을 기다리는 문장들은 모두가 시적 표현(詩的 表現)이다(욘 1:2-9).

전체적(全體的)으로 요나서는 필연적(必然的)인 구성요소(構成要素)임을 전제로 하였다. 그리고 그 구조는 시로 적절하게 대조되었다. 시귀와 어휘와 어학상의 특성은 요나서의 내용과 잘 조화를 하고 있다. 요나서의 찬양시 같은 것은 너무나 훌륭하게 요나서의 구성과 알맞게 표현되어 있다(욘 2:2-9). 요나는 잠시이지만 지상과 지하의 세계를 오고 가면서 인간의 어떤 한계성(限界性)을 묘사하는데도 보다 뚜렷하게 감화시켜 줌으로 믿음과 불신의 현실을 복합적(複合的)으로 잘 묘사하고 있다(욘 1:17. 2:6, 7).

H. 요나서의 정경성

이 책을 히브리인들이 정경으로 받아들인 것은 그 사건이 사실임을 믿었었기 때문이다. 그러한 이유로 12소선지 중의 하나로 정경에 넣었다. 우리는 이 책이 예수 그리스도에 의하여 재확인(再確認)된 사실 하나만으로도 요나서의 정경성(正經性)에 대하여 아무런 이의를 제기할 수 없다.

I. 요나서의 통일성

현대신학자(現代神學者)들도 본서의 통일성(統一性)에 대하여 대부분(大部分) 수용하는 편이다. 그러나 일부 학자들은 요나서 2:2-9에 나오는 시(詩) 부분과 다른 기사의 부분을 분리하여 생각하고 있으며 후반부(後半部)는 다른 사람에 의하여 삽입되었다고 본다. 그러나 이책의 통일성(統一性)에 대하여 의심의 여지가 없다. 어떤 자의 말대로『가위로 자르고 풀로 붙였다』는 학설은 그렇게 신빙성(信憑性)을 갖지 못한다.

그러나 영(Young)은 시부분을 요나서의 본질적(本質的)인 부분이라 함으로 요나서의 균형을 잡아 주었다. 그러므로 요나 1:-2:. 3:-4:은 모두 평행을 이루고 있는 일관성(一貫性)있는 책이다. 물 속에 빠지는 것과 육지에로 다시 구출된 사실은 이상적(理想的)인 표현으로 이 책의 사실성(事實性)을 증거해 주고 있다.

J. 요나서의 해석

1. 우화적 해석

요나서를 이스라엘이 경험한 요소들을 특징적(特徵的)으로 묘사하여 주는 것으로 하나의 우화(寓話)라 주장한다. 전술한바이지 만 이름부터 우화적 소지(寓話的 所持)가 있다는 것이다(시 74:19. 호 11:11). 그러므로 예언자의 경험은 이스라엘 전체의 사명과 실패의 경험일 수 있다는 것이다. 하나님의 사랑을 그들 자신들에게 만 한정시키고자 하였던 이스라엘의 전통적(傳統的) 잘못을 요나란 가공(加工)의 인물을 등장시켜 사실화(事實化)하였다는 것이다.

다시스로 가는 것은 유배지(流配地)로 떠나기 전에 이스라엘이 그 사명을 회피하였던 정치적 음모(政治的 陰謀)의 배를 타고 정치 세계(政治世界)의 바다로 떨어지게 된 것을 묘사하며, 다시 육지에 되돌아 온 것은 이스라엘의 회복의 모습을 발견하게 한다. 이스라엘과 이방세계(異邦世界. 선원들)에게 불어 닥친 폭풍은 세력의 중심이 앗수르로부터 바벨론에 옮겨 갔을 때, 이스라엘에게 있어서는 바벨론에서의 유배의 형태로 나타났던 것이다(렘 51:34). 이와 같은 시련에서 구출되었을 때 요나와 같이 유배지(流配地)에서 돌아와 하나님께로 돌아온 이스라엘은 팔레스타인에 있던 이방인(異邦人. 니느웨)들에게 복음을 선포하게 됐다는 것이다.

저자는 이와같이 역사적 시점(歷史的 時點)에 서 있었다. 니느웨 백성들의 즉각적(卽刻的)인 회심을 묘사함으로 이스라엘인들이 이방에 대한 책임을 민감하게 반응할 것을 보이신다. 이방인(異邦人)들과 타협을 거부하고 이방인(異邦人)들에게 하나님의 심판이 임할 것을 기원하는 이스라엘인들의 옹졸함을 보이시면서 시대적 사명을 깨닫게 하기 위하여 요나는 등장되었다는 것이다.

2. 비유적 해석

요나서는 성서에 나타난 암양의 비유(삼하 12:1-4)과 선한 사마리아인(눅 10:30-37)과 같이 단순한 하나의 비유란 입장이다. 그러므로 이스라엘 역사와 요나의 사건을 병행하여 생각하여서는 안된다는 것이다. 이 요나서는 너무나 공상적 사실(空想的 事實)을 의지하고 있다는 것이다. 하나님의 계시와 세계에 대한 사명이라는 우주적(宇宙的)인 의미를 함축한 비유라 하였다.

하나님의 말씀에도 감동 받지 못하였던 요나는 그 작은 성역(聖域), 고독, 자기중심적 생활(自己中心的 生活), 그리고 그가 믿는 신앙에서부터 그의 마음 속에 이르기까지 그 모든 세계를 자세히 바라보았다는 것이다. 이와는 달리 평범한 인간들은 하나님의 구원의 은총을 기다렸으나 당시의 종교적 교리주의(宗敎的 敎理主義)는 이와 같은 준비를 하지 못하게 하였다. 저자는 이 책임을 물음표로 끝을 내고 있는데 왜 이스라엘이 그 시대의 도전에 대하여 반응할 것인지 아닌지를 지금까지 확실하게 알지 못하고 있기 때문이다.

K. 요나서의 내용

본서는 선지자의 사명과 그 목표로부터 시작된다. 그러나 요나는 인간적 생각과 자기 의지 때문에 불복하였고 그 결과는 어떠하였는지를 자세히 설명하여 주고 있다. 인간은 언제나 불순종(不順從)할 때 하나님은 재련소(再鍊所) 격인 배를 예비해 놓으시고 그 속에서 새로운 교육을 행하신다. 하나님의 주권은 어떤 경우에나 어떤 인간을 통하여서도 침해되지 않고 반드시 역사 속에서 실천된다는 것을 보여주고 있다(사 55:6:11).

어떤 이는 요나서를 그리스도의 유형론(有形論)이라 말한다. 우리는 그 유형론(有形論)을 예수께서 말씀하신 것을 보면 알 수 있다. 요나는 이방의 니느웨에게 복음을 전할 사명을 가졌고 예수는 이방에게 보내심을 받았다(요 3:17). 요나는 불순종(不順從)하였으나 예수는 순종하였다. 두 사람이 다 폭풍의 위협을 받을 때가 있었다. 요나가 자신을 회개 시킨 것 같이 예수는 타인을 회개시키기 위하여 희생되었다. 예수는 요나처럼 죽어 무덤에 묻히고 부활할 것을 예언하였다. 요나가 고기 뱃속에서 부르짖음 같이 예수는 겟세마네 동산에서 부르짖었다.

Ⅰ. 요나의 사명과 불복종   1:1-17
　A. 사명과 회피   1:1-3
　B. 풍랑을 만남 1:4-10
　C. 요나가 바다에 덤짐을 받음   1:11-16
　D. 요나고 큰 물고기 뱃속에서 3일간 기도 1:17

Ⅱ. 요나의 기도와 구출   2:1-10
　A. 요나가 죽지 않고 삶   2:1-9fa
　B. 물고기가 요나를 육지에 내려 놓음 2:10

Ⅲ. 요나의 말씀 선포   3:1-10
　A. 재사명을 받음 3:1-3
　B. 말씀 선포   3:4
　C. 회개하고 믿음   3:5-9
　D. 니느웨의 구원   3:10

Ⅳ. 요나의 불만과 하나님의 교정   4:1-11
　A. 요나의 불만   4:1-4
　B. 움막 아래 요나   4:5-
　C. 박넝쿨로 교훈 하심   4:6
　D. 요나의 반성   4:7-11

L. 요나서와 신약과의 관계

　과거 이스라엘의 선지들이 예수와 관련된 예언을 많이 하였다. 특별히 이사야와 같은 사람은 메시아 탄생의 절정을 이룬 선지자이다(사 2:1-4, 7:10-17, 9:6-7, 11:1-10). 그러나 요나는 이방의 전도자(傳道者)였으나 예수에 관하여 일언도 언급한바 없다. 그러나 반대로 예수께서 요나에 대한 말씀을 통하여 기적과 시대와 죽음과 부활에 대하여 언급하였다는 것은 놀라운 일이다. 그러므로 요나서의 정경성 문제(正經性問題)나 역사성 문제(歷史性問題)에 있어서 어떤 학자들의 주장도 기우(杞憂)에 불과(不過)하다는 것을 알 수 있다.

요나는 이스라엘 백성에게 보냄을 받지 않고 니느웨 성으로 보내심을 받았다. 요나는 반역하였기 때문에 바다에 던지움을 받았다. 지금도 이스라엘은 요나처럼 하나님을 반역하기 때문에 저들은 대환난기(大患亂期)를 거쳐야 왕국에 들어갈 수 있다. 그러나 개인적(個人的)으로는 그리스도 안에서 구원 받을 수 있었다.

니느웨 성은 요나의 전도를 통하여 회개하여 구원 얻었다. 요나는 이스라엘 백성에게서 나와 이방 나라인 니느웨 백성들에게 복음을 전하였다. 이 사실은 예표론적 의미(豫標論的 意味)가 있다. 예수께서 이방을 향하여 전도하실 것을 예시한 것이다. 유대인들은 주님의 생애를 거절함으로 그를 세상으로 나가게 하셨다(마 12:39-41).

예수께서는 표적을 요구하는 자들에게 『요나의 표적』을 말씀하시면서 『밤낮 사흘』을 말씀하시고 자신도 『밤낮 사흘』을 땅 속에 있을 것을 예언하셨다. 예수께서 무덤에 장사(葬事)지냄바 된 것은 복음이다(고전 15:3). 땅 속은 아랫 곳(엡 4:9), 또는 음부(陰部. 행 2:7)이다. 주님은 음부에 가셔서 구원받지 못한 자들에게 구원을 선포하였다(벧전 3:18-20. 욘 1:2, 17. 3:2-10). 이와 같은 사실은 요나가 예표론적(豫標論的)으로 말씀하였다는 것을 입증한 것이다.

예수께서는 누가복음 11:39에서 요나의 표적을 통하여 자신의 부활과 연관하여 언급하셨다. 요나는 겨우 니느웨 성을 구원하였으나 요나 보다 큰 이는 세계를 구원할 것이다(신 18:5). 부활과 회개는 세계적 표적(世界的 表蹟)이 될 것이다. 우리는 예수의 말씀이 실현되어 세계적 복음(世界的 福音)으로 구약의 복음이 완성됐음을 볼 수 있다. 예수께서 메시아(Messiah)이심을 입증하시기 위하여 요나의 사건을 언급함 같이 예수는 세계에 복음을 전함으로 니느웨와 같은 실 것을 입증을 하셨다.

M. 요나서의 신학

요나서는 그의 신학의 중요성에 대하여 통찰력(洞察力)을 제공하여 준다. 그는 하나님께서 보편적(普便的)인 법칙을 지니신 것으로 보아왔다. 하나님은 어디든지 계신다는 보편주의적(普遍主義的)인 개념과 하나님의 초월성(超越性)을 언급함이다. 그리고 요나는 그의 사건을 통하여 하나님의 유일성(唯一性)을 증명하여 준다. 그러므로 요나는 니느웨 성에도 바다 속에나 세계 만민(世界萬民)들과 이스라엘인들에도 함께 계신 하나님이심을 선언한다.

유일하신 하나님은 옹졸해 빠진 이스라엘 백성들과는 비교가 될 수 없다. 그는 누구든지 회개하고 하나님의 자비를 구하면 하나님은 그를 위하여 긍휼을 베푸시고 은총을 입게 하신다. 이스라엘의 하나님은 이방인(異邦人)들의 하나님도 된다. 이스라엘이 하나님을 편협되게 알았기 때문에 민족적 존재(民族的 存在)의 의의(意義)를 다하지 못하였다. 이방인(異邦人)들은 야웨(YHWH)의 멧세지(messege)에 대하여 개방적(開放的)인 것으로 받았으나 이스라엘은 그렇게 너그러운 신앙의 소유자(所有者)들은 아니었다. 그러므로 요나서의 교훈과 신학은 선교학(宣敎學)에 대한 새로운 개념을 제시하여 준다.

1. 그리스도와 요나

우리가 읽고 있는 성경의 입장은 유대인들이 읽고 있는 성경의 위치는 상당히 다르다. 그들은 모든 성경을 유대교를 중심한 메시아 대망에 두고 있다. 그러나 우리는 성서가 세계적(世界的)이고 우주적(宇宙的)이며 보편적(普便的)인 하나님의 계시로 이 말씀은 온 세계를 향하신 하나님의 산 말씀이다. 예언자들은 유대인들의 마음의 갈망을 예언하여 준 자들이다. 그 중심은 『장차 오실 메시아』이다. 예언자들은 물질적(物質的)인 지상의 메시아를 기라렸던 백성들과는 달리 영적 메시아를 제창하였다.

　신약성경에 예수의 증거는 예언의 영을 받아 예언한 영의 말씀이다 (계 19:10, 딤후 3:16, 벧후 1:21). 그러므로 신약성경과 구약성경은 유기적 관계(有機的 關係)가 있다. 그런 점에서 구약성경 안에는 신약이 감추어져 있고 신약성경 안에는 구약이 계시되어 있다. 그러므로 구약 없이 신약은 이해될 수 없고 신약 없이 구약은 불완전(不完全)하다. 구약은 장래의 기대를 기록한 것이고 신약은 구약의 질문에 대한 해답이다 (마 5:17. 히 1:1-2). 하나님께서는 여러 세대의 사람들을 통하여 그리스도에 대하여 말씀하셨다. 그 중에 요나 선지도 포함된다.

　구약 종교의 창조적인 요소(創造的 要素)는 하나님께서 계속적(繼續的)으로 인간에게 자기를 나타내 보이신 것이다. 당신의 뜻을 이루시기 위하여 영감을 부어주시고 종들로 하나님의 섭리를 예언케 하신다. 그들이 구약에는 예언자들이며 신약에는 사도와 그 제자들이다. 요나도 예수의 가르침에서 사실적 인물인 것을 발견하게 된다. 그 기적, 전도는 모두가 그리스도를 계시하시고자 한 말씀이요 사건들이다.

미 가 서

VII. 미가서

A. 서 론

미가(Micah)란 히브리어로『미가야』(Micaiah)인데 그 뜻은『누가 야웨와 같으리오』혹은 미가엘(Michael)이란 말의 뜻은『누구가 엘(El)과 같은 사람인가』란 뜻이 있다(렘 26:18. 대하 17:7. 왕상 22:8). 그는 모레셋(Moresheth) 사람인데 그 지명을 마레사(mareshah)라 부르기도 한다. 일명 미가를 가르쳐『모레셋 사람』(Morasthite)이라 불렀다(미 1:1). 그러나 미가서 1:14의 말씀을 보면 그의 고향을『가드 모레셋』(gath Moresheth)이라고 표기 하였다. 이것은 모레셋이 불레셋 사람의 성읍인 가드(Gath)에 가까이 위치하고 있었기 때문이다. 제롬(Jerome)과 유세비우스(Josphus)에 의하면 이곳은 엘루테로폴리스(Eleutheropolis)에서 동쪽으로 멀지 않는 곳에 위치하고 있었다고 한다. 미가는 예루살렘과 가드의 중간 지점인 스펠라(Shepelah)의 작은 마을에서 살고 있었던 것으로 생각된다.

미가의 고향의 자연 환경(自然環境)은 그의 멧세지(messge)에서 자세하게 언급되어 있다. 그는 가난한 농부들과 목자와 함께 살면서 그들을 대단히 사랑하였다. 그리고 그들이 나라의 신앙의 중추임을 깊이 인식하였다(미 3:2-3). 그는 외국인들의 침입을 많이 겪은 자로 성읍주민(城邑住民)들에 입각한 일반적(一般的) 통찰력(洞察力)으로 모든 국제 문제(國際問題)에 관심을 가지고 관찰하였다.

미가는 열왕기 상 22:8에 나오는 북왕국(北王國)의 선배 선지자 니몰라(Imla)의 아들 미가야(Micah)와 혼돈하여서는 안된다.

B. 미가서의 주제

미가서는 히브리 사본(寫本)과 라틴 벌게잇 역본에 여섯 번째로 기록되어 있으며 70인역에는 세 번째로 기록되어 있다. 본서는 미가 선지가 예언하여 온 모든 말씀을 말년에 한권의 책으로 엮은 것이다. 이 책은 논리적(論理的) 연관성(聯關性)을 띠고 있으며 그 내용이 조화가 잘 이루어 있다. 가스파리(Caspari)는 말하기를 미가 선지는 자신이 베푼 각양의 담론(談論)들을 모아서 백성들이 잘 알아들을 수 있도록 읽게 함으로 히스기야(Hezekiah)의 종교개혁(宗敎改革)을 돕도록 내용이 꾸며져 있다고 하였다.

멧세지는 그 내용이 위협(威脅)과 책망(責望)과 호소(呼訴)로 가득차 있으며, 심판과 자비가 교차적(交叉的)으로 서술되어 있다. 이 책은 선지자 이사야의 글과 상당 부분 일치한 점이 많다. 이와같은 이유는 같은 시대에 태어나서 하나님의 부르심을 받아 그 시대에 적합한 예언을 하였기 때문이다.

당시에 팽배하였던 종교와 도덕적 타락(道德的 墮落)을 미가 선지는 이사야와 함께 지적하였으나 미가 선지는 이사야와 달리 정치에는 관여하지 않았다. 그와 같은 이유는 이사야는 정치가출신(政治家出身)이지만 미가는 농촌 출신(農村出身)이기 때문이다. 그러나 미가 선지는 이사야와 달리 종교개혁(宗敎改革)에 대하여 언제나 비판적 입장(批判的 立場)을 취하였다. 우리는 이사야 선지와 미가 선지를 통하여 놀라운 발견을 하게 되는데 이들은 공통적(共通的)으로 메시아의 탄생을 예언함으로 이스라엘 백성들에게 소망을 주는 복음주의적(福音主義的) 선지자들이었다는 것이다(미 5:2-4).

히스기야왕이 종교개혁(宗敎改革)을 일으키기 전의 유다의 상황은 극도로 악화 되어 사회상은 형편이 없었다. 당시의 죄악의 근거는 불신이다. 그로 말미암아 우상 숭배(偶像崇拜)와 정치 지도자(政治 指導者)들의 교만과 종교 지도자(宗敎 指導者)들의 위선과 백성들의 사치와 탐욕

은 하나님의 경고의 대상이 되고도 남음이 있었다. 강자는 약자를 약탈
하는 데 그 부류는 구별이 없었다.

히스기야(Hezekiah)의 종교개혁(宗教改革)은 뿌리 깊이 내리지 못하였
고 겉치레에 그치고 말았다. 그 결과 나라 안에는 도처에 산당(山堂)이
여전이 산재하여 있었고, 백성들의 마음도 변화되지 못하여 여전히 죄
를 짓기에 그 발이 빨랐다. 이와같은 현실은 미가 선지의 마음을 격분케
하였고 그들은 이미 돌아설 수 없는 지경에까지 이르게 되어 미가는 심
판을 선고한 것이다.

본서는 수사학적(修辭學的)으로 표출된 말씀을 보면 미가의 심령에
성령께서 내주하셔서 말씀하셨다는 것과 그는 언제나 예언의 최종 목표
를 메시아 예언으로 귀착하고 있다는 점이다. 그와 같은 소망을 예언한
것은 자신이 과거에 체험한 여호와께서는 자애로우신 분이란 자각이 있
었기 때문이다. 그러므로 미가서의 주제는 심판과 소망의 약속이다.

C. 미가서의 저자와 연대

미가서의 연대 기록(미 1:1)은 미가가 요담(Jotham B. C. 750-735년경)
과 아하스(Ahaz B. C. 735-715년경), 그리고 히스기야(Hezekiah B. C.
715-687년경)의 통치시대(通治時代)에 여호와의 말씀을 받았음을 지적
하고 있다. 이와같은 것으로 보아서 미가의 활동은 사마리아의 멸망(B.
C. 721년) 보다 훨신 이전에 시작되었으며 그후 오래동안 예언을 한 것
으로 볼 수 있는 데 그 시대는 이사야가 예루살렘에서 예언을 한 때였
다.

한편 아모스가 성장한 드고아(Tekoa)는 모레셋(Moresheth)에서 28 Km
정도 떨어진 곳에서 살고 있었으므로 이 때 청년 미가로써는 아모스로
부터 어떤 영향을 받았을 것이라 추측된다(미 2:6. 암 2::12. 5:11.
7:10-11). 아모스와 미가는 시골 출신이었으므로 그들이 같은 신앙적 안
목(信仰的 眼目)을 가졌을 것이다. 그러한 까닭에 그들은 정의에 대한
같은 견해를 가지고 부르짖게 되었다. 미가는 이사야가 예루살렘에서

말씀을 증거한 것을 보았을 것이며, 예레미야 26장의 말씀을 보면 미가
는 예루살렘을 향하여 이사야처럼 강력하게 책망하며 설교함으로 히스
기야에게 종교개혁(宗敎改革)의 필요성을 더욱 크게 느끼게 하였을 것
이다. 이와같은 영향은 후대인 요시야(Josiah)에 의하여 신명기적(呻命記
的) 종교개혁(宗敎改革)을 일으키는 데 영감과 영향을 주었다(렘 26:16-19).
　미가는 용기와 확신과 개인적(個人的) 신앙체험(信仰體驗)을 갖고 있
었던 인물이다. 그의 인물됨을 보면『엄격한 도덕(율법 준수에 있어서),
정의에 대한 불굴의 헌신의 사람이었다. 그리고 그의 관심사(關心事)는
당시 사회적(社會的) 부정부패(不貞腐敗)였다. 이와같은 부정부패(不貞
腐敗)는 신앙개혁(信仰改革)을 통하여서 만 해결될 수 있는 문제이다.
만약 인간이 여호와 앞에 회개하고 돌아오지 않는다면 개혁은 불가능
(不可能)하고 하나님의 심판만 있을 뿐이다. 그러나 미가는 최후의 희망
은 베들레헴에서 메시아(Messiah)가 출현할 것을 대망하면서 본서를 기
록하였다.

D. 미가서의 집필 목적

　미가는 서민 출신(庶民出身)이요 가난한 농촌의 출신(農村出身)이었
다. 그 때문에 그의 눈에는 부자들의 부요한 생활이 부정적(否定的)인
것으로 보였을런지 모른다. 그의 예언을 보면 부자들의 부정과 탐욕을
날카롭게 책망함을 보아도 알 수 있다. 그는 정치에 대한 관심은 갖고
있었으나 미가의 예언에는 정치적인 문제(政治的 問題)는 별로 언급되
지 않았다. 그는 다만 종교 문제(宗敎問題)와 도덕 문제(道德問題)를 가
지고 그 멧세지(messge)의 중심점(中心點)을 삼았다.
　미가의 예언의 목적을 보면『오직 나는 여호와의 신(Spirit)으로 말미
암아 권능(權能)과 공의(公醫)와 재능(才能)으로 채움을 얻고 야곱의 허
물과 이스라엘의 죄를 그들에게 보이리라』(미 3:8)권 하였다. 미가는 백
성들의 죄 때문에 하나님은 앗수르 사람을 당신의 징계의 도구로 사용
하여 징벌하기 위하여 보내신다는 것이다. 그러나 징벌의 목적은 파멸

에 있는 것이 아니고 개선에 있으므로 최종적(最終的)으로는 하나님의
축복이 있을 것이라 하였다. 그와같은 일은 메시아(Messieah)의 출현과
관계된다고 하였다. 이것이 미가 선지의 예언의 기본 입장이었다.

미가에게 있어서 여호와 신앙은 사회 정의와 개인적(個人的) 거룩함
으로 표출(表出)되어야 한다는 것이다. 그 이유는 하나님은 정의로우시
고 거룩하시기 때문이다. 하나님께서 요구하신 것은 언제나 당신의 속
성과 관계되어 있다. 하나님의 주권을 통하여 언제든지 이와같은 것을
요구하시고 불만족(不滿足)할 때 하나님은 그들에게 응징(膺懲)하신다.

이사야 선지는 아하스에게 여호와의 징조(徵兆)를 구하라 하였으나
그는 거절하였다(사 7:2). 그리고 히스기야가 이사야 선지의 직언을 무
시하고 앗수르에게 조공을 바친 것은(왕하 18:14-16), 여호와께서 저들
을 열왕들처럼 보호해 주실 것이라는 신앙이 결여되어 있었기 때문이
다. 미가는 그의 백성들에 대한 불만을 본서에 기록하였고(미 6:), 그 결
과는 심판이란 사실을 선언하였다. 그러나 종국에는 하나님의 은혜가
이스라엘의 최종적 승리가 될 것이라 하였다(미 7:7-9).

E. 미가서의 일반적 성격

마가서의 문체는 매우 주목할 만 하다. 그 글 솜씨는 농민 출신(農民
出身) 답게 세련되 못하였으나 순수하고 명확하고 단순하여 알기 쉽다.
형용적(形容的)인 어구와 상징 그리고 결말은 빗대는 말로 끝나는 것이
많이 있다. 주제나 인물, 그리고 수(數)나 성(城)을 말할 때 갑자기 바꾸
는 것으로 보아서 미가의 성격이 매우 단순하고 과격한 것을 알 수 있
다. 그는 불의를 보면 잘 흥분된 사람으로 어떤 제한을 받아 가면서 글
을 쓰지 않고 성령이 인도하는 대로 기록한 것이다.

미가는 엄격하고 용감하며 직선적(直線的)인 성격이어서 구푸릴줄 모
르는 성격의 소유자(所有者) 였다. 반면 그는 때로는 온화하고 비탄에
젖기도 하였으며 애정에 넘치는 동정심(同情心)도 있었다. 그는 비참한
일에 대하여 간단하고 간결하게 서술하면서 어두운 날이 지나가면 밝은

날이 올 것을 부언하였다. 하나님은 목자와 같은 분이어서 어린 양과 같은 이스라엘을 향하여 보호하시고 어려운 대적들 앞에 앞장서서 대항하는 분이시다(미 5:5. 7:14).

미가는 이스라엘인들에게 회개를 촉구한 것처럼 보이지만 사실은 하나님의 하시는 일을 보이신 것이다. 그러나 그것이 경고와 책망 만 보일 뿐이다. 죄와 심판과 회개와 용서는 모두 하나님의 장중에 있는 의지의 표현이다. 미가는 논리적(論理的)으로 어떤 문제를 설명하지 않고 사악한 행위는 그 결과적(結果的)으로 하나님의 심판을 초래할 뿐이라 하였다. 그러므로 그의 예언은 언제나 직선적(直線的)이었다.

본서의 특징 중 한가지 분명한 사실은 미가는 모세의 오경을 잘 알고 있었다는 것이다. 본서의 형태로 보아서 당시에 많은 사람들이 접할 수 있던 신명기적(呻命記的) 요구를 익히 알고 있었다. 그의 글 중에 역사적 암시(歷史的 暗示)가 수 없이 많이 언급됨을 보아서 알 수 있다(미 2:4. 6:5. 1:10. 왕상 22:28. 시 2:1. 3:2. 7:2, 7. 잠 6:9, 11. 암 2:3, 6, 11. 3:6).

F. 미가서의 시대적 상황

예레미야 26:18에는 미가가 히스기야 시대에 살면서 예언하였고(B. C. 715-618), 요단과 아하스 시대에도 예언한 것으로 되어 있다(미 1:1). 우리는 이와 같은 말씀이 그 예언의 내용과 비슷하다는 것을 간과(看過)하여서는 안된다. 또 그가 요담과 아하스 시대에도 예언하였다면 그 시대는 미가의 말년이었을 것이다. 그는 북국 이스라엘과 사마리아에 대하여 예언하였고 히스기야의 종교개혁(宗敎改革)과도 무관하지 않는 것으로 보아서 그 시대적 상황(時代的 狀況)은 매우 유동적(流動的)인 시대였음을 볼 수 있다.

당시의 세계적 주도권(世界的 主導權)을 가지고 있었던 나라는 앗수르였다. 그들은 타국은 물론 히브리인들의 위협의 대상이었다. 앗수르는 디글랏빌레셋 3세(Ⅲ Tiglath-Pileser B. C. 742-727), 살만에설 5세(B. C. 727-722), 사르곤 2세(Ⅱ Sargon B. C.722-705), 산헤립(Sennacherib B.

C. 705-681) 등이 앗수르를 지배하여 오면서 인접국(隣接國)들을 괴롭혔다. 미가가 젊었을 때 시리아와 에브라임이 합세하여 유다와 전쟁을 하였고, 때로는 이스라엘과 시리아가 연합하여 앗수르에 대항하여 싸우기도 하였다. 시라아와 에브라임이 연합하여 전쟁을 일으킨 것은 아하스왕이 디글랏빌레셋에 대한 동맹을 파기하고 약소국가(弱小國家)들의 연맹에 가입하였기 때문이다.

미가는 북왕국(北王國)과 사마리아가 앗수르에게 정복된 것을 보았다(B. C. 722). 그리고 미가의 활동은 산헤립이 예루살렘을 약탈하기 전(왕하 18:13-)에 끝났던 것으로 생각된다. 미가는 애굽(Egypt), 앗수르(Assyria), 불레셋(Philistines) 사람들이 서로 각축을 벌였던 『임자 없는 땅』과 유다 사이의 경계에 살았으므 그는 대국(大國)들의 전쟁의 폭풍을 여러번 목격해야 하였다(미 1:10-16).

아하스왕은 오래 동안 앗수르 왕에게 조공을 바쳤고 그 덕분에 정치적 안정(政治的 安靜)도 있었다(왕하 14:7). 이러한 이유 때문에 경제적(經濟的)으로도 번영하여 백성들은 부를 누리게 되었다. 그리고 이와같은 현상은 특별히 상류층(上流層)에 있는 자들에게 집중되었다. 그러므로 미가는 위정자(爲政者)들에 대하여 준엄하게 책망을 하였다.

G. 미가서의 통일성

소선지 미가서에 대하여 통일성의 문제(統一性問題)를 최초로 제기한 사람은 슈타데(Stade. 1881-1884)이다. 그가 주장한 바는 미가서 3장 이후의 문장은 미가에 의하여 기록된 것이 아니라고 하였다. 그러므로 미가서는 두 개 이상의 글이 편집되어 하나를 이루었다고 하였다. 그러나 하릴슨(Harrelson) 같은 사람은 후반부(後半部)에도 미가의 글이 상당히 많이 있다고 하였다. 이처럼 미가서의 통일성(統一性)에 대하여 비판적 태도(批判的 態度)를 가진 현대신학자(現代神學者)들의 견해는 자기들끼리도 불일치(不一致)하다.

미가서의 내용 중에 8세기의 예언자들의 용어와 내용이 많이 들어 있다하여 미가서의 통일성(統一性)에 대한 의문을 제기한 것은 잘못된 것으로 수용하기 곤란하다. 미가서 4-7장이 이사야서의 40:-66장의 관용구(慣用句)가 있다 하더라도 미가서의 통일성(統一性)에 아무런 지장을 주지 못한 것은 같은 시대인들에게 하나님께서 허락한 말씀은 사람은 다를 망정 어느 정도 내용면(內容面)에서는 일치 할 수 있기 때문이다. 그러므로 미가서를 포로 이후의 삽입(揷入)이라 말한 것은 수용할 수 없는 논리이다.

H. 미가서의 내용

미가는 아사야 선지처럼 그의 예언 가운데서 사마리아뿐 아니라 유다와 예루살렘에서도 성행하던 이교적(異敎的) 제사의식(祭祀儀式)을 신랄하게 비난하고 있다. 히스기야의 종교개혁(宗敎改革)의 영향은 단지 부분적(部分的)인 것이었으며 결코 영구적인 것은 아니었다(미 1:5-7. 5:11-13. 6:7. 16). 그는 사회적 부정(社會的 不貞), 특히 그땅의 권력자(權力者)들의 자태는 상거래(商去來)의 부정직(不正直), 거짓 선지자들이 참된 예언에 대한 비중을 경감시키는 일 등에 대하여 경고하면서 그는 백성을 그들로부터 보호하여야 한다는 자각을 가졌다.

미가는 이사야 보다 예루살렘 성전의 멸망을 공개적(公開的)으로 선언하면서(미 3:12. 4:10> 5:1), 바벨론으로의 유배(流配)와 귀환(歸還)하여 예루살렘이 재건된다는 것을 강조하면서 이 재건은 다윗왕의 가문에 가장 비천한 왕이 이러한 일을 성취할 것이라 예언하여 예수 그리스도를 암시하고 있다. 그는 나라 안에 이교적 행습(異敎的 行褶)을 정결케하며(미 5:9), 그 때는 어떤 이방의 왕들의 공격도 무용할 것이라 하였다(미 4:11-13. 5:4).

   Ⅰ. 미가의 예언적 배경 1:1-4

     A. 서두 1:1

     B. 종말론적 시 1:2-4

I. 미가서의 신학

미가의 하나님께 대한 믿음과 그에 대한 신념은 하나님의 징벌(懲罰)에서 그 백성에게 대한 사랑을 발견하는 동시에 고난의 날을 초월케 한다. 하나님의 善하심을 믿기 위해 그에게 반드시 햇빛이 비춰야만 하지 않았다. 미가는 경고에 반하여 이스라엘을 비난하였다. 이스라엘은 하나님을 그 아버지와 친구로 대하였는가 ? 오히려 원수로 대하였다. 그의 말씀과 뜻을 순종치 않았을 뿐 아니라 오히려 거절하였다. 나라의 위정자(爲政者)들과 종교적 지도자(宗敎的 指導者)들이 엉망으로 일했기 때문에 이제는 아무도 안심하고 살 수 없게 되었다. 개인이나 기관이 길을 가는 데 두 가지 방법이 있다. 과거의 일을 돌아다 보고 앞으로 길을 바르게 가는 것과 과거의 것으로 만족하여 버리고 마는 생활이다. 종교는 언제나 하나님을 의지하고 요구에 응하게 될 때 역사의 도중에서도 성스러운 성공을 체험 할 수있다.

1. 여호와의 날에 대한 사상

하나님의 성(城)은 언제나 안전하여야 한다. 그 방법은 하나님과 바른 관계가 유지될 때 만 가능하다. 그러나 정신적(精神的), 문화적(文化的), 경제적(經濟的), 정치적(政治的), 종교적 중심지(宗敎的 中心地)인 예루살렘이 하나님 앞에 바로 서지 못할 때 예루살렘이라 하여 타국의 수도와 비교하여 예외일 수 없다. 그러므로 영화롭고 평화로운 하나님의 도성이 되기 위하여서는 불신과 학대와 오만과 사치와 우상숭배(偶像崇拜)를 버리고 전폭적(全輻的)으로 여호와에게 귀의 해야 한다. 말일(末日)이 되어서 모든 일이 우리의 뜻대로 되리라는 공상은 금물이다.

미가는 어떤 역사적 사실(歷史的 事實)에 빙거하여 이스라엘 백성들에게 희망을 제시하였다. 적군에 짓밟힌 이스라엘에게 생존의 희망을 준 것은 곧 하나님이 역사의 주인공(主人公)이라는 확고한 사실을 보여주기 위함이다. 이스라엘을 택하신 하나님께서는 이스라엘을 압박하던 이방인(異邦人)들을 소멸함으로 역사의 중심은 하나님이요 그 백성임을 깨닫게 한다. 하나님의 목적이 역사에 나타난 것은 단순한 꿈이 아니었다. 하나님께서는 이스라엘을 정복한 정복자(征服者)들에 그 뜻을 관철시키고 순종을 촉구하는 날이 여호와의 날이며 말일(末日)이다. 그러므로 그 날은 이방인(異邦人)들에게는 심판의 날이며 시온의 백성들에게는 『야웨의 날』이 될 것이다(습 1:14-18, 3:8-12).

여호와의 날에 대한 개념을 모빙겔(Mowinckel)은 말하기를 『당연히 우선적(于先的)으로 이스라엘의 제의역사(祭儀歷史)에서 찾아야 한다』고 하였다. 이스라엘 백성들에게는 많은 제의(祭儀)와 절기(節期)가 있다. 그 절기중(節期中)에는 억압으로부터 해방을 기념하는 날도 있다. 그러므로 『여호와의 날』은 평화 실현(平和實現)의 날이었다. 이스라엘 백성들은 매년(每年) 마다 제의(祭儀)를 행하면서 하나님의 안보와 승리를 후대에 계승될 것으로 확신하였다. 그러므로 『여호와의 날』은 제의(祭儀)와 역사적 전승(歷史的 戰勝)의 산물이라 할 수 있다. 『여호와의 날』은 전쟁과 관계된 것으로 엄격한 하나님의 심판이 이방인(異邦人)들에게 임하는 것을 뜻한다.

성서에서 『여호와 날』의 개념을 제일 먼저 주장한 사람은 아모스인 것 같다(암 5:18-20). 그후 성경에는 많은 선지자들로부터 이 『여호와의 날』이 제창되었다. 적어도 예언 문학에서 만도 18회 정도 언급된 것이다. 이와같은 개념은 미래의 역사적(歷史的), 우주적(宇宙的), 사건을 기대하는 것이다(암 5:18-20. 사 2:12-17. 34:1-17. 61:1-3. 63:1-6. 말 3:13-14. 슥 14:1-21). 그리고 다른 곳에서는 기대하는 사건을 벗어날 목적으로 『여호와의 날』을 말함으로 절박한 환경에서 어떤 소망의 날로 표현하였다(습 1:1-2. 겔 7:1-27. 30:1-9. 옵 1:. 사 13:1-22. 욜 1:-3:). 그리고 다른 곳에서는 작가들이 과거역사(科擧歷史)를 회상하면서 사용하였다(애 1:-2:. 겔 13:1-9).

미가는 『여호와의 날』의 개념을 평화의 날로 인식하였다(미 4:1-2). 주의 날에 강대국(强大國)들은 하나님의 심판을 받을 것이요, 이스라엘 백성들에게는 전쟁의 위기에서 벗어나는 날이다. 그 날은 이사야의 말대로 칼을 쳐서 농기구(農器具)를 만들 날의 도래를 의미한다. 그 영광스럽고 평화스러운 날에 치리계급(治理階級)에게 시달리던 백성들은 솔로몬 시대와 같은 평화와 풍성함을 누릴 것이다(왕상 4:25. 사 36:16. 계 21:4).

나훔서

VIII. 나훔서

A. 서 론

　　나훔(Nahun)은 소선지들 중 일곱 번째 사람이다. 그에 관하여는 엘고스(Elkosh) 사람이란 말 외에 자세한 것은 알 수 없다. 이스람 전승에 의하면 엘고스(Elkosh)는 니느웨의 근처에 있는 성으로 모슬(Mosul) 지방 알 쿳(Al-Qush)이며, 전설에 의하며 이곳에 나훔의 가족의 무덤이 있는 것으로 여겨진다. 혹 자는 엘고스(Elkosh)는 갈리리 가버나움(kparnahum) 지방으로 간주한 자들도 있다.

　　나훔(Nahum)의 히브리식 이름의 뜻은 『위로』, 『동정』을 말한다(사 51:18). 그리고 그의 집은 불레셋과 애굽 접경 가까이 있으며, 그곳은 시므온지파의 사람들이 정착했던 곳이었다고 전한 자들도 있다.

B. 나훔서의 주제

　　나훔의 예언은 한 가지의 주제에 관한 것이다. 그것은 『니느웨에 대한 중대 경고』이다. 나훔은 패역한 니느웨 도성의 운명에 관하여 예언하였다. 헬라어 성경에는 나훔서가 요나서 바로 뒤에 편집되어 있다. 요나는 니느웨의 회개를 선포하여 그 성이 구원을 받았다. 그러나 얼마가지 않아서 다시 니느웨 성이 죄로 인하여 멸망의 운명을 당한 것이다. 니느웨 성의 사람들의 죄는 교만(驕慢), 학대(虐待), 우상 숭배(偶像崇拜), 그리고 하나님의 주권(主權)에 대한 도전(挑戰)이었다.

　　하나님께서는 오래 참으시는 분이시다. 그리고 정의로우시고 준엄하시다. 그러나 악행이 계속될 때 징벌하시는 보수자(報讐者)로 현현(顯

現)하신다. 하나님의 주권과 그 권능 앞에 누가 맞설 수 있겠는가? 나훔 선지는 미래의 불행할 운명을 과거의 영광과 비교하여 그들은 포위 당하고, 약탈 당할 것이며, 마지막에는 황폐하여질 것이라 하였다.

잔인성(殘忍性)과 배반과 약탈과 우상 숭배(偶像崇拜)로 악명 높았던 앗수르는 어제의 힘이 그들을 구원할 수 없을 것이며, 그들의 요세와 망대는 무너질 것이며, 군사들은 담력을 잃고 궁궐은 불에 탈것이라 하였다. 그리고 앗수르는 열방의 조롱거리가 될 것이다. 나훔의 예언은 인간적(人間的)인 선견지명(先見之明)에서 나온 확신이나 신념 같은 것은 아니었다. 그리고 정치가(政治家)의 통찰력(洞察力)도 아니며 장군의 묘략도 아니다. 그는 하나님의 도덕적 통치(道德的 統治)와 정의의 최후 승리를 믿는 신앙과 하나님의 계시에 의하여 얻어진 산 지식이다.

당시의 앗수르는 그 번영이 절정에 이르렀다. 이웃은 물론 애굽까지도 앗수르 군에 복종하였으며 조공을 바쳤다. 그러나 그 모든 영광은 꽃과 같았고 풀의 이슬과 같았다. 달도 차면 기울고 꽃도 붉게 피면 시든 것처럼 앗수르의 영광의 빛도 퇴색할 날이 멀지 않았다. 나훔이 예언한 지 50년도 못되어 앗수르는 바벨론(Babylon)과 애굽(Egypt)과 매데(Media)의 연합군들에 의하여 패망하고 그들의 역사는 종말을 고하였다(B. C. 608. 겔 32:22-23).

C. 나훔서의 저자와 연대

나훔에 의하여 기록된 나훔서는 니느웨의 몰락과 멸망에 관해 집중되어 있다. 나훔서에는 니느웨의 멸망이 항상 미래적 시제(未來的 時制)로 되어 있는 것으로 보아서 이 예언은 니느웨 성의 멸망(B. C. 608-606) 몇 년 전에 선포된 예언인 것으로 생각된다. 그러나 나훔의 최종 활동(最終活動)의 시기에 대하여는 측정지을 수 없다. 나훔의 최초의 예언은 3:8의 말씀을 통하여 연구하여 보면 노 아몬(No-amon. 애굽의 더베{Thebes})의 파멸을 이루어진 사실로 말하고 있다.

앗수르 왕 아슈르바니팔(Ashurbaniasl)이 애굽을 점령하기 위하여 출정한 결과 B. C. 663년에 더베가 함락되었다. 그러므로 나훔의 활동시기는 B. C. 663년부터 608년으로 여겨진다.

D. 나훔서의 배경

7세기의 전반기(前半期) 동안 국제 무대(國際舞臺)는 앗수르의 제왕들에 의하여 좌우되었다. 에살-핫돈(Esar-haddon. B. C. 680-669)의 아들 앗술바니팔(Assurbanipal B. C. 669-626)은 이름 높은 교만한 자였다. 그는 왕이된 그해 애굽을 점령하였다(훔 3:8-10). 그러나 그 나라는 막강한 적들의 나라들로 둘러싸여 있었다. 북쪽으로는 스구디아인(Scythians), 동쪽으로는 메데인(Medes)이며 , 남쪽으로는 갈대아인(Chaldes)들이 있었다. B. C. 645년에 애굽이 먼저 독립하였으나 계속하여 메데와 갈대아에 의하여 앗수르와 그 수도 니느웨 성은 멸망하였다. B. C. 608년에 막강한 앗수르는 지상에서 영원으로 사라져 버렸다.

유다의 내적 상황은 므낫세(Manasseh)의 긴- 치세에 의해 결정지어졌다(B. C. 687-641). 앗수르 종이 되었던 그는 종주국(宗主國)의 우상을 도입하였다. 그리고 동맹을 맺는 모든 나라의 제사제도(祭祀制度)를 도입하였다(왕하 21:1-18. 23:8, 9. 대하 33:3). 그와같은 죄 값은 후일에 포로로 잡혔갔다(대하 33:11). 그후 예루살렘으로 돌아와 후회하고 자신을 개선 할려고 힘썼으나 실패로 돌아가고 말았다(대하 33:10-13, 15-17).

그의 아들 암몬(Ammon B. C. 641-639)도 그 아버지를 닮아서 『여호와 보시기에 악을 행하였다』고 하였다(왕하 21:20). 그러나 요시아왕 치세에는 이방 신(神) 숭배를 폐하고 앗수르의 멸망과 함께 요시아의 종교개혁(宗敎改革)은 이스라엘 영토에까지 확장되었다(왕하 23:15-. 대하 134:6-)

E. 나훔서의 특성

나훔은 소선지 중에 높은 위치를 차지하고 있다. 그의 예언의 특색은 깔끔하고 전체가 잘 조화를 이루고 있다. 그 예언의 특성은 특히 음률적(音律的)이며 음악적(音樂的)이란 데 있다. 그의 말솜씨는 대단하여 청중과 완전히 혼연일체(渾然一體)가 되어 있음을 볼 수 있다. 그 예언의 색깔은 아름답고 하나님의 공의를 웅장하게 묘사되어 있다.

그의 예언은 고전적(古典的)이여서 독창성(獨創性)을 띠고 있다. 그의 다양한 예증(例證), 설득력(說得力), 언어(言語)의 우아함과 문체의 명쾌성(明快性) 등은 독특한 특징을 짓게 한다. 그러나 나훔 선지의 예언에는 메시아(Messiah) 예언이 결여되어 있으며 장황한 도덕적(道德的), 종교적(宗敎的) 권설(勸說)도 없지만 도처에서 하나님의 공의성(公義性)의 주장과 다가 올 이스라엘의 회복은 그들에게 위로의 예언이 되었을 것이다.

F. 나훔서의 통일성

비평가(批評家)들은 나훔 2:3-3:19 만을 원작으로 생각하고 나훔 1:2-10은 이차적 추가(二次的 追加)라 한다. 그 이유는 구절의 부분적(部分的)인 표현이 알파벳(alphabet) 순으로 분석되기 때문이다. 그리고 그 부분이 이 책의 중심적 주제(中心的 主題)와 상관이 없기 때문이라 한다. 그러나 이와 같은 주장이 결정적(決定的)인 학설은 아니다. 그 이유는 이 예언이 모두 알파벳(alphabet) 순서로 되어진 것이 아니고, 다른데는 철자순(綴字順)으로 되어 있기 때문이다. 이와같은 알파벳(alphabet) 양식은 4세기까지 널리 알려지지 않는 방법으로 이들은 이 예언서의 연대를 B. C. 4세가까지 끌고 내려 온다. 그러나 나훔과 같은 시성(詩性)이 풍부한 예언자가 그와 같은 시적 표현(詩的 表現)을 할 수 없다고 단정한 것은 큰 잘못이다.

그리고 또 비평가(批評家)들의 주장은 1:2-10까지의 부분이 이차적(二次的) 추가 부분(追加部分)이라 한다. 이유는 이 부분에 니느웨에 대한 언급이 없다는 것이다. 그러나 예언의 말끝 마다 반드시 니느웨란 말이 언급되어야 하는지 의문이다. 서두에 표제를 제시하였으면 다음에는 다시 언급할 필요는 없을 것이다. 그러나 이와같은 비판적 견해(批判的 見解)에도 불구하고 보수주의 입장(保守主義 立場)은 나훔서의 통일성(統一性)에 대하여 언제나 단호하다.

G. 나훔서의 내용

본서는 니느웨에 대한 중대한 경고인 것이 그 특징이다. 니느웨의 멸망은 하나님의 뜻과 관계된 것이다. 죄악으로 멸망하는 국가는 멸망의 도구 앞에 어떤 예방 조처(豫防措處)도 무익한 것이다. 이와 같이 앗수르라 할찌라도 창기(娼妓) 같이 살았으므로 하나님으로부터 그렇게 취급을 당한 것이다. 그는 애굽의 더베가 무너져버린 것 보다 나을 것 없이 멸망할 것이다.

I. 심판을 선고함 1:1-15
  A. 선언 1:1
  B. 하나님은 공의로 통치함 1:2-6
  C. 하나님을 대적한 자에게 임한 진노 1:7-11
  D. 니느웨에 예비된 진노 1:12-15

II. 심판의 집행 2:1-13
  A. 선을 대적하는 자에게 보수하심 2:1-8
  B. 성읍 약탈 당하고 황폐하여 짐 2:9-13

III. 심판의 원인 3:1-19
  A. 니느웨의 운명 3:1-7
  B. 암몬 경우처럼 멸망함 3:8-13
  C. 니느웨의 종말 3:14-19

H. 나훔서의 신학

1. 여호와의 성품

니느웨의 멸망이란 단순한 주제하(主題下)에 하나님의 섭리의 손이 나타나 있다. 본서에서는 하나님의 거룩한 두 가지 성품이 나타나 있다. 그 첫 째는 하나님의 보복(報復)이 사악한 자들에게 나타난다는 사실(훔 1:2-3)과 다음으로 하나님의 자비가 압박받는 자들에게 구원의 손으로 나타났다(훔 1:15. 2:2). 언제나 여호와를 진심으로 신뢰한 자는 하나님의 도우심과 보호하심을 입는다는 것이다.

여호와는 영적(靈的) 윤리적(倫理的)인 분이심에는 크게 언급하지 않았으나 반면 그는 전우주(全宇宙)를 다스리시는 여호와의 통치를 강조하였다. 그를 개인(個人)이나 민족(民族)이나 국가(國家)가 하나님께 의무를 다하고 순종한다면 하나님의 축복을 받을 수 있으나 하나님의 목적을 따르지 않고 하나님의 지배를 무시한다면 재난과 불행이 따를 것을 강조하고 있다. 나훔의 가르치는 이와 같은 개념은 여호와의 통치의 보편성(普遍性)을 말한 것으로 그 윤리적 원리(倫理的 原理)가 오늘에 여전히 적용된다.

케네디(Kennmedy)는 다음과 같이 말하였다. 『앗수르는 현세계(現世界)의 제국들에게 하나의 직관적 교훈(直觀的 敎訓)이 된다. 즉 하나님께서 이 세계를 다스리신다는 영원한 진리를 가르쳐 주고 있다. 한 나라가 계속적(繼續的)으로 존속하기를 원하면 그 나라의 백성들이 공의를 사랑하고 의롭게 되어야 된다는 것이다』

2. 니느웨의 죄악

나훔이 지나치게 감정적(感情的)이요 시적(詩的)으로 흘렀다는 것은 앗수르와 그 수도(首都)였던 니느웨에 대한 반영이다. 앗수르의 잔인성

(殘忍性)은 과거 제국들의 반복된 행동이다. 니느웨 도성(都城)에는 큰 제우스(Zeus: 그리스의 최고의 신), 천지만물(天地萬物)의 주제의 신전(神殿)이 있었고 그 제우스 신전(Zeus神殿)에서는 인간의 잔악성(殘惡性)이 그대로 나타났다(훔 2:11. 3:12-13). 인간이 세워놓은 문명 위에 하나님의 은혜가 떠나면 그 문명은 죄악의 문명(罪惡文明)이 되고 만다. 자고로 죄악의 문명은 망한다. 인류 최초의 문명 바벨탑은 무너졌고 음란한 도시 소돔(Sodom)과 고모라(Gomorrah)와 폼페이는 그 좋은 예이다(계 18:1-3).

인류 역사(人類歷史)에 많은 대제국(大帝國)들이 무너지고 생성되었다. 그런데 멸망의 이면(裏面)에는 어떤 죄악이 도사리고 있었던가 ? 앗수르, 애굽, 페르샤가 찬란한 문화와 함께 망한 것은 음란과 잔인과 우상숭배(偶像崇拜)와 교만 때문이다. 한 나라가 형통하는 데는 세 가지 요건이 있다. 국토와 국민과 영적 생활(靈的生活)이다. 그러나 국토 보다, 국민보다, 더욱 중요한 것은 국민의 영적생활(靈的生活)정신이다. 국토가 없어도 영적생활(靈的生活) 정신만 건전하면 어떤 경우에도 그 나라는 망하지 않는다. 그 증거가 곧 이스라엘이라 하겠다.

국민들에게 영적인 각성과 고상한 천적 이념(天的理念)이 있으면 그 나라는 영원하다. 비록 영적생활(靈的生活)의 이념이 문서화(文書化)되지 않았으나 그것이 있는 백성은 강하고 위대하다. 앗수르와 애굽과 바벨론은 강국으로써 갖출 것을 모두 갖추었으나 한 가지 요소인 영적 생활이념(靈的 生活理念)이 없었다. 그러므로 망한 것이다(훔 3:16-17). 니느웨도 예외(例外)는 아니었다(훔 2:7, 8, 10). 성문(城門)은 물질이었기에 파괴 당하고 국민은 사람이었기에 죄악의 충(蟲)에 먹혀 죽었다. 그들은 하나님을 사랑하고 경외하는 것은 없었다. 정의와 진리도 없다. 느니웨의 멸망은 물질적(物質的)이고 잔인한 존재는 어떻게 되는가에 대한 해답이다. 니느웨는 지리적(地理的)으로 상업도시(商業都市)였다. 그러므로 부강하였다. 그러나 그들은 그 부요함을 가지고 세계를 봉사하지 못하였다. 오히려 부(富)와 강한 힘을 이용하여 약소국(弱小國)을 잔인한 방법으로 착취하였다. 그러므로 느니웨는 재물과 함께 망하였다(훔 3:1).

3. 회개

세계역사(世界歷史)는 세계에 내리시는 하나님의 심판(審判)의 기록이다. 나훔은 그의 예언을 통하여 광범위(廣範圍)한 반성을 일으킨다. 역사는 인간들에게 안위와 장엄한 결심을 갖게 한다. 대제국(大帝國)들은 군마를 타고 앞으로 나갈 줄만 알았지 자신을 반성할 시간은 없었다. 욕심(慾心) 때문에 자기성찰(自己省察)의 기회가 오지 않았다. 그러나 그러한 기회가 왔을 때는 이미 때는 늦었다. 다른 대제국(大帝國)이 망한 것을 알면서도 대제국(大帝國)인 자신들의 멸망을 예견하지 못한다. 몽고가 그러하였고 앗수르(Assyria), 애굽(Egypt), 바벨론(Babylonia), 헬라(Helah)가 그러했다. 씨자(Gaius Julius Caesar. B. C. 100-44)가 그러했고 나폴레옹 3세(3 Napoleon. A. D. 1769-1821)이 그러했으며 히틀러(Adolf Hitler. A. D. 1889--1954)가 그러했고 스탈린(L. V. Stalin. A. D. 1879-1953)이 그러했다. 이와같은 사실은 계속하여 악순환(惡循環)되고 있다.

개인이나 국가가 축복을 받아 번영하고 하나님의 사랑을 받는 것은 이웃을 섬기기 위함이다. 그런즉 개인도 나라도 하나님의 뜻을 따를 때만 그것은 계속 존재할 수 있다. 그렇지 않으면 니느웨와 같이 망한다. 하나님의 종 나훔은 강대국(强大國)의 수도의 멸망을 예견(豫見)하고 경고하였다. 앗수르의 토대가 흔들리는 소리를 들었다. 그리고 그 무너짐을 보았다. 그들의 멸망은 그들의 마음이 야수(野獸)를 방불하였다. 그들의 고대 기록(古代記錄)들과 고대 문학(古代文學)과 고대 미술품(古代美術品)을 통하여 나타나 있다. 약탈을 일삼는 호전적(好戰的)인 나라 앗수르는 왕이 직접 전쟁에 참여하여 적국(敵國)의 귀족들을 납치하여 와서 포로된 귀족의 눈알을 뽑고 산 사람의 가죽을 벗기는 일은 예사였다. 그리고 포로들을 산채로 찔러 죽이는 것은 상례이다. 앗수르의 왕은 그의 조각품(彫刻品) 중에서 왕이 피흐르는 원수의 머리를 방(方) 주위에 걸고 앉아서 식사를 하는 광경이 발견되었다(사 10:14).

앗수르 사람들이 사용하였던 법률책(法書冊)이 요즈음 발견되었는 데 그들이 가지고 사용한 법은 고대국가(古代國家)에서 가장 잔악한 악법이었다. 눈알을 뽑고, 팔을 자르고 여자의 유방을 자르며 코와 귀를 자르며 뜨거운 액채를 죄인의 머리에 붓는 형벌을 행하였다. 그 자손이 독일의 히틀러(A. Hitler)이며, 소련의 스타린(L. V. Stalin)이며, 중국의 모택동(毛澤東)이다. 잔악한 앗수르의 수도 니느웨 성의 멸망을 보고 노래한 나훔의 시적 표현(詩的表現)을 보면 선지자(先知者)의 마음을 짐작할 수 있다. 그리고 구원과 해방을 소망하면서 대종말(大終末)을 기록한 나훔은 영안(靈眼)이 열린 하나님의 종이었다. 누구든 회개와 반성이 없으면 니느웨처럼 망할 것이다(훔 2:12-13. 3:4-5, 18-19).

하박국

IX. 하박국서

A. 서 론

하박국(Habakkuk)의 이름의 기원은 분명하지 않다. 늬데케(Noldke)란 학자는 그 이름이 아람어 히브카툰(hibhkatun)인 『난쟁이』이란 이름에서 유래되었다고 하였다. 노트(Noth)란 학자는 그 이름이 앗수르 식물의 이름인 『함바쿠쿠(jambokuku. 박하)』에서 유래한 것이라고 하였다. 필로 (Philo)는 그 이름을 『포옹』으로 번역하였으며, 제롬(jerome)는 『씨름하는 자』로 번역하였다. 70인역에는 유대인들의 민담(民譚)을 이용하여 『레위지파의 예수의 아들 하박국』이라 하였다. 루터와 근대신학자(近代神學者)들은 이와 같은 어원의 파생을 즐겨한다. 그러나 확실한 사실은 하박국에 대한 이름이 어떻게 유래되었는지 불분명(不分明) 하다는 것이 정설이다.

하박국은 신정론(神政論)에서 하나님의 정의를 이 땅에 실현하기 위하여 하나님을 부여잡고 씨름한 인물로서 알려진 것은 사실이다. 어떤 전승(傳承)에 의하면 하박국은 수넴(Shunem) 여인의 아들이라고 주장하면서 그가 엘리사의 예언 대로 『장차 안으리라』 는 성경 말씀으로 인용하였다(왕하 4:16). 그 아들의 이름이 하바크(havag)이기 때문이다. 그러나 엘리사의 시대와 선지자 (先知者) 하박국의 시대 차이는 근 100년이나 되므로 그 사람으로 인정 하기에는 너무나 불가능(不可能)하다.

전승에 의하면 하박국은 이사야 21:6에 나타난 이름과 관련하여 언급된 『파수군』과 동일한 이름이라고 말한다. 그러나 이것도 하박국 2:1절과 관련하여 생각한 표면적(表面的)인 실질적(實質的) 시대상황(時代狀況)과 알맞지 않는다. 그러나 우리는 하박국서에서 불리운 그 이름을 이탈하여 아무렇게나 그 이름을 해석한 것은 잘못된 일이다. 그는 다만 예언자 하박국일 뿐 그 어떤 주장도 합리적(合理的)인 이름은 아니다(합 1:1. 3:1). 그는 선지자(先知者)였으며(렘 1:5. 20:2. 25:2), 성전 합창단(聖殿 合唱團)이었다고 추론할 수 있다(합 3:19).

하박국에 대한 자세한 인적 사항(人的事項)은 알 수 없으나 그의 예언서(豫言書)를 보면 그는 백성들의 허물과 근심 걱정을 짊어지고 기도와 신앙을 통하여 하나님과 씨름한 자로 자기 임무에 최선을 다한 하나님의 종이다(딤후 4:7). 우리는 신약의 그리스도와 바울을 연상케 된다.

B. 하박국서의 주제

하박국은 요시아왕이 종교개혁(宗敎改革)을 하였지만 그것은 외형적(外形的)인 것 뿐이어서 유다에는 여전히 타락의 질병으로 썩어가고 있다. 이와 같은 타락한 사회를 향하여 징책(懲責)하도록 위임을 받는 자가 하박국 선지이다. 그리고 그는 또 다른 대제국(大帝國)에 대하여 패망을 선언함으로 유다에 대하여 소망을 갖도록 한 것이다. 그러나 하박국은 그들이 망각하고 있던 갈대아인들에 의하여 징벌(懲罰)을 일깨워 주었다. 이와 같은 경고는 과거 역사(過去歷史)에서도 찾을 수 있다. 이사야선지가 히스기야왕에게 예루살렘의 금은보화(金銀寶貨)가 모두 바벨론으로 옮기어 가게 될 것을 예고(豫告)하였으며 그들이 종이 되어 포로로 잡혀 가리라 하였다(사 39:6).

당시의 갈대아는 대국(大國)이 아니었으므로 유다인들은 그 나라에 대하여 별로 아는 바 없었다. 그러한 관계로 갈대아를 통하여 하나님께서 징벌한다는 말씀에 그렇게 놀라는 자들이 많지 않았다. 오래 동안 앗수르의 속령(屬領)이던 바벨론이 짧은 기간 동안에 국력이 성장하여 정복의 역사를 기록하리라 생각한 자는 없었다. 그러나 바벨론은 하나님께서 강대국(强大國)을 만들었으므로 그 힘은 삽시간에 강대(强大)하여졌다. 나보폴라살(Nabo-polassar)이 메데(Medes)와 내통하여 니느웨 함락에 일익을 담당하였다. 그러한 까닭에 메데(Medes) 왕녀를 자부로 삼아 느부갓네살의 후비를 삼았고 메데(Medes)에게는 내통한 댓가로 바벨론의 일부와 팔레스틴(Palestine)의 영주권(領主權)을 주었고 앗수르 영토의 일부도 하사(下賜)하였다. 이것이 갈대아인들이 유다에 대하여 간섭하는 계기가 되었다.

하박국의 예언을 보면 첫 째로 선지자(先知者)와 하나님과 대화(對話)를 통하여 깨닫게 된 것은 장차 갈대아인들을 통하여 유다를 징벌(懲罰)한다는 것과 둘 째는 하나님을 대적한 자들에 대한 징벌과 경건한 자들에 대한 구원을 노래한 장대한 송시(頌詩)를 볼 수 있다. 하박국은 선지자(先知者)로서 유다에 만연한 죄악의 형벌에 대한 것을 탄원(歎願)하는 동시에 어찌하여 타락이 속히 저지되지 않는가에 대한 탄식과 고민을 한 선지자(先知者)였다. 그리고 어찌 의로운 자들이 사악한 무리의 손에서 벗어나지 못하는가에 대한 불평적 질문(不平的 質問)을 볼 수 있다.

하박국은 바벨론의 화(禍)를 말할 때 화(禍) 하나가 또 다른 화(禍)를 불러 온다는 것을 선언하면서 야고보가 말한바와 같이『욕심이 잉태하여 죄를 낳고 죄가 장성하여 사망을 낳는다』(약 1:13)는 원리를 보인다. 당시의 나라들에서 볼 수 있는 죄악은 탐욕(貪慾) 잔인(殘忍), 방탕(放蕩), 우상숭배(偶像崇拜)가 속출하게 되었고 야욕(野慾)으로 인한 멸망은 미구에 유대인이나 열방이 관계 없이 임할 것을 말한다. 그러나 이스라엘을 압제하고 있던 갈대아의 멸망을 예고함으로 하나님의 공의가 확실하게 확인되게 하였다.

하박국은 크고 두려운 심판을 보면서 이스라엘 민족을 위하여 큰 자비와 긍휼을 호소하였다. 하나님께서는 세상을 심판하고 의로운 자들을 구원하기 위해 주께서 오심을 묘사(描寫)하였다. 그는 신(神)의 출현을 말하고 그의 출현은 하나님의 권능(權能)과 위엄(威嚴)과 교만(驕慢)한 자들에 대한 하나님의 응징(膺懲)을 보게되는 기회가 될 것을 선언한다.

C. 하박국서의 저자

1. 하박국서의 저자

본서의 저자를『선지자 하박국』이라 부르고 있으므로 더 이상의 이의(異議)를 제기할 자 없다. 선지자(先知者)는 부름을 받아 하나님의 영감(靈感)과 사명을 선언함과 동시에 자신의 사명과 말씀이 어디까지나 하나님으로부터 받은 것을 자신은 착실하게 수행하고 있음을 말한다.

아모스와 같이 그가 다른 직업(職業)을 갖고 일을 하다가 선지자(先知者)로써 사명을 받았는지 아니면 선지학교(先知學校)에서 교육을 받아 선지자(先知者)가 되었는 지 알수 없다. 다만 그가 레위인이었다는 점에서 성전에서 하나님을 봉사하는 직분을 갖고 있었다는 것을 추측할 수 있다(합 3:1).

근대비평가(近代批評家)들은 그러한 추론(推論)에 심각한 의문을 제기하면서 그러한 것은 하박국의 정사(正史)와 아무런 관계가 없다고 주장한다. 전승(傳承)에 의하면 하박국은 바벨론왕 느부갓네살왕이 예루살렘을 함락시킬 때 애굽의 한 도시로 도피(逃避)하였다. 갈대아인들이 퇴각한 다음에 귀국하였으나 그는 바벨론 유배생활(流配生活)이 끝나기 2년전에 죽었다고 전한다. 그리고 그의 무덤은 납달리(Naphtali)에 있다고 하였다.

2. 하박국서의 연대

하박국서의 연대(年代)에 대하여 그 이론이 다양하다. 본서에서 분명하게 연대를 계산할 수 있는 말씀은 하박국 1:6절의 말씀이다. 신(新)바벨론 내지는 갈대아 제국은 B. C. 625-605년의 나보폴라살(Nabo-polassar)의 통치 때 그 융성(隆盛)하던 세력을 갖게 되었고 특히 그 아들 느부갓네살(605-562)의 통치 때에는 B. C. 605년 갈그미스(Carchemish) 전투에서 애굽 군대를 격퇴(擊退)시킨 후 부터 그의 세력은 세계를 좌우(左右)할 수 있었다.

갈대아는 하나님의 작정(作定)에 의하여 세워진 나라로 그 세력의 확장은 기적적(奇蹟的)인 성질을 가졌다. 그러나 갈대아가 강력한 것은 갈대아 자신들이 강해서가 아니고 하나님께서 강하게 하셨기 때문이다(합 1:5-6). 어떤 학자들은 B. C. 76-12년에 갈대아가 앗수르를 멸망시키면서부터 하박국이 선지자의 활동을 하였다고 전한다. 그 때문에 하박국서의 연대를 여호야김 시대부터 B. C. 689-641년의 므낫세 통치시대(統治時代)가 아니면 B. C. 639-609년 요사아왕의 초년으로 본다.

비평가(批評家)들은 하박국의 연대(年代)를 유다 마카비(Maccabees)가 니카노르와 전쟁을 벌인 때 이후에 해당된다고 주장하면서 B. C. 161년 경에 해당된다고 말한다. 그러나 하박국 1:6절의 본문 변경은 어디까지나 학자들의 주관이란 사실에서 그들은 본문(本文)의 지지를 받지 못한다.

D. 하박국서의 일반적 성격

하박국서의 문체(文體)는 아주 특이다. 그 장대(壯大)함과 숭엄함은 다른 예언서(豫言書)와 다를 바 없겠으나 용어의 순수함이나 어세(語勢)의 구심력(求心力)도 그리고 논란 거리가 못될 것이다. 그런데 하박국서의 특성중 하나는 예언자(豫言者)가 하나님과 사이의 대화(對話)가 확대되었고 예언의 말미(末尾)가 아름다운 송시(頌詩)로 되어 있다는 것이다. 그 위엄적(威嚴的)인 하나님의 나타나심에 대하여 그 어법이 장엄한 만큼 그의 의상(意想)도 대담하다. 하박국은 공식적(公式的)이며, 권위 있는 중재자(仲裁者) 혹은 제의자(祭儀者)로서 하나님과 직접적(直接的)인 대화형식(對話形式)은 이스라엘 백성들의 특별한 날에 어떤 제례의식(祭禮儀式)에 사용하는 예식문(禮式文) 같이 보인다.

우리로서는 예언자(豫言者)가 제시하고 있는 사상과 그 사상의 전개수단(展開手)이 되고 있는 이미지(image)들에 대하여 놀라움을 금할 수 없다. 이스라엘 백성들은 처음부터 하나님의 계시의 말씀을 시적(詩的)이며 운율적(韻律的)인 표현으로 하였다. 이와 마찬가지로 하박국서의 표현은 어조나 분위기(雰圍氣)를 표현한 것은 아니나 여러 동기(動機)와 분위기(雰圍氣)들이 표현되어 있어 실제 예배적(禮拜的)인 성격을 볼 수 있다.

본서에서 밝히고 있는 경고성(警告性)의 예언들은 두렵기 짝이 없으며 그 조소(嘲笑) 역시 쓰디 쓰다. 그러나 하나님의 약속과 긍휼과 사랑에 대한 표현을 보면 부드롭고 아름답다. 우리는 본서의 이와 같은 표현을 보면서 과거(過去), 현재(現在), 미래(未來)가 천연색(天然色) 화면처럼 생생하게 묘사된 데 대하여 선지자의 독창적 사상(獨創的思想)의 표현에 대하여 놀라움을 금 할 수 없다.

하박국 선지는 전세대(前世代) 선지자들의 관념들은 자신의 고유한 비유와 다른 시인(詩人)들이 가히 따를 수 없는 조화된 화법(話法)으로 환하게 밝혀 놓았다. 마지막 송시(頌詩)는 장대한 두 시편 18편과 68편과 비교될 수 있을 정도의 작품이다.

E. 하박국서의 배경

예언자(豫言者) 하박국은 위기의 시기에 부르심을 받아 기도하며 예언을 하였다. 하박국이 예언을 시작하기 바로 직전에 국제적인 상황(國際的 狀況)은 중대한 변화를 예고하고 있었다. 그 사건은 두렵고 충격적(衝擊的)인 것들이었다. 곧 당시 세계를 위협하던 앗수르는 완전히 분쇄되어 회복되 못하였으며, 애굽의 군대는 B. C. 609년 유다왕 요시아를 참살한 이후 자체적(自體的)으로 완전히 패퇴되기에 이르렀으며(B. C. 605), 활달한 느부갓네살왕에 의하여 통치되고 바벨론에 중심을 둔 세계권력(世界權力)은 그 세력이 이방민족(異邦民族)에게까지 뻗치어 정복의 손길을 뻗쳐오기 시작하였다. 그로부터 약 20년이란 기간 동안에 갈대아인들은 유다를 성공적(成功的)으로 공략하고 결국에는 그 당을 궤멸시키며, 그 성의 귀족들을 포로로 사로잡아 갔다.(B. C. 597-587).

유대인들은 내부적(內部的)으로나 외부적(外部的)으로 종교(宗敎, 도덕(道德)에 이르기까지 황폐의 위기에 직면하게 되었다. 경건한 요시아 왕은 여호야김왕을 계승하였는데 그는 열조 앞에 악을 행하였고 하나님 보시기에도 악한 왕으로 낙인되었다(왕하 23:37). 유다 백성들의 바벨론으로 잡혀간 사실을 하박국서 1:2-4절에 나타나 있다(렘 22:).

유다 왕국의 마지막 두 왕인 여호야긴과(Jehoiachin B. C. 597)과 시드기야(Zedekiah B. C. 597-597)는 현상 유지(現狀維持)를 고수하다 결국은 바벨론에 의하여 포로로 잡혀갔다. 이와 같이 국제적(國際的), 국내적 위기(國內的危機)의 시대를 맞이하여 하박국 선지는 예언하였다.

F. 하박국서의 문체

하박국서의 문체는 유대인 학자들만이 감지할 수 있다. 드라이버 (Driver)는 말하기를 『하박국의 문학적(文學的) 힘은 주목할 만한 것이다. 이 책은 간결하나 힘찬 기운으로 가득 차 있다. 그 묘사(描寫)는 사실적(描寫的)이며 생동하고 있으며 그 사상과 표현은 시적 감각(詩的 感覺)이 풍부하다. 하박국은 고전적(古典的)인 고대의 간결함과 대구적(對句的)이며 함축적(含蓄的)인 문체에 정통하고 있다. 이와 같은 산문적 표현(散文的 表現)은 예레미야서와 에스겔서에서 종종 발견된다』고 하였다.

G. 하박국서의 정경성

하박국서의 정경성 문제(正經性 問題)는 이제까지 심각한 논란의 대상이 되지 못하였다. 환언(換言)하자면 하박국서는 언제나 구약의 12소선지서들 중에 여덟 번째로 끼어 있었기 때문이다. 올브라이트에 의하면 『하박국서의 본문은 옛 자료에서 고대 번역물(飜譯物)에 이르기까지 기록되어 그 기록 상태(記錄狀態)가 양호하다』고 하였다. 그는 하박국서의 3장 부분에 대한 맛소라 본문에는 38개의 수정부분(修正部分)이 발

견되었다고 하였다. 그러나 하박국서의 전편에 흐르고 있는 모든 사상
으로 보아 수정 될 만한 곳은 찾을 수 없다고 하였다.

H. 하박국서의 통일성

하박국서는 전편에 걸처 주제의 통일성(統一性)이 일괄적(一括的)으
로 나타나 있다. 이 때문에 대체적(大體的)으로 정통주의 신학자(正統主
義 神學者)들은 주장하기를 본서는 마땅히 전체로서 이해되어야 한다고
주장한다. 그러나 반카트윅(Van Katwyk)이나 알더스(Aalders)는 이와 같
은 주장을 반대하여 원문에 독립된 귀절들이 많이 쓰여져 있다고 하였
다. 비평학자(批評學者)들은 본서를 하나의 책으로 보지 않고 본서의 저
자는 여러 사람들이라고 주장한다. 하박국 1:5-11절과 1:2-4절이 서로 어
울리지 않는다고 보았다. 그러나 본서의 비탄적 표현(悲嘆的 表現)이나
애도적 표현(哀悼的 表現)들은 역사적 사건(歷史的 事件)에 대한 언급으
로 보아야 할 것이다.

그리고 하박국 3장에 나타난 시(詩)가 문맥상 하박국의 다른 말과 같
지 않다는 것이다. 그러므로 이 말씀은 후기의 사람들이 삽입(挿入)한
것이라 주장한다. 그러나 그와같은 주장은 언제나 가정(假定)에 의하여
주장된 것일 뿐이다. 우리는 이와같은 주장들이 어떤 보수주의 신학자
(保守主義 神學者)들에 의하여서도 받아드려지지 않는다는 사실을 알아
야 한다.

I. 하박국서의 내용

예언자(豫言者) 하박국은 주변에서 횡행하는 바 온갖 강포와 싸움과
간악과 패역자들로 인하여 하나님께 부르짖으며 또 하나님께서 언제까
지 이러한 것을 보고 담담히 계실 것인가 호소한다. 앗수르와 갈대아와
애굽과 같은 강대국(強大國)에 지배를 받아 오면서 당한 수모를 하나님
께 부르짖는 애국자(愛國者)의 심정이다.

하나님께서 애원자(哀願者)의 호소에 대답하시기를 열국과 유다가 하나님의 심판에 의하여 멸망할 것이라는 말씀에 하박국은 당혹(當惑)함을 금하지 못한다. 앗수르의 멸망과 유다의 멸망과 바벨론의 멸망은 모두가 하나님의 섭리와 관계된 것임을 하나님께서는 선언하신다. 그러므로 어떤 경우에도 교만과 불순종(不順從)과 거역함은 멸망의 선봉이란 것이다. 침략(합 2:6), 강포(합 2:12-14), 잔학(합 2:15-17), 우상숭배(합 2:18-20)은 모두 하나님의 저주의 원인이다. 그러므로 하박국 선지는 백성들에게 하나님을 신뢰하고 말하고 있다.

I. 하나님은 왜 폭군을 용납하시나 1:17
  A. 표제 1:1
  B. 첫 번째 여러가지 질문 1:2-4
  C. 사납고 성급한 백성 1:5-11
  D. 두 번째 여러가지 질문 1:12-17

II. 의인은 믿음으로 산다 2:1-20
  A. 성루에서부터 대답 2:1-4
  B. 애곡에의 서론 2:5-6
  C. 폭군의 자기 파멸 2:6-20
   1. 첫 번째 화 2:6-8
   2. 두 번째 화 2:9-11
   3. 세 번째 화 2:12-14, 17
   4. 네 번째 화 2:15-16
   5. 다섯 번째 화 2:18-20

III. 찬양의 시 3:1-15
  A. 표제 3:1
  B. 서론 3:2-
  C. 신의 현현 3:3-15

D. 재난 중에 기쁨 3:16-20

J. 하박국서의 신학

하박국서에서 우리는 새로운 예언의 형태를 볼 수 있다. 다른 예언자 (豫言者)들의 예언의 형태를 보면 근본적(根本的)으로 설교 중심이며 종교와 윤리의 교사였다. 그들은 백성들 앞에 서서 말씀에 합당한 생활을 하도록 가르쳤다. 그러나 하박국 선지는 자기와 백성의 문제를 가지고 하나님께 직접 호소하였다. 정의(正義)란 무엇인가 ? 하나님의 섭리(燮理)는 어떤 것인가 ? 직접 질문하고 항의하였으며 하나님의 처사에 불평을 토로하였다.

우리는 이와 같은 형태의 성서를 찾는다면 욥기를 들 수 있다. 그러므로 하박국서는 대체적(大體的)으로 반성의 열매로써 마음 속에 있는 의문을 고백하는 영혼의 소리이다. 그리고 그 시대의 경건한 신앙인(信仰人)의 대표적 인물(代表的 人物)이라 할 수 있다. 예언서(豫言書)는 시대마다 부르심을 받는 자들을 통하여 이러한 부르짖음에 응답하시는 하나님의 모습을 보여준 책이다.

하박국서에서 두드러지게 주장된 예언의 중심은 하박국이 본 바 신탁(信託) 내지는 심적 고통(心的 苦痛)이다(사 13:1. 14:28). 이 때문에 본서의 취지는 하나님께서 계시한 말씀을 나타내고자 함이다. 여기에 하박국 선지의 신학적 중심사상(神學的 中心思想)이 담겨져 있다. 그의 예언에서 보면 그의 예언은 비판부분(批判部分) (합1 1:2-4, 12-17. 2:1. 3:1-19)과 하나님의 예언적 계시(豫言的 啓示) (합 1:5-11. 2:2-20)로 이루어졌다. 그러므로 하박국서는 의미상 계시로서 하나님께서 유다 백성들에게 주고자 한 것으로 여겨진다.

1. 하박국의 신관

하박국은 자주 하나님을 『여호와』라 칭하였다(합 1:2, 12. 2:2, 13, 14,

16, 20. 3:2, 8, 18, 19).『나의 하나님』(합 1:12. 3:3, 18, 19).『나의 거룩한 자』(합 1:12. 3:3) 및『반석』(합 1:12)으로 부르고 있다. 그리고 그는 하나님을 자존하시는 심판자(審判者)로 보고 있으며(합 1:12), 그 외에 하나님을 열국의 주권적 통치자(主權的 統治者)로 말하였다(합 1:5, '17, 2:12, 3:6, 12). 그분은 기도에 응답하시며(합 2:2), 그의 백성을 구원하시는 자이다(합 2:32. 3:13. 16. 18. 19). 뿐만 아니라 하나님께서는 인류 역사(人類歷史)의 진노로 징벌하시며 온 땅에 그의 영광의 지식으로 충만되어 있는 것으로 보았다.

하박국은 여호와 절대성(絶對性)을 예언하였다. 여호와는 이스라엘에게만 관심을 두고 계신 분이 아니다. 하박국은 다른 선지자(先知者)들과 같이 하나님께서 자기 백성에 대하여 특별하신 섭리를 갖고 계심을 인식하였다. 그러나 그는 그것으로 끝나지 않고 하나님의 통치는 세계적(世界的)인 것을 역설하였다. 이 땅위의 모든 열방은 물론 이스라엘까지도 하나님의 손 안에 그 운명(殞命)이 있다는 것이다. 갈대아인이나 유다인이나 구별 없이 죄를 범하였을 때 형벌을 받는다는 것이다. 특별히 유일하신 하나님에 대한 우상숭배(偶像崇拜)는 가장 큰 모독(冒瀆)으로 여겨서 그 우상국(偶像國)을 철저하게 멸망시키심으로 그분의 절대주권(絶對主權)을 입증하신다는 것이다.

2. 하박국의 신앙관

우리는 하박국 선지를 믿음의 선지자(先知者)로 부른다. 믿음이라 할 때 성서는 그 근원을 아브라함에게 둔다. 아브라함은『하나님을 믿으매 그것을 의로 여겼다』(창 15:5. 합 2:4). 하박국은 여호와에 대하여 강하고 생생한 믿음을 가지고 있었다. 그러나 그도 역시 이 세상의 불평등(不平等)을 보고 불평을 보고 당혹해 하고 괴로워하는 인간이었다. 하박국은 이 세상의 불의(不意), 고난(苦難)의 문제를 하나님의 높으신 뜻과 조화를 시킨다는 것은 대단히 어려운 일임을 알았다.

하박국은 어떠한 난관에 처하여도 믿음을 구푸리지 않고 담대하게 그 난관을 뚫고 나갔다. 신앙인(信仰人)들이 믿음으로 난관을 뚫고 나가면서 하나님께 호소했을 때 믿음의 오묘(奧妙)함을 발견하고 체험하게 된다. 그러나 조그마한 일에도 뒤로 물러 섰을 때 그는 믿음이 어떤 것인지 체험할 수 없다. 하나님께서는 간구하는 자들에게 해결의 비법(秘法)을 제시하여 주신다. 하박국은 믿음으로 하나님 앞에 섰을 때 그 열열한 힘으로 어려움을 극복(克服)할 수 있었고 그 믿음의 힘으로 추진력(推進力)을 얻어 더욱 진보할 수 있었다.

하박국에 있어서 믿음은 구원의 유일(唯一)한 길이며 방법이란 것이다(합 2:4). 이 진리를 『의인은 믿음으로 살리라』는 말로 표현하였는데 이 한 마디는 전성서(全聖書) 중에 가장 고귀한 복음(福音)의 말씀이다. 이 말씀은 영원한 진리로 역대 훌융한 신앙인(信仰人)들에게 세계를 움직이는 힘이 되었다. 사도 바울이 그러하였고 루터가 그러하였다(갈 3:11). 믿음은 예언자(豫言者)는 물론 하나님을 따르는 순례자(巡禮者)들과 영원하다.

믿음은 어떤 도전(挑戰)에서도 성실한 삶을 제공하며, 하나님 앞에 충성하고 확고부동(確固不動)한 생활함을 의미한다. 이 믿음은 실제적(實際的)으로 많은 사람들에게 능동적(能動的)인 힘을 제공하여 준 원리로서 전성서(全聖書)를 흐르고 있는 산 사상이다. 이 믿음은 종교와 윤리를 포함한 믿음이며 그 보상(報償)은 더욱 강한 믿음과 성실과 충성을 보상(報償)으로 받는다. 야고보는 우리에게 믿음에 대한 새로운 해석을 주장하였다. 『행함이 없는 믿음은 죽은 믿음이다』(약 2:17)이라 정의 하였다. 믿음의 생활을 통하여 모든 것이 드러난다. 천적(天的)인 것과 자아적(自我的)인 것과 세상적(世上的)인 것이 은연 중에 외부적(外部的)으로 나타남으로 모든 것의 동기를 알 수 있다. 살아있는 믿음의 표현으로 하박국이 말한 이 말씀을 능가할 성경 말씀은 없다(합 3:17-19).

우리는 계속된 역사의 과정에서 『의인은 믿음으로 살리라』는 말씀을 실질적(實質的)으로 성취한 사람을 본 일이 있는가? 그렇다 믿음(信實性)을 가지고 살아간 인물이 있다. 그 사람은 아브라함도 아니고 하박국도 아니며 바울도 아니다. 신약신학(新約神學)의 중심적(中心的)인 인물인 예수 그리스도의 사역에서 제공된 모든 객관적 진리(客觀的 眞理)에서 이다. 이와 같은 것은 일찌기 하박국 선지가 제공한 객관적 구원(客觀的 救援)과 관계가 있을 뿐 아니라 그 어두운 시대를 살아가면서 보여준 믿음은 하나님의 아들을 통하여 임하실 완전한 빛의 시대로의 계시라 할 수 있다. 예수 그리스도께서『의인은 믿음으로 살리라』말씀을 이루어 사신 것은 하박국 선지의 예언에 대한 당연한 결과라 할 것이다.

3. 하박국의 구원관

『義人은 믿음으로 살리라』(합 2:4) 하였는 데 이 진리는 신구약(新舊約)의 기본적 사상(基本的 思想)을 이루는 것이며, 신약의 새로운 진리의 중추를 이루고 있다. 바울은 로마서 1:17절에서 행위에 의한 구원이 아닌 믿음에 의한 구원을 복음으로 소개하였다(갈 3:11). 바울은 구약의 율법적 구원(律法的 救援)을 믿음으로 대치(對峙)하였다. 그는 여기에 구약의 말씀을 인용하였다. 그리고 히브리서 10:37절에서도 하박국 2:3절 게

의 말씀을 인용함으로 히브리인들이 어떤 압박속에서도 이 믿음을 가지고 견디어 나감을 볼 수 있다.

우리는 여기서 간과(看過)해서는 안될 것은 하박국 선지의 말씀이 성경의 어떤 진리를 표현하는 데 인용된 것으로 끝나서는 결코 안된다는 것이다. 하박국은 전성서(全聖書)의 문학 중에 가장 예리한 통찰력(洞察力)을 가지고 구원이란 문제를 놓고 하나님과 어떤 대화를 하였는가를 잊어서는 안된다. 개인과 국가의 구원 문제를 가지고 하나님 앞에 야곱처럼 몸부림치며 울부짖는 하박국의 신앙적 태도(信仰的 態度)에서 새로운 민족주의 개념(民主主義 槪念)을 보게 된다.

하박국이 개인이나 국가나 제국의 모든 역사들이 자신의 요구를 충족시켜 주는 결론을 향하여 전진함을 그는 알았다. 하박국은 이 확실한 역사의 결론을 향해 재촉하는 적극적(積極的)인 심정에 자신의 예언의 초점(豫言 焦點)을 맞추고 있다. 호세야는 역사의 귀결(歸結)을 멸망으로 보지 않고 한 민족을 구원할 하나님의 섭리의 성취로 보았다. 갈대아인들을 망하게 하고 앗수르를 망(亡)게 한 것은 모두 선민 이스라엘과 관

계되어 있다는 것이다. 히브리 성서 기자(聖書記者)들에게 보여진 진리는 인류 역사(人類歷史)의 흥망성쇠(興亡盛衰)는 종말론적(終末論的)으로 예수 그리스도의 구원의 성취로 본 것이 그들의 역사관(歷史觀)이라 할 수 있다. 예수 그리스도의 재림은 모든 심판의 끝이며 모든 구원의 완성이다.

4. 종교적 교훈

하박국의 예언(豫言)을 통하여 나오는 말씀들은 듣는 자들로 하여금 새로운 종교심(宗敎心)을 자극하고도 남음이 있다.『의인은 믿음으로 살리라』(합 2:4)라든지『오직 여호와는 그 성전에 계시니 온 천하는 그 앞에서 잠잠할지어다』(합 2:20)고 하신 짤막한 표현에서 풍부한 종교적(宗敎的)인 냄새가 풍긴다.

이와 같은 절대자(絶對者) 앞에서 갈대아의 운명(殞命)을 예언한 하박국의 예언은 이사야야 선지의 경우에서도 볼 수 있다(사 10:5). 우리는 세계적(世界的)인 강대국(强大國)이 망하면서 파란을 일으킨 것을 목격하게 되는 데 그것의 이면에는 하나님의 무서운 징벌과 관계가 있다는 것이다. 세상에서 압제를 한 민족이나 압제를 당하는 민족의 운명은 모두 하나님의 뜻과 관계된다. 하나님께서는 어떤 국가를 당신의 도구로 사용하시고 그 목적이 달성되면 불에 던지는 부지깽이 처럼 내 버린 것이다.

하박국은 그의 예언에서 세상을 다스리시는 하나님의 공정(公正)에 대하여 고전적(古典的)인 의문을 제시하기도 하였으나(합 1:13) 그는 하나님의 義로우시고 善하시어 세상에서 의인들의 곤난을 어떻게 대처하신가를 말씀하고 있다(렘 12:1). 이스라엘의 신앙의 위인들과 천재적 시인(天才的 詩人)들의 표현을 보면 이와 같은 문제들이 공통으로 취급됨을 볼 수 있다(시 37:. 49:. 73:). 이와 같은 삶을 실제적(實際的)으로 산 자들은 그리스도적인 사람들이다. 우리는 이 모든 의문(疑問)의 해답을 그리스도의 십자가를 통하여 보면서 "하나님이여 하나님이여 왜 나를 버리시나이까"(마 27:46) 하면 의인은 믿음으로 살리라는 것을 확증해 보인다. 누가 감히 하나님 앞에서 머리를 들 수 있겠는가? 히틀러(Adolt Hitler)와 뭇소린과 스타린(L. V. Stalin)도 모두 여호와 앞에서 잠잠해야 할 것이다.

스바냐서

X. 스바냐서

A. 서 론

스바냐(Zephaniah)의 이름의 뜻은 『야웨께서 소중히 여기셨다』,『여호와께서 숨기셨다』이다. 이 선지자(先知者)는 히스기야왕의 자손이다. 이 사람은 요시야왕 초기에 활동한 12선지자 중의 한 사람이다(습 1:1). 이 선지자(先知者)의 개인적 소개(個人的 紹介)를 할 때 4대까지 거슬려 올라 가면서 언급한 유일의 사람이다. 이 독특한 특징은 그의 증조부인 히스기야가 스바냐(Zephaniah)라는 이름을 가진 유명한 임금이었음을 말한다. 만일 그렇다면 선지자(先知者) 스바냐(Zephaniah)는 요시야의 사촌(四寸)으로서 왕가의 혈통을 이어 받은 유일한 선지자(先知者)이다. 스바냐(Zephaniah)는 예루사렘에 살았으며(습 1:4), 해박(該博)한 지식을 소유한 자로 알려졌다(습 1:10-13). 그의 예언은 스바냐서에 자세하게 기록되어 있다.

B. 스바냐서의 주제

클레이너트(Kleinert)는 스바냐서의 주제를 『그 날은 최후의 심판일』이라 하였다. 선지자(先知者)들의 예언의 내용를 고찰하여 보면 보편적(普便的)으로 『다가올 심판』에 관하여 많은 예언을 하였다. 스바냐는 그의 심판을 통하여 세상에 하나님의 의(義)를 세우고, 하나님의 권능을 알게하며, 惡을 제거하고, 善을 도모하는 수단으로 소개되어 있다. 스바냐는 온 세계에 영향을 미치게 될 우주적 심판(宇宙的 審判)에 대한 사상으로 고취(鼓吹)되어 있다.

이방인(異邦人)들에게 임할 하나님의 형벌과 동족들에게 임할 구원을 전망(展望)하고 있다. 본서의 내용은 유기적(有機的)이면서 완전하게 한 덩이가 되어 심판(審判), 권고(勸告), 회개(悔改), 그리고 구원의 약속으로 이루어졌다. 하나님의 심판은 광포(狂暴)하고 우상숭배(偶像崇拜)하며 교만(驕慢)한 자들에게 일률적(一律的)으로 임한다. 사람을 압제하는 족장들과 고리(高利)로 상인들을 착취하는 관료들과 하나님의 섭리를 불신하는 자들에게 하나님의 진노가 임한다. 앗수르(Assyria), 블레셋(Philis), 모압(Moab), 암몬(Ammon), 에디오피아(Ethiopia) 등은 물론 예루살렘의 방백들, 재판관(裁判官), 그리고 거짓 선지자(先知者)들이 받아야 할 하나님의 심판을 예고하고 있다.

스바냐의 예언은 몇가지 점에서 하박국의 예언을 보충(補充)하는 의미가 있다. 하박국 선지는 유다와 이방인(異邦人)들의 멸망을 예고 하였으나 스바냐 선지는 갈대아 사람을 통하여 유다를 징벌할 것을 미리 예언하였다. 예언의 능력을 믿는 자들에게 예언은 하나님의 예지적 영감(叡智的 靈感)을 담고 있다고 믿는다. 선지자(先知者)들의 눈에는 하나님께서 초자연적(超自然的)으로 보여준 정확한 묵시 때문에 그들은 갈대아(Chaldara). 스구디아(Scythia). 메데(Medes), 앗수르(Assyria) 등 많은 나라들에 관한 예언을 담대히 언급하고 있다.

스바냐의 예언의 특징은 온 땅과 민족들 그리고 그들의 영적 관심사(靈的 關心事)와 그들의 미래까지 확대하여 자신의 예언의 대상으로 삼고 있다는 것이다. 스바냐는 예루살렘의 운명은 서둘러 적당히 예고(豫告)하지만, 물질계(物質界)에 작용하고 있는 하나님의 권능에 대한 것과 하나님의 위대하신 목적을 달성하기 위해 물질계(物質界)에 신의(神意)가 여하히 임해 있는가에 대해서 상고하고 있다.

C. 스바냐서의 저자와 연대

스바냐에 관하여 우리가 확실하게 말할 수 있는 것은 스바냐서 서두(序頭)에 자신에 대한 언급한 사실 밖에 없다. 예언의 내용 중에 자신에 관한 역사를 기록하지 않았으므로 전혀 알 수 없다.

스바냐서(습 1:1)는 그의 예언 활동(豫言活動)의 시기를 요시야왕의 통치시절(統治時節), 즉 B. C. 639-608년의 사이의 어느 때로 정하고 있다. 대부분(大部分)의 학자들은 이러한 설명을 역사적(歷史的)으로 정당하다고 인정한다. 그것은 스바냐서의 내적 증거(內的證據)에서 언급한 사실들에서 추측된 것이다. 많은 학자들은 스바냐의 예언의 활동(豫言活動)을 요시야왕의 초기로 보지만 실질적(實質的)으로 그 시기가 요시야의 종교개혁(宗敎改革)의 전반인지 아니면 후반인지 알 수 없다.

스바냐의 예언이 요시야의 종교개혁(宗敎改革)의 후반으로 생각하는 자들의 주장을 보면 스바냐 1:13, 15, 17절에 신명기 28:29-30절의 말씀이 인용된 점을 들고 있다. 그리고 바알이 남아 있다는 것(습 1:4)과, 스바냐가 왕자들에 대한 비난(습 1:8)을 한 것으로 보아서 스바냐의 예언을 후반기(後半期)로 보여진다는 것이다.

요시야왕의 종교개혁(宗敎改革) 이전으로 본자들의 견해를 보면 습 1:8-9절에서 왕족들에 대하여 비난하고 있는 것은 당시의 왕이 젊었다는 증거이다. 그리고 우상숭배(偶像崇拜, 습 1:3-5)의 비난은 종교개혁(宗敎改革)으로 폐지되었기 때문에 그 후에 있을 수 없었다는 것이다. 그리고 스구디아인(Scythians)의 침입을 예고한 것 등을 보아서 이 예언의 시기를 요시야왕의 전반기(前半期)로 본다(습 1:14).

D. 스바냐서의 역사적 배경

유다 왕국의 종교적 상황(宗敎的 狀況)이 히스기야 사후에 이어 두드러지게 악화(惡化)되었다. 앗수르의 풍물(風物)로 기울어지는 경향은 눈에 띄일 정도였다. 요시야의 종교개혁(宗敎改革) 전의 유다의 종교적 상황(宗敎的 狀況)은 열왕기하 23:4-20절에 자세히 기록되어 있다. 이사야(사 39:6)와 예레미야(렘 20:4)와 하박국(합 1:6)의 예언서(豫言書)를 보면 야웨께서 유다 왕국을 멸하시기 위해 사용하실 막대기로서 바벨론을 뚜렷하게 지적한 것에 반해 스바냐는 그 도구(道具)를 명시(明示)하지 않고 심판의 배후에 있는 인물로서 여호와를 유다인들에게 제시하고 있다.

스바냐의 예언에서 심판의 도구(審判道具)에 대한 침묵 때문에 많은 학자들의 추측이 있게 되었다. 혹 자는 스구디아인(Scythians)이라 하며 어떤 자는 바벨론인이라 한 자도 있다. 그러나 비평학자(批評學者)들은 전자(前者)를 택하고 후자(後者)는 보수주의 입장(保守主義 立場)에 있는 학자들이 수용(受容)하고 있다. 힛찌히(F. Hitzig) 같은 사람은 전자를 지지한 대표적 인물(代表的 人物)인데 그는 다음과 같이 말 하였다.『갈대아인들은 애굽인들 보다 본서에서 덜 언급되고 있다. 그 이유는 갈대아인들은 B. C. 625년까지 독립국가(獨立國家)가 되지 못하였기 때문이다. 그리고 요시야 이후까지 유다를 위협하지도 않았다. 그 반면 스구다인은 유다를 항상 위협하고 있었기 때문이다.

그러나 후자를 주장하는 입장을 보면 유다의 심판의 대리자(代理者)로 스구디아인 대신 바벨론으로 보는 이유는 다음과 같다. 전자(前者)를 주장하는 자들의 주장은 합리주의적(合理主義的)이며 반초자연주의적(反超自然主義)인 전제들은 전성서(全聖書)에서 발견되지 않는다. 그리고 스구디아 사람들이 삼메티쿠스(Psammetichus)에서 돈을 받고 물러가기 전에 애굽을 침략하기 위하여 팔레스타인으로 진군(進軍)하였다는 이야기는 역사적 객관성(歷史的 客觀性) 없기 때문이다.

E. 스바냐서의 일반적 성격

비평가(批評家)들은 스바냐서를 가르켜 문체가 재미없고 히브리의 어떤 詩와도 비교(比較)할 바 못된다고 하였다. 그러나 스바냐서의 언어의 탁월성(卓越性)과 순수성(純粹性)에 관해 의심의 여지가 없다. 리듬은 무미건조(無味乾燥)하지만 열렬하고 뜨거운 말의 힘과 간결(簡潔)함은 기교(技巧)를 부리기 위하여 사용한 어떤 수사학적(修辭學的)인 것이 필요하지 않았다. 비록 스바냐가 유다의 침략자(侵略者)에 대한 언급이 없으나 스바냐의 독창적(獨創的)인 심판과 구원의 근본적인 사상(根本的

思想)을 간추린 형태로 제시하고 있는 것은 분명한 사실이다. 이 예언의 특별한 성질인 포괄성(包括性)과 보편성(普遍性)은 어떤 예언자(豫言者)에게도 뒤지지 않는다.

F. 스바냐서의 목적

유다의 타락한 종교적 상황(宗敎的 狀況) 때문에 스바냐는 유다와 예루살렘의 멸망을 피할 수 없는 것으로 예언하였다(습 1:4-13, 3:1-7). 그의 안 중에 있는 이러한 심판은 야웨의 날에 전 세계에 펼쳐질 더 광범위(廣範圍)할 심판의 일부였다(습 1:14-18, 2:4-15). 따라서 그의 사명은 판결(判決)이 확정된 모든 사람들에게 있었던 것이 아니라, 야웨께로 돌아섬으로서 장차 올 심판날을 어떻게든지 피하여(습 2:1-3) 그 나라의 축복을 즐거워할 남은 자들의 일부가 될 것을 말하였다(습 3:8-20).

G. 스바냐서의 언어 구성 양식

스바냐서가 요시야 시대(B. C. 640-609)에 전파된 기록을 받아드린다면 역사적(歷史的), 문학적(文學的) 여러 문제를 제기하게 되지만 이 말씀을 번영할 유다를 증언한 묵시적 사건(默示的 事件)으로 볼 때 어려운 문제는 없다. 스바냐가 말한 세상의 파멸(破滅, 습 1:18. 3:8), 모압과 암몬에 관한 신탁(信託, 습 2:8-9), 예루살렘의 회개(悔改, 습 3:6-7), 민족이 여호와를 섬기는 것(습 3:10)은 모두가 다른 신학자(神學者)들의 주장과 다를 바 없다. 이 예언은 7세기 말엽과 6세기 초에 기록된 예언서 즉 나훔, 하박국, 요엘, 예레미야, 에스겔 등의 신명기적 용어(呻命記的 用語)와 매우 유사하다.

스바냐서는 언어의 형태로 보아 지혜문학(智慧文學)의 영향을 받음이 분명하다. 그는 하나님의 신탁(信託)을 다양한 형태로 표현하였다. 스바냐 3:1-5인 위협적 비난(威脅的 非難)과 같은 개인에 대한 위협, 스바냐 1:7-18의 그의 조국에 대한 위협, 스바냐 2:4-15의 이방민족(異邦民族)에

대한 위협이 그것이다. 한편 긍정적 예언(肯定的 豫言)으로 스바냐
3:6-20을 들 수 있다.

H. 스바냐서의 내용

스바냐 선지는 유다 뿐만 아니라 모든 사람들, 짐승들, 새들, 고기들,
심지어는 지면(地面)의 모든 것들 위에 닥쳐 올 여호와의 심판의 전조
(前兆)를 보여준다. 유다에 뿌리박힌 우상숭배(偶像崇拜) 때문에 열국과
예루살렘이 하나님으로부터 정죄된다. 우리는 스바냐서를 보면서 초기
예루살렘에 대한 일차적 자료(一次的 資料)를 얻게 된다. 예언자는 백성
들이 기다려야 할 심판을 예견(豫見)하였기 때문에 그 장엄한 상상력(想
像力) 속에서 백성들의 울부짖는 곡성(哭聲)을 들었다.

하나님의 예언이 성취되는 날은 분노의 날이며, 환난과 고통의 날이
다. 그리고 황무와 패괴의 날이며 캄캄함과 어두운 날이요 구름과 흑암
(暗黑)의 날이다. 스바냐는 이와 같은 불가피(不可避)한 날들이 유다에
닥칠 것을 상상하면서 백성들에게 회개를 호소하였다. 그러나 예루살렘
은 이 제의(提議)를 받아 들이지 않았다.

I. 예루살렘에 임할 심판 1:1-18
  A. 표제 1:1
  B. 멸망에 대한 선언 1:2-6
  C. 여호와의 제물 1:7
  D. 방백들과 왕자들에 임항 징벌 1:8-9
  E. 여호와 날에 생길 일 1:10-11
  F. 하나님께 대하여 무감각한 자들에게 임할 징벌 1:12-13
  G. 여호와의 날 1:14-16
  H. 우주적 심판 1:17-18

II. 열방 위에 임할 심판 2:1-15

  A. 회개를 위한 마지막 초청 2:1-3
  B. 불레셋에 대한 심판 2:4-7
  C. 모압과 암몬에 대한 심판 2:8-11
  D. 구스에 대한 심판 2:12
  E. 앗수르에 대한 심판 2:13-15

III. 예루살렘이 심판 받아야 할 이유 3:1-8
  A. 예루살렘의 죄 3:1-5
  B. 훈련의 실패 3:6-7
  C. 우주적 심판의 선언 3:8

IV. 구원의 약속 3:9-20
  A. 열방에 대한 약속 3:9-10
  B. 이스라엘 남은 자에 대한 약속 3:11-13
  C. 회복된 이스라엘의 황금시대 3:14-20

I. 스바냐서의 통일성

비평가(批評家)들은 스바냐 1:-2장과 3장의 부분이 서로 다른 사람들이 기록한 것이라 주장한다. 그러나 본서의 내용을 살펴 볼 때 전여 세부 사항(細部事項)에 대한 의견이 없다. 비평가(批評家)들이 3장을 후대의 삽입(挿入)이라 하였는데 그와같은 주장은 그들의 잘못된 전제에서 기인된 것이다. 그리고 순수한 예언적(豫言的)인 예언은 없고, 사건 후에 예언만 있을 뿐이라하여 이스라엘 종교 사상(宗敎思想)에 아무런 도움이 되지 못한다고 주장하지만 다른 예언서(豫言書)의 내용을 참작하여 볼 때 이와 같은 형태의 예언은 얼마든지 있다. 그러므로 본서는 자체적(自體的)으로나 다른 예언서의 형태를 비교하여 보더라도 비평학자

(批評學者)들이 주장한 견해는 잘못된 견해임을 볼 수 있다.

J. 스바냐서의 교훈

스바냐 선지는 앞선 예언자(豫言者)인 아모스, 이사야, 또는 그 보다 약간 늦게 출현한 예레미야 선지와 똑같은 독창성(獨創性)을 제시하고 있지 않으나 나름대로 독특한 특징을 나태고 있다. 그는 타락의 원인을 알고 있었다. 인간은 하나님 앞에 새로와지지 않으면 그것은 어떤 경우도 부정직한 것이요 참된 것은 아니다. 한편 이방 나라라 할지라도 주인에 의하여 선택된 백성들을 훈련시키는 도구(道具)로 사용된다. 여호와 날에 대한 스바냐의 신탁은 그 날 이후 심판의 날이란 개념이다.

스바냐의 예언은 여호와는 온 세상의 하나님이시며 의롭고 거룩하며 유일한 하나님이시다. 그는 인간이 하나님을 예배하는 자들로 그의 뜻대로 살아가기를 원한다. 아무리 선택한 백성이라 하더라도 하나님의 뜻을 거역하고 살 때 가혹한 형벌의 고통을 면할 수 없다. 그러나 하나님께서는 "남은 자"를 통하여 당신의 명예를 회복할 것이며 도덕적(道德的)이고 영적인 하나님의 뜻을 성취할 것이다.

스바냐가 예언한 여호와 날의 개념은 아모스(암 5:18-20)의 예언 보다 훨씬 두려운 것으로 현현(顯現)으로 강조되었다. 스바냐의 예언은 이 날에 집중되어 있다. 그의 예언은 히브리인들의 묵시문학(默示文學)의 환상이 싹트고 있다. 그날은 분노(忿怒, 습 1:15), 심판(審判, 습 1:17), 격동(激動, 습 1:165), 구원(救援, 습 2:3)의 날로서 보편주의적(普遍主義的)이다. 이 날이 임박함을 고하는 스바냐는 여호와 앞에 경배할 예루살렘의 백성들을 환상을 통하여 보고 있다(습 2:11. 미 4:1. 사 2:2).

1. 실망한 예언자

철저하고 최종적(最終的)인 심판이 임박(臨迫)했다는 것이 스바냐의 예언의 주제(主題)이다. 암흑한 가운데서 한 줄기의 빛도 보지 못한체 호세야의 시대처럼 비운에 빠져 허덕이지만 부르짖거나 찾는 자도 없이 무너져 가는 성읍(城邑)을 보고 스바냐 선지는 탄식한 것이다. 그는 하나님의 예민성(銳敏性)과 엄격성(嚴格性)을 알고 있었기에 선민이 경박한 생활을 하는 것을 비난하고 있다. 신앙생활(信仰生活)은 세속화(世俗化)되고, 타락하여 이질화(異質化)되었고 사회는 성실성(誠實性)이 없고 하나님에 대하여 무관심(無關心)하며 마음은 마비되어 『여호와는 복도 내리지 않고 화도 내리지 않는다』고 예언자의 마음을 극도로 자극하였다(습 1:12).

이사야는 사망과 음부를 두고 맺은 언약을 의지하고 교만하고 자랑하는 사람들(사 28:18)과 무례하고 안하무인(眼下無人)하며 불경건(不敬虔)하며 침략적(侵略的)인 사람들을 경고하였다. 그러나 스바냐는 악독하고 무신론자(無神論者)들을 향하여 예언하였다. 그들은 사신주의자(死神主義者)들이었다(습 1:12). 성직자(聖職者)들의 일관된 개념(槪念) 중에 하나는 하나님의 왕국과 지옥이 결코 합하여 존재할 수 없다는 것이다. 하나님은 심판자(審判者) 이시고 인간의 심판의 대상도 될 수 있다는 것이 선지자(先知者)들의 주장이다.

『내가 큰 일을 하리라』 하나님은 언제나 사람으로부터 만홀히 여김을 받기를 원치 않는다. 그리고 인간을 알곡과 쭉정이로 갈라내신다. 그 표준은 진실(眞實)과 공의(公義)이다. 스바냐는 아모스와 같이 이 의(義)편에 서서 예언하고 있다. 스바냐는 하나님의 영광스럽고 거룩하심을 보았기 때문에 예루살렘의 모습이 얼마나 하나님의 성전(聖殿)으로써 합당하지 못하리만치 더러운가를 인식하였다. 신전(神殿)과 신자(信者)가 하나님의 요구를 만족시켜 드리지 못한다면 그는 세상에 존재의의(存在意義)를 상실한 자들이다.

직업적(職業的)인 선지자들은 위인(爲人)이 경솔하고 간사(奸邪)한 자들이요, 제사장들은 성소(聖所)를 더럽히는 음녀(淫女)들이 되었으며 날마다 상례대로 아침 저녁으로 번제를 드리는 것으로 자기들의 소임을 다한 것으로 여겼다. 그들은 미래에 나타날 심판과 황무함과 애통함을 생각치 않고 여전히 행위를 더럽게 한 자들이었다(습 3:1-7).

학 개 서

XI. 학개서

A. 서 론

학개(Haggai) 『축제』, 『여호와의 축제』를 의미한 바는 그가 어떤 축제시(祝祭詩)에 탄생한 것으로 추측된다. 그의 개인적 배경(個人的 背景)에 대하여서는 거의 알바 없다. 단지 그가 유배기 직후(流配期 直後) 살았으며 성전 복구 사업(聖殿復舊)을 일으켰던 첫 번째 선지자(先知者)였다는 사실을 알고 있을 뿐이다. 학개서 2:3절을 근거로 하여 대부분(大部分)의 학자들은 학개가 B. C. 586년에 파괴된 제1성전을 보았을 것으로 추측한다. 만일 이것이 정설이라면 학개는 상당히 늙어서 에언 활동(豫言活動)을 했을 것이다.

학개서 5:1. 6:14절에 따르면 그는 스가랴 선지와 같은 시대의 인물이며, 그와 함께 협력하여 성전 재건에 힘썼을 것으로 생각된다. 실제로 다른 번역본(헬라. 라틴, 시리아)을 보면 그의 이름이 시편의 서두(序頭)에 스가랴와 나란히 기재되어 있다(시 111:. 122. 125:. 126:. 137:. 146:-148:. 145:).

그는 위대한 신앙을 소유한 예언자(豫言者) 였다(학 2:1-5). 그리고 그가 제사장(祭司長)일 가능성(可能性)도 배제할 수 없다(학 2:10-19). 그는 말라기처럼 『여호와의 사자』로 표현된다(학 1:13. 말 3:1).

B. 학개서의 주제

스바냐가 장차 임할 에언을 했을 때로부터 학개가 예언하기 까지는 수백년(數百年)의 세월이 흘렀다. 그 동안에 하나님께서는 다른 예언자

(豫言者)들을 불러서 자신의 비밀을 말씀하셨다. 예레미야, 에스겔, 그리고 다니엘 등이다. 그들의 예언 속에 내재(內在)된 예언은 이스라엘 백성들에게 횃불이었고 소망의 말씀들이었다. 그들은 바벨론에 의해서 70년 동안 유배(流配)를 당했으며 때가 다하매 형벌이 끝나고 하나님은 고레스(Cyrus)를 감동하여 히브리인들에게 자유를 선포(宣布)하게 하였다. 그것은 곧 성전재건(聖殿再建)을 의미하기도 한다.

고레스(Cyrus)는 유일신론자(唯一神論者)는 아니었으나 하나님께서 그를 성령으로 그를 감동하여 예루살렘 성전(聖殿)을 재건(再建)하도록 하였다. 그러나 고레스(Cyrus)는 종교의 자유를 선언한 통상적(通常的)인 정책이었을 뿐이다. 그는 종교적 자유(宗敎的 自由)를 줌으로 많은 침략국(侵略國)들로부터 호감을 얻기 위함이었다. 왕의 칙령을 받은 이스라엘 백성들은 헌물과 과거 노획 당한 성전기물(聖殿器物)들을 가지고 B. C. 536년에 다윗의 계보의 자손 스룹바벨(Zerubbabel)과 대제사장(大祭司長)여호수아(Joshua)의 지휘하에 귀환하였다. 그 때 남여 노비(男女奴婢. 7.337명을 제외하고 42.360명에 불가하였다(스 2:64-65).

그들은 고레스(Cyrus) 2년에 제단 수축하고 B. C. 534년에 모세의 율법대로 번제를 드렸다. 행복(幸福)과 번영(繁榮)에 대한 꿈에 부풀었던 여러가지 악조건(惡條件)에도 불구하고 다리오왕 2년 9월 24일에 성전 기초를 놓았다(학 2:18, 스 3:8). 성전재건(聖殿再建)은 하나님께 대한 열심과 충성을 나타낸 것을 증거한 것이며, 여호와 하나님께서 자기 백성에게 언약(言約)한 것을 신실하게 성취하신다는 것을 보여 준것이다. 그리고 이스라엘 백성들은 단절되었던 여호와와 교제를 할 수 있는 절호의 기회를 얻는 것이다. 그러므로 이스라엘 백성들에게는 피할 수 없는 의무였다.

C. 저자와 연대

학개서는 실질적(實質的)으로 대단히 중요한 책이다. 여호와께서는 학개를 그의 사자(使者)로 불러서 성전 재건 사업(聖殿再健 事業)을 위하여 유대인들의 열광주의자(熱狂主義者)들을 자극하였고 그들의 양심을 일깨워 주었다. 마르쿠스 도즈(Marcus Dods)는 말하기를『그처럼 이상적(理想的)인 성공을 거둔자는 없었다』고 하였다. 어떤 비평가(批評家)들은 학개서를 여러 사람이 기록한 것이라 주장하고 있으나 현존한 신탁의 형식으로 보아서 학개가 기록한 것이다. 학개는 당시의 사실을 객관적(客觀的)으로 기술하였다.

이 예언이 다리오 1세의 치세(B. C. 522-486)와 관련된 것으로 되어 있기 때문에 정확하게 연대를 지정하기는 곤란하지 않다. 학개의 첫 번째 연설은 6월 1일이라 하였으므로 그 활동이 B. C. 520년 8-9월 이었음을 알 수 있다. 네 번째 신탁은 스가랴가 사역을 시작한지 얼마 안되는 때인 9월 24일 즉 B. C. 520년 11-12월이었다. 그는 주로 예루살렘에서 예언하였으므로 기록의 장소도 예루살렘이다.

D. 학개서의 집필 목적

학개서의 중요 목적은 무기력(無氣力)한 귀국자(歸國者)들에게 신앙적 자극(信仰的 刺戟)을 줌으로 성전을 재건하는 데 있다. 학개는 바벨론에서 70년이나 유배생활(流配生活)을 하다 돌아온 백성들에게 신정주의 사회(神政主義 社會)에 관한 비젼을 고취함으로 과거에 다윗시대에 누렸던 황금시대(黃金時代)를 이루는 것이었다. 그것은 사회의 구조적(構造的)인 면을 말한 것이 아니고 하나님의 언약에 충실함으로 하나님과 결속되고 하나님의 능력을 증거한 백성으로 생활하는 심령의 형태를 회복하자는 것이었다.

바벨론에서 유배생활(流配生活)을 하면서 유대인들은 하나님의 뜻에 일치된 생활을 하는 것이 평화의 지름길이 된다는 것을 깨달았던 것을 구현하고자 함이었다. 하나님의 언약에 충실한 것만이 번영과 평화를 보장 받을 수 있는 유일의 길임을 자각케하기 위하여 학개는 예언하였다. 학개는 정부의 위정자(爲政者)들과 종교의 지도자(宗敎的 指導者)들을 하나님께서 선택하여 세운 자들이므로 그 직분의 중차대(重且大)함을 깨닫고 신정주의(神政主義) 수립에 최선을 다할 것을 가르친다.

E. 학개서의 일반적 성격

학개서의 언어는 일반적(一般的)으로 잘 다듬어진 평범한 언어(言語)라 할 수 있다. 그는 불필요(不必要)한 언어를 사용함으로 평범한 산문체(散文體)를 벗어나지 못한 것으로 평가 받는다. 그러나 학개서의 말씀은 당시의 시대상에 필요한 말씀을 개요적(槪要的)으로 잘 표현하였다고 볼 수 있다. 우리는 학개서가 웅변적 형식(雄辯的 形式)을 가지고 있음을 인식할 필요가 있다. 외적인 화려한 문체나 수사학적(修辭學的)인 기교는 없으나 백성들을 강권하여 기대하였던 사역을 시작하게 하기에 조금도 부족함이 없는 말씀이다.

학개서는 분명한 멧세지(message)의 목적을 갖고 있으며 그것을 단지 꾸밈없이 단순한 말로 표현하였다. 이와 같은 순수한 말을 듣는 자들은 직시 감동을 받았고 그의 말씀은 설득력(說得力)이 있어서 많은 사람들을 성전 재건(聖殿再建)의 사역장(使役場)으로 몰아넣는 데 어려움이 없었다. 확신과 설득력(說得力)있는 설교는 모든 듣는 이들로 하여금 『참으로 진리로다』라는 경탄(敬歎)의 소리를 자아냈다. 확신을 행동으로 옮기는 일을 하게 한다는 것은 결코 쉬운일은 아니다. 우리는 그의 수사학적(修辭學的)인 어떤 것 보다 결과를 중시하는 평가가 요구된다.

F. 학개서의 문체

학개서의 문체(文體)는 그 예언의 내용과 적합한 것이다. 학개는 그 시대 이전의 예언자들보다 시적(詩的)인 표현이 부족하지만 병행법(竝行法)은 그 전체의 문장을 통하여 조금도 부족함이 없다(학 2:2). 위대한 예언자(豫言者)와 비교하여 볼 때 그의 간략한 예언서는 『평이하며 소박하다』, 『유순하고 산문적이다』할 것이다. 그러나 그가 책망할 때 열정이나 권면할 때 강력한 어조는 전혀 부족함이 없다 할 것이다. 비록

똑같은 문장을 반복하여 쓰고 또한 용어의 빈곤으로 해서 곤란을 받았
지만 그는 뜨거운 열성의 소유자였다. 그리고 그는 그의 목적을 가장 성
공적(成功的)으로 이끈 인물이 되었다. 학개는 특히 질문 형태(質問形
態)의 형식를 즐긴 것 같다.

G. 학개서의 역사적 배경

학개서는 바벨론 포로 이후에 기록한 말씀이다. 학개는 스가랴와 같
은 시대에 사역을 하였다(학 1:1. 슥 1:1). 그리고 예루살렘 성전(聖殿)을
재건하는 데 많은 도움을 준 자들이다(스 4:24. 5:1. 6:14). 그러한 점으로
보아서 학개가 예언한 시기(時期)는 고레스(Cyrus)의 명령을 받고 귀환
되어 새로운 국가적(國家的) 출발과 신앙의 부흥(信仰復興)을 위하여 최
선을 다하여 백성을 권고하고 희망을 제시한 자였다.

포로에서 돌아온 백성들은 실망하였다. 성전은 황폐하여져서 여우굴
이 되어 있었고 가난에 쪼들려야 했으며 빈 손으로 메뚜기에게 먹힌 과
거를 복구한다는 일은 그렇게 쉽고 좋은 것은 아니였다. 하나님께 새로
운 비젼을 갖지 못하였을 때 국토를 개발한다는 것은 불가능(不可能)한
일이었다. 그러나 유대인들은 하나님의 약속의 빛 속에 거하는 자들이
었다(렘 31:31-35. 겔 18:1-32). 그들은 조상(祖上)의 땅을 되찾아서 회복
하는 데는 많은 고난과 역경(逆境)이 있을 것을 각오하였다.

그들을 이끌고 고토(故土)에 돌아온 자는 스룹바벨(Zeribbabel)이었다
(스 1:8). 그를 성경에서 『유다의 목백(牧伯)』으로 불리웠고, 다음에는 총
리(總理)의 직함을 가졌다(스 5:14). 스룹바벨은 유다의 바벨론 속령(屬
領)의 초대 통치자(統治者)로서 유다에 돌아와 B. C. 537년에 제단을 재
건하고 옛 제사제도(祭祀制度)의 일부를 부활하였다. 그리고 예루살렘
에 돌아 온 백성들에게 성전 건축(聖殿建築)의 희망을 제시하였다.

우리는 다른 책에서 B. C. 520년까지 학개의 이름이 거론(擧論)되지
않는 점으로 보아서(스 5:1-2) 그가 새로운 귀국자(歸國者)들의 일원으로
팔레스타인에 돌아 온 것 같다. 그러나 그의 예언에는 그것을 뒷받침해

줄 증거가 없다.

H. 학개서의 중요성

학개서의 중요한 가치는 종교적(宗敎的)인 면과 역사적(歷史的)인 면에서 고찰(考察)할 수 있다. 예언은 근본적(根本的)으로 신년축제(新年祝祭)의 예식(禮式)과 관련된 것 같다. 이 예언들은 유배기(流配期) 이전의 예언자(豫言者)들의 확신과 윤리적 확신(倫理的 確信)이 쇠퇴한 것을 슬프게 표현하고 있다. 학개의 중요 관심사는 내용적(內容的)이며 핵심적(核心的)인 면보다는 예배의식(禮拜儀式)과 성전을 재건하는 데 있었다. 형식은 있으나 내적인 예배의 생명은 말라 버리고 말았다는 주장을 그는 강력하게 역설하였다. 그러나 그의 예언은 예레미야나 아모스의 예언처럼 심원한 통찰력(洞察力)을 갖지는 못하다.

학개는 물질적 번영(物質的 繁榮)은 하나님께 정기적(定期的)인 예배를 드림으로 보장된다는 피상적(皮相的)인 견해를 취하였다. 그의 예언의 성질은 성전(聖殿)이나 유대주의 강한 사상이 없었다면 쉽게 사라져 버리고 말았을 것이다. 그리고 기독교가 설 땅도 잃어버렸을 것이다. 학개의 예언이 이런 점에서 높이 평가되어야 한다. 우리는 내용있는 형식(形式)도 필요하고 형식(形式)있는 내용을 주장하는 것도 중요한 것임을 알게 된다.

학개의 멧세지(meeeage)가 당시에 실망하고 있던 유대 공동체(共同體)에게 심어준 소망과 용기는 하나님의 섭리 안에서 『복음의 예비』가 되었다. 학개서를 역사적 관점(歷史的 觀點)에서 볼 때 유대 역사의 부정확(不正確)한 면을 바로 잡아준 역할을 스가랴서와 함께 하였다. 그리고 예루살렘 함락에서 느헤미야가 예루살렘을 개축하는 때까지의 불분명한 역사적 기간(歷史的 期間)을 밝혀 준다는 의미에서 공헌을 하였다.

I. 학개서의 정경성

이 예언서(豫言書)는 처음부터 예언자(豫言者)들의 작품으로 알려진 12소선지서 안에 포함되어 있다. 연대기적(年代期的)으로 이것은 성전 복구시기(聖殿 復舊時期)를 다루고 있는 학개, 스가랴 및 말라기 세 예언서 중에서 맨 처음의 것이다. 그러므로 히브리 성경 속에서 정경성(正經性)에 대한 의문을 한 번도 제기한 바 없다. 이것은 학개선지의 사업을 직접 증언(證言)한 에스라의 영향이 결코 적다고 할 수 없다.

J. 학개서의 통일성

학개는 그의 예언서(豫言書)에서 4회의 짧은 신탁(信託)을 언급하였다. 성전복구(聖殿復舊)와 관련하여 3인칭 단수로 쓰여 졌으며, B. C. 520년의 성전 복구(聖殿復舊)와 깊은 관련이 있다. 신탁(信託)이 전해진 날자는 다리오왕 1세 치하의 2년 6월 1일(학 1:1), 7월 21일(학 2:1), 그리고 9월 24일(학 2:10, 20)이다. 혹 자는 이 책이 두 사람의 손에 의하여 쓰여졌다고 하나 그 신탁(信託)의 내용으로 보아서 한 사람의 신탁(信託)에 이의가 있을 수 없다.

K. 학개서의 내용

학개는 성전 건축(聖殿建築)의 호소로부터 그 예언이 시작된다. 이와 같은 예언의 말씀이 하나님으로부터 왔음을 반복적(反復的)으로 강조하고 있다. 38개의 절로 되어 있는 그의 예언 가운데 5번이나 반복하여 『여호와의 말씀이 내게 임하여』(학 1:1, 3, 2:1, 10, 20) 또는 『만군의 여호와가 말하노라』 하였다(학 1:2, 5, 7. 2:11). 그리고 『나 여호와가 말하노라』(학 1:9. 2:6-7, 9, 23) 하였으며 간단하게 말하여 『여호와가 말하노라』하였다(학 1:13. 2:4, 14, 17). 이와 같은 말씀들은 그 예언이 얼마나 순수성(純粹性)을 갖고 있는가를 암시(暗示)함이 된다. 그 내용의 개요(概要)를 보면 다음과 같다.

Ⅰ. 성전 재건의 호소 1:1-14
   A. 반대와 답변 1:1-11
   B. 백성의 응답 1:12-14

Ⅱ. 더 나은 때의 약속 1:15-2:15-19

Ⅲ. 성전의 영광 1:15-2:9

Ⅳ. 거룩함과 부정 2:10-14

Ⅴ. 여호와의 종 스룹바벨 2:20-23

L. 학개서의 신학

본서는 성격상 종교적(宗敎的)인 사상보다 역사적(歷史的)인 의미가 더욱 크다. 당시 제사장적(祭司長的) 사회개발(社會開發)에 관한 에스겔의 신학적 전통(神學的 傳統) 위에 굳게 서 있다. 이것은 학개가 구원의 예언적 종말론(豫言的 終末論)을 제2차 성전 건설(聖殿建設)에 연결시킨 방식에서 뚜렷이 나타나 있다. 지금까지 간혹 학개는 예배의식(禮拜儀式)만 잘 지키면 물질적인 번영(物質的 繁榮)은 저절로 온다는 입장에서 백성들을 가르쳤다. 그러므로 저의 예언이 피상적(皮相的)인 것이라 크게 평가 받지 못하였고 인정받지 못하였다.

그러나 의식적 예배(儀式的 禮拜)의 세부 절차(細部節次)를 세밀히 잘 지키기를 엄격히 강조하였던 에스겔과 학개도 사람의 심령에 대한 옳은 동기를 강조하였다. 예배하는 자는 무엇이 더 중요한가를 인식하여야 한다는 것이 그의 신학의 중심 사상(神學中心 思想)이라 할 것이다. 그는 하나님을 그와 언약을 맺는 백성들에게 완전한 순종과 심령적 충성(心靈的 忠誠)을 요구하시는 전적으로 의로우신 윤리적(倫理的)인 존재로 보았다.

이스라엘 백성들이 하나님과 맺은 언약을 통하여 윤리적(倫理的)인 도덕을 잘 나타낸다면 그들은 만국에 하나님의 증인(證人)으로서 부족함이 없을 것이다. 그리고 어떤 상황에서도 저들은 하나님께서 약속한 평화와 번영을 얻을 것이다. 진정한 의미에서 그 나라와 義를 구한다면 다른 모든 것은 저절로 따라 온다는 것이다. 그러나 물질적(物質的)인 것에 정신이 팔린다면 영성의 결핍(靈性缺乏)은 말할 것도 없겠고 개인과 사회는 타락 밖에 가져올 것이 없다는 것이다.

학개는 세 번째 멧세지(message)에서 惡이 善보다 훨신 빨리 사람의 심령에 침투하여 퍼지고 강하다는 사실에서 구약의 어떤 선지자(先知者) 보다 강력하게 주장하고 있다. 그의 통찰력(洞察力)은 우상숭배(偶像崇拜)를 용서함으로서 도덕적(道德的), 심령적 징벌(心靈的 懲罰)을 받아 조상들이 유배 생활(流配生活)을 하였던 사실을 교훈으로 삼아 제사장(祭司長)들이나 백성들이 경성하도록 권고하고 있다. 작은 악이라도 제사의식(祭祀儀式)에 방해가 된다면 엄청난 결과를 초래함으로 처음부터 악을 멀리하고 선을 필요로 해야 된다는 것을 학개는 주장하였다.

스가랴서

XII. 스가랴서

A. 서 론

스가랴(Zecharch)는 사상적(思想的)으로 학개 보다 한 발 앞섰다. 그의 교훈은 이 세상에 살고 있는 모세처럼 『神에게서 계시된 표현에 의하여』 모든 것을 하려고 하였다. 스가랴는 한 마디로 이상주의자(理想主義者)이다. 그 이상은 신정정치(神政政治)이다. 하나님께서 친히 다스리는 나라의 건설(建設)에 그 예언의 중심이 있다. 그는 초기 예언자(初期 豫言者)들이 강조하였던 도덕적(道德的)이고 영적인 생활(靈的 生活)을 강조하였다. 스가랴는 투시적(透視的)인 민족주의자(民主主義者)였던 학개와는 달리 평화주의자(平和主義)였다(슥 4:6).

스가랴는 신정정치(神政政治)의 기반으로 정화된 교리와 기름부음 받는 통치자(統治者)들의 경건한 훈련으로 보았다. 학개와 같은 자는 그의 목적을 달성하기 위하여 책망부터 하였다. 그러나 스가랴는 처음부터 『위로하는 말』이었다(슥 1:13). 스가랴의 많은 환상 속에는 그의 사상으로 가득차 있다. 그리고 그의 사상을 산문적(散文的)으로 표현하였다. 스가랴는 유배생활(流配生活)에 시달린 백성들을 그리워하고 평화의 꿈을 보여준다. 그러나 평화의 성벽은 하루 아침에 쌓는 것은 아니다. 많은 장애와 방해자(妨害者)들이 있다. 스가랴는 단호하게 하나님께서 이 분리주의자(分離主義者)들과 방해자(妨害者)들의 장애물(障碍物)은 하나님께서 제거해 주실 것을 믿었다. 그리고 종래에는 새 예루살렘이 건설될 것을 예언하였다.

1. 스가랴 선지

스가랴(Zecharh)는 『야웨께서 기억하셨다』란 뜻이다(왕하 14:29. 15:8. 18:2). 이 이름은 구약성서(舊約聖書)에서 흔히 볼 수 있는 이름이기도 하다(대상 9:37, 벤야민 지파인. 역대 상 26:14, 레위인 문지기. 역대 상 5:7, 르우벤 지파인. 역대 상 15:18, 비파타는 레위인. 역대 상 15:24, 나팔 수 제사장. 역대 상 27:21, 므낫세인. 역대 상 26:11. 문지기 므라리의 자손 등 그 외에 다수(多數)가 있다).

선지자(先知者) 스가랴는 베레갸의 아들 잇도의 손자였다(슥 1:1, 7). 잇도라는 인물은 B. C. 536년 스룹바벨과 예수아의 인도로 유배생활(流配生活)에서 돌아온 제사장(祭司長) 중의 한 사람으로 언급되었다(느 12:4. 스 2:2). 그렇다면 스가랴는 제사장(祭司長)이요. 선지자(先知者)였다고 볼 수 있다. 그가 예언을 선포하기 시작하였을 때는 젊은 나이었을 것으로 추측된다. 그러나 전설(傳說)에는 노인이었다고 전해지고 있다. 우리가 분명히 알 수 있는 것은 동시대(同時代)의 선지자(先知者)보다 오래 살며 예언하였다는 것이다(스 5:1. 6:14). 신인(神人)으로도 유명한 스가랴는 말년에 순교(殉敎)를 당하였다고 탈검(Targum)에 기록되었다. 그러나 스가랴서 이외의 어떤 기록으로도 스가랴의 인물에 관한 정의를 내리기에는 부족하다.

스가랴서는 구약성경 12소선 중 11번 째의 책으로 이 예언은 유배기(流配期) 이후에 기록된 예언서(豫言書)이다. 우리는 이 예언서(豫言書)를 통하여 당시의 시대상과 종교적 상항(宗敎的 狀況)을 잘 이해할 수 있다. 스가랴는 학개와 더불어 성전 재건(聖殿再建)에 대하여 많은 관심을 가지고 예언 하였으나 스가랴는 학개보다 훨씬 광범위(廣範圍)하게 예언을 하였다. 스가랴는 이스라엘의 후기의 신학(神學)을 연구하는 데 많은 도움을 주고 있다. 특히 묵시문학(默示文學)으로써 천사론(天使論)이나 메시아 사상을 이해하는 데 풍부한 지식을 제공하여 주고 있다.

B. 스가랴서의 주제

스가랴서의 예언 중에 1장부터 8장까지는 같은 시대의 선지자(先知者) 학개의 예언을 이어 계속한 것같다. 그렇다면 스가랴는 학개의 예언을 보충하고 있는 셈이다. 이 두 선지자(先知者)는 유배지(流配地)에서 귀환하여 낙심하고 있는 백성들에게 하나님의 영감(靈感)을 받아서 기력을 소생시켜 주며 새로운 신앙의 목표를 제공하여 주고 있다. 유대인들은 귀환하여 성전(聖殿)을 재건하던 중 많은 역경과 방해를 받았을때 쉽게 공사를 중단하여 16년간이나 공백기(空白期)가 생겼다.

그들은 다리오(Darius)왕의 직위와 그의 호의(好意)로 새로운 용기를 얻어 새로이 재건을 시작하였다. 학개와 스가랴는 백성들을 권고하여 여호와의 전(殿)을 다시 재건할 것을 촉구하면서 영광스러운 미래를 소망으로 제시하였다. 이와같은 기록은 외경 마카비서에 자세하게 기재되어 있다. 스가랴서의 기록을 보면 성전은 다리오 6년(B. C. 515)에 완성되었으며 스가랴의 예언은 후반부(後半部)에 기록된 것으로 보인다.

스가랴서는 이상을 묘사하여 새 성전의 완전한 완성과 그 영광을 상징적(象徵的)으로 잘 표현하고 있다. 이스라엘 백성들은 금식의 질문과 답변을 기록하면서 예루살렘의 장래의 축복에 대한 가슴 뿌듯한 확신을 말하였다. 예루살렘의 영광을 얻기 위하여 하나님의 백성은 세상을 대하여 善한 싸움을 싸워야할 것과 메시아(Messiah)의 승리와 하나님의 왕국의 영광을 예언하고 있다.

C. 스가랴서의 저자와 연대

1. 저 자

이 예언서(豫言書)의 속에 나타내고 있는 저자는 B. C. 6세기의 예언자 학개와 스가랴는 이스라엘 사람들에게 익숙한 이름으로 선지자(先知者) 스가랴를 제외하고도 30인 정도가 있다. 이 예언의 표제(標題)를 보면 그는 잇도(Iddo)의 손자인데 바벨론에서 귀환한 후손이 중의 한 사람이다. 스가랴는 종교적(宗敎的)인 가정에서 태어나 학개가 예언을 그만둔 뒤 2개월쯤 되어서 예언을 시작하였다. 그 예언의 시기는 B. C. 520년 10-11월 사이로 본다. 스가랴는 학개 보다 오랜 기간 예언한 것이라 한다(슥 1:1. 7:1). 스가랴는 하나님으로부터 받은 묵시를 자세하게 기록함으로 다른 사람이 저작했다는 학설을 일소하고 있다.

2. 연 대

표제(標題)의 기록으로 보아서 B. C. 520년 말로 보인다. 그는 예언을 B. C. 520-518년이나 그 보다 약간 늦은 시기에 예언하였다. 그러나 야완(Javan)은 주장하기를 이 예언서는 4세기의 것이라 주장한다(슥 9:14). 그러나 예언의 성격으로 보아서 그렇게 늦은 시기로 보는 것을 많은 신학자(神學者)들이 수용하고 있지 않다. 그리고 어떤 학자들은 마카비시대의 사건으로 보고 B. C. 2세기의 현상으로 본다. 이들이 그렇게 주장하는 것은 쿰란(Qumran)에서 발견된 사본들이 마카비서를 근거로 하고 있기 때문이다.

D. 스가랴서의 역사적 배경

스가랴의 역사적 배경(歷史的 背景)은 대체로 학개의 배경과 일치한다. 예루살렘 성전은 B. C. 586년에 바벨론왕 느부갓네살(Nebuchadnezzar)에 의하여 멸망하였다. 패허된 성전은 이방인(異邦人)들에게 큰 조롱거리가 되었다. 성전은 끊임없는 외적의 친입과 내적으로는 성 안의 주민들의 무관심(無關心) 때문에 처참한 상태는 계속되었다. 학개서에 의하면 가난에 쪼들인 형편과 사기가 죽은 공동체(共同體)의 정경은 스가랴의 예언에도 언급되었다(슥 1:17. 8:10). 학개의 예언을 보면 이스라엘 백성들은 성전을 재건하는 데 상당히 부담을 가지고 있었다. 그러나 학개는 그들을 권고하여 메시아(Messiah)시대의 도래를 말씀 하면서 성전 건축이 메시아(Messiah) 왕국을 건설하는 전조(前兆)로 제시하였다.

예언자(豫言者) 학개의 열정에 자극을 받은 이스라엘 백성들은 복구 사업(復舊事業)에 착수하였다(학 1:14-15). 그러나 오래지 않아 그들의 열의는 식고 말았다. 이러한 상황에서 스가랴는 예언을 하기 시작하였다(슥 1:1). 학개의 음성은 들리지 않았으나 스가랴의 예언은 저들에게 새로운 항변과 권고로 들렸다. 그리고 그 권고는 백성을 규합하는 데 큰 힘이 되었다. 그 결과로 성전의 재건(聖殿再建)은 B. C. 516년에 완성되었다(슥 6:15).

학개는 여호와의 전(殿)을 복구해야 한다는 의무감(義務感)을 깨닫도록 하였다면 스가랴는 그 후의 영광스러운 메시아(Messiah) 왕국에 대한 통치를 선언하고 있다(슥 3:8. 6:12). 스룹바벨(Zerubbabel)은 바벨론으로부터 총리(總理)로 임명 받아 성(城)과 성전을 재건하고 그들을 다스릴 것을 위촉 받았다. 스가랴는 스룹바벨(Zerubbabel)이 메시아(Messiah) 왕국적 성격(王國的性格)의 왕국을 건설할 것으로 믿었다.

E. 스가랴서의 사회와 종교적 상황

스가랴서에 묘사(描寫)된 사건은 국제적인 배경(國際的 背景)과 유대인의 공동체(共同體)에서 형성될 새로운 해석을 제공하고 있다. 유배기(流配期)에서 돌아와 사독(Zadok)계열의 성직자(聖職者)들에 의하여 단계적(段階的)으로 사회의 질서가 회복하는 단계에 있었다. 스가랴는 연속적(連續的)으로 7개의 환상을 통하여 성전의 제의 의식(祭儀儀式)에 대하여 예언하였다. 하나님께서는 이스라엘의 종교적 공동체(宗敎的 共同體)의 행사와 온 우주를 감시하시고 있음을 표현하고 있다.

스가랴의 예언은 학개의 종말(終末)을 맞아들이는 절박한 대변동기(大變動期)에 관한 예언에 응답하고 있다. 예레미야가 예언한 70년의 유배생활(流配生活)은 종말을 고하였으나 아직도 바벨론의 통치는 확고부동(確固不動)한 통치로 세계를 지배하고 있었다. 그러나 스가랴의 예언을 보면 하나님께서는 아직도 예루살렘에 대하여 큰 관심을 가지고 보고 계심을 백성들에게 강조하고 있다(슥 1:13-15).

스가랴서에 별개의 배경으로 볼 수 있는 것은 성직자(聖職者)들의 정치 계획(政治計劃)과 그것을 주장하는 사독(Zadok)계열의 제사장들을 반대하는 단체가 형성된다는 신탁을 부록으로 첨가하고 있다. 역대기에서 보여준 바와 같이 성직자(聖職者)들의 지위에 항거한 전통의 주류를 간직하고 있다. 스가랴는 이와 같은 묵시를 통하여 상당히 괴로와하였고 사독(Zadok)계열의 성직자(聖職者)들을 박멸하기 위하여 헌신한 자들의 감정을 생각해 볼 때 이 부분은 하나님의 개입과 옹호에 대한 환상과 묵시는 상징주의(象徵主義)의 속에서 풍요한 우주의 특징을 이루고 있다. 스가랴서의 예언 중에 다른 이사야 선지(先知)의 유형의 예언이 변형되어 나타나고 있음을 볼 수 있다.

F. 스가랴서의 집필목적

B. C. 520년 스가랴가 바벨론 귀환자(歸還者)들 가운데서 겪어야 했던 무감동(無感動), 무관심(無關心), 실망의 상황은 예언서의 집필 동기(執筆)를 설명해주고 있다. 이와 같은 시대의 예언자 학개와 더불어 신정정치(神政政治)의 소생을 위한 영적 지도력(靈的 指導力)을 발휘하고 신정정치(神政政治)의 참된 사명을 일깨우며, 세상에서 하나님의 산 증인으로서 영적 사명(靈的 使命)을 받은 자라는 것을 일깨우고 있다. 이와같은 스가랴의 신정정치(神政政治) 주의(主義)는 상당한 영향을 끼쳤다.

스가랴가 가장 관심을 가진 것은 귀환한 공동체(共同體)의 삶에 있어서 영적 우선권(靈的優先權)을 확립하는 일이었다. 당시 제사장(祭司長)들은 자신들의 사명을 완수하는 데 헤이한 태도로 임하였고, 백성들은 하나님의 계약에 대하여 무관심(無關心)하였고, 모세 율법의 도덕적 율례(道德的 律禮)를 철저히 버렸다. 스가랴는 신정정치(神政政治)를 성취하려면 하나님의 계약(契約)에 충실해야 하고 하나님과 올바른 관계를 가져야 한다고 주장했고 순종(順從)과 회개(悔改), 죄로부터의 성결은

하나님의 축복의 선결이라 하였다. 스가랴는 귀환한 백성들의 심중을
꿰뚫어 보고 신정정치(神政政治)를 향한 보다 광범위(廣範圍)한 모세의
목적을 성취하기를 갈망하였다.

G. 스가랴서의 일반적 특징

스가랴의 예언의 순진성(純眞性)을 생각하면 그의 주제(主題)와 일치
함을 볼 수 있다. 선지자(先知者)의 눈앞에 보였던 이상(異象)을 단순한
산문체(散文體)로 설명하고 있다. 스가랴는 예언의 열기를 높이면서 에
스겔과 다니엘처럼 비유와 상징법(象徵法)으로 예언을 설명하고 있다.
스가랴의 사명은 독창적(獨創的)인 성격을 갖고 있는 데 그의 호소는 가
장 호소력(呼訴力)이 있고 웅장하다(슥 9:-11:).

스가랴가 사용한 문체는 갈대아인(Chaldea)들의 문체로 하지 않고 순
수한 히브리식으로 되어 있다. 그의 예언은 상당히 복합적(複合的)인 것
이 가미되어 있으므로 이 예언을 이해하기 힘이 든다. 제롬(Jerome)은
"스가랴서는 12선지자 중에서 가장 오래 예언을 한 사람이며 가장 모호
한 인물이라" 하였다. 그가 주석가(註釋家)들에게 난제적(難題的)인 이
상을 많이 제공하였기 때문이다. 그러한 까닭에 현대신학자(現代神學
者)들은 그의 예언에서 주장할 만한 구절을 발견할 수 없다고 주장한다.

H. 스가랴서의 정경성

스가랴서는 히브리 정경(政經)의 둘 째 부분 끝나는 곳인 12소선지서
의 마지막에 위치하고 있다. 후기 유대교 역사나 초대 기독교 시기(基督
敎 初期)에 이 예언서의 정경성(正經性)이 의심된 적은 한 번도 없었다.
그것은 메시아(Messiah)적 가르침과 신약성서 기자들이 그 예언을 인용
한 것 때문에 원시교회(原始敎會)에서는 스가랴서를 높이 평가하고 있
다(마 21:1-11. 슥 9:9, 10. 마 26:14-16. 슥 11:12).

I. 스가랴서의 통일성

스가랴서의 통일성(統一性)과 동질성(同質性)은 학문적 토의(學文的 討議)가 많이 있었다. 14장으로 되어 있은 스가랴서는 자연스럽게 두 부분으로 나누어져 있기 때문이다.(슥1:-8:, 9:-14:). 첫 째 부분은 환상(幻像)들로 명백한 배열이 있는 것으로 보이나 성격상 처음과 마지막 것은 독립적(獨立的)이고 나머지는 의도적(道義的)으로 짝지어 놓은 것 같다. 그러므로 두 부분이 균형잡힌 편집 방법을 좇았을 가능성(可能性)이 있다. 이와같은 주장이 사실이든 아니든 스가랴서는 동질적(同質的)인 통일을 이루고 있다.

둘 째 부분에서 분위기(雰圍氣)가 파사(Persia) 대신 헬라가 정치 경제(政治經濟)의 지배 세력(支配勢力)으로 암시되어 있다고 주장한다(슥 9:13). 그러므로 스가랴서의 후반부(後半部)는 묵시문학(默示文學)의 후기 재료(後期材料)에서 취하여 삽입된 것이라 주장한다. 그러나 우리는 두 부분이 회개, 예루살렘의 찬양, 그리고 이스라엘의 대적들의 개종과 같은 신학적 중심 (神學的 中心)의 말씀이 전편에 흐르고 있음을 잊어서는 안된다.

어떤 자들은 스가랴서를 말라기서와 그 형태가 유사(類似)함으로 그 통일성(統一性)을 의심한다. 히브리 정경(正經)에 함께 붙어 있는 스가랴서 9:1.과 12:1절의 표제(表題)와 말라기서 1:1의 표제가 같은 용어를 사용하였다는 것이다. 그러나 우리는 예언서(豫言書)가 이사야서와 같은 방법으로 신탁(信託)이란 말을 사용한 것으로 보면 말라기와 같은 용어를 사용하였다 하여 통일성(統一性)을 부정하는 것은 잘못된 소견이라 할 수 있다. 우리는 스가랴서가 이상의 여러 이유 때문에 가정적(假定的)으로 그 일성(一聲)을 부인함은 누구에게도 인정될 수 없다.

J. 스가랴서의 구조

스가랴서의 내용을 보면 스가 1:-8장과 스가 9:-14자의 두 부분으로
나누어져 있다. 스가랴의 예언은 현재에서 시작하여 먼 미래를 내다보
게 한다. 스가 1:-8장까지의 구조를 보면 주로 세 가지 상이(相異)한 세
가지 독특한 예언으로 이루어졌다. 이상의 구조를 보면 스가 1:1-6은 서
언의 부분이지만 다리오왕의 통치 2년 8월에 임하였던 예언이다.(B. C.
520). 이 부분의 예언은 영적(靈的)인 것으로 구약성서(舊約聖書)에서 가
장 강력한 영적 회개(靈的 悔改)를 촉구하고 있다.

스가 1:7- 6:15절까지의 예언은 여덟 가지의 밤에 본 환상으로 다리오
왕 2년 11월 24일에 본 것인데 그 내용은 어떤 대관식(戴冠式)을 보여
주고 있다. 이 때가 성전(聖殿)의 기초석(基礎石)을 놓은 두 달 뒤의 일
이므로(학 2:18. 슥 1:7) 하나님의 전의 재건을 격려하는 것이라 할 수 있
다.

스가 7:-8장의 예언은 금식(禁食)에 관한 벧엘 대표단(代表團)의 질문
에 대한 스가랴의 답변으로 이것은 다리오 왕 4년 9월 4일(B. C. 518)에
임한 말씀이다. 유대인들은 에루살렘 역사에 있었던 대 기념일(記念日)
에 늘 금식을 하였다. 느부갓네살왕이 예루살렘을 파괴한 일(렘 52:6), 5
월, 성전이 불타 없어질 때(렘 52:12), 7월 그달리야(Gedaliah)가 살해되
었을 때(렘 41:2), 10월, 예루살렘이 포위(包圍)되기 시작했을 때(왕하
25:1) 등이다.

스가 9:-14장까지에는 연대기는 없으나 두 가지 신탁으로 시작되었다.
이 말씀은 새로운 신정정치(神政政治)를 약속하는 것으로 귀환한 백성
들은 적대 세력(敵對勢力)을 승리하고 현세와 내세의 축복을 약속한 것
이다. 그 때는 여호와는 이스라엘의 목자(牧者)로써 이스라엘을 보호할
것이다. 그러므로 이 예언은 종말론적(終末論的)인 묵시문학(默示文學)
으로 구성되어 있다. 이스라엘이 정결하여 질 때『남은 자』가 어떻게 구
원되고 타민족(他民族)이 심판될 것인가를 기록되었다.

K. 스가랴서의 내용

Ⅰ. 백성들에게 회개를 촉구함 1:1-6

Ⅱ. 스가랴가 본 환상 1:7-8:8
  A. 네 말탄 사람 1:8-17
  B. 네 뿔과 네 공장 1:18-21
  C. 척량 줄을 든 사람 2:1-5
  D. 바벨론 포로에 대한 호소 2:6-13
  E. 여호수아의 책망과 사면 3::1-10
  F. 일곱가지 등대와 두 감람나무 4:1-6, 10-14
  G. 스룹바벨과 성전 4:6-10
  H. 날아다니는 두루마리 5:1-4
  I. 에바에 올려진 여인 5:5-11
  J. 네 병거 6:6-8

Ⅲ. 왕, 메시아로서 스룹바벨의 상징적 면류관 6:9-15

Ⅳ. 벧엘에서 종자 7:1-8:23
  A. 질문 7:1-3
  B. 스가랴의 대답 7:4-8:23

L. 스가랴서의 신학

  스가랴의 사상은 대부분(大部分) 선조들의 사상에 의존하고 있다. 그는 신정정치(神政政治)를 열망한 자로써 학개와 더불어 신정 공동체사회(神政 共同體社會)를 재건해야 한다는 당면한 임무에 관해 설득력(說

得力) 있게 예언한 자이다. 우리는 학개와 스가랴의 사상 중에 성전을 재건해야 한다는 사상이 누구보다 투철(透徹)함을 볼 수 있다.

이스라엘 백성들은 포로에서 돌아와서 하나님의 언약을 모범적(模範的)으로 실현하기 위하여 성전재건(聖殿再建)의 목적을 증거하였다. 예배는 하나님 앞에 내적 거룩함을 외적(外的)으로 표현한 것이어야 한다고 주장하였다. 스가랴서는 예배의 형식주의(形式主義)를 철저히 반대하는 입장을 취하였다.

신자 개인이 하나님의 말씀을 따라 의식적(儀式的)으로 헌신해야 할 필요성을 강조하였다. 그 시대에는 광범위(廣範圍)한 내용은 메시아(Messiah)의 기대에 찬 그의 종말론(終末論)에 나타나 있다. 이방국가(異邦國家)에 대한 자국의 승리를 바라보면서 이상적(理想的) 국가적 양상(國家的 樣相)을 머리에 두었다. 그는 이방인(異邦人)이나 유대인이나 할 것 없이 회개하고 신앙과 헌신의 영으로 예루살렘 성전에 모이게 될 것을 주장하였다.

그 때에는 다시는 죄와 악행과 고난은 더 이상 존재하지 않을 것이다. 이러한 은총의 상태를 스가랴는 메시아(Messiah)의 도래(到來)로 성취될 것이라 하였다. 다른 선지자(先知者)들과 같이 스가랴도 예루살렘이 죄로부터 정결케되고 이스라엘 공동체(共同體)를 지속적(持續的)으로 평화와 번영의 땅으로 회복하리란 것을 그의 묵시의 마지막 단계로 표현하였다.

1. 유대교의 재건자 스가랴

유대교가 모세로부터 창시되었다면 학개와 스가랴는 유대교의 재건자(再建者)라 할 수 있다. 그는 학개처럼 사마리아인(Samaritans)들과 사이가 매우 좋지 못했다. 그는 그런 까닭에 메시아 시대의 축복이 북쪽에는 없을 것이라 하였다(슥 8:13). 그는 성전 재건(聖殿衝突)의 충동과 재건의 필요성(必要性)을 역설하였다. 그것이 메시아(Messiah)의 길을 예비하는 길이요, 메시아(Messiah) 왕국의 전제조건(前提條件)으로 말하였다. 그러므로 스가랴는 정열을 다하여 동포들을 향하여 성전재건(聖殿

再建)의 착수를 독려했다.

2. 천사에 대한 견해

스가랴가 여호와의 초월적면(超越的面)을 강조하는데 특이한 점은 천사(天使)의 모습에 대한 탁월한 지위를 부여한 견해이었다.『주의 천사』란 표현 중에 그가 누구인가에 대하여 많은 논난이 있어 왔다. 그러나 그는 주께서 부리시는 천사(天使) 중 하나라 할 것이다. 그 천사(天使)들이 말 탄 사람으로 나타나고(슥 2:1. 히 2:5), 그는 예루살렘을 측량하기 시작하였다(슥 3:5. 히 2:7). 뿐만 아니라 해설하는 천사(天使)도 있었다. 그러나 이 모든 천사(天使)는 구약성서(舊約聖書)에서 사탄이 대적하는 초인적(超人的)인 능력을 가진 존재란 것이다(욥 1:6-12. 2:6).

학자들은 사단(대하 21:1)은 다윗을 넘어지게 한 책임자라 하였다(삼하 24:1). 우리는 스가랴서에서 이처럼 천사학(天使學)이나 좁게는 사탄학의 연구 재료를 제고해 주는 특별한 중요성(重要性)을 갖게 한다.

말라기서

XIII. 말라기서

A. 서 론

말라기서가 비록 작기는 하지만 요엘서의 일부(1:-2))를 제외하고서는 역사적(歷史的) 암흑기(暗黑期)를 알려주는 유일의 책이다. 사실상 학개와 스가랴 이후 말라기서와 요엘서 외에는 역사적(歷史的)으로 그 시대의 재료가 귀하다. 이들 예언서를 연구하는 중에 유대인들은 점점 경건을 의지하는 백성이 되어지는 것을 볼 수 있다. 그들에게 의식을 강조하고 규례를 바로 지키라는 것은 시대적(時代的)으로 가장 합당한 주장이었다. 하나님의 말씀이 예언자적 영감(豫言者的 靈感)을 대신하였고 무생명적(無生命的)인 형식이 산 생활의 자리를 점령하였다. 이와 같은 결과는 모두 말라기 선지의 예언에서 발견된다.

예언자(豫言者)와 제사상(祭司長)의 사이가 잘못하면 경계를 침범하게 되어 위험한 처지에 이르기 쉽다. 그러나 말라기서의 경우는 다르다. G. A. 스미스의 말대로 말라기서를『율법 속에 표시된 예언』이란 말이 타당하다. 신앙이 율법에 매여지면 그 신앙은 율법에 의하여 질식되고 만다. 반대로 율법을 무시하고 세속적(世俗的)인 신앙은 얼마가지 않아서 세속화(世俗化)하여 타락하고 많다. 참 된 신앙은 영적인 정신을 포함한 경건한 의식이다. 그러므로 형식주의자(形式主義者)도 인본주의자(人本主義者)도 모두 경계의 대상이다. 차거운 의식에 신명기적인 정신(呻命記的 精神)이 흐를 때 신령과 진정한 예배가 될 것이다. 말라기는 건조한 율법 만을 강조한 자는 아니었다. 그는 진정한 정신을 포함한 율법을 주장한 자로 일반적(一般的)인 예언자(豫言者)들에 비하여 한 거름 진보된 선지자(先知者) 였다.

B. 말라기서의 주제

말라기(Malachi)는『야웨의 사자』,『야웨의 천사』란 뜻이 있다. 말라기
의 개인적 사항(個人的 狀況)에 대하여서는 다른 곳에는 없으므로 본문
을 참작할 뿐이다. 그러나 학자들은 그것으로 만족하지 않고 말라기는
그 이름이『나의 사자』(말 3:1. 2:7)란 말은 히브리어『야』(Yah)와 같은
추가음(追加音)에 지나지 않으므로 고유명사(固有名詞)로 인정하기에는
적합하지 않다고 하였다. 그러나 또 다른 학자들은 말라기는 레위지파
인으로 대 성회(大聖會)를 주도한 사람으로 생각하고 있다. 카메론(G.G.
Cameron)교수는 말하기를『말라기라는 용어는 형용적(形容的)으로 어떤
전언(傳言)이나 사명을 맡은『사람』을 뜻한다고 하였다. 즉 선교사(宣敎
師)란 뜻이다. 그러므로 말라기의 이름은 공적인 용어로써 호칭되어야
마땅하다』고 하였다.

말라기서는 12소선지의 미지막에 위치하고 있다. 이 책은 학개, 스가
랴와 함께 포로기(捕虜期) 이후에 기록된 것이다. 당시의 종교와 사회상
을 기록한 역사서가 귀한 점에 비하여 이 책은 당시의 시대를 조명(照
明)하는 데 상당한 증거를 제시하여 주고 있다. 표면적(表面的)으로 보
면 말라기는 스가랴서의 한 부분처럼 보여진다. 그러나 그러한 연관성
(聯關性)을 주장하는 자들이 있음에도 불구하고 말기서의 표제는 뚜렷
하다(말 1:. 슥 9:1. 12:1).

말라기서를 스가랴서의 한 부분으로 인정하려는 생각을 버리고 독립
된 책으로 여기지 아니한 것은 어디까지나 잘못된 것이다. 그러나 신학
적(神學的)인 내용과 역사적 배경(歷史的 背景)은 스가랴서와 별다르지
않다. 제사의식(祭祀儀式)을 중요시 하였던 예언자 말라기는 느헤미야
의 출현 직전 B. C. 450년 경 바사 왕국의 지배기간(支配期間) 동안 예루
살렘에서 활동하였다. 그의 관심사는 성전 제례(聖殿祭禮)의 올 바른 태
도와 민족적(民族的)으로 잡혼의 가능성(可能性)과 위험성을 깨우치는
것을 볼 수 있다.

종교 의무(宗敎義務)가 소홀히 취급되고 윤리적 기준(倫理的 基準)이 헤이해지는 시대를 맞이하여 좀더 엄격한 종교정책이 유대교의 발전은 물론 하나님의 뜻에 합당하게 사는 길임을 강조하였다. 우리는 말라기의 예언의 말씀이 신약성서에서 인용됨을 보아서 이 말씀도 예언적 의미(豫言的 意味)를 풍성하게 내포한 없어서는 안될 말씀인 것으로 여겨진다(막 1:2. 말 3:1. 4:5. 막 9:11-13).

C. 말라기서의 저자와 연대

본 예언을 개인의 이름으로 된 말라기의 것으로 보는 전통적(傳統的)인 견해는 1:1절의 표제 때문이다. 말라기의 이름이 고유명(固有名)이냐 아니냐 하는 문제는 전술한 바와 같다. 어떤 사본에는 보통명사(普通名詞)로 기록되었기 때문이다. 그러나 예언서의 어떤 곳을 보아도 익명이 없다. 성서에는 말라기서와 같이 서두에 저자의 이름을 제시한 후 어디에도 본인의 이름을 기록하지 않았다. 말리기서의 저자문제(著者問題)는 고대에도 있었으나 근래와서는 자유주의학자(自由主義學者)들도 말라기를 본서의 저자로 보고 있다.

말라기서의 연대 문제(年代問題)에 대하여는 그 예언의 내증(內證)으로 보아서 예언의 시기를 분명히 포로기(捕虜期) 후의 것으로 본다. 종교적(宗敎的), 사회적 상황(社會的 狀況)도 분명히 제2성전 건축 후로 가르키고 있다. 그러나 본서에 에스라 느헤미야의 이름이 없는 것으로 보아서 종교개혁(宗敎改革) 이전이라 주장하는 자들이 있으나 이 견해는 설득력(說得力)이 없다.

D. 말라기서의 문체

말라기는 산문체(散文體)로 되어 있다. 그의 히브리어 표현은 명백하고 힘차며 직설적(直說的)이다. 말의 수식이 많은 것은 그 설교의 내용으로 보아 자연스러운 일이다. 모든 경우에 그의 문체는 아름답다(말

1:6. 3:2-3, 17. 4:1-3). 그의 선언은 대담하고 효과적(效果的)이다. 그의 문체 중에 가장 독창적(獨創的)인 것은 그의 예언이 강의 형식(講義形式)으로 된 것이다. 특히 질문과 대답의 형식은 청중들로부터 가상의 반대 대답이 나오기 마련이다. 거짓 선지자에 대하여 선지자는 반박하며 그것을 교훈적(敎訓的) 변증법적 방법(辨證法的 方法)으로 알려졌다. 에발트(Ewald)이 예언서를 한마디로 대화적인 방법(對話的 方法)으로 학교에서 흔히 볼 수 있는 형식이라 하였다.

E. 말라기서의 일반적 성격

어떤 비평가(批評家)들은 말라기를 부자연스럽고 내용이 빈약한 것으로 평가하였다. 그러나 말라기서를 다른 예언서와 비교하여 볼 때 무미건조(無味乾燥)하거나 열등한 것이라 할 수 없다. 그 이유는 그의 독창적(獨創的)인 형식 때문이다. 제사장이 하나님과 대화하는 방법은 시적인 형식(詩的形式) 보다는 오히려 논리적(論理的)이다. 그는 거짓 선지자들의 영향을 받아 그의 조직적(組織的)인 논리 정연한 형식에는 다른 선지자들과 상당 부분 같은 것을 본다. 그가 다른 선지자들과 같이 높은 수준의 위치에 오르지 못하였으나 그는 언제나 세련되고 품위가 있으며 때로는 웅변적(雄辯的)인 한 선지자였다.

F. 말라기서의 역사적 배경

학개서와 함께 말라기서는 포로귀환(捕虜歸還) 기간에 일어난 사건이다. 우리는 이 말라기서를 통하여 에스라. 느헤미야의 활동을 뒷받침해 준다. 이 시대에 일어난 종교적(宗敎的)인 사건의 자료가 부족하다. 그러나 말라기서의 내증을 보면 저자의 활동 시기(活動時期)를 바사제국의 팔레스타인 통치 기간(統治期間)으로 잡을 수 있다(말 1:8. 느 5:14. 학 1:1). 그러므로 본서의 배경은 포로 후기의 것으로 본서의 배경은 학개와 스가랴의 형편과 연결된다.

G. 말라기서의 정경성

말라기의 예언은 12소선지서의 마지막에 나와 있다. 어떤 학자들은 본서의 저자를 익명(匿名)으로 볼 뿐만 아니라 본래 스가랴의 예언 중의 일부분(一部分)이라 하였다. 그러나 예언의 역사적 배경(歷史的 背景)으로 보아서 히브리인들은 본서의 정경성(正經性)을 전혀 의심하지 않았다.

H. 말라기서의 통일성

말라기서는 분명하게 6개의 부분으로 구별되어 있다. 항목마다 역사적 배경(歷史的 背景)을 반영하여 주고 있으므로 통일성(統一性)을 이루는 데 부자연스러운 것은 없다. 묻고 대답하는 말씀은 하나님의 심판과 축복으로 되어있다. 어디서나 저자의 흔적을 뚜렷이 찾을 수 있으며, 본 예언서의 통일성(統一性)과 완전성(完全性)에 이의는 없다. 그는 과거의 인물들을 등장시켜 자기의 필요에 따라 교훈하였다.

I. 말라기서의 기록 목적

말라기는 포로에서 돌아온 자들의 타락한 신앙심(信仰心)에 대하여 학개나 스가랴만큼 깊은 관심을 가졌다. 말기서의 말씀을 보면 당시의 이스라엘 백성들의 불안한 영적 형편(靈的形便)을 찾을 수 있다. 말라기는 당시의 백성들의 타락의 원인을 정확하게 지적함으로 생활을 갱생시킬 수 있는 계기를 마련할 수 있었다. 바벨론에 의하여 전국민(全國民)에게 몰아쳤던 당시의 사회질서(司會秩序) 속에서 빚어진 불행한 일들을 역사적 교훈(歷史的敎訓)으로 삼아 영적으로나 물질적(物質的)으로 번영에 이르도록 말라기는 썼다.

J. 말라기서의 내용

여호와께서 이스라엘을 사랑하는 것은 호세야 선지의 예언에서 잘 표출(表出)되어 있다(호 11:). 예루살렘에는 예배생활(禮拜生活)의 영향을 받아서 회의주의적(懷疑主義的)인 상황이 심각할 정도였다(말 1:8. 3:11). 이와 같은 현상은 선지자들의 마음을 우울하게 하였다. 유배기(流配期)가 끝난 후에도 에돔이나 인근의 나라들은 여전히 이스라엘을 괴롭게 하였다. 그러나 여호와는 에돔 보다는 이스라엘을 여전히 사랑하였다.

말라기는 에돔의 운명과 율법을 등진 제사장이나 백성들의 세속화(世俗化)된 생활을 경고하면서 하나님의 계약(契約)에 충실할 것을 권고하고 있다.

    Ⅰ. 제사장에 대한 책망 1:1-2:9
     A. 서언 1:1
     B. 이스라엘에 대한 사랑 1:2-5
     C. 성전예배를 모독함 1:6-14
     D. 제사장들에게 심판 경고 2:1-4
     E. 참된 제사장의 모형 2:5-9

    Ⅱ. 이방인과 악인에 대한 책망 2:10-16

    Ⅲ. 주의 날 2:17-4:6
     A. 심판자 메시아 래임 2:17-3:6
     B. 회개와 축복 3:7-12 3:7-12
     C. 경건한 자들의 보상 3:13-18
     D. 선악의 분리 4:1-3
     E. 엘리야와 같은 선지자 약속 4:4-6

K. 말라기서의 신학

1. 예배의 중요성

말라기의 신학 사상(神學思想)은 B. C. 7-8세기의 예언자들의 신학사상(神學思想)을 닮았다. 그는 이스라엘 하나님의 절대주권(絕對主權)을 인식하였고 포로 후기 신정정치하(神政政治下)의 백성들의 발전과 복지가 계약관계(契約關係)와 연결된 사실을 인식할 수 있게 하였다. 이스라엘 백성들이 하나님의 요구에 대하여 인격적(人格的)으로 응답할 때 개인과 민족이 하나님의 축복을 받아 기쁨과 즐거움과 희락과 평화를 보장 받을 수 있다는 진리를 보여주고 있다. 그는 에스겔과 같이 순수하고 거룩한 민족이 되는 수단으로 예배의식(禮拜儀式)에 충성할 것을 가르치고 있다.

하나님 앞에 참다운 예배는 바른 예배형식(禮拜形式)과 윤리적인 정치(倫理的政治), 생활과 공의와 자비가 있어야 영적예배(靈的禮拜)가 될 수 있다는 것이다. 그 첫 단계로 하나님 앞에 깊은 회개란 점을 시종 강조하고 있다. 이러한 행위가 하나님을 접근하는 유일한 방법이란 것이다. 그러므로 말라기에게 있어서 중요한 신학은 하나님과 의식(儀式)을 통한 영적 관계(靈的 關係)이다.

2. 사랑의 표현

말라기는 히브리 종교의 원리(原理)를 논한 자이다(말 1:1-5). 하나님은 사랑하신다. 그에게는 풍성한 은혜와 사랑이 있으시다. 그것은 이스라엘 역사가 증명하여 준다. 그러나 말라기는 이것을 예(例)로 들지 않았다. 그는 여러 세기 동안 유다를 괴롭혔던 에돔의 멸망을 통하여 하나님의 사랑을 보였다. 원수의 멸망을 통하여 하나님의 사랑을 보여 준다는 것은 유쾌한 일은 아니다. 그러나 역사는 하나님께서 이스라엘에게 언약하신 것은 성실하게 실현하신다는 것을 보여준 것이기 때문에 에돔의 멸망이 오히려 이스라엘에게 하나님의 사랑으로 보여진 것이다. 그러므로 말라기는 사랑 보다 하나님의 이상(理想)을 강조한 것이다.

3. 하나님에 대한 견해

당시의 신앙은 백성들이나 제사장들이 모두 저급한 신앙의 상태이다. 저급(低級)한 신관(神觀)과 신앙은 그들의 생활로 나타났다. 인간 관계(人間關係)의 혼란이 그 증거이다. 하나님께서 이스라엘 백성들에게 부권(父權)을 강조하였다(말 1:6). 우리는 언제나 부자의 관계를 애정적(愛情的)인 관계로 생각하기 쉽다. 그러나 구약의 사상은 냉혹하고 엄격하고 가혹하다. 그 결과로『네 부모를 공경하라』는 것이었다. 이와같은 계명은 이스라엘과 하나님의 관계를 설명해 준다. 히브리인들은 부친(父親)에 대한 관념은 사랑 보다 두려움이다. 엄격한 말과 자녀의 생살권(生殺權), 교육권(敎育權)은 로마인들이 가졌던 것 보다 더욱 엄격하다. 말라기는 이 엄격한 하나님을 백성들에게 이해를 준비하여 주었다.

말라기는 하나님은 정의를 통하여 왕과 같이 모든 것을 다스리시는 행정관(行政官)이시다. 당시의 제사장들이 하나님에 대한 바른 이해가 없었기 때문에 거짓되게 살았다. 예배의 본질을 알지 못하였으므로 비난을 받을 수 밖에 없는 형식적(形式的)인 예배를 드린 것이다. 말라기는 그러한 예배는 반드시 중지되어야 한다는 것이다(말 1:10-11).

아멘, 할렐루야 주여 어서 오시옵소서 !

판권소유
도서출판
한 글

예언서 배경연구

1997년 2월 15일 1판 1쇄 발행
2002년 10월 15일 1판 2쇄 발행
저　자
정　종　호
발　행　자
심　혁　창

발행처 **도서출판 한글**

서울특별시 마포구 아현동 371-1
☎ 363-0301 / 362-8635
FAX 362-8635
본사홈페이지 www.han-geul.co.kr
E-mail : simsazang@hanmail.net
등록 1980. 2. 20 제10-33

▲ 파본은 교환해 드립니다

정가 12,000원

ISBN 89-7073-114-8-93230